천손은 어느 곳에서 노닐고 계시는고

한시 속의 고구려

이혜순李慧淳
서울 출신으로 서울대학교 국문학과를 졸업하고, 서울대학교 대학원과 미국 일리노이대학(University of Illinois)에서 각각 국문학 석사와 비교문학 석사를, 국립대만사범대학에서 중국문학 박사학위를 받았다. 현재 이화여대 명예 교수이다. 저서로 『비교문학』, 『수호전연구』, 『조선통신사의 문학』, 『고려전기 한문학사』, 『한국고전여성문학의 세계』, 『조선조 후기 여성지성사』와 그 밖에 공저로 『조선 중기 유산기문학』, 『조선 중기 예학사상과 일상문화』, 공역서로 『한국의 열녀전』 등이 있다.

남은경南恩暻
서울 출신으로 이화여자대학교 국문학과를 졸업하고, 동대학원에서 국문학(한국한문학 전공) 석사와 박사학위를 받았다. 이화여대, 호서대, 홍대 강사를 거쳐 현재 한국디지털대학교 교양과정 교수이다. 「동명 정두경 문학의 연구」로 박사학위를 받았고, 『고구려의 문화와 사상』, 『우리 한문학사의 해외체험』, 『우리 한문학사의 새로운 조명』, 『우리 한문학사의 여성인식』, 『조선후기 한시 작가론』 등의 공저서와 『심양장계—심양에서 온 편지』, 『도무집』 등의 공역서가 있다.

천손은 어느 곳에서 노닐고 계시는고—한시 속의 고구려

초판 인쇄 2009년 2월 20일 **초판 발행** 2009년 2월 28일
엮고 풀이하고 옮긴이 이혜순 · 남은경 **펴낸이** 박성모
펴낸곳 소명출판 **출판등록** 제13-522호 **주소** 서울시 서초구 서초동 1621-18 란빌딩 1층
전화 02-585-7840 **팩스** 02-585-7848 **전자우편** somyong@korea.com

값 22,000원

ISBN 978-89-5626-369-4 03810

천손은 어느 곳에서 노닐고 계시는고

한시 속의 고구려

이혜순·남은경 편역·해설

소명출판

머리말

우리 두 편역자가 고구려를 소재로 한 한시들을 찾아 번역하자는 뜻을 모은 것은 5년 전이었다. 이 결정에 당시 중국이 표면화시키고 있었던 동북공정이 작용한 것은 틀림없는 사실이다. 일찍부터 대만에서 언어 연수를 받거나 문학을 공부하면서 중국을 사랑했던 우리들에게 강대국 중국의 그러한 모습은 참으로 놀랍고 실망스러웠다. 그러나 이 사건은 한국 고전문학을 전공하는 입장에서 우리들은 과연 그간 고구려를 얼마나 진지하게 그리고 소중하게 생각해본 적이 있었는지를 곰곰 돌이켜보고 반성하는 계기가 되었다.

몇 년 동안 삼국시대 이후 조선조 말기까지 고구려 소재 한시들을 찾아 모으면서 자료들이 동명왕이나 을지문덕과 살수, 양만춘과 안시성 등에 치우쳐 있는 것을 알게 되기는 했지만 고구려 자체는 지속적으로 우리 고전 문학 속에 살아있었음을 느꼈다. 과거 우리 나라 역사를 주제로 한 악부시 작가들이 대부분 신라에 비해 고구려에 대한 관심이 크지 않아 작품 역시 수적으로 현격한 차이를 보였으나, 이복휴(1729~1800)처럼 고구려 관련 주제 악부시를 대량으로 저술했을 뿐더러 신라 · 고구려 · 백제 삼국의 시를 종합하여 이를 나라별이 아닌 시대별로 배열한 사람도 있었던 것은 참으로 다행한 일이다.

오히려 이러한 고구려 소재 한시는 그것이 묘사하는 역사적 사실을 다시 한번 찾아보고 확인해야 할 정도로 낯설어 보이는 것도 있어 지난날의 우리 역사에 대한 관심이 너무 없었거나 한 쪽으로 편중되었음을 깨닫고 부끄러웠다. 중국의 역사는 숙지하면서도 우리 나라 역사에는 무지했음을 비판한 과거 일부 학자, 문사들의 질책이 여전히 현대의 우리에게도 필요하다는 것을 절감했다. 본서는 바로 이러한 깨달음과 반성 속에 이루어진 것이다. 비록 대상 작품이 대부분 고구려의 것이 아니라 고구려에 관한 것이지만 이들이 고구려가 우리 역사와 문학 속에 차지하고 있는 의미를 인식하는 데에 기여할 수 있기를 기대해본다.

그동안 한편으로 번역에 임하면서 다른 한편 더 많은 자료를 찾기 위한 노력을 계속했으나 그럼에도 본서가 수록하지 못한 작품들이 적지 않을 것으로, 이에 대한 보완은 후일의 과제로 삼는다. 번역과 해설은 편역자 두 사람이 자료를 양분하여 맡았지만 초고 이후에는 함께 수정 작업을 했기 때문에 본서가 보여주는 문제점들은 우리 두 사람의 공동 책임이다. 이번에도 변함없이 도움을 준 이화한문학연구회의 김보경 · 김남이 동학에게 고마운 마음을 전한다. 특히 언제나 국문학 관련 책들을 새롭고 신선한 시각으로 제작해 주시는 소명출판에서 이 책을 맡아주게 된 것을 기쁘게 생각하며 박성모 사장님, 공홍 편집장님께 깊이 감사드린다.

2009.1

이혜순 · 남은경

차례

III 고구려 왕자와 왕비

IV 고구려의 재상들

V 고구려의 장수들

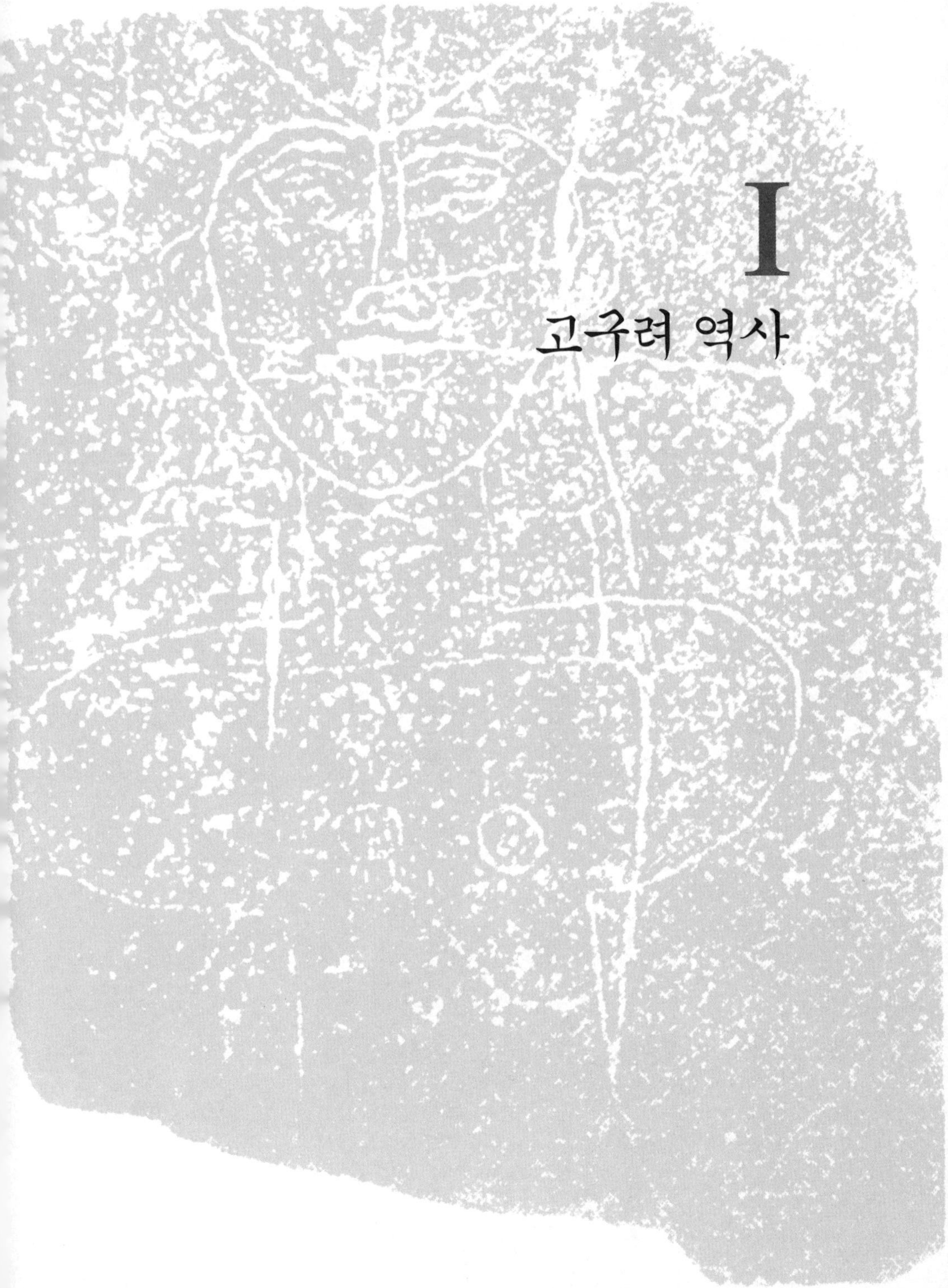

I
고구려 역사

01 삼한의 역사와 고구려

박인량, 문왕 애책

군자의 나라
바다 동쪽에 솥발처럼 셋이 있었네.
대대로 임금을 세웠는데
하늘이 예지 있고 총명한 이를 내었네.
알 속에서 나온 아이 혁거세,
해의 아들 주몽.
백가로 이루어진 백제
삼국이 으뜸이 되었네.
우리 신성하신 태조 대왕에 이르러
천명에 응하여
여러 나라를 통일하니,
빛을 거듭하고 경사를 포개었네.
뛰어난 이들이 대를 이어 일어나
국가 대업이 길이 번성하니,
어짊과 효도로 규모를 계승하고
엄함과 밝음으로 정사에 임하셨네.
……

文王哀冊詞

有君子國 鼎足海東 代立君后 天生睿聰
卵童赫世 日子朱蒙 百家而濟 三氏曰雄
迄我神聖 應天符命 一統群邦 重光疊慶
龍孫嗣興 鴻業長盛 仁孝紹圖 嚴明莅政
……

해설 _ 이 글은 고려 11대 문종대왕의 붕어하심을 애도하여 박인량(朴寅亮, ?~ 1096)이 지은 「문왕애책문(文王哀册文)」의 앞부분을 발췌한 것으로 『동문선』 제28권에 수록되어 있다. 문종 대왕이 고구려 신라 백제 삼국과 이를 통합한 고려 태조와 그 후의 제왕들을 이어 나라를 통치했음을 분명하게 서술하고 있다. 특히 고구려 신라 시조의 남다른 탄생을 제시하여 민족사에 대한 작가의 자존의식을 보여준다. 박인량의 저술로 『고금록』 10권과 『수이전』이 있다고 하는데 전자는 전하지 않고 후자는 『신라수이전』의 개작본으로 보는 견해가 많다. 시호는 문열(文烈)이다. 일찍이 거란이 압록강 동쪽지역에 야심을 가지고 강을 건너와서 동안(東岸)에다 보주(의주)를 설치하여 고려에서 여러 차례 반환을 요청해도 듣지 않다가, 문종 29년(1075) 박인량이 지은 진정표(陳情表)가 요주(遼主)를 감동시켜 철거하게 되었다는 기록이 있다. 송나라에 사행했을 때 지은 그의 시문이 동행했던 김근(金覲)의 작품과 함께 『소화집(小華集)』이라는 이름으로 송에서 간행되어 중국에까지 그 문명을 날리었다. 김근은 김부식의 아버지이다.

02 고구려사 개관

이승휴, 제왕운기

삼가 국사를 근거로, 한편으로 각 본기와 『수이전』에 실린 바를 채록하고, 요 순 이래의 경전, 제자와 사서들을 참조했다. 허튼 말을 버리고 이치에 맞는 것을 취해서 그 사적을 펴 이를 노래함으로써 홍망한 연대를 밝히니 모두 1,460언이다.

> 帝王韻紀 卷下
> 謹據國史 旁採各本紀與夫殊異傳所載 参諸堯舜以來經傳子史 去浮辭 取正理 張其事而詠之 以明興亡年代 凡一千四百六十言

요동에 따로이 천지가 있으니
북두칠성이 중국과 구분되네.
만경 파도는 삼면을 둘러쌌고
북쪽으로 육지 있어 선[1])처럼 이어졌네.
어떤 본에는 화구로 되어 있다—중국이라는 뜻.
가운데 천 리 땅이 곧 조선인데
강산의 아름다운 경치는 천하에 유명하네.
밭 갈고 우물 파서 사는 예의지국

1) 본문 중에 있는 각주는 원저자의 것임

중국 사람 이름지어 소중화라 했네.

遼東別有一乾坤 斗與中朝區以分 洪濤萬頃圍三面 於北有陸連如線
一作華句
中方千里是朝鮮 江山形勝名敷天 耕田鑿井禮義家 華人題作小中華

고구려 시조 성은 고씨, 시호는 동명
왕이 처음 탄생하자, 온 나라가 그를 높였으므로 그를 인하여 고를 성으로 삼았음

활 솜씨 좋아 주몽이라 불렀네
부여 사람들은 활을 잘 쏘면 주몽이라 했음

아버지는 해모수 어머니는 유화 부인
본기(本紀)에 적기를 "한(漢)나라 신작(神雀) 3년 임술(壬戌)에 천제가 태자 해모수를 보내어 부여왕의 옛 서울에 놀게 했다. 오룡거(五龍車)를 탔는데, 따르던 사람은 백여 인으로 모두 흰 고니를 탔다고 운운했다. 대(臺) 위에서 군신의 예를 닦고 웅심산에서 사냥했다. 하백의 딸 셋이 우발하에 나와서 놀다가 장녀인 유화(柳花)가 왕에게 붙들렸다고 운운했다. 문순공(文順公)의 동명왕시에는 "천제의 손자 하백의 외손"이라 하였다.

천제의 손자, 하백의 외손.
아버지는 천궁으로 돌아간 뒤 오지 않고
어머니는 우발수 맑은 물가에 있었네

麗祖姓高 謚東明
王初誕而擧國高之 因以爲姓
善射故以朱蒙名
扶餘人 名善射爲朱蒙
父解慕漱母柳花
本紀云 漢神雀三年壬戌 天帝遣太子解慕漱 遊夫餘王古都 乘五龍車 從者百餘人 皆乘白鵠云云 臺上立君臣之禮 獵於熊心山 河伯三女 出遊優渤之河 長女柳花 爲王所止云云 文順公東明詩云 天孫河伯甥
皇天之孫河伯甥 父還天宮不復返 母在優渤淸江汀

부여 임금 이름이 금와인데
별관 열어 그녀를 맞아드렸네.
닷 되 크기 알 하나를 왼쪽 갈빗대에서 낳으니
흐린 날에 사내 아이 알을 깨고 나왔어라.
아이는 출생한 지 수 개월에 능히 말을 하였고
점차 커가면서 재기가 호탕하고 영특하니

그때 왕의 태자 투기를 내어서는

참소하여 말 먹이는 일 시켰으나 말들은 살찌었네.

주몽왕이 도망하여 개사수 건너고자 하니
　지금의 대령강(大寧江)이다.

자라들이 물에 떠서 다리를 만들었다.

한 원제元帝 건소建昭 2년 갑신 해에
　신라 건국 21년 되던 해

마한의 왕검성에 나라를 세웠네.
　지금의 서경이다. 고구려 고을 이름으로 나라를 세웠다. 오대사에 적기를, 고구려는 부여의 별종이다라고 하였다.

하늘이 사람 보내 궁궐을 지으니

어둑한 산과 골에 울리는 딩딩 소리

이레만에 운무가 걷히니

금벽왕궁 우뚝 서 새로 개인 하늘을 비비네

오이烏伊와 마리摩離 협보挾父

세 신하 같은 덕으로 왕업을 도왔고,

비류국 왕 송양은

개국의 선후를 내세워 다투다가

곧 바로 큰비로 물에 떠다니다 잠기게 되니,

온 나라가 부용하고 충성을 다하였네.

하늘나라 왕래하며 하늘 정사에 참여해

조천석 바윗돌에 말굽이 남아있네.

재위한 지 19년 9개월에

하늘에 오르시고 다시 돌아오지 않으시니,

성자聖子 유리類利 달려와서 왕위를 이으시고
　부여에 있을 때 부인이 낳은 사람

남겨놓고 가신 옥 채찍으로 무덤을 이룩했네.
　지금의 용산에 있는 묘이다.

扶餘國王名金蛙 爲開別館相邀迎 五升大卵左脇誕 陰雲之日生陽晶
兒生數月能言語 漸至壯大才豪英 時王太子生妬忌 譖令牧馬驅駉駉
王來欲渡蓋斯水

今大寧江也

魚鼈化作橋梁橫 漢元立昭二甲申

羅之二十一年

開國馬韓王儉城

今西京也 以高句麗縣名立國 五代史曰 高句麗扶餘別種也

天遣人來立宮闕 山昏谷暗聞丁丁 爲七日已雲霧捲 金碧峌屼磨新晴

烏伊摩離與挾父 三臣同德聊贊成 沸流國王松讓者 禮以後先開國爭

尋爲大雨所漂突 擧國款附輸忠誠 往來天上詣天政 朝天石上驎蹄輕

在位十九年九月 升天不復迴雲軿 聖子類利

在扶餘時 婦所孕者

來嗣位 葬遺玉鞭成墳塋

今龍山墓也

자손들 번성하여 대대로 다스리니

태평한 시절이 강물과 맑음을 다툴 지경,

개소문이 때를 타서 벼슬에 나아 오니

간사함과 아첨으로 총애 받는 신하되어,

간사스럽게 손바닥 위에서 국권을 농락하고

일을 처리하며 편의대로 곧은 신하 죽였네.

조야에서 권세를 휘둘러 날로 잔학한 행위 제멋대로 하니

백성은 도탄에 빠지고 나라는 기울었어라.

뒷 임금 보장왕이 법도를 또 잃으니

많은 사람의 심정을 어찌 다시 안정시킬 수 있으랴.

당나라 고종황제 총장總章 원년 무진에

신라왕이 당의 군사 파견을 청하였네.

이적李績의 행군을 누가 감히 막을손가,

그의 명성 미치자마자 모두 달아나기 바쁘구나.

고구려 보장왕을 잡아 장안으로 돌아감

모두 합해 스물 여덟 임금

칠백 오년 태평성세라 적네.

그 뒤 이백 삼십일년 되어

나라 땅이 신라인에게 병합되었네.

枝繁葉茂承承理 時與江水爭澄淸 蓋蘇文者乘時進 令色巧言爲寵卿

姦回掌上弄國柄 臨事方便誅良貞 擅權中外日肆虐 民墜塗炭邦基傾
後君高藏又失度 安能復定輿人情 唐高摠章元戊辰 羅王奏乞王師征
李績行軍誰敢拒 先聲纔及皆奔驚
擒高藏還京
共計二十有八王 七百五年題大平 爾後二百三十一 地爲羅人之所幷

해설 _ 이 글은 동안거사(動安居士) 이승휴(李承休, 1224~1300)의 『제왕운기(帝王韻紀)』 하권 '동국군왕 개국연대'에서 고구려 부분을 발췌한 것이다. 시 가운데 들어 있는 주 역시 모두 원작에 포함되어 있는 것이다. 이와 별도로 그의 개인 문집 『동안거사집』(한국문집총간 2)이 남아있다. 이승휴는 1270년 삼별초가 봉기했을 때 백성들이 당하는 어려움과 폐해를 논했고, 원종의 부음을 알리기 위해 원나라에 갔을 때에는 세자에게 호복(胡服) 대신 상복을 고려식으로 하도록 권유하였다. 충렬왕 때에는 국왕의 실정 및 국왕 측근인물들의 전횡에 대한 간언을 하다가 파직되었다. 『제왕운기』는 파직 이후에 저작된 것이다.

『제왕운기』는 중국(상권)과 우리 나라(하권)의 역사를 칠언시와 오언시로 엮은 서사시이다. 하권의 우리 나라 역사는 제1부 단군왕검부터 시작해서 고조선·위만조선·사군·삼한·부여·신라·고구려·후고구려·백제·후백제·발해의 역사를 7언시로, 2부 고려 시조에서 충렬왕 당대까지는 오언시로 읊었다. 이 책은 이승휴를 비롯한 당대의 신진사류들의 역사의식을 보여주는 귀중한 자료로서, 이에 대한 평가는 다양하나 "요동에 하나의 별천지가 있으니 지역은 중국과 구별되어 나뉘었네"라는 서두에서 보듯이 조선이 중국과 다른 독립적인 나라이며 예의지국이라는 문화적 우월성을 보여준 점은 확실하다. 단지 고구려 역사에서 동명왕의 일은 상세하나 그 이후 번성했던 사적은 "자손들 번성하여 대대로 다스리니 태평한 정치가 강물처럼 깨끗했네"의 두 구로 간략히 넘어가고 곧 연개소문과 보장왕, 그리고 당의 침략에 의한 멸망을 그린 점이 아쉽다. 자료는 이승휴(李承休), 『제왕운기(帝王韻紀)』(아세아문화사 영인본, 1973)와 김경수 역주,『제왕운기』, 역락, 1999에 영인 첨부된 원문을 사용했다.

II

고구려 왕들

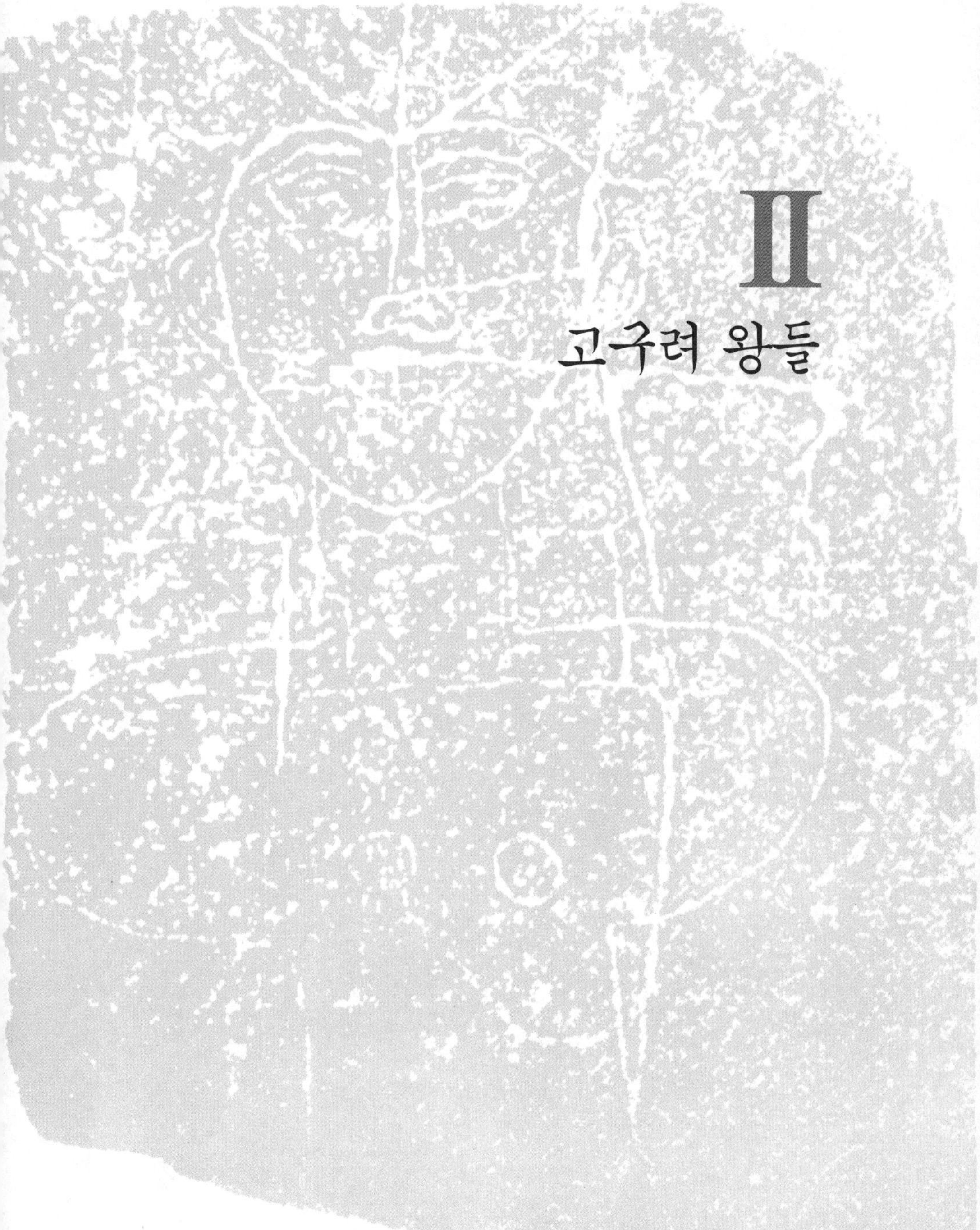

01 동명성왕 東明聖王

1 동명왕의 일생

이규보, 동명왕편

세상에서 동명왕의 신이한 일을 말하는 사람들이 많아서 비록 어리석은 백성들까지도 흔히 그 일을 말한다. 내가 일찍이 그 얘기를 듣고 비웃으며 말하기를,

"옛 스승이신 공자님께서도 괴이하고 무력적이며 혼란하고 신이한 것을 말씀하지 않으셨다. 동명왕의 일은 실로 황당하고 기괴하여 우리 같은 이들이 얘기할 것이 못된다."

라고 하였다. 뒤에 중국의 『위서魏書』「통전通典」을 읽어보니 역시 그 일을 실었으나 간략하고 자세하지 못하였으니, 아마도 국내의 것은 자세히 기술하고 외국의 것은 간략히 기술하려는 의도였을까. 지난 계축년 4월에 구삼국사舊三國史를 얻어 「동명왕본기東明王本紀」를 보니 그 신이한 사적이 세상에서 얘기하는 것보다 더했다. 그러나 처음에는 믿지 못하고 귀신이나 환상으로만 생각하였는데, 세 번 반복하여 읽어서 점점 그 근원에 들어가니, 환상이 아니고 성인이었으며, 귀신이 아니고 신이었다. 하물며 나라의 역사란 사실 그대로 쓴 글이니 어찌 허탄한 것을 전하였으랴. 김부식공이 국사를

| 청룡 : 오회분 4호묘 널방 동벽 벽화 |

거듭 편찬할 때에 자못 그 일을 생략하였으니, 공은 국사는 세상을 바로잡는 글이니 크게 이상한 일은 후세에 보일 것이 아니라고 생각하여 간략하게 쓴 것일까.

당 현종 본기와 양귀비 열전에는 두 군데 모두 방사가 하늘에 오르고 땅에 들어갔다는 일이 없는데, 오직 시인 백낙천만이 그 일이 없어질 것을 두려워하여 노래를 지어 기록하였다. 저것은 실로 황당하고 음란하고 기괴하고 허탄한 일인데도 오히려 읊어서 후세에 보였거든, 더구나 동명왕의 일은 변화의 신이함으로 여러 사람의 눈을 현혹한 것이 아니고 실로 나라를 창건한 신기한 사적이니 이것을 기술하지 않으면 후인들이 장차 어떻게 볼 것인가? 그러므로 시를 지어 기록하여 우리 나라가 본래 성인聖人의 나라라는 것을 천하에 알리고자 할 뿐이다.

東明王篇 并序

世多說東明王神異之事 雖愚夫騃婦 亦頗能說其事 僕嘗聞之 笑曰

先師仲尼 不語怪力亂神 此實荒唐奇詭之事 非吾曹所說 及讀魏書通典 亦載其事 然略而未詳 豈詳內略外之意耶 越癸丑四月 得舊三國史 見東明王本紀 其神異之迹 踰世之所說者 然亦初不能信之 意以爲鬼幻 及三復耽味 漸涉其源 非幻也 乃聖也 非鬼也 乃

神也 況國史直筆之書 豈妄傳之哉 金公富軾重撰國史 頗略其事 意者公以爲國史矯世之書 不可以大異之事爲示於後世而略之耶 按唐玄宗本紀楊貴妃傳 並無方士升天入地之事 唯詩人白樂天恐其事淪沒 作歌以志之 彼實荒淫奇誕之事 猶且詠之 以示于後 矧東明之事 非以變化神異眩惑衆目 乃實創國之神迹 則此而不述 後將何觀 是用作詩以記之 欲使夫天下知我國本聖人之都耳

한 덩어리로 뭉친 원기 갈라져서
천황씨 지황씨 되니
열세 머리 열 한 머리,
그 모습 기이하구나.
그 나머지 성스러운 제왕들도
경서와 사기에 실려 있네.
여절은 큰 별에 감응되어
소호씨를 낳았고,
여추는 전욱을 낳았는데
역시 북두성北斗星의 광채에 감응되어서라.[2)]
복희씨는 희생 제도를 마련하였고
수인씨는 나무를 비벼 불을 만들어 냈네.
달력풀이 난 것은 요 임금의 상서요,
곡식에 비 내림은 신농씨의 상서로다.
푸른 하늘은 여와씨가 기웠고,[3)]
홍수는 우 임금이 다스렸네.
황제가 장차 승천하려 할 적에
턱에 수염 난 용이 스스로 이르더라.
태고 적 순박할 때는

2) 여절(女節) 소호 금천씨(少昊金天氏)의 어머니로 꿈에 큰 별에서 무지개 같은 기운이 흘려내리는데 그것을 받았더니 잉태하여 소호(少昊)씨 지(摯)를 낳았다 한다. 여추(女樞)는 지의 아내로, 역시 북극성이 번쩍이는 것을 보고 태기가 있어 24개월 만에 아들을 낳으니, 이가 오제(五帝)의 둘째 번인 전욱(顓頊)이다.

3) 『사기(史記)』「보삼황본기(補三皇本紀)」에 "태고적에 여와씨(여왜씨, 女媧氏)가 오색의 돌을 다듬어 하늘을 기웠다"는 말이 있다. 그는 일찍이 공공씨(共工氏)가 축융(祝融)과 싸우다가 하늘을 받치고 있던 기둥을 건드려 꺾어지면서 하늘이 무너지고 땅이 이지러지자 오색돌로 이를 보수했다고 한다.

신령하고 성스러운 것 이루 다 기록할 수 없었는데,

후세에 인정이 점점 경박해지고

풍속이 지나치게 사치해져서,

성인이 간혹 나기는 하였으나

신령한 자취 보인 것이 적었네.

元氣判浾渾 天皇地皇氏 十三十一頭 體貌多奇異
其餘聖帝王 亦備載經史 女節感大星 乃生大昊摯
女樞生顓頊 亦感瑤光暐 伏羲制牲犧 燧人始鑽燧
生蓂高帝祥 雨粟神農瑞 靑天女媧補 洪水大禹理
黃帝將升天 胡髥龍自至 太古淳朴時 靈聖難備記
後世漸澆漓 風俗例汰侈 聖人間或生 神迹少所示

한나라 신작 삼 년,

첫여름 북두가 사방巳方을 가리킬 때,

한나라 신작 3년 4월 갑인(甲寅)

해동 해모수는

참으로 하느님의 아들인데,

본기에 이렇게 적혀 있다.

부여왕 해부루가 늙도록 아들이 없어 산천에 제사하여 아들 낳기를 빌러 가는데, 탄 말이 곤연에 이르자 큰 돌을 보고 눈물을 흘렸다. 왕이 괴이하게 여기어 사람을 시켜 그 돌을 굴리니 금빛 나는 개구리 형상의 작은 아이가 있었다. 왕이,

"이것은 하늘이 내게 아들을 준 것이다."

하며, 길러서 금와라 하고 태자로 삼았다. 정승 아란불이,

"일전에 천제가 내게 내려와서 '장차 내 자손으로 하여금 이곳에 나라를 세우려 하니 너는 피하라' 하였는데, 동해 가에 가섭원이란 땅이 있어 오곡이 잘 되니 도읍할 만합니다."

라 하고, 왕을 권하여 옮겨 도읍하고 동부여라 이름하였다. 예전 도읍터에는 해모수가 천제의 아들이 되어 와서 도읍하였다.

처음 공중에서 내려오는데

자신은 다섯 용의 수레를 타고,

따르는 사람 백여 명은

고니 새를 타고 깃털 옷을 화려하게 입었는데,

맑은 풍악 소리 쟁쟁하게 울리고

채색 구름은 뭉게뭉게 떴다.

한나라 신작 3년인 임술년에 천제가 태자를 보내어 부여왕의 옛 도읍에 내려와 놀았는데 이름이 해모수였다. 하늘에서 내려오는데 오룡거를 타고, 따르는 사람 1백여 인은 모두 흰 고니새를 탔다. 채색 구름은 위에 뜨고 음악 소리는 구름 속에서 울렸다. 웅심산에 머물렀다가 10여 일이 지나서 내려오는데 머리에는 오우관을 쓰고 허리에는 용광검을 찼다.

옛날부터 천명을 받은 임금이
그 누가 하늘에서 내려주심이 아니리요마는,
대낮 푸른 하늘에서 내려온 것은
옛적부터 보지 못한 일이네.
아침에는 인간 세상에서 살고
저녁에는 천궁으로 돌아가는데,

아침에는 정사를 듣고 저물면 곧 하늘로 올라가니 세상에서 천왕랑이라 일컬었다.

내 옛사람에게 들으니
하늘에서 땅까지의 거리가
이억 만 팔천
칠백 팔십 리,
사다리로도 오르기 어렵고
날개로 날아도 쉽게 지치는데,
아침저녁 임의로 오르내리니
이러한 이치가 어찌 다시 있을까.

漢神雀三年 孟夏斗立巳

漢神雀三年四月甲寅

海東解慕漱 眞是天之子

本記云 夫余王解夫婁老無子 祭山川求嗣 所御馬至鯤淵 見大石流淚 王怪之 使人轉其石 有小兒金色蛙形 王曰 此天錫我令胤乎 乃收養之 名曰金蛙 立爲太子 其相阿蘭弗曰 日者天降我曰 將使吾子孫 立國於此 汝其避之 東海之濱有地 號迦葉原 土宜五穀 可都也 阿蘭弗勸王移都 號東夫余 於舊都 解慕漱爲天帝子來都

初從空中下 身乘五龍軌 從者百餘人 騎鵠紛襂纚

清樂動鏘洋 彩雲浮旖旎

漢神雀三年壬戌歲 天帝遣太子降遊扶余王古都 號解慕漱 從天而下 乘五龍車 從者百餘人 皆騎白鵠 彩雲浮於上 音樂動雲中 止熊心山 經十餘日始下 首戴烏羽之冠 腰帶龍光之劒

自古受命君 何是非天賜 白日下青冥 從昔所未視

朝居人世中 暮反天宮裡

朝則聽事 暮卽升天 世謂之天王郎

吾聞於古人 蒼穹之去地 二億萬八千 七百八十里
梯棧躡難升 羽翮飛易瘁 朝夕恣升降 此理復何爾

성 북쪽에 청하가 있으니
청하는 지금의 압록강이다.

하백의 세 딸이 아름다워라.
맏이는 유화요 다음은 훤화요 끝은 위화이다.

압록강 물결을 헤치고 나와

웅심 물가에서 노는데
청하에서 나와서 웅심연 가에서 놀았다.

쟁쟁하게 패옥이 울리고

부드럽고 가냘픈 모습 아름다웠네.
자태가 곱고 아리따웠는데 여러 가지 패옥이 쟁그랑거리어 한고(漢皐)4)와 다름 없었다.

처음에는 한고 물가인가 하다가

다시 생각하니 낙수의 모래톱이네.

왕이 나가서 사냥하다 보고

눈길을 보내며 자못 마음에 두니

이는 곱고 아름다운 여인을 좋아해서가 아니라

진실로 후사 얻는 것이 급했기 때문이네.
왕이 좌우에게,
"얻어서 왕비를 삼으면 후사를 둘 수 있다."
하였다.

세 여자가 왕이 오는 것을 보고

물에 들어가 한참 동안 서로 피하면서

장차 궁전을 짓거든

잠시 기다렸다가 함께 와서 놀려고 했었네.

말채찍으로 한번 땅을 그으니

구리 집이 홀연히 세워졌네.

비단 자리를 눈부시게 깔아 놓고

4) 한고는 한고대(漢皐臺)를 말한다. 주나라의 정교보(鄭交甫)가 여기서 패옥을 쟁그랑거리는 두 여인을 만났다.

금 술동이에 맛있는 술 차려 놓았더니,

과연 펄럭펄럭 스스로 들어와서

서로 마시고 이내 곧 취하였다.

그 여자들이 왕을 보자 곧 물로 들어갔다. 좌우가,
"대왕께서는 왜 궁전을 지어서 여자들이 방에 들어가기를 기다렸다가 못 나가게 문을 가로막지 않으십니까?"
하였다. 왕이 그렇게 여겨 말채찍으로 땅을 긋자 구리집이 갑자기 이루어졌는데 장려(壯麗)하였다. 방 안에 세 자리를 베풀고 술상을 차려 놓았다. 그 여자들이 각각 그 자리에 앉아 서로 권하며 마셔 술이 크게 취하였다.

왕이 그때 나가 가로막으니

놀라 달아나다 미끄러져 자빠졌다.

왕이 세 여자가 크게 취할 것을 기다려 급히 나가 막으니 여자들이 놀라 달아나다가 맏딸 유화가 왕에게 붙잡혔다.

城北有靑河
靑河今鴨綠江也
河伯三女美
長曰柳花 次曰萱花 季曰葦花
擘出鴨頭波 往遊熊心涘
自靑河出遊熊心淵上
鏘琅佩玉鳴 綽約顔花媚
神姿艶麗 雜佩鏘洋 與漢皐無異
初疑漢皐濱 復想洛水沚 王因出獵見 目送頗留意
玆非悅紛華 誠急生繼嗣
王謂左右曰 得而爲妃 可有後胤
三女見君來 入水尋相避 擬將作宮殿 潛候同來戱
馬撾一畫地 銅室欻然峙 錦席鋪絢明 金罇置淳旨
蹁躚果自入 對酌還徑醉
其女見王卽入水 左右曰 大王何不作宮殿 俟女入室 當戶遮之 王以爲然 以馬鞭畫地 銅室俄成壯麗 於室中設三席置樽酒 其女各坐其席 相勸飮酒大醉云云
王時出橫遮 驚走僅顚躓
王俟三女大醉急出 遮女等驚走 長女柳花 爲王所止

맏딸이 유화인데

이 여자가 왕에게 붙잡혔다.

하백이 크게 노하여

사자를 시켜 급히 달려가서,

고하기를 너는 어떤 사람이기에

감히 경솔하고 방자한 짓을 하는가.

회보하기를 나는 천제의 아들,

높은 문족과 서로 혼인하기 청하오.

하늘을 가리키자 용수레가 내려오니

그대로 깊은 해궁에 이르렀네.

하백(河伯)이 크게 노하여 사자를 보내어 고하기를,
"너는 어떠한 사람이기에 내 딸을 잡아 두는가?"
하였다. 왕이 회보하기를,
"나는 천제(天帝)의 아들인데 지금 하백에게 구혼하고자 합니다."
하였다. 하백이 또 사자를 보내어 고하기를,
"네가 만일 천제의 아들이고 내게 구혼할 생각이 있으면 마땅히 중매를 시켜 말할 것이지 지금 문득 내 딸을 잡아 두니 어찌 그리 실례가 심한가?"
하였다. 왕이 부끄러워하며 하백을 뵈려 하였으나 궁실에 들어갈 수 없었다. 그래서 그 여자를 놓아 보내고자 하니 그 여자가 이미 왕과 정이 들어서 떠나려 하지 않으며 왕에게 권하기를,
"만일 용거(龍車)가 있으면 하백의 나라에 이를 수 있다."
하였다. 왕이 하늘을 가리켜 고하니, 조금 뒤에 오룡거(五龍車)가 공중에서 내려왔다. 왕이 여자와 함께 수레를 타니 풍운이 홀연히 일어나며 하백의 궁에 이르렀다.

하백이 왕에게 이르기를

혼인은 큰일이라,

중매와 폐백의 법이 있거늘,

어째서 가벼이 제멋대로 하는고.

하백이 예를 갖추어 맞아 좌정한 뒤에 이르기를,
"혼인의 도는 천하의 공통된 법규인데 어찌하여 실례되는 일을 해서 내 가문을 욕되게 하는가?"
하였다.

그대가 상제의 아들이라면

신통한 변화를 시험하여 봅시다.

넘실거리는 푸른 물결 속에

하백이 잉어로 변하니,

왕은 곧 수달이 되어

즉시 잡는데 반 걸음도 안 걸리네.

또다시 두 날개가 나서

꿩이 되어 훌쩍 날아가니,

왕이 또 신령한 매가 되어

쫓아가 치는 것이 어찌 그리 날쌘가.

저편이 사슴이 되어 달아나면

이편은 승냥이가 되어 쫓았네.

하백은 신통한 재주 있음 알고

술자리 벌이고 서로 기뻐하였다.

만취한 틈을 타서 가죽 수레에 싣고

딸도 수레에 함께 태웠네.

수레의 옆을 기(輢)라 한다.

그 뜻은 딸과 함께

천상에 오르게 하려 함이었네.

그 수레가 물 밖에 나오기 전에

술이 깨어 홀연히 놀라 일어나

하백의 술은 이레가 되어야 깬다.

여자의 황금비녀로

가죽 뚫고 구멍으로 나와서

출(出)은 협운(叶韻)이다.

홀로 하늘로 올라가서

아무 소식 없이 다시 돌아오지 않았네.

하백이,

"왕이 천제(天帝)의 아들이라면 무슨 신통하고 이상한 재주가 있는가?"

하니, 왕이,

"무엇이든지 시험하여 보소서."

하였다. 이에 하백이 뜰 앞의 물에서 잉어로 변화하여 물결을 따라 노니니 왕이 수달로 변화하여 잡았고, 하백이 또 사슴이 되어 달아나니 왕은 승냥이가 되어 쫓았고, 하백이 꿩으로 변화하니 왕이 매로 변하였다. 하백은 참으로 천제의 아들이라고 생각하여 예로 혼인을 이루었다. 왕이 딸을 데려갈 마음이 없을까 두려워하여 풍악을 베풀고 술을 내어 왕에게 권하였다. 크게 취하자 딸과 함께 작은 가죽 수레에 넣어 용거(龍車)에 실으니 이는 하늘에 함께 오르게 하려 함이었다. 그 수레가 미처 물에서 나오기 전에 왕이 술이 깨어 여자의 황금비녀로 가죽 수레를 뚫고 구멍으로 홀로 나와서 하늘로 올라갔다.

長女曰柳花 是爲王所止 河伯大怒嗔 遣使急且駛
告云渠何人 乃敢放輕肆 報云天帝子 高族請相累
指天降龍馭 徑到海宮邃

河伯大怒遣使告曰 汝是何人 留我女乎 王報云 我是天帝之子 今欲與河伯結婚 河伯又使告曰 汝若天帝之子 於我有求昏者 當使媒云云 今輒留我女 何其失禮 王慙之 將往見河伯 不能入室 欲放其女 女旣與王定情 不肯離去 乃勸王曰 如有龍車 可到河伯之國 王指天而告 俄而五龍車從空而下 王與女乘車 風雲忽起 至其宮

河伯乃謂王 婚姻是大事 媒贄有通法 胡奈得自恣

河伯備禮迎之 坐定 謂曰 婚姻之道 天下之通規 何爲失禮 辱我門宗云云

君是上帝胤 神變請可試 漣漪碧波中 河伯化作鯉
王尋變爲獺 立捕不待跬 又復生兩翼 翩然化爲雉
王又化神鷹 搏擊何大鷙 彼爲鹿而走 我爲豺而趡
河伯知有神 置酒相燕喜 伺醉載革輿 幷置女於輢

車傍曰輢

意令與其女 天上同騰轡 其車未出水 酒醒忽驚起

河伯之酒 七日乃醒

取女黃金釵 刺革從竅出

叶韻

獨乘赤宵上 寂寞不迴騎

河伯曰 王是天帝之子 有何神異 王曰 唯在所試 於是河伯於庭前水 化爲鯉 隨浪而游 王化爲獺而捕之 河伯又化爲鹿而走 王化爲豺逐之 河伯化爲雉 王化爲鷹擊之 河伯以爲誠是天帝之子 以禮成婚 恐王無將女之心 張樂置酒 勸王大醉 與女入於小革輿中 載以龍車 欲令升天 其車未出水 王卽酒醒 取女黃金釵刺革輿 從孔獨出升天

하백이 그 딸을 책망하여
입술을 잡아당겨 석 자나 늘려 놓고,
우발수 속으로 추방하고는
오직 비복 두 사람만 주었네.

하백이 그 딸에게 크게 노하여,
"네가 내 훈계를 따르지 않아서 끝내 우리 가문을 욕되게 하였다."
하고, 좌우를 시켜 딸의 입을 옭아 잡아당기어 입술의 길이가 석 자나 되게 하고 노비 두 사람만을 주어 우발수 가운데로 추방하였다. 우발은 못 이름인데 지금 태백산 남쪽에 있다.

어부가 물 속을 보니
이상한 짐승이 돌아다녔다.
이에 금와왕에게 고하여
쇠 그물을 깊숙이 던져서
돌에 앉은 여자를 끌어당겨 얻었는데,
얼굴 모양이 심히 무서워라.

입술이 길어 말을 못하므로

세 번 자른 뒤에야 입을 열었네.

어사 강력부추가 고하기를,

"근자에 어량(魚梁 돌로 냇물을 막아 고기를 잡는 장치) 속의 고기를 도둑질해 가는 것이 있는데 무슨 짐승인지 알 수 없습니다."

하였다. 왕이 어사를 시켜 그물로 끌어내니 그물이 찢어졌다. 다시 쇠그물을 만들어 당겨서 돌에 앉아 있는 여자를 얻었다. 그 여자는 입술이 길어 말을 못하므로 그 입술을 세 번 잘라내게 한 뒤에야 말을 하였다.

왕이 해모수의 왕비인 것을 알고

이내 별궁에 두었더니,

해를 품고 주몽을 낳으니

이 해가 계해년이었네.

골상이 참으로 기이하고

우는 소리가 또한 심히 컸다.

처음에 되만 한 알을 낳으니

보는 사람들이 깜짝 놀랐네.

왕이 상서롭지 못하구나

이것이 어찌 사람의 종류인가 하고,

마구간 속에 두었더니

여러 말들이 모두 밟지 않고,

깊은 산 속에 버렸더니

온갖 짐승이 모두 옹위하였다.

왕이 천제 아들의 비인 것을 알고 별궁에 두었더니 그 여자의 품안에 해가 비치자 이어 임신하여 신작 4년 계해년 여름 4월에 주몽을 낳았는데 우는 소리가 매우 크고 골상이 영특하고 기이하였다. 처음 낳을 때에 좌편 겨드랑이로 알 하나를 낳았는데 크기가 닷되들이 만 하였다. 왕이 괴이하게 여겨 말하기를,

"사람이 새알을 낳았으니 상서롭지 못하다."

하고, 사람을 시켜 마구간에 두었더니 여러 말들이 밟지 않고, 깊은 산에 버렸더니 모든 짐승이 호위하고 구름 끼고 음침한 날에도 알 위에 항상 햇빛이 있었다. 왕이 알을 도로 가져다가 어머니에게 보내어 기르게 하였더니, 알이 마침내 갈라져서 한 사내아이를 얻었는데 낳은 지 한 달이 지나지 않아서 언어가 모두 정확하였다.

어머니가 우선 받아서 기르니

한 달이 되면서 말하기 시작했네.

스스로 말하되 파리가 눈을 빨아서

누워도 편안히 잘 수 없어라,

어머니가 그를 위해 활과 화살을 만들어 주시니

그 활이 빗나가는 법이 없었다.

어머니에게,

"파리들이 눈을 빨아서 잘 수가 없으니 어머니는 나를 위하여 활과 화살을 만들어 주오."

하였다. 그 어머니가 댓가지로 활과 화살을 만들어 주니 스스로 물레 위의 파리를 쏘는데 화살을 쏘는 족족 맞혔다. 부여에서 활 잘 쏘는 것을 주몽이라고들 한다.

나이가 점점 많아지매

재능도 날로 갖추어졌네.

부여왕의 태자가

그 마음에 투기가 생겨,

말하기를 주몽이란 자는

만일 일찍 죽이지 않으면

후환이 끝없으리라.

나이가 많아지자 재능이 다 갖추어졌다. 금와왕은 아들 일곱이 있는데 항상 주몽과 함께 놀며 사냥하였다. 왕의 아들과 따르는 사람 40여 인이 겨우 사슴 한 마리를 잡았는데 주몽은 사슴을 퍽 많이 쏘아 잡았다. 왕자가 시기하여 주몽을 붙잡아 나무에 묶어 매고 사슴을 빼앗았는데, 주몽이 나무를 뽑아 버리고 갔다. 태자 대소가 왕에게,

"주몽이란 자는 신통하고 용맹한 장사여서 눈초리가 비상하니 만일 일찍 도모하지 않으면 반드시 후환이 있을 것입니다."

하였다.

왕이 가서 말을 기르게 하니

그 뜻을 시험하고자 함이었네.

스스로 생각하니 천제의 손자가

천하게 말 기르는 것 참으로 부끄러워라.

가슴을 어루만지며 항상 혼자 탄식하기를

사는 것이 죽는 것만 못하네.

마음 같아서는 장차 남쪽 땅에 가서

나라도 세우고 성시도 세우고자 하나,

사랑하는 어머니가 계시기 때문에

이별이 참으로 쉽지 않구나.

왕이 주몽에게 말을 기르게 하여 그 뜻을 시험하였다. 주몽이 마음으로 한을 품고 어머

니에게,

"나는 천제의 손자인데 남을 위하여 말을 기르니 사는 것이 죽는 것만 못합니다. 남쪽 땅에 가서 나라를 세우려 하나 어머니가 계셔서 마음대로 못합니다."

하니, 그의 어머니가 이런 저런 말씀을 하셨다.

河伯責厥女 挽吻三尺弛 乃貶優渤中 唯與婢僕二

河伯大怒其女曰 汝不從我訓 終辱我門 令左右絞挽女口 其唇吻長三尺 唯與奴婢二人 貶於優渤水中 優渤澤名 今在太伯山南

漁師觀波中 奇獸行駓騃 乃告王金蛙 鐵網投湀湀

引得坐石女 姿貌甚堪畏 唇長不能言 三截乃啓齒

漁師强力扶鄒告曰 近有盜梁中魚而將去者 未知何獸也 王乃使魚師以網引之 其網破裂 更造鐵網引之 始得一女 坐石而出 其女唇長不能言 令三截其唇乃言

王知慕漱妃 仍以別宮置 懷日生朱蒙 是歲歲在癸

骨表諒最奇 啼聲亦甚偉 初生卵如升 觀者皆驚悸

王以爲不祥 此豈人之類 置之馬牧中 群馬皆不履

棄之深山中 百獸皆擁衛

王知天帝子妃 以別宮置之 其女懷中日曜 因以有娠 神雀四年癸亥歲夏四月 生朱蒙 啼聲甚偉 骨表英奇 初生左腋生一卵 大如五升許 王怪之曰 人生鳥卵 可爲不祥 使人置之馬牧 群馬不踐 棄於深山 百獸皆護 雲陰之日 卵上恒有日光 王取卵送母養之 卵終乃開 得一男 生未經月 言語竝實

母姑擧而養 經月言語始 自言蠅噆目 臥不能安睡

母爲作弓矢 其弓不虛掎

謂母曰 群蠅噆目 不能睡 母爲我作弓矢 其母以蓽作弓矢與之 自射紡車上蠅 發矢卽中 扶余謂善射曰朱蒙

年至漸長大 才能日漸備 扶余王太子 其心生妬忌

乃言朱蒙者 此必非常士 若不早自圖 其患誠未已

年至長大 才能竝備 金蛙有子七人 常共朱蒙遊獵 王子及從者四十餘人 唯獲一鹿 朱蒙射鹿至多 王子妬之 乃執朱蒙縛樹 奪鹿而去 朱蒙拔樹而去 太子帶素言於王曰 朱蒙者神勇之士 瞻視非常 若不早圖 必有後患

王令往牧馬 欲以試厥志 自思天之孫 厮牧良可恥

扠心常竊導 吾生不如死 意將往南土 立國立城市

爲緣慈母在 離別誠未易

王使朱蒙牧馬 欲試其意 朱蒙內自懷恨 謂母曰 我是天帝之孫 爲人牧馬 生不如死 欲往南土造國家 母在不敢自專 其母云云

그 어머니 이 말 듣고
흐르는 눈물 씻으며
너는 내 생각하지 말아라,
나도 항상 마음 아프단다.
장사가 먼 길을 가려면

반드시 준마가 있어야 하느니,
아들을 데리고 마구간에 가서
곧 긴 채찍으로 말을 때리니,
여러 말은 모두 달아나는데
붉은 빛이 얼룩진 한 말이 있어,
두 길 되는 난간을 뛰어 넘으니
이것이 준마인 줄 비로소 깨달았네.

통전에 주몽이 타던 말은 모두 과하마라 하였다.

남모르게 바늘을 혀에 꽂으니,
시고 아파 먹지 못하여
며칠 못되어 형상이 심히 야위어
나쁜 말과 다름없었네.
그 뒤에 왕이 돌아보시고
말을 주시는데 바로 이 말이었네.
얻고 나서 비로소 바늘을 뽑고
밤낮으로 도로 먹였다.

그 어머니가,
"이것은 내가 밤낮으로 고심하던 일이다. 내가 들으니 장사가 먼길을 가려면 반드시 준마가 있어야 한다. 내가 말을 고를 수 있다."
하고, 드디어 목마장으로 가서 긴 채찍으로 어지럽게 때리니 여러 말이 모두 놀라 달아나는데 한 마리 붉은 말이 두 길이나 되는 난간을 뛰어넘었다. 주몽은 이 말이 준마임을 알고 가만히 바늘을 혀 밑에 꽂아 놓았다. 그 말은 혀가 아파서 물과 풀을 먹지 못하여 심히 야위었다. 왕이 목마장을 순시하며 여러 말이 모두 살찐 것을 보고 크게 기뻐서 인하여 야윈 말을 주몽에게 주었다. 주몽이 이 말을 얻고 나서 그 바늘을 뽑고 도로 먹였다 한다.

가만히 세 어진 벗을 맺으니
그 사람들 모두 지혜가 많았다.

오이 · 마리 · 협보 등 세 사람이었다.

남쪽으로 행하여 엄체수[5]에 이르러

일명 개사수(蓋斯水)인데 지금의 압록강 동북쪽에 있다.

5) 이규보 「동명왕」 편에는 엄체수(淹滯水)라 하고, 『삼국사기』에서는 엄시수(淹淲水), 성여신은 엄표수(淹淲水)와 엄체수를 함께 썼다. 이학규는 「七嶺松」에서 엄표하(淹淲河)라 했고, 이복휴는 「毁卵行」에서 엄체수(淹遞水)라 했다.

건너려 하여도 배가 없었다.

건너려 하나 배는 없고 쫓는 군사가 곧 이를 것을 두려워하여 채찍으로 하늘을 가리키며 개연히 탄식하기를,

"나는 천제의 손자요 하백의 외손인데 지금 난을 피하여 여기에 이르렀으니 황천과 후토(后土)는 나 고자(孤子)를 불쌍히 여기시어 속히 배와 다리를 주소서."

하고, 말을 마치고 활로 물을 치니 고기와 자라가 나와 다리를 이루어 주몽이 건넜는데 한참 뒤에 쫓는 군사가 이르렀다.

채찍을 잡고 저 하늘을 가리키며

개연히 길게 탄식했다.

천제의 손자 하백의 외손이

난을 피하여 이곳에 이르렀소.

불쌍한 아비 없는 아이의 마음을

황천 후토가 차마 버리시리까.

활을 잡아 하수를 치니

고기와 자라가 머리와 꼬리를 나란히 하여,

높직이 다리를 이루어

비로소 건널 수 있었네.

조금 뒤에 쫓는 군사 이르러

다리에 오르니 다리가 곧 무너졌다.

쫓아온 군사가 하수에 이르니 고기와 자라가 이룬 다리가 곧 허물어져 이미 다리에 오른 자는 모두 빠져 죽었다.

한 쌍 비둘기 보리 물고 날아

신모의 사자가.

주몽이 이별할 때 차마 떠나지 못하니 어머니가 말하기를,

"너는 어미 때문에 걱정하지 말아라."

하고 오곡 종자를 싸 주어 보내었다. 주몽이 살아서 이별하는 마음이 애절하여 보리 종자를 잊어버리고 왔다. 주몽이 큰 나무 밑에서 쉬는데 비둘기 한 쌍이 날아왔다. 주몽이,

"아마도 신모(神母)께서 보리 종자를 보내신 것이리라."

하고, 활을 쏘아 한 화살에 모두 떨어뜨려 목구멍을 벌려 보리 종자를 얻고 나서 물을 뿜으니 비둘기가 다시 소생하여 날아갔다.

其母聞此言 潛然抆淸淚 汝幸勿爲念 我亦常痛痞

士之涉長途 須必憑騄駬 相將往馬閑 卽以長鞭捶

群馬皆突走 一馬騂色斐 跳過二丈欄 始覺是駿驥

通典云 朱蒙所乘 皆果下馬也

潛以針刺舌 酸痛不受飼 不日形甚癯 却與駑駘似

爾後王巡觀 予馬此卽是 得之始抽針 日夜屢加餧

其母曰 此吾之所以日夜腐心也 吾聞士之涉長途者 須憑駿足 吾能擇馬矣 遂往馬牧 卽以長鞭亂捶 群馬皆驚走 一騂馬跳過二丈之欄 朱蒙知馬駿逸 潛以針刺馬舌根 其馬舌痛 不食水草 甚瘦悴 王巡行馬牧 見群馬悉肥 大喜 仍以瘦錫朱蒙 朱蒙得之 拔其針加餧云

暗結三賢友 其人共多智

烏伊, 摩離, 陜父等三人

南行至淹滯

一名蓋斯水 在今鴨綠東

欲渡無舟艤

欲渡無舟 恐追兵奄及 迺以策指天 慨然嘆曰 我天帝之孫 河伯之甥 今避難至此 皇天后土 憐我孤子 速致舟橋 言訖 以弓打水 魚鼈浮出成橋 朱蒙乃得渡 良久追兵至

秉策指彼蒼 慨然發長喟 天孫河伯甥 避難至於此
哀哀孤子心 天地其忍棄 操弓打河水 魚鼈騈首尾
屹然成橋梯 始乃得渡矣 俄爾追兵至 上橋橋旋圮

追兵至河 魚鼈橋卽滅 已上橋者 皆沒死

雙鳩含麥飛 來作神母使

朱蒙臨別 不忍暌違 其母曰 汝勿以一母爲念 乃裹五穀種以送之 朱蒙自切生別之心 忘其麥子 朱蒙息大樹之下 有雙鳩來集 朱蒙曰 應是神母使送麥子 乃引弓射之 一矢俱擧 開喉得麥子 以水噴鳩 更蘇而飛去云云

형세 좋은 땅에 왕도를 개설하니
산천이 울창하고 높고 컸네.
스스로 띠자리 위에 앉아서
대강 군신의 위차를 정하였네.
애달프다 비류왕이여,
어째서 스스로 헤아리지 못하고
선인의 후예인 것만 굳이 자긍하고
천제의 손자 존귀함을 알지 못하였나.
한갓 부용국으로 삼으려 하여
말하는 데 삼가거나 겁내지 않는구나.
그림 사슴의 배꼽도 맞히지 못하더니
옥가락지 깨는 것에 놀랐어라.

비류왕 송양이 나와 사냥하다가 왕의 용모가 비상함을 보고 이끌어 함께 앉아서, "바다 한쪽에 치우쳐 있어 일찍이 군자를 만나보지 못하였는데, 오늘 우연히 만났으니 얼마나 다행한 일인가. 그대는 어떠한 사람이며 어느 곳에서 왔는가?"
하니, 왕이,
"과인은 천제의 손자요 서국의 왕이다. 감히 묻노니 군왕은 누구의 후손인가?"
하니, 송양이,
"나는 선인의 후손인데 여러 대 왕 노릇을 하였다. 지금 지방이 대단히 작아서 나누어 두 왕이 될 수 없고 그대는 나라를 만든 지가 얼마 되지 않았으니, 나의 부속국이 되는 것이 좋을 것이다."
하였다. 왕이,
"과인은 천제의 뒤를 이었지마는 지금 왕은 신의 자손도 아니면서 억지로 왕이라 칭호하니, 만일 내게 복종하지 않으면 하늘이 반드시 죽일 것이다."
하였다. 송양은 왕이 여러 번 천제의 손자라 자칭하는 것을 듣고 마음에 의심을 품어 그 재주를 시험하고자 하여,
"왕과 활쏘기를 원하노라."
하고, 그린 사슴을 1백 보 안에 놓고 쏘았는데 그 화살이 사슴 배꼽에 들어가지 않았는데도 힘에 겨워하였다. 왕이 사람을 시켜 옥가락지를 가져다가 1백 보 밖에 달아매고 쏘았는데 기왓장 부서지듯 깨지니 송양이 크게 놀랐다.

와서 고각이 변색한 것을 보고

감히 내 기물이라 말하지 못하더니,

왕이,
"국가의 기업이 새로 창조되었기 때문에 고각의 위의가 없어서 비류(沸流)의 사자가 왕래함에 내가 왕의 예로 맞고 보내지 못하니 그 까닭으로 나를 가볍게 여기는 것이다."
하였다. 시종하는 신하 부분노가 앞에 나와, "신이 대왕을 위하여 비류의 북을 가져오겠습니다."
하였다. 왕이, "다른 나라의 감추어 둔 물건을 네가 어떻게 가져오려느냐?" 하니, 대답하기를,
"이것은 하늘이 준 물건이니 왜 가져오지 못하겠습니까? 대왕이 부여에서 곤욕을 당할 때에 누가 대왕이 여기에 이르리라고 생각하였겠습니까? 지금 대왕이 만 번 죽음을 당할 위태한 땅에서 몸을 빼쳐 나와 요동 왼쪽 땅에 이름을 날리니 이것은 천제가 명령하여 하는 것이라 무슨 일인들 이루지 못하겠습니까?" 하였다. 이에 부분노 등 세 사람이 비류에 가서 북을 가져오니 비류왕이 사자를 보내어 고하였다. 왕이 비류에서 와서 고각을 볼까 두려워하여 빛깔을 오래된 것처럼 검게 만들어 놓으니 송양이 감히 다투지 못하고 돌아갔다.

집 기둥이 묵은 것을 와서 보고

말 못하고 도리어 부끄러워했다.

송양이 도읍을 세운 선후를 따져 속국을 삼고자 하니, 왕이 궁실을 지을 때 썩은 나무로 기둥을 세워 천 년 묵은 것같이 했다. 송양이 와서 보고 마침내 감히 도읍을 세운 선후를 따지지 못하였다.

동명왕이 서쪽으로 순수할 때

우연히 눈빛 고라니를 얻어

큰 사슴을 고라니라 한다.

해원 언덕 위에 거꾸로 달아매고
감히 스스로 저주하기를,
하늘이 비류에 비를 내려
그 도성과 변방을 표몰시키지 않으면,
내가 너를 놓아주지 않을 것이니
너는 내 분함을 풀어다오.
사슴의 우는 소리 심히 슬퍼
위로 천제의 귀에 사무쳤다.
장마비가 이레를 퍼부어
주룩주룩 회수 사수가 넘쳐나듯,
송양이 근심하고 두려워하여
물결 흐름을 따라 부질없이 갈대 밧줄을 가로 뻗쳤다.
백성들이 다투어 와서 밧줄을 잡아당겨
서로 쳐다보며 땀을 흘리었네.
동명황이 즉시 채찍을 들어
물을 그으니 물이 끓어오르기를 멈추었다.
송양이 나라를 들어 항복하고
이 뒤로는 우리를 헐뜯지 못하였네.

서쪽을 순행하다가 사슴 한 마리를 얻었는데 해원에 거꾸로 달아매고 저주하기를, "하늘이 만일 비를 내려 비류왕의 도읍을 표몰시키지 않는다면 내가 너를 놓아주지 않을 것이니, 이 곤란을 면하려거든 네가 하늘에 호소하라." 하였다. 그 사슴이 슬피 울어 소리가 하늘에 사무치니 장마비가 이레를 퍼부어 송양의 도읍을 표몰시켰다. 송양왕이 갈대 밧줄로 흐르는 물을 횡단하고 오리 말을 타고 백성들은 모두 그 밧줄을 잡아당겼다. 주몽이 채찍으로 물을 긋자 물이 곧 줄어들었다. 6월에 송양이 나라를 들어 항복하였다 한다.

形勝開王都 山川鬱巋崋 自坐茀絕上 略定君臣位
王自坐茀絕之上 略定君臣之位
咄哉沸流王 何奈不自揆 苦矜仙人後 未識帝孫貴
徒欲爲附庸 出語不愼葸 未中畵鹿臍 驚我倒玉指
沸流王松讓出獵 見王容貌非常 引而與坐曰 僻在海隅 未曾得見君子 今日邂逅 何其幸乎 君是何人 從何而至 王曰 寡人 天帝之孫 西國之王也 敢問君王繼誰之後 讓曰 予是仙人之後 累世爲王 今地方至小 不可分爲兩王 君造國日淺 爲我附庸可乎 王曰 寡人 繼天之後 今主非神之冑 强號爲王 若不歸我 天必殛之 松讓以王累稱天孫 內自懷疑 欲試

其才 乃曰 願與王射矣 以畵鹿置百步內射之 其矢不入鹿臍 猶如倒手 王使人以玉指環懸於百步之外射之 破如瓦解 松讓大驚云云

來觀鼓角變 不敢稱我器

王曰 以國業新造 未有鼓角威儀 沸流使者往來 我不能以王禮迎送 所以輕我也 從臣扶芬奴進曰 臣爲大王取沸流鼓角 王曰 他國藏物 汝何取乎 對曰 此天之與物 何爲不取乎 夫大王困於扶余 誰謂大王能至於此 今大王奮身於萬死之危 揚名於遼左 此天帝命而爲之 何事不成 於是扶芬奴等三人 往沸流取鼓而來 沸流王遣使告曰云云 王恐來觀鼓角色暗如故 松讓不敢爭而去

來觀屋柱故 咋舌還自愧

松讓欲以立都先後爲附庸 王造宮室 以朽木爲柱 故如千歲 松讓來見 竟不敢爭立都先後

東明西狩時 偶獲雪色麂

大鹿曰麂

倒懸蟹原上 敢自呪而謂 天不雨沸流 漂沒其都鄙

我固不汝放 汝可助我憤 鹿鳴聲甚哀 上徹天之耳

霖雨注七日 霈若傾淮泗 沿流漫橫葦

士民競來攀 流汗相腭眙 東明卽以鞭 畫水水停沸

松讓擧國降 是後莫予呰

西狩獲白鹿 倒懸於蟹原 呪曰 天若不雨而漂沒沸流王都者 我固不汝放矣 欲免斯難 汝能訴天 其鹿哀鳴 聲徹于天 霖雨七日 漂沒松讓都 王以葦索橫流 乘鴨馬 百姓皆執其索 朱蒙以鞭畫水 水卽滅 六月 松讓擧國來降云云

검은 구름이 골령을 덮어
산이 뻗쳐 이어진 것이 보이지 않는데,
수천 명쯤 되는 사람의 소리가 들리는 것이
마치 나무 베는 소리와 방불하였네.
왕이 말하기를 하늘이 나를 위하여
그 터에 성을 쌓는 것이요.
홀연히 운무가 흩어지니
궁궐이 높이 우뚝 솟았다.

7월에 검은 구름이 골령에 일어나서 사람들이 그 산은 보지 못하고 오직 수천 명 사람의 소리가 토목 공사를 하는 것같이 들렸다. 왕이,

"하늘이 나를 위하여 성을 쌓는 것이다."

하였다. 7일 만에 운무가 걷히니 성곽과 궁실 누대가 저절로 이루어져 있었다. 왕이 황천께 절하여 감사하고 나아가 살았다.

왕위에 있은 지 십 구 년 만에
하늘에 오르시고 내려오지 않으셨네.

가을 9월에 왕이 하늘에 오르고 내려오지 않으니 이때 나이 40이었다. 태자가 왕이 남긴 옥채찍을 대신 용산에 장사하였다 한다.

뜻이 크고 기이한 절개 있는

원자의 이름은 유리.

칼을 찾아내 부왕의 위를 이었고

동이 구멍 막아 남의 꾸지람을 그치게 했네.

유리가 어려서부터 뛰어난 절개가 있었다 한다. 어려서 참새 쏘는 것을 업으로 삼았는데 한 부인이 이고 가던 물동이를 보고 쏘아서 깨트렸다. 그 여자가 성을 내며 욕하기를,

"아비 없는 아이라 내 물동이를 쏘아 깨트렸지."

하였다. 유리가 크게 부끄러워하여 진흙 탄환으로 쏘아서 동이 구멍을 막아 전과 같이 만들고 집에 돌아와서 어머니에게, "내 아버지가 누구입니까?" 하고 물었다. 어머니는 유리가 나이 어리기 때문에 희롱 삼아 말하기를, "너는 일정한 아버지가 없다."

하였다. 유리가 울며,

"사람이 일정한 아버지가 없으면 장차 무슨 면목으로 남을 보겠습니까?"

하고 드디어 스스로 목을 찌르려 하였다. 어머니가 깜짝 놀라 말리며,

"아까 한 말은 희롱 삼아 한 말이다. 너의 아버지는 천제의 손자이고 하백의 외손인데 부여의 신하되는 것을 원망하다가 도망하여 남쪽 땅에 가서 국가를 창건하셨단다. 네가 가보겠느냐?"

하였다. 대답하기를,

"아버지는 임금이 되었는데 아들은 남의 신하가 되었으니 내가 비록 재주 없으나 어찌 부끄럽지 않겠습니까?"

하였다. 어머니가 말씀하셨다.

"네 아버지가 가실 때 말을 남기기를 '내가 일곱 고개 일곱 골짜기 돌 위 소나무에 물건을 감추어 둔 것이 있으니 이것을 찾아 얻는 자가 내 자식이다.'라고 하셨다."

유리가 산골짜기에 가서 찾다가 얻지 못하고 지쳐 돌아왔다. 유리가 당(堂) 기둥에서 슬픈 소리가 나는 것을 들었는데 그 기둥은 돌 위의 소나무이고 나무 모양이 일곱 모서리였다. 유리가 스스로 해득하기를,

"일곱 고개 일곱 골짜기라는 것은 일곱 모서리이고, 돌 위 소나무라는 것은 기둥이다."

하고 일어나 가보니 기둥 위에 구멍이 있었다. 그 구멍에서 부러진 칼 한 조각을 얻고 크게 기뻐하였다. 전한 홍가 4년 여름 4월에 고구려로 달려가서 칼 한 조각을 왕께 받들어 올렸다. 왕이 가지고 있는 부러진 칼 한 조각을 내어 합하니 피가 나면서 이어져 한 칼이 되었다. 왕이 유리에게,

"네가 실로 내 자식이라면 무슨 신성함이 있느냐?"

하니, 유리가 그 말을 듣자마자 즉시 몸을 날려 공중에 솟구쳐 창구멍으로 새어 드는 햇빛을 타고 그 기이한 신성을 보이니 왕이 크게 기뻐하여 태자로 삼았다.

玄雲羃鶻嶺 不見山邐迤 有人數千許 斲木聲髣髴

王曰天爲我 築城於其趾 忽然雲霧散 宮闕高㠑嵬

七月 玄雲起鶻嶺 人不見其山 唯聞數千人聲以起土功 王曰 天爲我築城 七日 雲霧自散 城郭宮臺自然成 王拜皇天就居

在位十九年 升天不下莅

秋九月 王升天不下 時年四十 太子以所遺玉鞭 葬於龍山云云

俶儻有奇節 元子曰類利 得劒繼父位 塞盆止人罵

類利少有奇節云云 少以彈雀爲業 見一婦戴水盆 彈破之 其女怒而罵曰 無父之兒 彈破我盆 類利大慙 以泥丸彈之 塞盆孔如故 歸家問母曰 我父是誰 母以類利年少戲之曰 汝無定父 類利泣曰 人無定父 將何面目見人乎 遂欲自刎 母大驚止之曰 前言戲耳 汝父是天帝孫 河伯甥 怨爲扶餘之臣 逃往南土 始造國家 汝往見之乎 對曰 父爲人君 子爲人臣 吾雖不才 豈不愧乎 母曰 汝父去時有遺言 吾有藏物七嶺七谷石上之松 能得此者 乃我之子也 類利自往山谷 搜求不得 疲倦而還 類利聞堂柱有悲聲 其柱乃石上之松木 體有七稜 類利自解之曰 七嶺七谷者 七稜也 石上松者 柱也 起而就視之 柱上有孔 得毁劒一片 大喜 前漢鴻嘉四年夏四月 奔高句麗 以劒一片 奉之於王 王出所有毁劒一片合之 血出連爲一劍 王謂類利曰 汝實我子 有何神聖乎 類利應聲 擧身聳空 乘牖中日 示其神聖之異 王大悅 立爲太子

내 성품 본래 질박하여
기이하고 괴상한 것 좋아하지 않아,
처음에 동명왕의 일을 보고
허깨비인가 귀신인가 의심하였네.
서서히 점점 거슬러 올라가 보니
변화를 헤아리기 어려웠네.
하물며 이것은 직필로 쓴 글
한 글자도 헛된 글자가 없어라.
신이하고도 신이하며
만세에 올바름이여.
그래서 생각해보니 나라를 처음 세우는 임금이
성인이 아니면 어찌 하실 수 있으랴.
한 고조 어머니 유온이 큰 못에서 쉬다가
꿈꾸는 사이에 신을 만났는데,
우뢰 번개에 천지가 캄캄하고
괴이하고 위대한 교룡이 서려 있더니,
그로 인해 임신하여
거룩하신 한 고조 유방을 낳으셨네.

이 분이 적제의 아들로
일어남에 특이한 복조가 많았다.
세조 광무황제가 처음 태어나실 때는
밝고 환한 빛이 집 안에 가득하더니,
절로 예언에 응하여
황건적을 소탕하셨네.
자고로 제왕이 일어남에
많은 징조와 상서가 있으나,
끝 자손은 게으르고 거칠음이 많아
모두 선왕의 제사를 끊어뜨리네.
이제야 알겠노라 수성하는 임금은
은택을 베풀며 작은 허물도 경계하고,
관대함과 어짊으로 왕위를 지키고,
예와 의로 백성을 교화하여,
길이길이 자손에게 전하여
오래도록 나라를 통치하는 것임을.

我性本質木 性不喜奇詭 初看東明事 疑幻又疑鬼
徐徐漸相涉 變化難擬議 況是直筆文 一字無虛字
神哉又神哉 萬世之所韙 因思草創君 非聖卽何以
劉媪息大澤 遇神於夢寐 雷電塞晦暝 蛟龍盤怪傀
因之卽有娠 乃生聖劉季 是惟赤帝子 其興多殊祚
世祖始生時 滿室光炳煒 自應赤伏符 掃除黃巾僞
自古帝王興 徵瑞紛蔚蔚 末嗣多怠荒 共絶先王祀
乃知守成君 集蓼戒小毖 守位以寬仁 化民由禮義
永永傳子孫 御國多年紀

해설 _ 이 시는 이규보(李奎報), 『동국이상국집(東國李相國集)』(문집총간 1) 제3권에 수록되어 있다. 『동국이상국집』은 민족문화추진회에서 별도로 번역 출간된 바 있다. 이규보(1168~1241)는 고려 무신란 시기 중 최씨 집권 시대에 벼슬하였으나 시화, 가전문학, 생태 문학, 부패한 관리들에 대한 비판 등 여러 면에서 뛰어난 문학적 성취를 보여준 문사이다. 이 시에서 이규보는 시서에서 밝힌 대로 우리 나라가 성인이 세우신 나라임을 강조했다. 먼저 중국 상고시대 제왕들의 이적을 기술하고 점차 기이한 자취가 동방으로 옮겨왔음을 보여준다. 해모수의 기이한 사적을 "예부터 그러한 일을 본 적이 없다"고 하면서 다채롭게 묘사한 것은 해모수가 보여주는 신이함이 중국 역대 제왕의 그것을 훨씬 뛰어넘고 있음을 암시한 것이다. 또한 해모수에 관한 부분이 거의 동명왕과 필적할 정도의 분량을 지닌다는 점도 고구려가 천손의 나라임을 확실히 하기 위한 이규보의 의도를 반영한다. 동명왕시는 시서에서 밝힌 대로 우리 나라가 성인이 세우신 나라임을 강조하여 거란, 여진, 몽고족 등 외족의 침입과 강탈로 상처받은 고려 백성들에게 민족적 자부심과 민족사에 대한 재인식을 환기시킨 기념비적 작품이다.

참고 : 민족문화추진회 역, 『동국이상국집』, 민족문화문고간행회, 1980

유득공, 이십일도회고시 고구려

위서에 "고구려라는 나라는 부여에서 나왔다. 스스로 말하기를 선조가 주몽이라 한다. 주몽의 어머니는 하백의 딸로, 부여왕이 방안에 가두었는데 햇볕이 비치자 몸을 이끌어 피했으나 해 그림자가 또 좇아왔다. 잉태하여 한 알을 낳으니 크기가 닷되가 되었다. 물건으로 알을 싸서 따뜻한 곳에 두었더니 한 사내아이가 껍질을 깨고 나왔다. 자라매 그를 주몽이라 불렀으니 그 속언에 주몽은 활을 잘 쏜다는 의미를 갖는다.

부여의 신하들이 그를 죽이려 모의함으로 주몽은 오인 오위 등 두 사람으로 더불어 부여를 버리고 동남방으로 달아나다가 한 큰 물을 만났다. 건너고자 했으나 다리는 없고 부여인들은 그를 급하게 추격함으로 주몽이 물에 고했다.

'나는 해의 아들이고 하백의 외손이다. 오늘 도주하는데 추격병이 가까이 미쳤으니 어떻게 하면 건널 수 있느냐.'

이에 고기와 자라가 함께 떠올라 다리를 이루어주어 주몽은 건널 수 있었으나 물고기와 자라가 풀리니 추격병은 건널 수 없었다. 주몽은 마침내 보술수에 이르러 세 사람을 만났다. 그 한 사람은 삼 옷을 입었고, 한 사람은 누더기 옷을 입었으며, 한 사람은 물마름 옷을 입고 있었다. 주몽과 함께 흘승골성에 이르러 그곳에 살면서 고구려라 이름 불렀고, 그 때문에 고씨를 성으로 삼았다"라고 했다.

삼국사에 의하면 고구려 시조 동명성왕은 성이 고씨인데 부여로부터 졸본천에 이르러 그 산하의 험고함을 보고 그곳에 도읍하고자 했다. 비류수 위에 초가집을 지었으니 그 때 나이 이십 세로, 한나라 원제 건소 2년이었

| 흘골성(오녀산성) | 중국 요령성 환인시 동북쪽에 있는 산성. 고구려 첫 번째 수도로 비정되는 곳이다.

다. 유리왕 20년에 도읍을 국내성으로 옮기고 위나암성을 쌓았다. 산상왕 13년에 도읍을 환도성으로 옮겼으며, 동천왕 21년에 평양성을 쌓고 백성과 묘와 사직단을 옮겼다. 통전에 "고구려가 동진 이후로 평양에 살았다"고 하였다.

> 魏書 高句麗者出於夫餘 自言先祖朱蒙 朱蒙母河伯女 夫餘王閉於室中 爲日所照 引身避之 日影又逐 有孕生一卵 大如五升 以物裹之 置於暖處 有一男破殼而出 及長 字之曰朱蒙 其俗言朱蒙者善射也 夫餘之臣謀殺之 朱蒙乃與烏引烏違等二人 棄夫餘東南走 遇一大水 欲濟無梁 夫餘人追之急 朱蒙告水曰 我日子河伯外孫 今日逃走 追兵垂及 如何得濟 於是魚鼈幷浮成橋 朱蒙得渡 魚鼈乃解 追騎不得渡 朱蒙遂至普述水 遇見三人 其一人着麻衣 一人着衲衣 一人着水藻衣 與朱蒙至訖升骨城居焉 號曰高句麗 因以爲氏焉 三國史 高句麗始祖東明聖王 姓高氏 自夫餘至卒本川 觀其山河險固 欲都焉 結廬於沸流水上 時年二十歲 漢元帝建昭二年也 琉璃王二十年 遷都於國內 築慰那巖城 山上王十三年 移都於丸都 東川王二十一年 築平壤城 移民及廟社 通典高句麗自東晋以後居平壤

활과 화살로 횡행한지 열아홉 해,
기린말 타고 하늘에 조회하러 가셨네.
천추 오랜 세월 패기는 물보다 서늘한데

무덤 속에는 백옥 채찍만 잠겨있어라.

二十一都懷古詩 高句麗
弧矢橫行十九年 麒麟寶馬去朝天 千秋覇氣凉于水 墓裏消沈白玉鞭

기린 보마는 『여지승람』에 "기린굴이 평양부 구제궁 안 부벽루 아래에 있는데 동명왕이 기린마를 이 곳에서 길렀다. 세상에서는 왕이 기린말을 타고 이 굴에 들어가니 땅으로부터 조천석이 나와 승천하셨다고 전한다. 그 말의 자취가 오늘에 이르기까지 돌 위에 남아있다. 조천석은 기린굴 남쪽에 있다"고 했다.

麒麟寶馬 輿地勝覽 麒麟窟在平壤府九梯宮內浮碧樓下 東明王養麒麟馬于此 世傳 王乘麒麟馬 入此窟 從地中出朝天石升天 其馬跡至今在石上也 朝天石在麒麟窟南

백옥 채찍은 『여지승람』에 "동명왕의 묘가 중화부 용산에 있는데 세상에서는 진주묘라 부른다. 세상에서 전하기를 고구려 시조가 항상 기린마를 타고 하늘 위에 가 일을 아뢰었는데 나이 사십 세에 이르러 승천한 후 돌아오시지 않으므로 태자가 남기신 옥 채찍으로 용산에 장사지냈다"고 한다.

白玉鞭 輿地勝覽 東明王墓在中和府龍山 俗號眞珠墓 世傳高句麗始祖 常乘麒麟馬 奏事天上 年至四十 遂昇天不返 太子以所遺玉鞭 葬於龍山

해설_ 이 시는 유득공(柳得恭)의 문집 『영재집(泠齋集)』(문집총간 260) 권2에 수록되어 있으나 시서와 주는 없다. 여기서는 국립중앙도서관 소장본인 목판본 「이십일도회고시(二十一都懷古詩)」(간사자 미상)를 대상으로 했다. 이 시에는 본래 '고구려'란 제목 하에 동명왕·유리왕·온달·을지문덕·연개소문을 주제로 한 시 총 5수가 별도의 제목 없이 저작되었으나 본서에서는 이를 각각 주제별로 나누어 수록했다. 유득공(1748~1807) 자는 혜보(惠甫)·혜풍(惠風), 호는 영재(泠齋)·고운당(古芸堂)이다. 이덕무·박제가 등과 함께 연암 그룹의 일원으로 불린다. 『발해고』를 남겨 그간 우리 역사에서 배제되거나 소홀히 취급되었던 발해사에 대한 인식을 환기시켰다.

참고 : 송준호, 「유득공의 이십일도 회고시 연구」, 동국대 석사논문, 1979

김수민, 고구려 노래

큰 못(곤연) 위에 작은 아이 있네.
금빛 개구리 금와,
하백의 딸을 우발수에서 아내로 삼았네.
이름은 유화,
햇빛 받아 홀연히 임신하더니,
알을 낳아 껍질 깨고 나온 아이 기특하고 아름답네.
일곱 살에 활을 잘 쏘니
나라의 간성이고 용사로구나.
비류 강위에 도읍을 세우고
국호를 구려산 위에 고高자를 더했네.
기린에 올라 타 하늘에 조회하러 올라가시니,
조천석만 강가에 남아있구나.

高句麗謠

鯤淵之上有小兒 金色蛙 娶于河伯女於優渤水 名柳花
日影所照忽有娠 生卵破殼兒奇嘉 七歲能善射
邦國干城又爪牙 建都沸流水上 國號句麗山上高字加
跨麒麟上朝天 朝天石留江之涯
箕東樂府 明隱集

해설 _ 김수민(金壽民, 1734~1811)은 영·정조 시대의 학자로 자는 제옹(濟翁), 호는 명은(明隱)이다. 『명은집』을 남겼다. 명나라 유민임을 자처하며 과거를 포기하고 평생 성리학과 경학 연구에 몰두했다고 한다. 그의 『기동악부』는 청이 중원을 지배함으로서 조선이 이제 중화의 중심이라는 의식 하에 지어진 것으로 고찰되었다. 고조선에서 조선 후기까지의 사적과 인물에 대한 총 385편의 연시로 이루어졌다. 이 시에서 동명왕은 금와와 유화의 아들로 나와 있다. 다음 시의 작가 조종현도 그러하거니와, 조선조 후기 학자 중에는 유화가 금와에게 가 동명왕을 낳은 것으로 보는 관점이 드물지 않게 나온다.
참고 : 김수민, 신장섭 주해, 『韓國箕東樂府註解』, 국학자료원, 1997

2 동명왕의 탄생

조종현, 곤연의 개구리

동부여의 왕이 곤연에서 어린아이를 얻었는데 금빛 나고 개구리 모습이었다. 기뻐하며 그를 거두고 금와라 불렀다. 금와가 우발수에서 하백의 딸 양화를 얻어 방안에 가두었더니 햇빛을 받아 임신하여 알을 낳았는데 한 남자아이가 껍데기를 깨고 나왔다. 일곱 살에 활과 화살을 스스로 만들어 서쪽 졸본부여로 도망가 왕이 되어 비류수에 도읍을 정하고 고구려라 이름했다. 이름은 주몽이다.

東扶餘王 得小兒於鯤淵 金色而蛙形 喜以收之 名金蛙 金蛙得河伯女楊花於優渤水 幽之室中 爲日光所照 孕生卵 一男子破殼而出 七歲自作弓矢 西逃卒本扶餘爲王 都沸流水號高句麗 名朱蒙

금빛 개구리 같이 생긴 아이를 기쁘게 거두었더니,
양화가 날아 떨어져 봄 물가에서 노닐고 있었네.
햇빛에 임신하여 기이한 사내 아이를 낳았더니,
신이한 무예로 서쪽 땅 비류에서 나라 세웠네.

鯤淵蛙
金色蛙兒喜以收 楊花飛落弄春洲 日光孕出奇男子 神藝西邦奠沸流

해설 _ 이 시는 조종현(趙宗鉉, 1731~1800)의 『천은고(天隱藁)』와 『한문악부 · 사자료집』 3에 수록되어 있다. 조종현의 자는 원옥(元玉), 호는 천은(天隱), 시호는 효헌(孝憲)이다. 동지사로 청나라에 다녀온 바 있고, 대사헌, 함경도 및 전라도 관찰사, 병조·형조·예조·공조·판서 등을 역임하였다. 내용은 앞의 김수민의 것과 유사하나 '금와가 양화를 얻었다(得)'라 하여 『삼국사기』의 기록을 좇았다. 단지 하백의 딸을 양화라 했는데, '양(楊)'과 '유(柳)'가 모두 버들의 뜻을 갖고 있어 전래하는 과정에 혼용된 듯하다.

이복휴, 북부여

고구려 고기에서 말하기를 "한나라 선제 신작 3년 임술 사월에 천인이 흘골성에 하강하셨는데, 용이 모는 수레를 타셨다. 도읍을 세우고 왕이라 일컬으며 나라 이름을 북부여라 했다. 스스로 이름을 해모수라 했는데, 아들 부루를 낳았다. 후에 동부여로 천도하니 부루의 아우 동명이 북부여를 계승하여 졸본에서 도읍을 일으켰는데, 이것이 졸본 부여이다"라 했다.

高句古記云 漢宣帝神爵三年壬戌四月 天人降於訖骨城 乘龍車 立都稱王 國號北扶餘 自名解慕漱 生子扶婁 後移都于東扶餘 扶婁之弟東明 繼北扶餘而興都于卒本 是爲卒本扶餘

빛나고 찬란한 다섯 용이 끄는 수레,
날카롭고 빛나는 무산의 봉우리.
마치 사람들이 구름 속에 있는 듯 하니
어느 곳이 내 고향인가,
흘골성 위 아침해가 붉구나.

北扶餘

煌煌五龍車 剡剡巫山峰 若有人兮雲之中 何處是吾鄉 訖骨城上朝陽紅

지금 성천읍에 열 두 봉우리가 나열해 있는데 이전에 이를 신선이 내려온 땅이라 일컬었다. 신선의 자취는 멀고 아득하니 옛 사람들이 고의로 그 일을 부쳐 말을 세우고자 한 것인가. 의심스럽구나.

今成川邑有十二峯列 前謂是降仙之地 仙迹蒼茫 古人故欲寄其事而立言歟 可疑

해설 _ 이 시는 담촌(澹村) 이복휴(李福休, 1729~1800)의 「해동악부」 권1에 수록되어있다. 한남(漢南)이란 호도 함께 사용했고, 자는 사엄(士儼)이다. 사헌부감찰, 예조정랑을 지냈으며, 홍국영을 탄핵하는 상소를 올렸으나 국왕에게 전달되지도 못하자 낙향했다는 글이 있다. 이 시에서는 동명왕을 해모수의 아들인 부루의 아우라 하여 해모수의 아들로 보았으나 다음 〈유화의 노래(柳花曲)〉에서는 해모수의 손자 금와의 아들로, 결국 동명왕을 해모수의 증손이라는 인식을 보여준다. 이복휴는 동명왕의 탄생을 『삼국사기』보다 여러 다른 기록물에 의존하는 것이 특성이다. 「해동악부」는 총 3권으로 구성되었고 258편의 악부시가 수록되어 있다. 단군왕검의 탄생과 건국을 그리면서 단군 대신 그의 아버지 환웅으로 제명한 시(桓雄詞)

로 악부시의 시작을 삼은 것이 특이하고, 다른 작가들의 악부시와 달리 전서(前序)와 함께 후서(後序)가 있는 것이 특징이다. 여기서 「해동악부」는 『한문악부·사료집(漢文樂府·詞資料集)』 6과 성균관대학교 대동문화연구원 간행의 『근기실학연원제현집(近畿實學淵源諸賢集)』 5에 수록된 이복휴 『한남집(漢南集)』 중 「해동악부」를 참고했다. 이복휴에 관해서는 『근기실학연원제현집』 5의 「한남집(漢南集) 해제」(임형택)와 「이복휴의 역사의식과 해동악부의 포폄양상」(김영숙), 『대동한문학』 제15집(대동한문학회, 2001)을 참고했다.

성여신, 우발수

물가의 아가씨 이름이 유화인데
해모수와 서로 만나 도리어 정이 들었네.
해에 쪼여 아기 가져 큰 알을 낳았으니
알 속에서 영웅이 탄생할 것을 누가 알았으리.

優渤水
水邊兒女柳花名 慕漱相逢卻有情 日照有娠生大卵 卵中誰識誕奇英

금와왕이 우발수에서 여인을 얻어 물으니 그가 대답했다. "나는 하백의 딸로 이름이 유화입니다. 해모수라 자칭하는 한 남자가 나를 압록강변 집으로 유혹하여 정을 통한 후 돌아오지 않았습니다. 부모님께서는 제가 중매 없이 남자를 좇았다 하여 마침내 이 곳에 내쫓으셨습니다." 금와가 이를 기이히 여겨 방안에 가두었더니 햇볕에 쪼여 임신해서 큰 알을 낳았다. 따뜻한 곳에 두자 사내아이가 껍질을 깨고 나왔는데 이가 바로 주몽이다.

金蛙得女子於優渤水 問之 女子曰 我是河伯之女 名柳花 有一男子自稱解慕漱者 誘我於鴨綠邊室中 私之不返 父母責我無媒從人 遂謫於此 金蛙異之 幽閉室中 爲日所照 有娠生一大卵 置之暖處 有男子破殼而出 是爲朱蒙

해설 _ 이 시는 성여신(成汝信, 1546~1632)의 『부사집(浮査集)』(문집총간 56) 권1의 「서도유적(西都遺跡)」 12수 중 제12수이다. 매 수 아래에 그 시의 원 소재가 각주 형태로 달려있다. 부사는 성여신의 호이고, 조식(曺植)의 문인이다. 자는 공실(公實)이다. 그는 특히 불교배척에 힘썼으며, 임진왜란 이후 투박하고 문란해져가는 풍속을 바로잡기 위하여 여씨향약(呂氏鄕約)과 퇴계동약(退溪洞約)을 본떠 이를 지방에 심는 데 힘썼다고 한다. 진주의 임천서원(臨川

書院)과 창녕의 물계서원(勿溪書院)에 제향되었다.

임창택, 유화의 노래

부여왕자 금와는 하백의 딸 유화를 우발수에서 얻었다. 방안에 가두어 두었으나 해 그림자에 쪼여 임신하여 알 하나를 낳았다. 사내 아이가 껍질을 깨트리고 나왔는데 생김새가 영특하고 아름다웠다. 이름을 주몽이라 했다. 금와의 일곱 아들이 그를 거리끼어 죽이고자 하므로 주몽과 오이와 무골이 졸본으로 도망가 비류수 위에서 나라를 세우니 이가 고구려 동명왕이시다. 왕이 남쪽으로 도망가실 때 검을 잘라 일곱 모서리 돌 아래에 숨겼는데 아들 유리가 찾아내어 올리자 그를 세워 후사로 삼았다. 둘째 아들 온조와 오간 등 열 명의 신하들은 남쪽으로 도망하여 위례성에 도읍을 정했는데, 이것이 백제이다.

扶餘王子金蛙 得河伯女柳花於優勃水 幽於室中 照日影有娠 生一卵 男子破殼出 骨表英偉 名朱蒙 金蛙七子忌欲殺之 朱蒙與烏伊武骨逃之卒本 建國沸水上 是爲高句麗東明王 王南逃時 藏斷劒七稜石下 子類利搜得進之 立爲嗣 次子溫祚 與烏干等十臣南走都慰禮城 是爲百濟

단군께서 이미 세상이 싫어 떠나시고,
은 태사 기자 역시 소식이 없네.
신녀가 하늘에서 내려오시니,
해 그림자가 서로 좇았어라.
우레 울리던 날 밤 어둠의 껍질을 깨고
나온 아이 골상이 기특하다
시기하던 금와의 아들들,
하늘이 군신들의 좋은 모임 갖게 하시어,
오이와 무골이 서로 따랐네.
비류수에서 임금이 되니
사방에서 와서 조례를 드리네.
올 때 검을 일곱 모서리 돌 밑에 감추었더니

새총 쏘기 잘하던 유리 역시 하늘의 계시이네.
그대 보지 못하였나,
동명왕의 자손들 모두 비상하여
한강 남쪽에서 열 신하와 백제를 세운 것을.

柳花歌
檀君已厭世 太師亦寂寞 神女下天來 陽烏影相逐
霹靂夜破混沌殼 兒生骨格奇物色 相猜金蛙兒 天遣風雲好交會
烏伊武骨相追隨 南面沸水上 四方來朝階
來時劒藏七稜石 善彈雄兒亦天啓
君不見 東明子孫盡殊常 鼎峙漢南十臣濟

해설_ 이 시는 임창택(林昌澤, 1682~1723)의 『숭악집(崧岳集)』(한국문집총간 202) 권1의 「해동악부」에 수록된 42편 중 하나이다. 시의 제목 아래에 각주 형태로 시의 원 소재의 간략한 내용을 붙였다. 임창택은 자가 대윤(大潤), 호가 숭악(崧嶽)으로 사마시에 합격한 후 송도의 백운동(白雲洞)에 서당을 짓고 후진양성에 힘썼다고 한다. 그의 사후 생전에 학행과 문장이 사회에 끼친 공로로 특별히 사헌부지평에 추증되었으며, 숭남사(崧南祠)에 제향되었다. 저서로 『숭악집』 4권이 전한다.

이복휴, 유화의 노래

부여왕 금와가 한 여인을 태백산 우발수에서 얻었다. 물어보니 말하기를 "나는 하백의 딸 유화입니다. 여러 형제들과 놀러 나왔는데, 때에 어떤 한 남자가 스스로 천제의 아들이고 이름을 해모수라고 하면서 나를 웅신산 아래 압록실로 유혹하여 저를 관계한 후 가버리고 돌아오지 않았습니다. 부모님께서는 제가 중매 없이 남자를 좇았음을 책망하시어 마침내 이곳으로 쫓겨왔습니다."
금왕는 이를 기이히 여겨 방에 가두었더니 해가 비추므로 몸을 끌어 피했으나 해 그림자가 따라와 비추었다. 그 때문에 임신하여 알 하나를 낳았는데, 닷되 크기였다. 왕이 그것을 버려 개 도야지에게 주었으나 모두 먹지 않았고, 길에다 버렸더니 소와 말이 그것을 피해갔으며, 들에 버렸더니 새들이 날개로 알을 덮어 주었다. 그것을 쪼개보았으나 깨트릴 수 없어 그 어머니에게 돌려주었다. 어머니가 잘 싸서 따뜻한 곳에 숨겨두었더니 아이가 껍질을 깨고 나왔는데 생김새가 비상하였다. 이름을 주몽이라 했다. 금와의 일곱 아들이 그의 능력을 시기하여 죽이고자 하므로, 그 어머니가 그들의 모의를 알려주었다. 주몽은 오이, 마리, 협보 세 사람과 함께 졸본부여 비류수에 이르러 도읍을 정하고 나라 이름을 고구려라 하여 고씨를 성씨로 삼았다. 때는 한나라 원제 건소 2년이었다. 고구려 풍속에 활을 잘 쏘는 사람을 주몽이라 한다.

> 扶餘王金蛙 得一女子於太白山優渤水 問之 曰 我是河伯女柳花也 與諸子弟出遊 時有一男子 自言天帝子 名解慕漱 誘我於熊神山下鴨綠室中 私之而往 不返 父母責我以無媒從人 遂謫于此 金蛙異之 幽閉于室 爲日所照 引身而避 日影隨照 因以有身 生一卵大五升 王棄之 與犬猪 皆不食 棄之路 牛馬避之 棄之野 鳥覆翼之 剖之不能破 乃還其母 母裹藏暖處 有兒破殼而出 骨表非常 名之曰朱蒙 金蛙七子猜其能 欲殺之 其母告其謀 朱蒙與烏伊摩離陜父等三人 俱至卒本扶餘沸流水 定都 國號高句麗 以高爲氏 時漢元帝建昭二年也 麗俗善射者爲朱蒙

버들 잎 휜데
바람이 우발수에 부네.
해 그림자 비추니
큰 알 둥근 것이 굴대 같아라.
소와 양이 키우고
새가 날개로 덮어주네.
하늘이여 다시 후직의 어머니 강원처럼 자식을 낳으셨네.
오호궁으로 만월을 쏘니 화살이 백발백중이라
금와의 아들 일곱 형제 왕께 헐뜯으니 왕이 노하셨네.
어머니는 온화한 얼굴빛으로 미혹됨을 풀어주시고
천리마 도화질발은 풍우 같이 따르네.[6]
세 사람이 길을 가다
엄체수에 이르러
들판에 배가 없어
건너지 못할까 근심하는데,

6) 도화질발(桃花叱撥)은 대완국의 천리마로 당나라 현종에게 바친 여섯 필 중 하나의 이름이다.

위교의 물고기 자라들 연나라 단태자 보내듯 하니
물 저편 추격하던 기병들 헛되이 먼지만 날렸네.
신귀가 몰래 비류천을 먹으나
하늘의 명을 따라 주몽을 좇은 삼옷 입은 사람,
누가 버들 꽃이 바람 따라 떨어진다 말했나
버들 꽃이 다 떨어지니 푸른 나뭇가지 새로워라.

柳花曲

柳花白 風吹優渤水 日影照 大卵圓如軌 牛羊字 鳥覆翼 天乎復生姜嫄子
烏號滿月不虛發 七鴈訴天天爲怒 萱花春色解惑人 桃花叱撥追風雨
三人行 淹滯水 野無航 愁難渡 渭橋魚鼈送燕丹 水外追騎空飛塵
神龜暗食沸流川 天命一聽麻衣人 誰言柳花隨風落 柳花落盡青枝新

『필원잡기』에 의하면 단군이 하백의 딸과 사통한 후 부루夫婁를 낳았는데, 우왕이 도산에서 회합을 가졌을 때 들어가 참석했다고 한다. 보유편에서는 해모수의 아들이 부루扶婁이고, 부루의 아들이 금와라 했고, 본기(삼국사기)에는 해모수를 유화의 남편이라 하면서 유화는 또 금와에게 시집가서 동명왕을 낳았다고 했다. 동명왕이 나라를 세운 것은 한나라 원제(기원전 48~33) 때다. 세 설이 서로 어긋남이 이와 같다. 부루扶婁와 부루夫婁, 부扶와 부夫가 다른 즉 혹시 단군의 아들과 해모수의 아들은 이름이 같고 사람은 다른 것인가. 해모수가 기왕에 천제의 아들이라 일컬으면서 유화를 유혹해서 사통했으니 어찌 다시 금와를 좇을 이유가 있겠는가. 이는 풍속이 어지러웠던 하간 지방의 누추한 일이니 어찌 족히 사람의 시작으로 여기고 영원토록 후세에 전할 수 있겠는가. 대개 주몽이 금와의 아들됨은 확실하다. 고기에 이미 부여시조 해모수가 한나라 선제 신작 4년에 나라를 세운 것으로 간주했으니 주몽은 해모수의 증손이고, 신작 4년 임술(기원전 59)부터 건소 2년 갑신(기원전 37)까지 그 사이가 23년간이어서 삼 세대가 서로 전해오기는 너무 짧지만, 연대와 사적이 가장 사실에 가깝다. 후세 사람들이 혹시 이로 근거를 삼을 수 있지 않을까.

按筆苑雜記 檀君私河伯女 生夫婁 禹會塗山時入朝云 補遺則解慕漱之子扶婁 扶婁之子金蛙 本記則以解慕漱爲柳花之夫 而柳花又歸金蛙 是生東明 東明立國 在漢元時 三

說之相錯如是 扶婁與夫婁 扶夫旣異 則或者檀君之子與解慕之子 名同而人異歟 解慕旣稱天帝子 而誘通柳花 則豈有復從金蛙之理 此河間桑中之陋 烏足以爲人始而傳永世乎 蓋朱蒙之爲金蛙子 則的矣 古記旣以扶餘始祖解慕漱 爲漢宣帝神爵四年立國 則朱蒙是解慕漱之曾孫 而自神爵四年壬戌 至建昭二年甲申 其間爲二十三年之間 三世相傳亦似太忙 而年代事蹟 最爲近似 後之人 或可因此而有據歟

해설 _ 이 시는 이복휴(李福休)의 「해동악부(海東樂府)」(『한문악부 · 사자료집』 6과 『한남집(漢南集)』)에 수록되어 있다. 이복휴와 「해동악부」에 관해서는 앞의 '북부여' 조에 기술되어 있다. 이 시에 나오는 강원은 주나라의 시조인 후직(后稷)의 어머니이다. 강원이 거인의 발자국을 밟고 임신하여 아이를 낳자 상서롭지 못하다고 여겨 좁은 골목에 버리니 소와 말이 밟지 않고, 얼음 위에 가져다 두면 날아가는 새가 날개로 보호하므로 다시 가져다 키웠다. 이 때문에 이름을 기(棄)라 했다. 후직의 15대 손이 주나라를 창건한 무왕이다. 유화를 강원에 비견한 것은 동명왕의 고구려 창건을 중국의 가장 이상적인 나라였던 주나라와 동일시하려는 작가의 함축적 의도로 짐작된다.

반면 주몽이 위기 중 받은 천우신조는 전국시대 말기 연(燕)나라 태자 단(丹)을 비교 대상으로 삼았다. 진(秦)나라에 인질로 가서 많은 수모를 당했던 연태자 단은 진왕에게 복수하기 위해 자객 형가(荊軻)를 보냈으나 실패한다. 이 일로 진왕의 노여움을 사서 궁지에 처하게 되고, 오히려 태자 단을 바쳐 진왕의 공격을 피해보려던 연왕에 의해 죽임을 당한다. 이복휴는 매우 합리적이고 현실적인 역사의식을 갖고 있던 사람으로, 그는 역사에 등장하는 많은 기이한 설화들을 허탄하다고 비판하면서도 그들 중 이를 실제로 인정하고 싶은 이야기의 경우 유사한 중국의 전고를 거론하여 그 진실성을 강화시키려는 의도를 보여주는 경우가 많다. 주몽이 엄체수를 건널 때 물고기와 자라가 다리를 만들어주었다는 이야기 역시 그가 사실로 받아들이려는 의도를 갖고 있음을 보여준다.

주몽이 물고기와 자라의 도움으로 강을 건너 모둔곡에 이르렀을 때 세 사람을 만났는데, 그 중 하나가 삼옷을 입은 재사(再思)라는 사람으로 극(克)씨라는 성을 받았다. 『삼국사기』에는 주몽이 이들 삼현(三賢)을 하늘이 내리신 선물이라 하면서 그들과 함께 졸본천에 이르러 고구려를 세웠다고 했다. 당시 비류수 상류에 있었던 비류국의 왕 송양왕이 자신의 속국으로 삼으려 했으나 주몽의 기예와 기지로 결국 고구려에 투항했다. 위 시의 마지막 구절은 이 사실을 표현한 것으로 보인다.

3 위기 극복과 국가 창건

성여신, 엄표수

천제의 손자가 난을 피해 강머리에 이르렀네

건너려 해도 다리가 없으니 누가 배를 대어줄꼬.
물고기 자라가 다리를 이루어 마침내 편안히 건너니,
비로소 알겠어라 신성하심이 보통 사람과 다름을.

淹淲水
天孫逃難到江頭 欲濟無梁孰艤舟 魚鼈成橋終利涉 始知神聖異凡流

부여왕 금와의 아들 주몽이 용력이 있고 활을 잘 쏘므로 여러 왕자들이 죽이려 했다. 주몽이 도망하여 엄체수에 이르러서 건너려 했으나 다리가 없었고 추격병은 막 닥쳐오고 있었다. 주몽이 축수했다. "저는 천제의 아들이고 하백의 외손입니다." 이에 물고기와 자라가 다리를 만들어 주어 강을 건너 졸본천에 이르러 나라를 세우고 고구려라 이름했다. 또한 졸본부여라고도 부른다.

扶餘王金蛙子朱蒙 有勇力善射 諸王子欲殺之 朱蒙逃至淹滯水 欲渡無梁 追者將至 蒙祝曰 我是天帝子 河伯外甥 於是魚鼈成橋 渡至卒本川 立國而號高句麗 亦號卒本扶餘

해설_ 이 시는 성여신(成汝信)의 『부사집(浮査集)』(한국문집총간 56) 권1 「서도유적십이수(西都遺跡十二首)」의 제12수이다. 주몽을 금와의 아들이라 했고, 주몽이 물고기 자라의 도움으로 건너간 강의 이름을 시에서는 엄표수(淹淲水), 후서에서는 엄체수(淹滯水)라 했다. 성여신에 관해서는 위 「우발수」 시에 기술되어 있다.

유득공, 비류국

『요사』 지리지에 "정주는 본래 비류왕의 옛 땅인데 나라가 공손강에게 편입되었다. 발해 때에 비류군을 두었는데 비류수가 있다"라고 하였다. 『삼국사』에는 "고구려 시조 2년에 비류국 왕 송양왕이 와서 항복하니 그 땅으로 다물도를 만들고 송양을 봉하여 도주로 삼았다. 고구려 말에 예전 땅을 회복한 것을 다물이라 한다"고 하였고, 『여지승람』에는 "성천부는 본래 비류왕의 옛 수도이다"라고 하였다.

遼史地理志 正州本沸流王故地 國爲公孫康所幷 渤海置沸流郡 有沸流水 三國史高句麗始祖二年 沸流國王松讓來降 以其地爲多勿都 封松讓爲主 麗語謂復舊土爲多勿 輿

地勝覽 成川府 本沸流王松讓故都

칼 모양의 열 두 푸른 봉우리,
비류강은 세차게 흐르네.
주몽은 진정한 호걸이 아니로세,
나물 먹고 사는 빈한한 송양왕을 속였으니.

沸流
劍樣青峰一十二 遊車衣水逝湯湯 朱蒙不是眞豪傑 欺負酸寒喫菜王

검양청봉은 『동국여지승람』에 의하면 "흘골산이 성천부 서북쪽 2리에 있는데 모여선 봉우리 열 두개가 있다. 박원형의 시에 '강 위 여러 봉우리 칼 모양 뾰죽하고 봉우리 앞 강물은 정히 쪽을 풀어 놓은 듯'라 하였다"라고 하였다.

劍樣青峰 輿地勝覽 紇骨山在成川府西北二里 有攢峰十二 朴元亨詩 江上群峰劒樣尖峰前江水正挼藍

유거의수는 『동국여지승람』에 의하면 "비류강은 곧 졸본천으로, 세상에서 유거의진이라고 일컫는다. 성천부 서쪽 삼십 보에 있다. 그 근원은 둘인데, 하나는 양덕현 오강산에서 나오고, 하나는 맹산현 대모원동에서 나와 성천부의 북쪽에 이르러 합류하여 흘골산을 지난다. 산에 네 석혈이 있어 물이 구멍 속으로 들어갔다 끓어올라 나오므로 비류강이라고 부른다. 또 자산군의 우가연과 합류하여 대동강으로 들어간다"라고 하였다.

遊車衣水 輿地勝覽 沸流江卽卒本川 俗稱遊車衣津 在成川府西三十步 其源有二 一出陽德縣吳江山 一出孟山縣大母院洞 至府北合流歷紇骨山 山有四石穴 水入穴中 沸騰而出 故名沸流江 又與慈山郡禹家淵合流 入大同江

끽채왕은 『삼국사』에 의하면 "고구려 동명왕이 비류수에 채소 이파리가 물결을 따라 내려가는 것을 보고 상류에 사람이 있음을 알게 되었다. 그래서 사냥을 하며 찾아가다가 비류국에 이르게 되었다. 그 나라 왕인 송양이 나와 보고 말했다. '과인은 궁벽한 바다 모퉁이에 있어 군자를 볼 수 없었는

| 비류수(혼강) |

데, 오늘 서로 만나니 어찌 다행스럽지 않겠습니까. 그러나 그대께서는 어느 곳에서 오셨는지 모르겠습니다.' 대답하기를 '나는 천제의 아들로 모처에 와서 도읍을 세웠소'라고 하니, 송양왕이 말했다. '나는 여러 대 왕 노릇하였고 땅은 좁아 두 임금을 용납할 수 없습니다. 그대는 도읍을 세운지 얼

마 되지 않으니 우리 나라의 속국이 되면 좋지 않겠습니까.' 왕이 그 말을 분하게 여겨 그와 활로 기예를 겨루니 송양왕이 대항할 수 없었다"고 하였다. 고기에 "동명왕이 비류왕 송양과 활쏘기를 겨루는데 송양왕이 사슴을 그려 백 걸음 안에 두었으나 그 배꼽을 맞출 수 없었다. 주몽은 옥지환을 백 걸음 밖에 걸어두었으나 기와가 산산조각이 나듯이 깨졌다. 송양왕이 크게 놀라 도읍을 세운 시기의 선후로 속국을 삼고자 하였다. 주몽이 궁실을 짓는데 썩은 나무로 기둥을 삼아 천년 묵은 것처럼 만드니 송양왕이 감히 다투지 못했다"라고 하였다.

喫菜王 三國史 高句麗東明王見沸流水 有菜葉 逐流下 知有人在上流者 因以獵往尋 至沸流國 其國王松讓出見曰 寡人僻在海隅 未嘗得見君子 今日相遇 不亦幸乎 然不識吾子自何而來 答曰 我是天帝子 來都於某所 松讓曰 我累世爲王 地小 不足容兩主 君立都日淺 爲我附庸 可乎 王忿其言 與之射以校藝 松讓不能抗 古記 東明王與沸流王松讓較射 松讓以畵鹿置百步內 不能中其臍 朱蒙以玉指環懸於百步之外 破如瓦解 松讓大驚 欲以立都先後爲附庸 朱蒙造宮室 以朽木爲柱 故如千歲 松讓不敢爭

해설 _ 유득공의 「이십일도회고시」 중 비류국을 읊은 시이다. 그의 문집 『영재집(泠齋集)』(한국문집총간 260)에 수록되어 있다. 유득공은 동명왕이 송양왕을 속인 점을 비판하고 있는데, 조선 후기 악부 작가 중에는 이러한 시각을 보여준 사람들이 더러 있다. 유득공에 대해서는 이 책의 「유득공, 이십일도회고시 고구려」에 기술되어 있다.

이학규, 천년 기둥처럼

『삼국사기』에 의하면 금와왕에게 일곱 아들이 있으나 기술과 능력이 모두 주몽에 미치지 못했다. 맏아들 대소가 주몽을 참소하니 주몽은 길을 떠나 졸본천 위에 이르렀다. 궁실을 지을 겨를이 없어 임시 거처를 지어 머무르며 나라 이름을 고구려라 했고 또 졸본부여라 부르기도 했다. 처음 이곳에 이르렀을 때 채소 이파리가 물에 떠있는 것을 보고 상류에 사람이 있음을 알고 사냥하러 가서 찾으니 과연 비류라 하는 나라가 있었다. 그 나라 임금 송양왕이 주몽의 용모가 비상함을 보고 "과인이 바다밖에 치우쳐 있어 일찍이 군자를 본 적이 없었오. 군자께서는 어디로부터 이르셨소?"라고 물으니, 주몽은 "나는 천제의 아들로 서국의 왕이오"라 말했다. 송양은 마음속으로 스스로 의심을 품어 그 재주를 시험하고자 "그대와 활쏘기를 하고자 합니다"라고 했다. 주몽은 옥지환을 백 걸음 밖에 걸고 그것을 쏘니 마치 기와를 깨는 듯했다. 송양왕이 크게 놀라 나라를 세운 선후로 속국을 삼고자 함으로 주몽은 썩은 나무로 궁실의 기둥을 만드니 마치 오래기가 천년이 된 것 같았다. 송양왕이 감히 다투지 못하고 끝내 그 나라를 바쳤다. 마침내 다물도로 옮기고 송양왕을 다물후로 봉했다.

按三國史 東扶餘王金蛙有七子 技能皆不及朱蒙 長子帶素讒之 朱蒙行至卒本川上 未遑作宮室 結廬居之 國號高句麗 亦稱卒本扶餘 初至見菜葉浮水而下 知有人在上流 獵往尋之 果有國曰沸流 其王松讓 見朱蒙容貌非常 曰 寡人僻在海外 未嘗見君子 吾子自何而至乎 朱蒙曰 我是天帝之子 西國之王也 松讓內自懷疑 欲試其才曰 願與君射矣 朱蒙以玉指環懸於百步外 射之如破瓦 松讓大驚 欲以立國先後爲附庸 朱蒙以朽木爲宮室柱 如千歲然 松讓不敢爭 竟以其國降 遂置多勿都 封松讓爲多勿侯

누가 나무 기둥을 썩게 하여
송양왕의 나라를 계교로 빼앗았나.
송양왕은 가련한 사람,

졸본천은 일명 유거의수다. 흘골산에 네 돌구멍이 있어, 졸본천이 구멍 안으로 흘러 들어갔다가 물이 끓어 올라 나오기 때문에 비류국이라 이름했다.

졸본천 가에서 나물잎을 먹었네.
활을 당겨 옥지환을 쏘며 오히려 기예를 견주더니
궁궐의 썩은 나무 본래 천년된 것이 아니었어라.
천제의 아들 서국의 왕이시여,
저가 설령 어리석게 보일지라도 어찌 능히 부끄러움이 없을 수 있으리오.
아아 송양왕을 다물후로 삼은 것은 부질없이 빈 혜택일세.

고구려 말로 옛 땅을 회복하는 것을 다물이라 여긴다.

朽木柱

誰將爛柱木 計奪松讓國 松讓可憐人 喫菜車衣濱

卒本川 一名游車衣水 紇骨山有四石竇 卒本川流入竇中 沸騰而出 故名沸流國

彎弧注玉尙較藝 堂中朽木非千歲 天帝之子西國王 彼縱見聾能無媿
嗚呼多勿徒虛惠

句麗語以復舊土爲多勿

해설 _ 이 시는 낙하생(洛下生) 이학규(李學逵 1770~1835)의 『낙하생집(洛下生集)』(문집총간

290) 책17 『추수근재집(秋樹根齋集)』 「해동악부(海東樂府)」 조에 수록되어 있다. 이학규의 자는 성수(醒叟, 惺叟)이다. 그 역시 유득공처럼 동명왕이 송양왕을 속인 것을 부끄러운 일로 비판하고 있다. 이학규는 외할아버지 이용휴(李用休), 외삼촌 이가환(李家煥) 등 성호 이익의 가문 출신이다. 그는 천주교에 연루되어 24년간 유배생활을 하는 동안 하층민과 우리의 역사에 대한 관심을 기울였고, 그것이 악부시에 반영되었다. 「해동악부」 중 백정을 다룬 「양수척(楊水尺)」, 『영남악부』(책6) 중 관리들의 부패 탐학상을 그린 「황마포(黃麻布)」·「혁작령(嚇鵲令)」·「철문어(鐵文魚)」 같은 작품이 그 예이다.

4 동명왕의 승천

김극기, 기린마

주몽이 타고 하늘에 조회하려고

고개 중턱 금당에서 옥기린을 길렀네

문득 옥 채찍을 떨어뜨리고 끝내 아니 돌아오니

구제궁에서 누가 다시 가을 하늘에 오를꼬

麒麟馬

朱蒙駕馭欲朝眞 嶺半金塘養玉麟 忽墮寶鞭終不返 梯宮誰復上秋旻

해설 _ 이 시는 고려 말 조선 초의 학자이며 문사인 김극기(金克己, 1379~1463)의 작품으로 『신증동국여지승람』 권51 평양부에 수록되어 있다. 무신집권기 같은 이름을 가진 문사 김극기와 때로 혼동되기도 했다. 김극기의 호는 지월당(池月堂)으로 고려가 망한 뒤 벼슬에 뜻을 두지 않고 이름난 산수를 찾아다니며 시 짓기로 소일하였다. 『동국여지승람』에 실린 김극기의 시는 100편이 넘는다고 하는데, 무신집권기의 김극기와는 무관한 것이다. 삼현사(三賢祠)에 봉안되었으며, 저서에는 『지월당유고』가 있다.

이첨, 기린굴

지난 일들은 멀고 아득해 괴상하고도 신비하니

성 동쪽에 있는 굴을 기린굴이라 이르네.

동명왕이 하늘에 조회하러 올라갔으니
큰 돌이 옛날처럼 물가에 남아 있네.
원수沅水[7])처럼 근원이 깊으니 세상을 피할 만하지만,
구지仇池[8])처럼 구멍이 좁아 겨우 몸을 들일 만하구나.
전해오는 이야기 족히 담소의 재료가 될 만하니
지나는 손이 어찌 번거로이 진위를 따지리.

麒麟窟
往事悠悠怪且神 城東有窟號麒麟 明王從此朝天上 巨石依然在水濱
沅水源深堪避世 仇池穴窄僅容身 流傳足可供談笑 過客何煩辨僞眞

해설 _ 이 시는 『신증동국여지승람』 권51 『평양부』 「기린굴」 조에 실려있고 쌍매당(雙梅堂) 이첨(李詹, 1345~1405)의 문집인 『쌍매당협장집(雙梅堂篋藏集)』(문집총간 6)에는 수록되어 있지 않다. 이첨은 고려 말 조선 초의 전환기를 살았던 문신으로 후대평가들에 의해 이 시기 가장 대표적인 시인 중 하나로 반드시 언급되는 인물이다. 자는 고려시대 자료에는 소숙(少叔), 조선조 『태종실록』에는 중숙(中叔)으로 나온다. 이 작품에는 고려 말 성리학 수용 이후 특히 유학을 국시로 한 조선조에 들어와 유학자들이 동명왕 설화를 합리적인 관점에서 그 진위를 판단하려는 특성이 드러난다. 『신증동국여지승람』에 의하면 "기린굴은 구제궁 안 부벽루 아래에 있다. 동명왕이 여기서 말을 길렀다 하는데, 뒷사람이 비석을 세워 기념하였다. 세상에서 전하되 왕이 기린말을 타고 이 굴에 들어가니 땅속에서부터 조천석이 나와 하늘로 올라갔다 하며, 그 말발굽 자국이 지금도 돌 위에 있다"고 했다.

정총, 기린굴 영명사 앞에 있다

기린굴은 앞이 탁 트여 절에 가까운데
동명왕의 지난 사적이 길게 자란 풀처럼 하늘로 이어졌네.
아래로 내려다보니 도리어 구지산 구멍인가 생각되고
서 있으니 때로 바람을 타고 다닌 열자의 바람이 생기네.[9])

7) 중국 남방에 원수(沅水)와 상수(湘水)가 있다. 초나라 굴원(屈原)이 참소를 받아 원수·상수를 건너 장사로 귀양을 갔다. 그의 많은 작품들이 이곳 주변에서 지어졌다.
8) 중국 감숙성의 구지산 정상에는 못이 있어 이를 구지로 명명했는데, 골이 깊어 서른 여섯 굽이를 돌아야 정상에 오른다고 한다.
9) 열자(列子)는 중국 전국 시대 정나라 사람으로 황제(黃帝)·노자의 도를 숭봉했다. 『장자』 「소요유」에 "열자가 바람을 타고 날아다녔다"고 하였다. 『장자』에는 「열어구(列禦寇)」 편이 있다.

신령한 기린이 구름 타고 아득하게 먼 곳으로 돌아가고
남은 발자국 돌에 새기어 험준한 산에 있어라.
길이 있어 강물로 통한다고 사람들이 말하나
촛불 들고 뉘 능히 자세히 궁구했으리.

위의 각(却)은 아마도 초(初)자의 오기인 듯하다.

麒麟窟 在永明寺之前

麟窟啥呀近梵宮 東明事往草連空 俯窺却訝仇池穴 却立時生禦寇風
神物乘雲歸汗漫 遺蹤勒石在巃嵸 人言有路通江水 秉燭誰能子細窮
上却恐初字之誤

해설_이 시는 복재(復齋) 정총(鄭摠, 1358~1397)의 『복재집(復齋集)』(문집총간 7) 상에 수록되어 있다. 정총은 자가 만석(曼碩), 호는 복재(復齋)로, 고려 말 정당문학을 지낸 정추(鄭樞)의 아들이다. 정도전과 같이 『고려사』를 편찬하고, 그 서문을 썼다. 1395년 태조 이성계의 고명(誥命) 및 인신(印信)을 줄 것을 청하러 명나라에 사신으로 파견되었다가, 때마침 명나라에 보낸 표전문이 불손하다 하여 명나라 황제에게 트집잡혀 대리위(大理衛)에 유배 도중 죽었다.

권근, 기린굴

산 앞의 굴이 가장 깊고 그윽한데,
말 들으니 진인이 옛날 여기에 머물렀다고.
기린이 절로 길들어 하늘 위에 갔고,
귀신이 길잡이 되어 땅속에서 놀았다네.
은미하게 길이 있어 신선 세계에 통하였고
아득하여 자취 없이 세속을 초월했구나.
괴상한 일 말함이 성인의 도는 아니나
시를 써 애오라지 전설을 적어 두네.

麒麟窟

山前窟穴最深幽 聞道眞人昔此留 麒麟自馴天上至 鬼神爲導地中遊
冥冥有路通仙府 渺渺無蹤絶俗流 語怪縱然非聖道 題詩聊記所傳由

해설_이 시는 양촌(陽村) 권근(權近, 1351~1409)의 『양촌선생문집(陽村先生文集)』(문집총간

7) 권5에 수록되어 있다. 권근의 자는 가원(可遠)으로 고려 후기 지공거를 역임하고 『사서집주(四書集註)』의 간행을 건의하여 성리학의 전파에 기여했던 권보(權溥)의 증손이다. 외교문서 표전(表箋)에 표현된 내용으로 문제가 발생했을 때 명나라에 가 이를 잘 해결했을 뿐 아니라 그곳 학자들과 교유하면서 경사(經史)를 강론했고 명 태조의 명을 받아 응제시(應製詩) 24편을 지어 크게 이름을 날렸다. 그의 고구려 동명왕 관련 시들은 이첨과 마찬가지로 괴력난신을 말하지 않는 합리적이고 현실적인 유학적 세계관을 보여주면서도, 전래된 역사를 그대로 보존하려는 의지도 엿볼 수 있다.

하연, 기린굴

선인께선 전날 밤 어느 산에서 머무셨나
깊은 안개 속 옛 굴엔 새벽 초생달 떠오른다.
슬프고 쓸쓸하구나 옥기린 날아가 돌아오지 않으니
흰 구름 흐르는 물 골짜기는 서늘하네.

麒麟窟
仙人前夜宿何山 古窟烟深曉月彎 怊悵玉麟飛不返 白雲流水洞天寒

해설 _ 시는 경재(敬齋) 하연(河演, 1376~1453)의 『경재집(敬齋集)』(한국문집총간 7) 권1에 수록된 「기성삼십운(箕城三十韻)」 중 제5수이다. 하연의 자는 연량(淵亮)이고, 정몽주(鄭夢周)의 문인이다. 세종 때 대사헌으로서 조계종 등 불교 7종파를 선(禪)·교(敎) 양종(兩宗), 36본산으로 통합하는 일을 했고, 문종이 대자암(大慈庵)을 중수하려고 했을 때 영의정으로 이를 반대했다.

이행, 기린굴

바위 동굴이 곧 하늘의 마구간
일찍이 여기서 기린을 길렀다지
기린은 떠나고 단지 자취만 남았으니
하물며 당시 사람이야 말해 무엇하리

麒麟窟
石窟乃天廐 於玆曾豢麟 麟去但遺迹 况是當世人

해설 _ 이 시는 용재(容齋) 이행(李荇, 1478~1534)이 명 사신 당고(唐皐)의 「평양승적(平壤勝蹟)」 이십 수 가운데 제8수 「기린굴」을 차운한 시로 이행의 『용재집(容齋集)』(문집총간 20) 권8, 『황화집』(아세아문화사 영인본) 권16에 수록되어 있다. 당고는 중종 16년(1521) 명나라 세종의 즉위를 알리기 위해 조선에 온 반등극조사(頒登極詔使)의 정사였고, 당시 이행이 원접사였다. 명나라 사신의 원시는 본서 VI. 외국인의 고구려 인식 장에 수록되어 있다. 이행의 자는 택지(擇之)이고, 호는 용재 외에 청학도인(靑鶴道人)이 있다. 그는 연산군 때부터 중종 년간 여러 가지 정치적 사건에 연루되어 여러 번 유배를 가거나 심지어 폐서인되기도 했다. 1530년 『동국여지승람』을 신증(新增)하는 책임을 맡아 이를 완수했다. 허균은 그를 조선 전기 시 문학의 제일인자로 평가했다.

이행, 기린굴

붉은 기린 뜬구름 밟고 가더니만,
천추가 지나도록 끝내 돌아오지 않는구나.
오직 호기심 많은 길손들만이
때때로 과하마 타고서 찾아올 뿐이네.

麒麟窟
赤麟蹀浮雲 千秋終不回 唯有好事客 時騎果下來

해설 _ 이 시는 사도(史道)의 「평양승적(平壤勝蹟)」 총 19수 중 제14수인 「기린굴」을 차운한 시이다. 명나라 사신의 원시는 본서 VI. 외국인의 고구려 인식 장에 수록되어 있다. 이행의 『용재집』 권8과 『황화집』 권16에 수록되어 있다. 사도는 1521년 명나라 세종의 등극을 알리기 위해 정사 당고와 함께 부사로 조선에 왔고 이행이 원접사였다. 주몽이 타던 말은 과하마라 했다(이규보, 동명왕편). 과하마는 높이가 세 자(三尺)로 과실이 열리는 나무 아래로 다닐 수 있다고 하여 이름 붙여진 것이다(通典).

소세양, 기린굴

천손은 가서 돌아오지 않으나,
남긴 자취는 강가에 남아있네.
예나 이제나 강은 절로 흐르니,
어느 곳에서 기린말을 찾을꼬.

麒麟窟

天孫去不返 遺跡留江濱 江流自今古 何處尋麒麟

해설 _ 이 시는 양곡(陽谷) 소세양(蘇世讓, 1486~1562)이 황태자 책봉을 알리기 위해 1539년 조선에 온 정사 화찰(華察)의 「평양승적이십운(平壤勝蹟二十韻)」 중 제12수 「기린굴」을 차운한 작품이다. 『황화집』 권26에 수록되어 있다. 소세양은 당시 원접사였다. 자는 언겸(彦謙)이고, 퇴휴당(退休堂)이란 호도 있다. 그는 그 이전에도 영접사 이행(李荇)의 종사관으로 명나라 사신을 맞은 바 있고, 진하사(進賀使)로 명나라에 다녀오기도 했다. 명나라 사신의 원시는 본서 VI. 외국인의 고구려 인식 장에 수록되어 있다.

소세양, 기린굴

이끼로 봉해진 석굴 몇 해를 보냈나,
오직 자취만이 대동강 물가에 남아 있네.
동명성왕 한번 천제께 인사드리러 간 후
천년이 지나도 다시 기린마를 볼 수 없구나.

麒麟窟

苔封石窟幾經春 唯有遺踪浿水濱 一自東明朝帝後 千年不復見麒麟

해설 _ 이 시는 소세양(蘇世讓, 1486~1562)이 명나라 황태자 책봉을 알리기 위해 1539년 조선에 온 부사 설정총(薛廷寵)의 「평양승적이십운」 중 제12수 「기린굴」을 차운한 작품으로, 『황화집』 권26에 수록되어 있다. 당시 소세양은 원접사였다. 명나라 사신의 원시는 본서 VI. 외국인의 고구려 인식 장에 수록되어 있다.

신광한, 기린굴

강 위 상서로움이 있었던 땅이
이제 적막한 물가가 되었네.
봉황이 이르지 않음을 항상 가엾이 여겼는데,
어찌 기린마 때문에 다시 탄식할 수 있으랴.

麒麟窟

江上生祥地 今成寂寞濱 常憐鳳不至 那復嘆傷麟

해설 _ 이 시는 기재(企齋) 신광한(申光漢, 1484~1555)의 『기재집(企齋集)』(문집총간 22) 권12에 수록되어 있다. 1545년에 그 전 해 승하하신 중종의 사시사(賜諡使)로 온 명 사신 장승헌(張承憲)의 「평양승적십육영(平壤勝蹟十六詠)」을 차운한 시이다. 당시 신광한이 원접사였다. 신숙주(申叔舟)의 손자로, 자는 한지(漢之)이고 낙봉(駱峰)이란 호도 있다. 명나라 사신의 원시는 본서 VI. 외국인의 고구려 인식 장에 수록되어 있다.

성여신, 기린굴

동명왕이 기린마를 길러
그 말 타고 하늘에 조회간 흔적이 여전히 남아있네.
기이한 이야기 황당하나 누가 다시 밝히랴.
지금도 그가 천손임을 사람들은 말하네.

麒麟窟
東明王養麒麟馬 騎上朝天跡尙存 異說荒唐誰復辨 至今人道是天孫

기린굴은 부벽루 아래에 있다. 동명왕이 기린말을 길러 그것을 타고 하늘에 조회하러 갔다고 말한다.

麒麟窟 在浮碧樓下 東明王養麒麟馬 乘之朝天云

해설 _ 이 시는 부사(浮査) 성여신(成汝信)의 『부사집(浮査集)』(문집총간 56) 권1 「서도유적십이수(西都遺跡十二首)」 중 제6수이다. 성여신에 관해서는 동명왕의 탄생을 다룬 「우발수」에 기술되어 있다.

유근, 기린굴

천손이 그날 강의 신을 시켜
아득하게 몸을 솟구쳐 푸른 기린에 걸터앉았네.
천고의 정령이 응당 없어지지 않았으리니,
푸른 하늘 어느 곳에서 홀로 천제를 조회하고 계신고.

麒麟窟
天孫當日役江神 汗漫騰身跨翠麟 千古精靈應不滅 碧空何處獨朝眞

해설 _ 이 시는 유근(柳根, 1549~1627)이 1606년 황태손의 출생을 알리기 위해 온 명나라 정사 주지번(朱之蕃)의 「평양십육경(平壤十六景)」 제4수 「기린굴」에 차운한 시이다. 유근은 당시 원접사였다. 『서형집(西坰集)』(문집총간 57) 권4, 『황화집』 권41에 수록되어 있다. 유근은 자는 회부(晦夫), 호는 서경(西坰)으로, 문장에 뛰어나 일본의 중 현소가 사신으로 왔을 때 선위사(宣慰使)에 특별히 임명된 바 있고, 임진왜란이 끝난 이후 예조판서로 동지사가 되어 명나라에 다녀오기도 했다. 명나라 사신의 원시는 본서 VI. 외국인의 고구려 인식 장에 수록되어 있다.

유근, 기린굴

대낮에 승천하심 진실로 황홀해,
오늘까지 초부 목동들의 이야기가 분명하네.
금빛 털의 기린은 필시 구름 사이에 누웠으리,
석굴만 만고에 헛되이 이름 남기고 있네.

麒麟窟
白日昇天眞恍惚 至今樵牧說分明 金毛定向雲間臥 石窟空留萬古名

해설 _ 이 시는 1606년 황태손의 출생을 알리기 위해 온 명나라 부사 양유년(梁有年)의 「평양십육경」 제12수 「기린굴」에 차운한 작품으로, 유근의 문집 『서형집(西坰集)』 권4, 『황화집』 권41에 수록되어 있다. 명나라 사신의 원시는 본서 VI. 외국인의 고구려 인식 장에 수록되어 있다.

신광수, 기린굴

기린말 길게 울며 천상의 옥경으로 향했으니,
지금도 응당 흰구름 밟으며 가고 있으리.
푸른 산 속 옛 굴이 삼 천년을 보냈는데,
천손이신 동명왕은 어느 날이나 패성으로 돌아오실까.

麒麟窟
麟馬長嘶向玉京 至今應踏白雲行 靑山古窟三千歲 何日天孫返浿城

해설 _ 이 시는 석북(石北) 신광수(申光洙, 1712~1775)의 『석북집(石北集)』(문집총간 231) 권

10 「관서악부(關西樂府)」제 57수에 수록되어 있다. 공사에 동원된 백성들이 굶어죽고 얼어 죽는 참상을 그린 시 등 현실비판적인 작품과 우리 나라의 풍속과 역사를 소재로 한 민요풍의 한시로 주목을 받았다. 「관서악부」는 평안감사 채제공(蔡濟恭)의 치적을 다룬 총 108수의 기속악부(紀俗樂府)이다. 신광수의 자는 성연(聖淵)이다 형제들이 모두 시문에 뛰어나 신광수의 『석북집』과 함께 동생 기록(騎鹿) 신광연(申光淵, 1715~1778)의 『기록초음(騎鹿樵吟)』, 진택(震澤) 신광하(申光河, 1729~1796)의 『진택문집(震澤文集)』, 누이 동생 신부용(申芙蓉, 1732~1791)의 『산효각부용시선(山曉閣芙蓉詩選)』을 합해서 엮은 것이 『숭문연방집(崇文聯芳集)』이다.

이승휴, 조천석

하늘을 왕래하며 하늘 정사에 참여했으니
조천석 위 기린 발굽은 가벼웠으리

往來天上預天政 朝天石上麟蹄輕

해설 _ 이 시구는 『신증동국여지승람』 권51 평안도 평양부에 기재되어 있는 것으로 그의 문집인 『동안거사집(動安居士集)』에도 나와있지 않아 원시 전체는 미상이다. 이승휴(李承休)에 관해서는 앞의 고구려사 개관 조에 기술되어 있다. 『신증동국여지승람』에 의하면 조천석은 기린굴 남쪽에 있다. 동명왕이 기린말을 타고 조천석 위에서 하늘로 올라갔다 하며, 그 말발굽 자국이 지금도 돌 위에 있다고 했다.

김극기, 조천석

기린을 한번 타고 하늘에 올라 조회하니,
부질없이 인간에게 눈물 줄줄 흐르게 하네.
오직 신령한 바위 서너 모서리 남아 있고,
푸른 강변에는 밀물이 나고 드네.

朝天石
麒麟一駕上朝天 空使人間涕泫然 唯有靈岩三四角 潮生潮落碧江邊

옥황께 조회하러 가서 하늘에서 다시 내려오지 않으니
신령한 바위 하나가 아직도 또렷하구나

옥 채찍을 수습하여 어느 곳에 묻었을꼬
북쪽 봉우리 높이 흰구름 가에 버티어 섰네

朝眞不復下三天 一朶靈巖尙宛然 收拾玉鞭藏底處 北峯高柱白雲邊

해설 _ 이 시는 『신증동국여지승람』 권51 평안도 조천석 조에 기재되어 있다. 동명성왕은 재위 19년 만에 기린마를 타고 승천하여 돌아오지 않으므로 그의 아들 유리 태자가 부왕이 남기고 간 옥 채찍으로 장사를 지내고 평안도 중화군 용산에 무덤을 만들었다고 전한다. 김극기에 관해서는 「기린굴」 참조.

이첨, 조천석

넓적하게 서린 강 돌이 사면으로 통했는데,
하늘에 조회한 자취는 마침내 어디로 갔는고.
푸른 돌 뿌리가 차가운 물 속에 우뚝 솟아있고,
흰 물결이 양편 기슭 바람에 철썩 철썩 부딪히네.
구름은 그윽하게 기린 굴에 이어졌고,
달빛은 환하게 제왕궁을 비추네.

| 무용총 널방 천장에 그려진 하늘세계 |

신선이 유람 간 뒤 어룡은 적막하고
이끼 낀 돌에 낚시하는 늙은이만 앉아 있구나.

朝天石
江石盤陀四面通 朝天遺跡竟成空 蒼根屼立中冷水 白浪舂撞兩岸風
雲物暗連麒麟窟 月華分照帝王宮 魚龍寂寞仙游遠 留與苔磯坐釣翁

해설 _ 이 시는 『신증동국여지승람』 권51 『평양부』에 수록되어 있다. 이첨에 관해서는 앞의 「기린굴」 시에 나와 있다.

권근, 조천석

강 가운데 반석을 조천이라 이름하니,
황당한 이 말이 예로부터 전하네.
굴 속 구멍이 어찌 길로 통한단 말인가.
허공에서 구름과 연기를 타기가 쉽지 않으리.
신인은 절로 범인과는 달랐겠지만,
지난 일은 모두 흐르는 물 따라 가버렸네.
천 년 뒤 백은탄 아래 나루터에는
이제는 오직 오가는 배만 있을 뿐.

朝天石
江中盤石號朝天 此語荒唐自古傳 窟穴寧知通道路 虛空未易駕雲煙
神人自與凡民異 往事皆隨逝水遷 千載白銀灘下渡 只今唯有往來船

해설 _ 이 시는 양촌(陽村) 권근(權近) 『양촌집(陽村集)』(문집총간 7) 권5 「서도잡영 동이대제차기운(西都雜詠 同李待制次其韻)」에 수록된 것이다. 이대제는 이첨으로 앞에 기술한 이첨의 시에 차운한 것이다. 이 작품에도 괴력난신을 믿지 않는 유학자의 관점이 보인다. 권근에 관해서는 앞의 「기린굴」에 간략히 기술되어 있다.

정총, 조천석

활 모양의 옛 돌이 푸른 물결을 베고 있으니,

사람들은 거룩하신 천제가 이 곳에서 하늘에 조회가셨다고들 말하네.
굴 안의 기린마는 스스로 구름을 타고 가고
언덕 아래 용은 응당 보물 안고 자고 있었으리.
놀란 파도 부딪혀오니 흰 물결(눈)을 뒤집는 것 같고.
오래 된 이끼 파묻힌 것은 푸른 동전을 흩트린 것 같네.
몸 굽혀 청원해서 낚시대 드리우러 오고자 하는데
모래 바람 속에 말 탄 채로 또 일년이 지났네
두 번 째 낭(浪)자는 설(雪)자를 잘 못 쓴 것 같다.

朝天石
古石穹窿枕碧漣 人言聖帝此朝天 窟中麟自乘雲去 崖下龍應抱寶眠
駭浪舂撞翻白浪 古苔埋沒散靑錢 乞身擬欲來垂釣 鞍馬風沙又一年
下浪恐雪字之誤

해설 _ 이 시는 복재(復齋) 정총(鄭摠)의 『복재집(復齋集)』(문집총간 7) 상편에 수록되어 있다. 정총에 관해서는 앞의 「기린굴」 시에 간략히 서술되어 있다. 경련 첫 귀의 흰 물결(白浪)이 흰 눈(白雪)의 오자인 것 같다는 주가 첨가되어 있다. 푸른 동전(靑錢)은 작은 연 잎을 형용하기도 한다.

하연, 조천석

바람 소리내며 기린마는 선계로 올라갔는데,
밝은 달, 돌아가는 구름 언제였던가.
오래된 바위에는 이끼 얼룩지고 강물은 차가운데,
그림자조차 없는 동천에서 낭랑하게 신선을 읊조리네.

朝天石
嘶風麟馬上芝田 明月歸雲不記年 老石苔斑江水冷 洞天無影朗吟仙

해설 _ 이 시는 경재(敬齋) 하연(河演, 1376~1453)의 문집인 『경재집(敬齋集)』(문집총간 7) 권1에 수록된 「기성삼십운(箕城三十韻)」 제6수이다. 하연에 관해서는 「기린굴」에 간략히 기술되어 있다.

소세양, 조천석

동명왕이 예전 하늘에 조회하러 가실 때
홀로 기린마 등에 걸터 앉았네.
응당 달 밝은 밤에는 혼백이
돌아와 옥패를 희롱하리.

朝天石
東明昔朝天 獨跨麟馬背 應有月夜魂 歸來弄珮佩

해설 _ 이 시는 중종 34년(1539) 조선에 온 명나라 정사 화찰(華察)의 「평양승적이십운」을 차운해서 읊은 것이다. 당시 소세양이 접반사였다. 『황화집』 권26에 수록되어 있다. 명나라 사신의 원시는 본서 Ⅵ. 외국인의 고구려 인식 장에 수록했다.

소세양, 조천석

하늘에 조회하러 가신 분 지금은 어디에 계신고.
구름 덮힌 가파른 바위가 학의 등에 걸터앉은 듯.
달 밝은 밤 때로 먼 강물 소리 보내는데,
짤랑짤랑 옥패 흔드는 소리 듣는 듯 하여라.

朝天石
朝天人去今何所 雲石巉巖跨鶴背 月明時送遠江聲 想聽鏘鏘搖玉珮

해설 _ 이 시는 화찰과 함께 조선에 왔던 명나라 부사 설정총의 「평양승적시」를 차운한 것이다. 『황화집』 권26에 수록되어 있다. 명나라 사신의 원시는 본서 Ⅵ. 외국인의 고구려 인식 장에 수록했다.

이행, 조천석

동명성왕 이제는 뵐 수 없으니,
틀림없이 하늘에 조회하러 가셨으리.
속절없이 남아있는 한 조각 바위,

아직도 조천한 곳이라고 기록되어 있네.

朝天石

明王不可見 定爲朝天去 空餘一片石 尙記朝天處

해설 _ 이 시는 명 사신 당고(唐皐)의 「평양승적(平壤勝蹟)」 총 20수 중 제9수 조천석을 차운한 것이다. 『용재집』(문집총간 20) 권8과 『황화집』 권16에 실려있다.

이행, 조천석

강 가운데서 물이 솟구쳐 일어나
만고에 맑고 그윽한 기운을 담았어라.
승천한 말은 돌아오지 않고
돌 밟은 발자국만 헛되이 남아 있네.

朝天石

江心屭屭狀 萬古涵淸幽 昇天馬不返 蹋石跡空留

해설 _ 이 시는 사도(史道)의 「평양승적」 총 19수 중 제13수 「조천석」을 차운한 것이다. 이행, 『용재집』 권8과 『황화집』 권16에 수록되어 있다. 명나라 사신의 원시는 본서 Ⅵ. 외국인의 고구려 인식 장에 수록했다.

신광한, 조천석

기린은 떠났으나 돌은 그대로 있어
지금까지도 초탈하신 그 모습이 발자국에 남아있네.
하늘에 조회가는 것 또한 기상 높은 일인데,
긴 세월 떨어진 옥패 소리 슬퍼하고 있구나.

朝天石

麟去石不轉 至今留艮背 朝天亦超忽 千載悲墜珮

해설 _ 이 시는 인종 원년(1545)에 승하하신 중종의 시호를 위해 조선에 온 명나라 사시사(賜諡使) 장승헌(張承憲)의 「평양승적십육영」 중 제10수 「조천석」 시를 다시 차운한 것이다.

당시 원접사는 신광한(申光漢)이었다. 신광한(1484~1555)의 『기재집(企齋集)』(문집총간 22) 권12 『황화집』 권28에 수록되어 있다. 『기재집』에는 이 시의 첫 구가 "사람은 가버렸으나〔人去〕"로 되어 있다. 명나라 사신의 원시는 본서 VI. 외국인의 고구려 인식 장에 수록했다. 승구의 '간배(艮背)'는 작용이 등에 머물러있는 것으로, 등은 인간의 신체기능이 가장 둔한 곳이어서 사리사욕을 추구하지 않는 담백한 마음의 경지를 가리킨다. 『주역』 간괘(艮卦)편에 나온다.

유근, 조천석

하늘에 조회가던 돌 조각에 한번 올라가보니,
푸른 물이 서쪽으로 흐르는데 세월이 깊구나.
건너 편 포구 어떤 이가 옥 피리 불고 있나,
황홀하게 들리네 공중의 환패 소리.

朝天石
朝天片石一登臨 碧水西流歲月深 隔浦何人吹玉笛 怳聞環珮半空音

해설 _ 이 시는 선조 39년(1606) 조선에 온 명나라 사신 주지번(朱之蕃)의 「평양십육경(平壤十六景)」에 차운한 시이다. 환패(環佩)는 허리에 차는 장식용 옥이다. 패옥(佩玉)이라고도 한다. 『예기』 「경해(經解)」 편에 천자를 묘사하면서 "그 조정에 있어서는 인성(仁聖), 예의(禮儀)의 차서를 말하고, 한가로이 지낼 때는 곧 아송(雅頌)의 음을 들으며, 보행을 하면서는 곧 환패의 소리가 있으며 ……"라고 했다. 유근은 조천석에 올라가 그 옛날 허리에 찬 환패 소리를 울리며 여기서 기린말을 타고 하늘로 올라가던 동명성왕에 대한 그리움을 감각적으로 보여주고 있다. 유근은 당시 원접사였다. 유근의 『서경집(西坰集)』(문집총간 57) 권4와 『황화집』 권41에 있다. 명나라 사신의 원시는 본서 VI. 외국인의 고구려 인식 장에 수록했다.

유근, 조천석

긴 하늘 지나는 새도 돌아오는데
기이한 사적은 여전히 번거롭게 만고에 전해지네
묻노니 천손께선 어느 곳에 가셨는고
강에 비치는 달빛만이 홀로 남아 자연을 마음대로 하네

朝天石

長空過鳥亦知還 異事猶煩萬古傳 爲問天孫何處去 獨留江月管風煙

해설_ 이 시는 선조 39년(1606)에 정사 주지번과 함께 온 부사 양유년(梁有年)의 「평양십육경」에 차운한 시이다. 유근, 『서경집』 권4와 『황화집』 권41에 보인다. 명나라 사신의 원시는 본서 Ⅵ. 외국인의 고구려 인식 장에 수록했다.

성여신, 조천석

기린굴 남쪽의 기이한 바위 조천이라 이름하는데,
기린말을 타고 와 옥 채찍으로 인사하네.
신선의 자취 의연하고 바위는 그대로인데,
강산은 말없이 구름과 안개에 갇혔어라.

조천석은 기린굴 남쪽에 있는데, 승천한 말 발자국이 오늘까지 돌 위에 남아있다.

朝天石

窟南奇石號朝天 麟馬騎來謝玉鞭 仙跡依然石不轉 江山無語鎖雲烟

朝天石 在麒麟窟南 升天馬跡 至今在石上

해설_ 이 시는 성여신의 『부사집』 권1 「서도유적십이수(西都遺跡十二首)」 중 제7수이다. 성여신에 관해서는 동명왕의 탄생을 다룬 「우발수」에 기록되어 있다.

이수광, 조천석

묻노니 신선은 어디 가셨나,
바람이 학의 등에 부네.
반타석은 아직도 남아 있는데,
이그러진 달이 환패인가 하네.

次平壤勝蹟 朝天石

仙子問何之 天風吹鶴背 盤陀石尙存 缺月疑環珮

해설_ 이 시는 지봉(芝峯) 이수광(李睟光, 1563~1628) 『지봉집(芝峯集)』(문집총간 66) 권19의 「황화집차운」 편에 수록된 「차평양승적(次平壤勝蹟)」 20수 가운데 제10수이다. 중종 32년(1537) 명나라 세종의 황태자 출생을 알리기 위해 온 사신들인 공용경(龔用卿)·오희맹(吳希孟)의 시를 차운했다는 주가 있는데, 당시 원접사는 정사룡·관반은 심언광이었다. 이수광은 공용경·오희맹 외에 홍헌(洪憲)·왕경민(王敬民)의 시를 읽고 차운한 작품도 남겼다. 반타석은 넓고 평평한 바위로 어떤 경우에도 그 모습을 변하지 않는 도(道)를 형상화하는 시어로 자주 사용되었다. 이수광의 자는 윤경(潤卿)이고 시호는 문간(文簡)이다. 그의 『지봉유설(芝峯類說)』은 고서에서 천문·유도·문장·인물·기예·식물·금충 등 총 25부문의 자료를 뽑아 편찬한 일종의 백과사전으로 그의 실학적 사고가 잘 나타나 있다. 특히 문장 부문에서는 한글 가사, 여성 및 하층 작가의 작품도 다루고 있다.

오광운, 조천석

기린굴 남쪽에 있다. 세상에서는 동명왕이 굴 안에서 기린마를 키워 말을 타고 땅 속에서 다니다가 밖으로 나와 조천석에서 승천하였는데 바위 위에 말의 흔적이 있다고 전한다.

在麒麟窟南 世傳東明王養騏麟馬于窟中 乘馬行地中 出朝天石升天 石上有馬跡

가련하구나 한 무제는
신선 좋아하고 말 좋아한다는 말 헛된 이름일세.
구씨산[10] 찾아가고 바다에 가는 것을 어찌 천유라 할 수 있을까,
완구 악마 같은 훌륭한 말도 단지 지상을 다닐 뿐이니.
어찌 동명왕이 기린을 타고
학보다 가벼이 푸른 하늘 날아 오른 것과 비교할 수 있으리.
이끼는 기린 발자국을 감히 갉아먹을 수 없었으니

10) 『열선전』에 의하면 주나라 영왕(靈王) 태자 진(晉), 즉 왕자교(王子喬)가 흰 학을 타고 구씨산의 꼭대기에 머물렀다고 한다. 여기서 구씨산(緱氏山)은 한무제의 선계 탐구를 보여주기 위해 동원된 것이다.

지금까지도 마치 하늘 밖 울음소리 듣는 것 같아라.
하늘 위 땅 속을 누가 보았는지
바위에 기대어 빗겨있는 큰 강을 보며 한바탕 웃노라.

朝天石
可憐漢武帝 好仙好馬浪得名 尋緱訪海豈天遊 宛駒渥馬但地行
爭似東明騏麟駕 飛上靑天如鶴輕 苔蘚不敢蝕麟趾 至今如聞空外鳴
天上地中誰見者 憑巖一笑大江橫

해설_ 이 시는 약산(藥山) 오광운(吳光運, 1689~1745)의 문집 『약산만고(藥山漫稿)』(문집총간 210) 권5 「해동악부(海東樂府)」 하에 수록되어 있다. 이 시에서 시인은 동명왕이 기린을 타고 승천한 것은 한 무제의 신선설화와는 근본적으로 차원이 다른 것임을 보여준다. 오광운은 근기남인(近畿南人) 학파에 속하나 영조의 탕평책(蕩平策)을 적극 지지하여 "무릇 탕평의 근본은 전하가 일심(一心)으로 최상의 목표를 세우는 데 있습니다. 이에서 행하는 모든 시책과 행위는 지극히 공적이어서 사사로움이 없고, 지극히 올바르므로 편벽됨이 없게 됩니다"라고 하면서, 남(南)·서(西)·노(老)·소(少)를 막론하고 뛰어난 인물들을 고루 등용할 것을 주장한 바 있다. 자는 영백(永伯)이다.

이광사, 조천석

조천석은 기린굴 남쪽에 있다. 세상에서 전하기를 고구려 동명왕이 굴 안에서 기린말을 키웠는데 말을 타고 길을 갈 때 땅 속에서 조천석이 나와 하늘로 올라갔다고 한다. 돌 위에는 말의 발자취가 남아있다.

在麒麟窟南 世傳高麗東明王養麒麟馬於窟中 乘馬行 地中出朝天石 昇天 石上有馬跡

조천석은 동명왕의 유적,
지금까지 돌 위 말발굽이 새로 파놓은 듯 하구나.
을밀대 아래 깊은 굴이 있어
기린마를 타고 가만히 가다가 땅 속에서 바위로 나오셔서
고삐를 떨치고 하늘에 올라가 옥황상제에게 조회하더니,
한번 떠난 후 천년이 지나도 돌아오시지 않으셨네.
옛 사적에 전하는 의심스러운 일 누가 상세히 알 수 있으랴,

중화 문물 수 만년,
그런 뒤에 동방이 문명을 열게 되셨어라.
상서로운 해 중천에 떠 층계 위를 누를 때
단군이 비로소 태고 삼 황제가 되셨네.
동명왕이 비록 한나라 중엽에 해당되나
순박함이 없어지지 않음은 복희씨 황제 때와 같구나.
황제가 공동산[11]에서 바람 따라 내려가
정호에 돌아오고,[12]
칠십 이인은 날아가는 용에 올랐네.
옛날의 신성하고 영이한 일
후세 사람이 궁구할 바 아니라,
동명왕의 일 혹시 사실이 아닐 수 있으나,
내 지난 날 서도에 노닐다가 남아있는 굴을 보니
돌 위 말발굽이 완연하더라.

朝天石

朝天石乃古東明之遺跡 至今石上馬蹄如新鑿 乙密峯下有深窟 乘麟馬潛行地中出于石振轡上天朝玉帝 一去千年不返國 古史傳疑誰得詳 中華文物數萬年 然後東方乃開荒瑞日中天壓堦上 檀君始作太古之三皇 東明雖當漢中葉 純樸不殘如犧黃 黃帝崆峒順下風 歸來鼎湖 七十二人登飛龍 古者神聖靈異事 有非後世人所得窮 東明之事無或是眞傳 余昔西遊見遺窟 石上馬蹄盖宛然

해설 _ 이 시는 원교(圓嶠) 이광사(李匡師, 1705~1777)의 『원교집선(圓嶠集選)』(문집총간 221) 권1 『동국악부(東國樂府)』에 수록되어 있다. 『동국악부』는 「차지한(借地恨)」(심광세·이학규), 「도솔가(兜率歌)」(이익)로 시작한 다른 악부와 달리 단군왕검(太白檀)으로 시작한 차이와 의의를 보여주었으나 악부 자료는 신라 것이 고구려 백제 것보다 압도적으로 많다. 50세 되던 해인 영조 31년(1755) 소론 일파의 역모사건에 연좌되어 진도로 귀양가서 그 곳에서 일생을 마쳤다. 글씨에 뛰어나 글의 독특한 서체인 원교체(圓嶠體)를 이룩했다. 황제가 수산의 동을 캐어 솥을 다 주조하자 용(龍)이 수염을 늘어뜨리고 내려와서 황제를 맞았다. 이 시에서 황제가 승천한 정호와 72인들의 이야기는 기린말을 탄 동명왕이 조천석에 승천한 것이 단지 헛

11) 옛날 황제(黃帝)가 공동산(崆峒山)에서 신선인 광성자(廣成子)에게서 도를 닦았다는 고사가 있다.

12) 황제가 수산(首山)의 구리를 캐어 솥을 만들고 나자 하늘에서 용이 내려왔으므로 황제가 타고 승천하였다. 그래서 타고 올라간 곳을 정호(鼎湖)라고 하였다(『史記』「封禪書」). 이 고사는 임금의 승하를 암시할 때 자주 인용된다.

된 고사가 아님을 보여주기 위해 제시된 것으로 보인다. 황제가 용에 오를 때 신하와 후궁 등 뒤따라 올라탄 자가 70여 인이었다. 용이 하늘로 올라가자 미처 타지 못한 소신(小臣)들이 모두 용의 수염에 매달리니 용의 수염이 뽑히면서 그만 땅에 떨어지고 말았다. 소신들은 그 때 함께 떨어진 황제의 활과 용의 수염을 안고서 하늘 높이 올라가는 황제를 바라다보며 목놓아 울었다 한다(『史記』「封禪書」).

이영익, 조천석

물이 콸콸 뿜어나와 세차게 흐르니
사람의 힘으로는 어쩔 수 없고,
깨끗한 너럭바위 크고 웅장하니
말의 발굽으로는 움킬 수가 없네.
어찌 거칠고 무거운 돌 위에 자취를 만들 수 있었나.
또 물 흐르는 위로 조천석을 밟았다 하는데,
어떻게 예부터 전해 올 수 있었나.

朝天石
泬滛馮郁 人力不可極 磐矸犖硌 馬足不可縮
何麤重石爲跡 又溦揚上蹠朝天石 何傳自古昔

조천석은 기린굴 남쪽에 있다. 세상에서는 동명왕이 굴 안에서 기린말을 키워 말을 타고 땅 속을 다니다가 조천석으로 나와 승천했다고 전한다. 돌 위에 말의 발자국이 있다. 그러니 이치로 따지면 아마도 허탄한 것이다.

朝天石在麒麟窟南 世傳東明王養麒麟馬於窟中 乘馬行地中 出朝天石昇天 石上有馬跡 然以理考之 盖誕也

해설 _ 이 시는 신재(信齋) 이영익(李令翊, 1738~1780)의 『신재집(信齋集)』(문집총간 252) 책1 「동국악부」에 수록된 것이다. 이영익은 이광사의 아들이고 이긍익의 아우이다. 여러 대에 걸쳐 당색이 소론에 속하여 있었으므로 노소당쟁에 휘말려 할아버지, 아버지 등이 유배되어 죽는 등 연속적으로 수난을 당하자 일찍이 벼슬을 단념하고 오직 학문연구에 몰두하였으며, 시와 음악 및 서화에도 상당한 조예가 있었다.

박윤묵, 조천석

강 가운데 솟아있는 바위 모습 우묵한데,
왕손이 이곳에서 하늘로 조회 가셨네.
기린마 소식은 지금까지 없는데,
여전히 어부들은 옛날 일을 말하네.

朝天石
石出中江勢窪然 王孫此地去朝天 至今麟馬無消息 猶有漁人說舊年

해설_이 시는 존재(存齋) 박윤묵(朴允默, 1771~1849)의 『존재집(存齋集)』(문집총간 292) 권1에 수록되어 있다. 그는 위항시인으로서 서원시사(西園詩社)를 이끌었다.

이승휴, 동명왕묘

승천한 구름 수레[13] 다시 돌아오지 않아,
남긴 옥 채찍을 묻어 무덤을 만들었네.

昇天不復四雲軿 葬遺玉鞭成墳墓

해설_이 시는 『신증동국여지승람』 권52 「중화군」 조에 기재되어 있으나 그의 문집 『동안거사집』에는 수록되어 있지 않아 원시 전체는 미상이다. 『신증동국여지승람』 권52 「중화군 동명왕묘」 조에 "세상에 전하기를 고구려 시조가 항상 기린마를 타고 하늘에 일을 아뢰는데 사십에 이르러 결국 승천하고 돌아오지 않았다. 태자가 남긴 옥채찍을 용산에 묻어 동명성왕이라 하였다"라고 했다.

신광수, 동명왕묘

날아간 새처럼 지난날의 옛 성곽 강산
주몽이 나라 세운 일 멀고 아득하네.
그곳 사람들 아직도 진주묘라 말하지만
군왕의 백옥 채찍 묻어 가짜로 장사한 것이라네.

13) 구름수레는 승하한 임금을 태우고 가는 상여의 뜻으로 많이 쓰인다.

東明王墓

城郭江山過鳥前 朱蒙開國事茫然 土人猶說眞珠墓 虛葬君王白玉鞭

해설 _ 이 시는 석북(石北) 申光洙(신광수, 1712~1775)의 『석북집(石北集)』(문집총간 231) 권10 「관서악부(關西樂府)」 제21에 수록되어 있다. 『신증동국여지승람』 권52 「중화군 동명왕묘」 조에는 "용산에 있는데 세상에서는 진주묘(眞珠墓)라 한다"는 구절이 있다.

홍량호, 동명왕묘

아마도 동명왕 묘라 하는데,
둥그런 것이 도끼 같은 집일세.
옥패는 지금 흔적 없고
기린마는 끝내 황당한 것.
천년왕국의 공적들,
그 정령은 대대로 왕으로 받들어지네.
유민들 옛 덕을 그리워하여

| 동명왕릉 |

절기 때마다 향을 사르네.

東明王墓
蓋有東明墓 穹然若斧堂 玉魚今寂寞 麟馬竟荒唐
事業千年國 精靈異代王 遺民懷舊德 時節每焚香

해설 _ 이 시는 이계(耳溪) 홍량호(洪良浩, 1724~1802)의 『이계집(耳溪集)』(문집총간 241) 권7 『관서록(關西錄)』「천배평안도관찰사(薦拜平安道觀察使)」에 수록된 시이다. 그는 홍문관·예문관의 대제학을 겸임한 바 있고, 두 차례에 걸쳐 연경을 다녀오면서 중국의 석학들과 교유해 문명을 날렸다. 그의 「북새잡요(北塞雜謠)」, 〈청구단곡(青丘短曲)〉은 민요와 시조를 한시로 써서 한시의 국문시가와의 접합과 수용에 많은 기여를 했다. 자는 한사(漢師)이다.

이행, 동명왕 사당

기린말은 다시 돌아오지 않아,
그동안 유구한 세월이 흘렀어라.
행여 돌아오시는 넋이 있으리라,
두 번 절하고 초주[14]를 올립니다.

東明王祠
麟馬不復還 歲月亦已久 儻有魂來歸 再拜奠椒酒

해설 _ 이 시는 중종 16년(1521) 명나라 세종의 즉위를 알리기 위해 조선에 온 정사 당고(唐皐)의 「평양승적」(총 20수)의 제20수 「동명왕사(東明王祀)」를 당시 조선의 원접사였던 이행이 차운한 시로 『용재집』과 『황화집』 권16에 보인다. 명나라 사신의 원시는 본서 VI. 외국인의 고구려 인식 장에 수록했다.

이행, 동명왕 제사

기린 말 타고 상제 뵈러 승천하신 곳,
그 남긴 자취가 아직도 분명하여라.

14) 초주(椒酒)는 산호와 다른 약재를 섞어서 담근 도소주(屠蘇酒) 따위로 사기(邪氣)를 물리친다는 말이 있다. 정월 초하룻날 이 술을 선조에게 올려 강신(降神)한 후에 집안 식구들이 한 자리에 모여 앉아 자손 되는 이들이 각자 가장(家長)에게 또 이 술을 올린다 한다.

청산에 서 있는 오래된 이 사당,
영세토록 서경을 누르고 있으리.

東明王祀
麟馬朝帝所 遺迹尙分明 靑山舊祠宇 永世鎭鎬京

해설 _ 이 시는 중종 16년(1521) 명나라 세종의 즉위를 알리기 위해 조선에 온 부사 사도(史道)의 「평양승적(平壤勝蹟)」 총 20수 중 제20수 「동명왕사(東明王祀)」를 당시 조선의 원접사였던 이행이 차운한 시로 이행의 『용재집』 권8과 『황화집』 권16에 수록되어 있다. 명나라 사신의 원시는 본서 Ⅵ. 외국인의 고구려 인식 장에 수록했다.

심언광, 동명왕 사당

오랜 세월 지남에 군장들이 많았으나
아득하여 대대로 계승하는 혈통을 잃었다네.
동명왕이 홀로 광채를 남겨
숭덕전은 오히려 백세에 남아있네.

東明王祠
齒餠多君長 茫然失世系 東明獨流光 崇德猶百世

해설 _ 이 시는 심언광(沈彦光, 1487~1540)의 『어촌집(漁村集)』(문집총간 24) 권4 「서정고(西征稿)」에 수록되어 있으며 저작 연대가 중종 31년(1536)이다. 숭덕전은 동명왕을 모시는 사당이다.

신광한, 동명왕 사당

동방은 동이족의 거주지로,
우공이 땅 이름 기록하길 잊었네.
비록 가라는 명은 없었으나,
땅을 나누어 또한 대대로 누리는구나.

東明王祠
東方是靑州 禹貢失記壤 雖無往哉命 分土亦世享

해설 _ 이 시는 신광한의 『기재집(企齋集)』(문집총간 22) 권8 『동사록(東槎錄)』에 수록되어 있다. 신광한에 관해서는 그의 「기린굴」에 나와있다. 청(靑)은 동방의 색깔이다. 청주는 하나라 우왕이 만든 구주의 하나이지만 산동성의 여러 지역과 요녕성 요하 동쪽 땅을 가리키기도 한다. 『오주연문장전산고』 「경사」 편에는 우리 동방(東方)의 지역은 청주(靑州)의 변방으로 『서경』 「우공(禹貢)」에서 말한 우이(嵎夷)의 지역이라고 했다. "우공이 땅 이름 기록하길 잊었네"라는 구절은 『서경』에 "우이는 기왕에 생략했다[嵎夷旣略]"라는 문장에 근거한 듯하다. 이 시에서 시인은 우리 나라가 중국의 천하와는 무관하게 독립적으로 경영되어 온 나라라는 시각을 보여준다.

소세양, 동명왕 사당

동명왕의 공로를 알고자 하면,
모름지기 개척한 땅을 보아라.
초황과 여단을 올리니,
그 향기에 황홀하게 신령이 이르시네.

東明王祠
欲識東明功 須看開土壤 蕉黃荔子丹 恍惚神來香

해설 _ 이 시는 소세양이 중종 34년(1539) 황태자 책봉을 알리기 위해 온 명나라 정사 화찰(華察)의 「평양승적이십운」을 다시 차운한 시이다. 『황화집』 권26에 수록되어 있다. 초황(蕉黃)은 파초의 노란 열매, 여자(荔子)는 붉은 열매로 여단(荔丹)이라고 하는데 제물(祭物)을 가리킨다.

소세양, 동명왕 사당

동방이 개화되기 이전부터 기이한 일 많아,
나라 연 일 아득하나 옛 평양에 남아있네.
삼국으로 나뉘어 할거함이 천년 가까우나,
산 아래 사당 있어 지금도 제사 드리네.

東明王祠
東方草昧多奇績 開國茫然留古壤 三分割據近千年 山下遺祠今尚享

해설 _ 이 시는 소세양이 중종 34년 화찰과 함께 온 명나라 사절단의 부사 설정총(薛廷寵)의 「평양승적 차운강오언시」를 차운한 것으로 『황화집』 권26에 수록되어 있다. 명나라 사신의 원시는 본서 Ⅵ. 외국인의 고구려 인식 장에 수록했다.

이수광, 동명왕 사당

동명왕이 삼국의 하나를 세우실 적,
시작이 송양왕부터였네.
오늘에도 옛 사당이 남아있어,
소고를 해마다 제사한다오.

東明祀
明王鼎立初 發跡自松讓 至今古祠存 簫鼓歲來享

해설 _ 이 시는 이수광(1563~1628)의 『지봉집』(문집총간 66) 권19 「황화집차운」 안에 수록된 「차평양승적」 이십 수 가운데 제20수이다. 앞의 「조천석」과 함께 지은 것이다. 동명왕이 고각이 없어 비류국 사신들에게 나라의 위의가 서지 않는다고 걱정하자 부분노가 비류국에 가서 몰래 이를 가져오고, 또 그것이 오래된 것처럼 검은 색으로 바꾸어 놓았다. 이수광은 이 점을 주목했다. 소고는 고구려의 악기이다. 소는 소관(小管)을 배열하여 봉황의 날개 모양으로 된 악기이고, 태고(太鼓)와 항상 같이 쓰인다. 동명왕의 건국이 비류국 송양왕을 제어하는 데에서부터 시작되었으므로 소고를 제사에 연주하는 음악으로서가 아니라 건국의 상징으로서 함께 제사하는 것으로 보았다.

이유원, 동명왕 사당

행인들이 단군왕검 댁이라 하고,
천손이신 동명왕의 궁궐이라고 속이기도 하지만,
문정과 무정 가의 달은
오늘까지 다함 없이 비추누나.

東明王祠
行人王儉宅 謾說天孫宮 文武井邊月 至今照不窮

해설 _ 귤산(橘山) 이유원(李裕元, 1814~1888)의 『가오고략(嘉梧藁略)』(문집총간 315)에 수록

되어 있다. 이유원의 자는 경춘(京春)이고, 고종 초에 좌의정에 올랐으나 흥선대원군과 반목하여 수원유수로 좌천되었다가 흥선대원군이 실각하자 곧 영의정이 되었고, 영중추부사로 서임되었다. 주청사(奏請使)의 정사로 청나라에 다녀왔고, 전권대신으로 일본변리공사 하나부사(花房義質)와 제물포조약에 조인하였다. 작자의 문집인 『귤산문고(橘山文稿)』『가오악부(嘉梧樂府)』 조에는 「해동악부」 116수, 「부록」 5수 도합 121수와 함께 「소악부」 45수가 실려 있다. 「소악부」는 시조를 7언절구의 한시로 번역한 것이다. 문무정(文武井)은 문정과 무정을 총칭한 것으로 모두 구제궁 안에 있는데, 동명왕 때에 판 우물이라고 한다(『신증동국여지승람』 권51).

5 동명왕의 회억

김극기, 구제궁

옥 같은 대궐이 공중에 치솟아
구중 궁궐 몇 해를 지내왔는고.
임금님 오셔서 지금 풍속을 살피시고
기린 타고 가신 동명왕 옛날에 신선 되어 올라가셨네.
고갯마루는 채찍을 묻은 언덕이요,
바윗 가에는 차를 달이던 샘물이 있네.
굴이 깊어 땅 밑을 뚫었고
사다리가 멀리 하늘가에 대어있네.
호경에서 술 마시던 주 문왕의 즐거움이요,
분수에서 노래하는 한 무제의 시로구나.
먼 데 사람이 이 승경을 찾아올 때
구불구불 그 길을 누가 기록했는지.

九梯宮

玉宇撐空起 重宮閱幾年 鳳輿今問俗 麟馭昔升仙
嶺杪藏鞭隴 岩阿試茗泉 窟深穿地底 梯迥倚天邊
飮鎬周王樂 歌汾漢帝篇 遠人尋勝景 誰記路綿綿

아홉 층 나는 듯한 사다리가 구름 속에 솟았으니
쳐다보매 처음엔 길이 안 통할 듯해서 놀랐어라.
대전臺殿이 문득 나는 새 위로 나타나니
이 몸이 선경에 와 센 바람 속에 앉았는 듯.

飛梯九級綠雲中 仰面初驚路不通 臺殿忽臨飛鳥上 却疑仙界住剛風

층층한 다락 넓은 궁전이 산 위에 솟았으니
천리 강산이 눈앞에 탁 트였네.
벽공에 신선은 가고 사람이 안보이는데
우수수 소나무에 바람만 부는구나.

層樓廣殿翠微中 千里江山一望通 碧落仙歸人不歸 蕭蕭松柏自生風

해설 _ 이 시는 『신증동국여지승람』 권51 『평양부』에 수록되어 있는 시이다. 구제궁의 사다리는 청운교 백운교를 말한다. 모두 구제궁 터 안에 있는데 동명왕 때의 것으로, 자연히 이루어진 것이고 인간의 솜씨를 빌지 않았다고 했다. 호경은 주나라 무왕이 세운 도성으로 무왕과 주공이 이 곳에서 잔치를 베풀었다. 분수(분하)는 한나라 무제가 배를 띄우고 추풍사(秋風辭)를 읊으며 즐긴 곳이다. 당나라 시인 송지문(宋之問)의 시에 "호경에서 술 마심은 주 문왕의 즐거움이요, 분수에서 노래함은 한 무제의 재주로다(鎬飮周文樂, 汾歌武帝才)"라는 구절이 있다. 호경은 일명 서경, 서도라 일컫는데, 우리 나라에서도 서경을 호경이라 부르기도 한다. 동명왕의 유적을 보면서 주 문왕과 한 무제를 생각하는 데에서 동명왕 시절의 태평성대를 그리워하는 작자의 심경이 엿보인다. 김극기에 대해서는 그의 「기린마」에 기술되어 있다.

고경명, 동명왕

기린마의 발자취 남아있는
강 가운데 한 조각 바위 돌.
구제궁은 적막한데
혼령이 비바람 몰아치는 저녁에 돌아가네.

東明王
麟馬有遺迹 江心一片石 寂寞九梯宮 魂歸風雨夕

| 봉황산성 |

해설 _ 이 시는 제봉(霽峯) 고경명(高敬命, 1533~1592)의 『제봉집(霽峯集)』(문집총간 42) 권1에 수록되어 있다. 고경명의 자는 이순(而順)이고, 임진왜란 때 전라좌도 의병장으로 순절했다. 종계변무주청사(宗系辨誣奏請使) 김계휘(金繼輝)와 함께 서장관으로 명나라에 다녀온 바 있고, 1582년 황태자 탄생을 알리기 위해 명나라 사신들이 왔을 때 원접사 이이(李珥)의 천거로 허봉(許篈)과 함께 종사관이 되었다.

고경명, 봉황산

봉황보의 서쪽에 하나의 산이 매우 기이하다. 산에는 오랜 성이 있는데, 속언에 전하길 동명왕이 지은 것이라 한다.

鳳凰堡之西 有一山甚奇 山有古城 諺傳 東明王所築

돌로 된 골조의 가파른 기세 하늘로 들어가는 듯 하고,
새로 내린 서리 물들이니 칼끝처럼 선명하네.
개주읍은 없어져서 가을 풀만 가득하고,
고구려 시조 성은 황폐하여 저녁 안개에 잠겨있네.

철옹[15]은 부질없이 강가의 험함을 자랑하고,
검문[16]은 응당 햇볕 쪼아 내림을 기다리는 것 같네.
산봉우리엔 필시 연꽃 우물이 있으리니,
푸른 절벽에 사다리 없어 다만 슬프기만 하구나.

鳳凰山
石骨巉巉勢入天 新霜淬出劍鋩鮮 開州邑廢漫秋草 麗祖城荒鎖暮煙
鐵瓮浪誇江表險 劍門應待景陽鐫 峯頭定有蓮花井 靑壁無梯只悵然
霽峯續集 西坰選

해설_ 이 시는 제봉(霽峯) 고경명(高敬命, 1533~1592)의 『제봉집(霽峯集)』(문집총간 42) 속집에 수록되어 있다.

이정구, 봉황산[17] 2수 이 산에는 동명왕의 옛 성이 있다

옛날 고구려의 시조가
여기에 도읍을 지었네.
땅의 영험함은 진실로 세상에 드문 곳이고,
하늘이 내린 험준함으로 겹겹이 둘러싸였네.
봉황새는 떠나서 산은 텅 빈 채 남아있고,
성은 옮겨갔으나 돌은 스스로 높고 높네.
아득해라 흥망의 자취,
고금에 한결 같이 눈물 흘려 옷을 적시네.

---

15) 철옹(鐵瓮)은 철옹(鐵甕)이라고 쓰기도 한다. 쇠로 만든 항아리처럼 아주 견고한 옹성을 의미한다. 옹성(甕城)은 큰 성문을 엄호하기 위해 성문 밖에 만든 또 다른 반달 모양의 성이다. 중국 강소성 진강현에 철옹성이 있고, 우리 나라 평안도 영변에 철옹산성이 있다.

16) 검문(劍門)은 본래 중국 강소성에 있는 험한 절벽으로 경치가 매우 아름다운 곳이나, 검문이 하도 높아 나는 학도 지나갈 수 없다고 한다. 두보의 검문 시에는 "내가 조물주에게 죄 짓는 일인지 모르나, 이 험한 산을 깎아버리고 싶어라[吾將罪眞宰, 意欲鏟疊嶂]"라는 구절이 있다.

17) 봉황산은 본서 Ⅴ. 고구려의 장수들 중 '5. 양만춘' 조에 나오는 봉황성이 있는 산이다. 이 산은 고구려와 관련해서 두 가지 의미로 시화되었다. 하나는 이 산에 동명왕이 세운 성이 있다는 것이고, 다른 하나는 봉황성이 당나라와 전쟁 시 양만춘이 굳게 지킨 안시성과 동일시되고 있다는 것이다. 따라서 전자는 동명왕 항목에, 후자는 양만춘 항목에 수록했다.

鳳凰山 二首 山有東明王舊城

伊昔句麗祖 於玆作邑畿 地靈眞間世 天險設重圍
鳳去山空在 城遷石自巍 茫茫興廢跡 今古一沾衣

아침 햇빛 영롱하게 언 시내 비추고,
은하수는 멀리 흰 구름 속 층계에 걸려있네.
어찌하면 비장방의 지팡이를 한번 잡고서
천 길 봉우리를 차례차례 올라가나.

朝日玲瓏照澗氷 銀河遙掛白雲層 緣何一把長房杖 千仞峯巒取次登

해설 _ 월사(月沙) 이정구(李廷龜, 1564~1635)는 계곡(谿谷) 장유(張維), 상촌(象村) 신흠(申欽), 택당(澤堂) 이식(李植)과 함께 조선 중기 한문사대가(漢文四大家)의 한 사람으로 불리운다. 자는 성징(聖徵)이다. 이 시는 『월사선생집(月沙先生集)』(문집총간 69) 권2 「무술조천록(戊戌朝天錄) 상」에 수록되어 있다. 그는 무술년 1598년 정유재란이 일어난 다음 해에 부사로 명나라 사행을 다녀왔는데, 이 시는 이때에 만주를 통과하면서 지은 것이다. 장방은 후한 때 사람인 비장방(費長房)을 가리킨다. 시장에서 약을 파는 노인이 호리병을 가게에 걸어두었다가 장이 끝나면 호리병 안으로 들어감으로 쫓아가 지팡이와 부적을 얻었다. 그 지팡이를 갈피(葛陂)에 던지자 용이 되었다고 한다. 지팡이를 짚고 동명왕 옛 성터를 올라가면서 용이 된 비장방의 신이한 지팡이를 연상하는 데서 그가 올라가고 있는 옛 성과 그곳에 도읍을 정하신 동명성왕의 신성에 대한 믿음과 그리움이 동시에 느껴진다.

이항복, 봉황산 월사의 이 산에는 동명왕의 옛 성이 있다 에 차운하다

들으니 천손이 먼 옛날
이 산에 옛 성터를 잡았는데,
양을 매단 일은 속담에 전해오고
묶인 말은 오랜 포위를 벗어났네.
지난 일들은 성처럼 황폐해졌으나
석양 아래 첩첩산봉은 우뚝하구려.
다만 이제 황제의 힘을 노래하노니
나라 영토가 우리 성군께 들어왔으니.

次月沙沿途見寄

聞說天孫遠 因山有舊畿 懸羊傳俗諺 縛馬脫長圍
往事荒城廢 斜陽疊巘巍 秖今歌帝力 封壤入垂衣

세속에 전하는 말에 의하면, 이 성이 일찍이 적에게 포위되었는데, 성을 지키던 자가 끝까지 지킬 수 없음을 알고, 북에는 양을 매달고 구유통에는 말을 묶어 두고서 밤중에 성을 버리고 도망쳤다. 그런데 양은 이리저리 뒤척거리면서 네 발굽으로 북을 차대고 말은 제자리에 서서 구유통을 발로 마구 차서 둥둥 소리가 크게 울리자, 적들이 무슨 수비가 있는가 의심하여 감히 들어오지 못함으로써 마침내 적의 포위를 벗어나게 되었다고 한다. 이상은 봉황산 — 이 산에는 동명왕의 옛 성이 있다 — 에서 지은 것이다.

俗傳 是城嘗被圍 守者知不可守 懸羊於鼓 縛馬於槽 乘夜棄城遁 羊反側四蹄撞鼓 馬擲躅蹴槽 登登有聲 敵疑有備 不敢入 遂得脫 右鳳凰山 山有東明王舊城

해설 _ 이 시는 이항복(李恒福, 1556~1618)의 『백사집(白沙集)』 별집 제5권 「조천록(朝天錄) 상」에 수록되어 있다. 원제는 「월사가 연도에서 부쳐준 시에 차운하다(次月沙沿途見寄)」로, 바로 앞의 이정구(李廷龜)의 시 「봉황산 이 수」 중 제1수에 차운한 시이다. 1598년 이항복은 진주사(陳奏使)가 되어 부사인 월사 이정구, 서장관인 해월(海月) 황여일(黃汝一)과 함께 명나라에 다녀왔다. 원시 마지막 구의 수의(垂衣)는 수의상(垂衣裳) 또는 수의공수(垂衣拱手)의 준말이다. 주역의 "황제(黃帝)와 요순(堯舜)은 긴 의복을 입고 천하를 다스렸다"에서 나온 말로, 애써 공들이지 않고 스스로 잘 다스려지게 하는 무위(無爲)의 태평한 정사를 하는 성군에 대한 칭송이다. 이항복의 자는 자상(子常)이고, 시호는 문충(文忠)이다.

이색, 부벽루

어제 영명사를 지나가다가
잠시 부벽루에 올랐어라.
성은 비었는데 달은 한 조각이요,
돌은 오래 되었는데 구름은 천추로다.
기린마는 가서 돌아오지 않으니
천손은 어느 곳에서 노닐고 계시는고.
바람 부는 언덕에 서서 길게 휘파람 부는데,

산은 푸르고 강은 그대로 흐르고 있네.

浮碧樓

昨過永明寺 暫登浮碧樓 城空月一片 石老雲千秋
麟馬去不返 天孫何處遊 長嘯倚風磴 山青江水流

해설 _ 부벽루는 을밀대 아래 영명사 동쪽에 있다(신증동국여지승람). 이 작품은 목은(牧隱) 이색(李穡, 1328~1396)의 『목은집(牧隱集)』(문집총간 3) 권2에 수록되어 있다. 이색이 원나라 연경에서의 과거 급제한 후 돌아오는 길에 평양을 지내며 쓴 시이다. 고려 후기 사대부들이 연경에 체류하면서 민족의 정체성을 깊이 자각하고 있음이 느껴진다. 동일하게 서경과 대동강을 읊은 정지상(鄭知常)의 「송인(送人)」과의 차이이기도 하는데, 신위는 두 시를 "헌걸찬 대장부 앞의 예쁜 아가씨(偉丈夫前窈窕娘)"라 하여 이색의 「부벽루」를 대장부, 정지상의 「송인」을 아가씨로 묘사했다. 허균(許筠)은 「성수시화(惺叟詩話)」에서 이 시가 수식하거나 탐색한 흔적없이 저절로 음률에 맞아서 들으면 신일(神逸)하다고 했다. 이색의 자는 영숙(穎叔)이고, 시호는 문정(文靖)이다. 권근은 「목은집 서(序)」에서 "우리 나라에 문학이 있게 된 이래로 선생보다 더 성대한 이가 없었다"고 했다.

| 해 | 세발까마귀(삼족오). 각저총 널방 천장고임 벽화

이색, 다시 부벽루를 지나며

기린은 백운굴을 떠났고,

용은 꽃다운 풀 돋은 물가로 돌아갔네.

강산은 어제와 같은데,

나그네 홀로 부벽루에 올랐어라.

再過浮碧樓

驎去白雲窟 龍歸芳草洲 江山如昨日 有客獨登樓

해설 _ 이색의 『목은집』 권3에 수록되어 있다. 이 시에는 정조와 작가의식에서 앞의 부벽루 시와의 차이가 드러난다. 그 사이 원나라 지배 기간이 길어지고 집요해지면서 시인이 느꼈을 좌절이 엿보인다.

서거정, 부벽루

영명사 안 부벽루,

누각 아래 긴 강은 예나 지금이나 흐르는데,

만리 천지에서 술잔 잡고

백년의 흥망을 생각하며 머리를 긁네.

황학루의 신선은 흰 구름 타고 어디로 가셨는고,

꽃다운 풀, 비 그친 강물에 끝없이 그리웁네.

영웅을 불러 보고자 해도 물을 곳이 없으니,

빗긴 햇빛 비록 좋으나 수심이 절로 이네.

浮碧樓次韻

永明寺裏浮碧樓 樓下長江今古流 萬里乾坤人把酒 百年興廢客搔頭

白雲黃鶴僊何去 芳草晴川思不休 欲喚英雄無處問 斜陽雖好自生愁

절벽을 빙 돌아서 꼭대기에 누각이 있는데

쓸쓸한 단풍잎 가을이 일찍 왔네.

용은 섬을 나누어 돌아갔지만 달은 그대로 있고

기린마 탄 천손은 하늘에 조회 갔으나 강은 절로 흐르네.

백조가 어찌 흥망성쇠를 알 수 있으랴,
청산은 고금의 근심을 상관하지 않네.
스님이여 장차 부지런히 소매 붙잡고 만류하지 마시오,
지는 해 안개 물결이 나그네 배를 전송한다오.

絶壁盤回上有樓 蕭蕭黃葉早驚秋 龍歸分島月猶在 麟去朝天江自流
白鳥豈知興廢事 靑山不管古今愁 居僧且莫勤携袖 落日煙波送客舟

해설_ 이 시는 사가정(四佳亭) 서거정(徐居正, 1420~1488)의 『사가집(四佳集)』 시집(한국문집총간 10) 권7 제6에 수록되어 있다. 서거정의 자는 강중(剛中)이고 권근의 외손이다. 서거정은 수양대군을 따라 명나라에 종사관으로 다녀오기도 하였고, 사은사(謝恩使)로서 중국에 갔을 때 안남사신(安南使臣)과 시재를 겨루어 탄복을 받았다. 22년간 문형으로 23차에 걸쳐 과거 시험을 관장했다. 1476년 원접사(遠接使)가 되어 중국사신을 맞이했는데, 수창을 잘해 기재(奇才)라는 칭송을 받았다. 『동인시화』 외 많은 저술이 있고 『동문선』, 『동국통감』 등을 편찬했다.

서거정, 부벽루

고구려 산하 그대로인데,
가을바람 받으며 나그네는 누각에 기대 있네.
어룡은 옛 물을 잃어버리고,
기러기는 가을이 왔다고 우네.
이전 일을 추억하니 강개해지는데,
홀로 좋은 곳 유람하며 배회하누나.
유유하게 생각은 다함이 없어
흐르는 강물에 술잔 들어붓네.

次牧隱詩韻
古國山河在 西風客倚樓 魚龍迷舊水 鴻雁叫新秋
慷慨追前事 徘徊獨勝遊 悠悠思不盡 擧酒酹江流

또 짓다

기린굴을 물어보려고 하니,

먼저 앵무주가 시름겹구나.
천손은 아득히 그 어디에 계신지.
석양만 높은 누각에 반쯤 걸렸네.

又
欲問麒麟窟 先愁鸚鵡洲 天孫渺何處 斜日半高樓

해설_ 서거정의 시집 『사가집』 권7 제6에 수록되어 있다. 원제목은 앞의 시가 「목은 시에 차운함」이고, 뒤의 것은 「또 짓다」로, 이색의 「부벽루」와 「재과부벽루」를 각각 차운한 작품이다.

엄흔, 부벽루

저 멀리 긴 물가 풀빛이 푸르른데,
무한한 안개물결에 고향을 그리네.
조천석은 남아있으니 사람은 어디 갔나,
부벽루는 비었고 달만 홀로 밝구나.
천년 세월에 망국의 한이 깊은데,
강성에는 한 곡조 낙매화落梅花 소리만 들리네.
난간에 기대 자주 옛날을 돌이켜볼 필요 없으리.
근심은 단서가 많아서 가지가지로 생기네.

浮碧樓
極目長洲草色靑 煙波無限故鄕情 朝天石在人何處 浮碧樓空月獨明
故國千年離黍恨 江城一曲落梅聲 憑欄不用頻懷古 愁緖多端種種生

해설_ 이 시는 십성당(十省堂) 엄흔(嚴昕, 1508~1543)의 『십성당집(十省堂集)』(문집총간 32) 하권과 간재(艮齋) 최연(崔演, 1503~1549)의 『간재집(艮齋集)』(문집총간 32) 권5에 실려 있다. 중종 34년(1539) 명나라 사신이 왔을 때 최연은 원접사였던 소세양의 종사관이었다. 엄흔의 자는 계소(啓昭)이고, 최연의 자는 연지(演之)이다. 엄흔은 식년문과(1528)에 급제한 후 홍문관 정자 등이 벼슬을 거쳐 사가독서의 은전을 받아 호당에 들어갔다. 최연 역시 중종 24년(1529) 4월에 사가독서를 했다고 하므로, 두 사람은 같은 시기 함께 독서당에 있었던 것으로 보인다. 시에 나오는 낙매성(落梅聲)은 진(晋)나라 환이(桓伊)가 지은 강적(羌笛) 악곡 「낙매화(落梅花)」의 소리를 가리킨다.

이이, 부벽루

평양 동쪽 가 대동강 어귀,
그 가운데 아득한 곳에 나는 듯한 누각이 있네.
푸른 산 한번 바라봄에 얼마나 도도한지,
흰 구름만 오랜 세월 헛되이 유유하네.
붉은 도포 입은 신선 이 때에 지나가는데,
기린마 타고 가신 천손은 어느 곳에 노닐고 계시는고.
옥 피리 부는 소리에 채색 노을 다하니,
옛 고장 안개 물결에 절로 근심 어리네.

浮碧樓
箕城東畔浿江頭 中有縹緲之飛樓 青山一望何袞袞 白雲千載空悠悠
猩袍仙子此時過 麟馬天孫何處遊 玉簫吹徹彩霞盡 古國煙波人自愁

해설 _ 이 시는 선조 15년(1582) 황태자탄생조사(皇太子誕生詔使)의 부사로 온 왕경민(王敬民)의 「부벽루」 시에 차운한 작품이다. 당시 이이(李珥, 1536~1584)는 좌찬성(左贊成)으로 원접사였다. 『율곡전서』(문집총간 44) 권2, 『황화집』 권35에 수록되어 있다. 시에서 붉은 도포 입은 신선이란 바로 중국 사신을 미화한 것이다. 이이의 자는 숙헌(叔獻)이고, 호는 율곡(栗谷), 석담(石潭)이다. 그의 문인인 김장생(金長生)은 스승의 행장 말미에 "하늘이 일세에 뛰어난 대현(大賢)을 내심이 어찌 우연이겠는가(天生命世之大賢, 夫豈偶然哉)라고 썼다. 시호는 문성(文成)이다.

조위한, 부벽루 옛 터에 올라와서

백 척 높이 부벽루 형세가 높은데,
일찍이 보았어라 높은 용마루 기와가 물굽이를 누르고 있음을.
전란으로 승경이 남아 있지 못했으니,
높이 올라 짚자리 깔고 있음을 헛되이 슬퍼하네.
동명왕의 옛 자취 기린굴,
단군왕검의 남은 터 을밀대.
슬프도다 신선의 자취를 물어볼 곳 없으니,
저물 녘 바람 부는 계단에서 홀로 배회하노라.

登浮碧樓遺址

高樓百尺勢崔嵬 曾見危甍壓水隈 兵火不饒留勝槩 登臨空惜藉蒿萊
東明古跡麒麟窟 王儉遺基乙密臺 怊悵仙蹤問無處 日斜風磴獨徘徊

해설 _ 이 시는 조위한(趙緯韓, 1567~1649)의 『현곡집(玄谷集)』(문집총간 73) 권5에 수록되어 있다. 조위한은 임란을 겪으면서 부부가 각각 일본 중국 등을 떠돌다가 귀국해서 온 가족이 재회하는 것을 그린 전기소설 「최척전」의 작가이다. 임진왜란이 일어났을 때 김덕령(金德齡)을 따라 종군하였고, 인조 2년(1624) 이괄(李适)이 난을 일으키자 토벌에 참여했으며, 정묘·병자호란 때에도 출전하여 난이 끝난 뒤에 군사를 거두고 돌아오는 등 전쟁에 직접 참여했던 인물이다.

오광운, 부벽루에 올라

동남쪽 날씨 개여 물색이 정히 고운데,
온통 푸른 천지에 뜻이 아득하구나.
푸두둥 날아오르는 섬은 장차 물을 넘어 가버리고,
기운이 뻗친 벽은 마치 구름 속에 들어가 매달리는 듯.
성곽보다 높은 그림자 어느 해 심은 나무인가,
산 빛 가득 실은 배는 온종일 떠가네.
바람 속의 기린마 울음 소리 이제는 들을 수 없고,
오래 된 조천석은 그때의 안개에 싸여있네.

登浮碧樓

東南霽色正嬋娟 一碧乾坤意渺然 拍拍島將超水去 浮浮壁似入雲懸
高過城影何年木 滿載山光盡日船 麟馬嘶風今不見 朝天石老古時烟

해설 _ 이 시는 약산(藥山) 오광운(吳光運, 1689~1745)의 문집 『약산만고(藥山漫稿)』(문집총간 210) 권2에 수록되어 있다. 오광운에 관해서는 앞의 「조천석」에 기술되어 있다.

조수삼, 부벽루

저물녘 아름다운 섬에서 마름 캐는 노래 소리,
발을 들어보니 어룡이 푸른 물결에서 장난치며 놀고 있네.

기린마 타고 하늘에 조회간 일 어디 가서 물어보나.
영명사 밖 흰 구름은 많기도 해라.

浮碧樓

芳洲日暮採菱歌 簾捲魚龍弄碧波 麟馬朝天何處問 永明寺外白雲多

해설 _ 추재(秋齋) 조수삼(趙秀三, 1762~1849)의 『추재집(秋齋集)』(문집총간 271) 권1에 수록되었다. 그는 역과 중인출신으로 알려졌다. 송석원시사(松石園詩社)의 핵심적인 인물로 활동하였고, 여섯 차례나 연행하면서 중국의 유명 문사들과 교유했다. 여행을 좋아하여 전국을 거의 빠짐없이 찾아다니며 많은 시들을 남겼고, 어려서부터 자기가 보고 들은 거지, 기생, 도둑, 상인 등 도시 하층민들의 이야기를 담은 『추재기이(秋齋紀異)』를 남겼다. 자는 지원(芝園)이다.

박윤묵, 부벽루

말 술 들며 오늘 만났네,
평양의 또 이 누각일세.
해오라비 놀던 물가에는 여전히 조각돌이 남았으나
기린마 떠난 지는 이미 오래 되었네.
옛 고구려 강산이 웅대하거니
뜬구름 따라 나그네는 노니네.
사람이 쉬 늙는다고 누가 아까워하나
그래서 물을 서쪽으로 흘러 보낸다오.

浮碧樓次板上韻

斗酒逢今日 箕城又此樓 鷺洲猶片石 麟馬已千秋
古國江山大 浮雲客子遊 誰憐人易老 故遣水西流

해설 _ 이 시는 위항시인 존재(存齋) 박윤묵(朴允默, 1771~1849)의 『존재집(存齋集)』(문집총간 292) 권2에 수록되어 있다. 서원시사(西園詩社)를 결성하여 활동했다. 자는 사집(士執)이고, 문방사우와 술을 소재로 한 가전도 남겼다.

박영원, 부벽루

을밀대 앞에 우뚝 솟은 그림 누각,
구름 낀 숲엔 분첩 그림자가 한가롭구나.
산들은 구렁으로 내달려 정기가 모였고
강물은 하늘을 머금어 맑은 기운 떠있네.
천년 전 기린굴엔 신선 자취 남았는데
사방에선 목란배[18] 마름 따는 노래[19] 들리네.
봄 강 퉁소 불고 북 울리며 조수 타고 가니
안개 어린 꽃 두약화[20] 핀 물가 별세계로세.

浮碧樓

乙密臺前聳畵樓 雲林粉堞影悠悠 羣山赴壑精英聚 積水涵空灝氣浮
仙跡千年麟馬窟 菱歌四面木蘭舟 春江簫鼓乘潮去 別界烟花杜若洲

해설 _ 오서(梧墅) 박영원(朴永元, 1791~1854)의 『오서집(梧墅集)』(문집총간 302)에 수록되어 있다. 박영원은 호조판서·이조판서 등을 거쳐 원접사가 되었다. 1846년에 진하 겸 사은사(進賀兼謝恩使)로 청나라에 다녀왔고, 1848년 서양 배가 출몰하여 동해안지방의 민심이 소란해지자 함경도관찰사로 특임되었다. 자는 성기(聖氣)이고, 시호는 문익(文翼)이다.

이해조, 강선루

흐르는 붉은 빛 치솟는 푸른 빛 허공에 엎어졌고,
그림배 뜬 물결이 처음 연록색이 되었네.
신녀는 심상하게 운우가 되니

18) 춘추 시대 노반(魯般)이란 사람이 목란(木蘭) 나무를 깎아 배를 만들었던 데서 유래된 말로, 후세에는 배의 미칭으로 쓰인다.

19) 악부(樂府) 청상곡(淸商曲)의 작품 이름이다. 예쁜 아가씨가 마름을 따며 떠난 님을 그리워하는 내용으로 많은 작가들이 이를 재창조했다. "남포 밖에 계수나무 돛대 아득하여라, 굽은 물가 깊은 물에 마름 열매 크기도 한데, 길고 짧은 섬섬옥수로 비단 띠를 움켜쥐네. 비단 띠를 움켜쥐고서, 하늘가를 바라다보며, 그리워하네 지난해의 이별하던 때를"(신흠(申欽)의 『상촌선생집』 제4권 악부체 고악부 〈채릉가〉).

20) 향초(香草)의 이름. 『초사(楚辭)』 「구가(九歌)」 '상군(湘君)'에 "저 방주(芳洲)에서 두약을 캐노라" 하였다.

신선은 예부터 누각에 머물기 좋아했네.

어룡은 함지의 음악[21]에 황홀해 하는데

기린말은 흘골성 빈터에 아득하구나.

십 이 봉 앞의 여름 날,

세상 어느 땅이 이곳과 같을까.

흘골성은 동명왕 고도이다.

降仙樓

流丹聳翠倒空虛 畫舫晴波軟綠初 神女尋常化雲雨 仙人從古好樓居
魚龍怳惚咸池樂 麟馬微茫屹骨墟 十二峯前三五月 世間何地此中如
屹骨城 東明王故都

해설 _ 이 시는 명암(鳴巖) 이해조(李海朝, 1660~1711)의 『명암집(鳴巖集)』(문집총간 175) 권3에 수록되어 있다. 1689년 인현왕후(仁顯王后)가 폐위되자 벼슬을 단념하였다가 1694년 왕후가 복위된 뒤에 다시 벼슬에 나아가서 대제학과 전라도관찰사를 지냈다. 증조인 월사(月沙) 이정구(李廷龜)는 한문사대가 중 일인으로 문명을 날렸고, 조부 이명한(李明漢), 아버지 이일상(李一相)과 함께 4대가 대제학을 역임했다. 자는 자동(子東)이다.

서형수, 천주봉

동명왕의 옛 자취 말이 무성한데

물고기와 자라가 다리 되어 비류강에 이르렀네.

동명왕이 난을 피해 달아날 적에 추격하는 이들이 뒤에 있었다. 엄표수에 이르러보니 다리가 없어 하늘에 빌었다. 이에 물고기와 자라가 물에 떠 서로 이어져 다리를 만들었다. 다 건너고 나니 다리가 풀어져 추격자들이 미치지 못했다. 비류강 상류에 이르러 그곳에 도읍을 세웠다고 한다.

흘골성 옛 터에는 천주봉이 있어

흘골성은 바로 동명왕의 옛 도읍지로 천주봉 남쪽에 있다.

지금도 아름다운 기운 진실로 짝이 없어라.

天柱峰

東明古蹟語紛哤 魚鼈橋成到沸江

21) 황제(黃帝)가 함지악(咸池樂)을 만들고 우(禹)가 대하악(大夏樂)을 만들었다. 장자에는 "황제(黃帝)가 동정(洞庭)의 들에서 함지악(咸池樂)을 연주했다"는 구절이 있다. 음악과 정치는 서로 어울려 도움을 주는 것으로 인식되어 왔다.

東明王逃難 追者在後 至淹淲水無梁 王祝天 於是魚鼈浮水相連成橋 旣渡橋解 追者不及 乃至沸流上流都焉云

紇骨舊墟天柱在

紇骨城 卽東明故都 在天柱峰南

至今佳氣儘無雙

해설 _ 이 시는 명고(明皐) 서형수(徐瀅修, 1749~1824)의 『명고전집(明皐全集)』(문집총간 261) 권1 「무산십이봉(巫山十二峰)」 십이수(十二首) 중 제3수이다. 서형수는 보만재(保晩齋) 서명응(徐命膺)의 아들이고 서호수(徐浩修)의 아우이다. 『임원경제지(林園經濟志)』의 저자 서유구(徐有榘)가 그의 조카이다. 자는 유청(幼淸)·여림(汝琳), 호는 명고 외에 오여(吾如)도 함께 썼다. 부사로 청나라에 다녀왔고, 옥사에 연루되어 18년 동안 유배생활을 하다가 세상을 떠났다. 『명고전집』은 서형수 본인이 자신의 시문을 편집하여 등사한 것으로 그의 친필 교주 내용이 그대로 남아있다.

김조순, 영명사를 회고하며

이 절은 동명왕의 유적인데,
한밤중 바람에 천년 세월 펄럭이네.
임금님 가시는 길 삼경의 산에 달빛도 흰데,
감색 휘장 심지 하나 법당의 등불이 붉네.
황폐한 성 밖에는 신룡의 비가 그치고,
석굴 안 천리마 소리는 가라앉네.
옛 사적은 아득하고 승은 홀로 있는데,
강물은 흘러 매일 매일 빈 난간을 두르네.

永明寺懷古

東明遺跡此禪宮 千歲幡飄後夜風 輦路三更山月白 紺帷一炷佛燈紅
神龍雨斷荒城外 天馬聲沈石窟中 古事微茫僧獨在 江流日日遶欄空

해설 _ 이 시는 풍고(楓皐) 김조순(金祖淳, 1765~1832) 『풍고집(楓皐集)』(문집총간 289) 권5에 수록되어 있다. 김조순은 영의정 김창집(金昌集)의 4대손이며, 딸이 순조의 비(純元王后)가 되었다. 자는 사원(士源)이다. 1789년 동지 겸 사은사의 서장관으로 청나라에 다녀왔다. 영명사는 금수산 부벽루 서편, 기린굴 위에 있다. 기린굴은 구제궁안 부벽루 아래에 있고, 기린굴 남쪽에는 조천석이 있다. 구제궁은 영명사 안에 있다(『신증동국여지승람』). 따라서 어느 것을 주제로 하든 이들이 함께 읊어지는 경우가 대부분이다.

홍세태, 서경의 노래 제2수

기린말이 표연히 선계로 올라가니
동명왕은 옥황상제의 집으로 돌아갔네.
이제는 오직 조천석만 남아있어
강가 여인들이 때로 와 빨래를 하네.

西京歌 其二

麟馬飄然上紫霞 東明歸去太淸家 祗今唯有朝天石 江女時來坐浣紗

해설 _ 유하(柳下) 홍세태(洪世泰, 1653~1725)의 『유하집(柳下集)』(문집총간 167) 권2에 수록되었다. 홍세태의 자는 도장(道長)이고, 호는 유하와 창랑(滄浪)을 함께 썼다. 이 노래는 총 4수로 이루어진 시의 제2수이다. 역관으로 일본 제7차 통신사행에 참여하여 문명을 날렸고, 중국사신들을 접반할 때 종사관이 되기도 했다. 경종 2년(1722)에는 제술관이 되었다. 문장의 재능을 인정받았기 때문에 제술관을 특히 많이 역임하였다. 중인층의 문학을 옹호하는 천기론(天機論)을 전개하였고, 위항인의 시를 모아 『해동유주(海東遺珠)』라는 위항시선집을 간행하였다.

김도수, 평양의 노래 사량을 전송하며

오늘 그대 평양에 가니
잠깐 평양의 노래를 들어보시게.
단군 계시던 신단수 아래에는
기이한 이야기가 고금에 많다오.
대동강이 황화가 되던
그 해에 기자가 우리 나라에 왔지요.
청운교, 백운교는
모두 구제궁에 있던 것,
동명성왕은 기린굴에서 말을 기르셔서
오늘에 이르러서도 오히려 조천석이 남아 있다오.
천지는 치런치런 물은 동으로 흐르고
영명사 앞에는 가을달이 뽀얀데,

그대 한번 남포 쪽을 바라보시구려,

천고의 아름답고 번화함이 전당의 동정호 같다오.

平壤歌, 送士亮

今君平壤去 且聽平壤歌 檀君檀木下 奇聞古今多
浿江變黃河 當年箕子東 青雲白雲橋 皆在九梯宮
東明養馬麒麟窟 至今猶有朝天石 天地滾滾水東流 永明寺前秋月白
君去試向南浦望 千古佳麗似錢塘

해설_이 시는 춘주(春洲) 김도수(金道洙, 1701~1733)의 『춘주유고(春洲遺稿)』(문집총간 219) 권1에 수록되어 있다. 현종의 비가 그의 큰 고모로 외척이나 아버지가 서자여서 서얼 출신이란 신분적 한계를 지녔다. 자는 자원(子源)이고, 조성기(趙聖期)가 창작한 『창선감의록』을 그가 한문으로 번역했다는 견해가 있다.

김경숙, 『조선 후기 서얼문학 연구』, 소명출판, 2005

02 유리왕 類利(琉璃)

1 아버지 찾기

이익, 일곱 모 돌

이전에 고구려 동명왕이 부여에 있을 때 예씨를 아내로 삼아 임신했더니 왕이 이미 떠난 후 유리를 낳았다. 기이한 절조가 있고 탄알 쏘기를 좋아했다. 일찍이 밖에 나가 놀면서 참새를 쏘려다가 잘못하여 물 길어 오던 아낙의 물동이를 맞추었다. 아낙이 성내어 욕했다. "이 아이는 아비가 없어 이처럼 사납구먼." 유리가 부끄러워 다시 진흙 알로 동이의 구멍을 메꾸어 주었다. 집에 돌아와 그 어머니께 여쭈었다. "제 아버지는 누구시고 지금 어디에 계십니까." 어머니가 장난으로 말씀하셨다. "너는 정해진 아버지가 없어." 유리가 울면서 말했다. "사람에게 일정한 아버지가 없으면 무슨 면목으로 세상에 설 수 있겠습니까"라며 스스로 목을 찔러 죽고자 하니 어머니가 그를 말리며 말씀하셨다. "아까 말은 장난이었다. 네 아버지는 범상한 분이 아니시란다. 나라에서 용납되지 않아 남쪽으로 도망가셔서 나라를 창건하셨다." 유리가 말했다. "아버지는 왕이신데 자식은 필부니 어찌 부끄럽지 않겠습니까." 어머니가 말씀하셨다. "네 부친이 떠나실 때 내게 말씀하시기를 물건을 남겨놓았는데, '일곱 고개 일곱 골짜기 돌 위 소나무 아래에서 이를 얻는 자가 내 아들이다'라고 하셨다." 유리가 산곡에 가 두루 찾았으나 얻지 못했다. 하루는 기둥과 주춧돌 사이에 소리가 나는 듯하여 가보니 주춧돌에 일곱 모가 있었다. 스스로 풀어 말하기를 '일곱 고개 일곱 골짜기라는 것은 일곱 모이다. 돌 위 소나무란 기둥이다' 하고 기둥 밑을 헤쳐서 잘린 검 한 조각을 얻게 되었다. 옥지, 구추, 도조 세 사람과 함께 졸본에 가서 왕을 뵙고 검을 드렸다. 왕이 소장하던 잘린 검을 꺼내어 합쳐보니 과연 잘 맞았다. 기뻐하여 그를 세워 후사로 삼았다.

> 初高句麗東明王在扶餘 娶禮氏有娠 王旣去 乃生類利 有奇節喜彈丸 嘗出遊 彈雀 誤中汲婦盆 婦罵曰 此兒無父 其頑如此 類利慙 復以泥丸彈塞之 歸問其母曰 我父何人 今何在 母戲曰 汝無定父 類利泣曰 人無定父 何面目立於世 欲自刎 母止之曰 前言戲耳 汝父非常人 不容於國 奔南地開國 類利曰 父爲君 子爲匹夫 寧不愧乎 母曰 汝父方行語妾曰 有遺物 藏在七嶺七谷石上松下 得此者 乃吾兒也 類利往山谷 遍索不得 一日柱礎間 若有聲 就見 礎石有七稜 自解曰 七嶺七谷者 七稜也 石上松者柱也 乃披柱下 得斷劍一段 與屋智句鄒都祖三人 行至卒本 見王以劍進 王出所藏斷劍 合之果驗 乃悅 立以爲嗣

범은 땅에 떨어져도 큰 기상이 있어
멀리 빈 산에 서서 바람 일어나기를 기다리누나.
슬픈 소리 멀리 화답하려 헛되이 그늘에서 우는데
구중궁궐에서도 마음이 흘러 통하는구나.
어머니 말씀하시네 "아아 네게도 아비 있느니
수수께끼를 잘 하셔서 뱃속 아이에게 말씀해 주셨네
십팔공 아래 일곱 고개 골짜기라."
신이한 빛 암암리에 명검의 고장 풍성에서 일어나니
번쩍 빛나는 한 조각 주송심일세.
홀연히 몸이 푸른 무지개 타고 날아가듯 하니,
항산의 보배로운 책은 천기를 의지했고,
잘렸던 검이 합쳐지니 맑은 광채가 솟아오르네.
왕이 말하시네. 아아 우리 나라에 임금 될 자 있구나.
모진 고난 이기는 일 아이가 능히 할 수 있어라
아이 머리 숙여 절하고 명을 다 받고 나니,

일곱 모서리 옛 돌이 묘비(墓碑)가 되었어라.

七稜石

於菟墮地能食牛 逈立空山候生風 悲聲遙和枉陰鳴 天闕九重心流通
母曰嗟汝兒有父 善謎說與腹中子 十八公下七嶺谷 神光黯黯豊城起
烔烔一段周宋鐔 忽然身騎靑虹飛 恒山寶符倚天氣 斷劍來會騰淸輝
王曰嗟我國有主 斬伐荊棘兒能爲 兒拜稽首承命罷 七稜古石成龜螭

해설 _ 이 시는 성호(星湖) 이익(李瀷, 1681~1763)의 『성호선생전집(星湖先生全集)』(문집총간 198) 중 「해동악부」와 『한문악부 · 사자료집』 2에 수록되어 있다. 이익은 이이(李珥), 유형원(柳馨遠)의 학풍을 받아 당시 조선이 처한 사회현실에 적합한 경세실용이라는 면에 중점을 두었다. 역사인식도 종래의 주관적이고 의리·시비 위주의 인식태도를 벗어나 객관적이며 비판적·실증적인 태도를 지녀야 한다고 믿었다. 자는 자신(自新), 호는 성호(星湖)이다. 그의 학문은 일문에 이어져서 준재가 많이 배출되어 아들 맹휴(孟休), 종자(從子) 병휴(秉休), 종손(從孫) 중환(重煥), 가환(家煥) 등 모두 뛰어난 성취를 보여주었다. 채제공(蔡濟恭)은 성호의 묘갈명(墓碣銘)에서 "도를 지키셨으나 은택이 백성들에게 미치게 할 수 없었음은 일세의 불행이요, 글을 지어 귀한 은혜 크게 풍족하게 베푸심은 백세의 행운이다〔抱道而莫能致澤, 一世之不幸, 著書而亦足嘉惠, 百世之幸〕"라고 했다.

주송심(周宋鐔)은 『장자(莊子)』 「설검(說劍)」 편에 나온다. 조나라 문왕이 검에 빠져 나라가 쇠약해지자 이를 우려한 태자가 장자에게 부왕을 설득시켜 줄 것을 부탁한다. 장자는 왕에게 천하에 천자, 제후 대부, 서민의 세 가지 검이 있다고 하면서 문왕의 검은 서민의 칼쓰기 뿐임을 확인시킨다. "주나라와 송나라로 칼자루의 테를 삼는다."는 것은 천자 검의 속성 중 하나로 이 칼을 한번 쓰면 제후들을 바로잡고 천하가 복종한다고 설명한다. 유리가 찾은 검은 단순히 아버지가 부여한 수수께끼의 도구가 아니라 앞으로 천하를 다스릴 천자의 검이라는 의미가 들어있다. 유리에게 남긴 "십팔공 아래 일곱 고개 골짜기"라는 수수께기에서 십팔공(十八公)은 소나무 송(松)자의 파자(破字)이다. "항산의 보배로운 책"에 대해서는 이복휴의 「일곱 모 돌」에서 설명했다. 항산(恒山)은 상산(常山)이라고도 한다.

이복휴, 일곱 모 돌

고구려 시조 왕 주몽이 이전에 부여에 있을 때 예씨를 아내로 삼아 임신했으나 주몽은 그곳을 떠났다. 아이가 태어나자 유리라 이름했다. 큰 뜻이 있었고 탄알 쏘기를 좋아했다. 일찍이 밖에 나가 놀면서 참새를 쏘려다가 잘못하여 물길어 오던 아낙의 물동이를 맞추었다. 아낙이 성내어 욕했다. "이 아이는 아비가 없어 이처럼 완악하냐." 유리가 부끄러워 다시 진흙으로 알을 만들어 쏘아 물동이를 메꿨다. 집에 돌아와 그 어머니께 여쭈었다. "제 아버지는 누구시고 지금 어디에 계십니까." 어머니가 말씀하셨다. "네 부친은 범상치 않으신 분이란다. 지금은 남쪽으로 도망가셔서 나라를 창건하셨다. 길을 떠나실 때 내게 말씀하시기를 '만약 사내아이를 낳으면, 물건을 남겨놓았는데, 일곱 고개 일곱 골 돌 위 소나무 아래에 있으니, 이를 얻는 자가 내 아들이다'라고 하셨다." 유리가 산곡에 가 두루 찾았으나 얻지 못했다. 하루는 기둥과 주춧돌 사이에 소리가 나는 듯하여 가보니 주춧돌에 일곱 모가 있었다. 스스로 풀어 말하기를 "일곱 고개 일곱 골짜기라는 것은 일곱 모이다. 돌 위 소나무란 기둥이다"라 하고 기둥 밑을 파서 잘려진 검 한 조각을 얻게 되었다. 이를 갖고 졸본에 이르러 왕을 뵙고 검을 드렸다. 왕이 소장하던 검을 꺼내어 합쳐보니 과연 증거가 드러났다. 드디어 후사로 삼았다.

> 高句麗始祖王朱蒙 初在扶餘時 娶禮氏有身 而朱蒙去 及兒生 名類利 有大志 好彈丸 嘗出遊 彈雀 誤中汲婦盆 婦罵曰 汝以無父兒 如此頑戾乎 類利慙 復彈以泥丸塞之 歸問其母曰 我父何人 今何在 母曰 汝父非常人 今南奔開國 方行 語我曰 生兒若男 留物藏在七嶺七谷石上松下 得此者 吾兒也 類利遍索山谷 不得 一日柱礎間 若有聲 就見之 礎石有七稜 乃解曰 七嶺七谷者 七稜也 石上松者柱也 乃掘之 得斷釰一段 携至卒本 見王以釰進 王出所藏斷劍 合之果驗 遂爲嗣

우리 집은 흘골촌,
낭군은 천제의 아들,
첩은 홍두구[22]를 먹고
낭군은 농두수[23] 물을 마시네.
물은 흘러 아래로 흐르다가 돌아오는 것,
아들을 낳으니 아들이 아름다웠네.
용은 굴로 돌아가고

---

22) 과실 이름이다. 고량강(高良薑)의 열매이다. 고량강은 새앙과의 다년초로 뿌리는 위를 튼튼히 하는 약제로 쓰인다고 한다.

23) 농두수는 본래 물 이름이었으나 후에 한나라 악부 횡취곡(橫吹曲) 이름이 되었다. 횡취곡은 군악(軍樂)이다. 농두수의 끊임없이 흐르는 물은 인생의 허무나 이별의 아픔을 그릴 때 주로 쓰여졌다.

봉황새는 보금자리를 찾는데,
물 긷는 아낙의 말 한 마디 능히 그를 격동시키니
엄마가 전해 주시네,
아버지 떠나시며 남기신 말씀.
일곱 고개 일곱 골짜기에서 송화가 떨어진다고.
서리어 얽히고 굽은 구름 깊은 곳,
천산 만곡을 두루 다니다
돌아와 누워 눈물로 베게 적시며 추위도 더위도 잊었어라.
달 보고 우는 푸른 구리 녹에는 절로 생기가 나고
연평진에서 두 명검의 만남은 하늘이 그렇게 하신 걸세.
채색 옷 속 녹로검을 꺼내니
늙은 까마귀 깍깍하며 그 새끼새를 맞이하네.
진실로 알겠구나 무휼의 편지가
족히 집안 대대로 전해지는 보배로운 책이 될 수 있음을.

七稜石
吾家訖骨村 郎是天帝子 妾食紅荳蔲 郎飮隴頭水
水流流下返 生子子已美
龍歸窟 鳳尋巢 汲婦一言能激起
阿孃口有授 阿爺行有語 七嶺七谷松花落 蟠虯佶屈雲深處
千山萬谷行將遍 歸來枕淚忘寒暑 吼月銅花自生氣 延津會合天其與
斑衣袖裡出轆轤 老烏格格迎其雛 信知無恤簡 足爲傳家符

주춧돌 아래에서 소리가 난 것은 하늘이 유리의 정성에 감동되어서일 것이다. 만약 주춧돌과 기둥에서 소리가 나지 않았으면 아버지와 아들이 끝내 서로 만날 때가 없었을 것이니 동명의 계략이 또한 어리석고 서툴다.

礎下聲出 自是天感瑠璃之誠 若非礎柱有聲 父子終無相逢時 東明爲計 亦近汚濶

해설 _ 이 시는 『한문악부·사료집』 권6과 성균관대 대동문화연구원 간행의 『근기실학연원제현집』 5에 수록된 이복휴, 『한남집』 중 「해동악부」에 실려있다. 무휼의 편지에 대해서는 이복휴의 「어린 왕자를 위해(累卵行)」에 나와 있다. 집안 대대로 전해지는 보배로운 책(傳家符) 역시 무휼과 관련된 것이다. 무휼의 아버지인 조나라 간자(簡子)가 여러 아들을 모아놓고 자신이 상산 위에 진귀하고 신비한 책(寶符)을 숨겨 놓았으니 이를 먼저 찾아오는 자에게 상을 주겠다고 했다. 여러 아들들이 달려가 찾았으나 얻지 못했다. 오직 무휼만이 돌아와 그것을 찾았다고 하면서 "상산으로부터 임대에 올라보니 임대를 가히 취할 수 있겠습니다"라고 말했다. 간자는 무휼의 현명함을 알게 되어 드디어 태자 백로를 폐하고 무휼로 태자를 삼았다. 주몽이 아들에게 남겨준 수수께끼는 아들들의 현명함을 비교해보기 위해 간자가 거짓으로 상산에 숨겼다고 한 책과 같다는 것이다. 그러나 시에서와는 달리 이복휴는 후서에서 유리가 그 수수께끼를 풀지 못해 후사를 잇지 못했을 수도 있는 것이어서 동명의 계략이 어리석다고 하여, 과거의 역사나 설화에 대한 유자다운 합리주의적 인식을 보여준다. 『한남집』에 수록된 「해동악부」에서는 "주몽의 계략이 인간의 정리에 가깝지 않다(不近人情)"고 했다. 시에 나오는 '동화(銅花)'는 동화(銅華)로 쓰기도 한다. 동록(銅綠), 동수(銅銹)의 뜻으로, 구리에 생긴 푸른 녹을 말하거나, 동설(銅屑)의 뜻으로 구리가루를 가리키기도 한다. 칼이나 칼집에 구리 녹을 묘사하면서 한탄하는 시들이 있어, 이 작품에서도 주몽이 숨겨둔 후 오래 되어 녹슬었던 칼이 이제 주인을 만나게 되어 생기를 찾는 모습을 그린 것이다. 연평진은 오래 전 잃어버렸던 두 검 용천검과 태아검이 만나 두 마리 용이 되어 날아간 곳인데, 이 두 검을 합쳐 연평검이라고 부른다. 녹로검은 칼 이름이다. 칼 머리에 도르레 모양(轆轤)의 옥 장식이 붙어 있어 녹로검이라 부르게 된 것이다. 이복휴는 유리왕이 찾은 신물이 단순한 칼 조각이 아니라 동명왕의 검과 함께 두 명검의 만남이고, 두 마리 용과 같은 영웅의 만남으로 비유하고 있다.

이학규, 일곱 고개 소나무

고구려 시조 고주몽은 태어나 겨우 7살 되었으나 생김새가 뛰어나고 활을 잘 쏘았다. 부여왕 금와는 아들이 일곱 있었으나 기술과 능력이 모두 주몽에 미치지 못함으로 그를 꺼리어 죽이고자 했다. 주몽은 오이, 마리, 협보 등 세 사람과 함께 난을 피해 도망하여 엄표수를 건넜다. 모둔곡에 이르러 삼옷과 중의 옷과 물마름 옷을 입은 세 사람을 만나서 함께 졸본부여에 이르러 비류수 위에 도읍을 세웠다. 나라 이름을 고구려라 하고 그 때문에 성이 고씨이다. 이전에 주몽이 부여에 있을 때 예씨에게 장가들어 아내가 임신했는데 왕이 이미 떠나간 후에 유리를 낳았다. 탄알 쏘기를 좋아하여 일찍이 밖에 나가 놀면서 참새를 쏘려다가 물 긷는 아낙의 물동이를 잘못 맞추었다. 아낙이 성내어 꾸짖었다. "이 아이는 아비가 없어 이와 같이 사납구나." 유리가 부끄러워 다시 진흙으로 탄알을 만들어 쏘아 물동이를 메꾸고 돌아와 집에 돌아와 그 어머니께 여쭈었다. "내 아버지는 누구시고 지금 어디에 계십니까." 어머니가 말씀하셨다. "네 부친은 범상한 분이 아니시란다. 나라에서 용납되지 않아 남쪽으로 도망가셔서 나라를 창건하셨다. 떠나시면서 내게 말씀하셨다. '남겨놓은 물건이 있소. 일곱 고개 일곱 골짜기 돌 위 소나무 아래에 숨겨두었으니, 이를 얻는 자가 내 자식이오'" 유리가 산곡에 가 두루 찾았으나 얻지 못했다. 하루는 기둥과 주춧돌 사이에 소리가 나는 듯 들리므로 가보니 주춧돌에 일곱 모가 있었다. 스스로 풀어 말하기를 "일곱 고개 일곱 골이라는 것은 일곱 모이다. 돌 위 소나무란 기둥이다"라 하고 기둥 밑을 찾아 잘린 검 한 조각을 얻게 되었다. 길을 떠나 졸본에 이르러 왕을 뵙고 검을 드렸다. 왕이 소장하던 검을 꺼내어 합쳐보니 과연 잘 맞았다. 그를 세워 후사로 삼았는데 이 분이 유리왕이시다.

高句麗始祖高朱蒙 生甫七歲 骨表英奇 善射 扶餘王金蛙有七子 技能皆不及朱蒙 忌欲殺之 朱蒙乃與烏伊摩離陝父等三人逃難 渡淹淲水 至毛屯谷 遇麻衣衲衣水藻衣三人俱至卒本扶餘 沸流水上都焉 國號高句麗 因姓高 初朱蒙在扶餘 娶禮氏女有娠 王旣去生子類利 喜彈丸 嘗出遊彈雀 誤中汲婦盆 婦罵曰 此兒無父 其頑如此 類利慙 復以泥丸彈塞之 歸問其母曰 我父何人 今何在 母曰 汝父非常人 不容於國 南奔開國 方行語妾曰 有遺物 藏在七嶺七谷石上松下 得此者 乃吾兒也 類利遍索山谷不得 一日聞柱礎間 若有聲 就見 礎石有七稜 自解曰 七嶺七谷者 七稜也 石上松者 柱也 乃探(披)柱下得斷劍一段 行至卒本 見王以劍進 王出所藏劍 合之果驗 爲嗣 是爲琉璃王

일곱 고개 소나무여
가지 없고 잎 없이 궁중을 버티는 것
그 가운데 한 조각 청평검이 있네.
그대는 자세히 모르시네 나의 전말을,
말로는 다 표현하지 못하니 마음만 다급하네.
태백산 남쪽 우발수에
외할아버지 하백의 물고기 비늘 궁전.
내 태어날 때 손에 다섯 석 활을 잡고 있었으니,
부여국의 진짜 활 잘 쏘는 주몽이었네.
금와왕의 아들들이 사납고 소란스러워
엄표수에 사나운 바람 몰아왔네.
뱃속의 아이 또한 영웅이니,
아이 태어나 만약 그 아버지를 찾으면

이 말로 그의 참마음을 열어주기 청하오.

七嶺松

七嶺松 無枝無葉撐宮中 中有一段青萍鋒 卿未詳我始終 言不盡意恩恩
太白山南瀀渤水 外公河伯魚鱗宮 我生手操五石弓 夫餘國中眞朱蒙
金蛙之子忮而訩 淹淲河中一飄風 腹中之兒亦英雄 兒生但覓渠父翁
請以此言開其衷

해설 _ 이 시는 낙하생(洛下生) 이학규(李學逵)의 『낙하생집(洛下生集)』(문집총간 290) 책17 「해동악부」와 『한문악부・사자료집(漢文樂府·詞資料集)』 4에 수록되어 있다. 일반적으로 유리왕의 '아버지 찾기' 에 관한 시들에서 아버지 주몽이 뱃 속 아이에게 신물을 강요하는 엄격하고 냉정한 사람으로 암시된 데 비해 이학규의 이 작품은 금와왕의 아들들 때문에 먼 길을 떠나야 하는 주몽을 화자로 삼아 복중의 아이에 대한 아버지로서의 사랑과 기대를 보여주고 있다.

2 왕위 계승과 두 왕비

조종현, 짝을 찾은 칼 조각

주몽이 동부여에 있을 때 예씨에게 장가들어 아이를 갖게 되었는데 왕이 이미 떠나간 후에 유리가 태어났다. 유리는 일찍이 탄알을 쏘다가 잘못 물 길어 오던 여인의 물동이를 맞추었다. 여인이 아버지 없는 아이라서 그런다고 욕했더니 유리가 집에 돌아와 어머니에게 여쭈었다. 어머니는 말씀하셨다. 너의 부친이 남쪽으로 도망하실 때 어떤 물건을 일곱 고개 일곱 골의 돌 위 소나무 아래에 감추었으니 이것을 얻은 자가 내 아이라고 말씀하셨다. 유리는 주춧돌 일곱 모서리를 보고 일곱 고개 일곱 골은 일곱 모서리이고, 돌 위 소나무는 기둥이라고 풀었다. 그래서 잘라진 검을 찾아내어 왕에게 드렸다. 왕이 소장하던 검을 꺼내어 맞추어보니 과연 아들임이 증명되어 드디어 후사로 삼았다.

朱蒙在東扶餘時 娶禮氏有娠 王旣去生類利 類利嘗彈丸 誤中汲婦之盆 婦罵以無父 類利歸問母 母曰 汝父南奔時語曰 有物藏于七嶺七谷石上松下 得此者吾兒也 類利見礎

石七稜 解曰 七嶺七谷七稜也 石上松柱也 乃尋得斷劍 進于王 王出所藏劍合之 果驗 遂爲嗣

돌에 일곱 모서리가 있다는 부친의 말씀을 풀어,
잘라진 검을 찾아 군왕의 문에 바쳤네.
탄알 쏘는 작은 기술로 천리를 보니,
이 때문에 잘못 물 긷는 여인네의 물동이를 맞추었어라.

斷劍合
石有七稜解父言 拜尋斷劍獻君門 弄丸小技觀天理 爲是誤中汲婦盆

해설_「짝을 찾은 칼 조각」은 앞의「일곱 모 돌」이나「일곱 고개 소나무」와 내용상 차이가 없으나 제목에 함축된 주제의식을 중시해서 전자는 유리의 '아버지 찾기'에, 후자는 '왕위계승'에 포함시켰다. 조종현(趙宗鉉, 1731~1800),『천은고(天隱藁)』의「삼사이적(三史異蹟)」에 수록되어 있다. 여기서는『한문악부 · 사자료집』3에 수록되어 있는 것을 대상으로 했다. 조종현에 대해서는「곤연의 개구리」에 간략히 기술한 바 있다.

김수민, 짝을 찾은 칼 조각

활 잘 쏘는 고주몽,
이별에 임해 예씨에게 신표를 남겼네.
낳은 아이 탄알 쏘기 잘하는데
잘못 물동이를 맞추었네.
여자가 아버지 없는 아이라고 책망하니
돌아와 엄마에게 아뢰었네.
어머니 말씀하시기를 네 아버지는 동부여국에 계신데
떠나실 때 물건을 남기셨지,
일곱 고개 일곱 골 소나무 아래 돌에 숨겨놓으셨다고.
주춧돌에 일곱 모가 있고 소나무는 바로 기둥,
이로 인해 찾아보다 단검을 얻었네.
부왕에게 와 바치니 검이 서로 맞아라,
부딪혀 깨트리기 기다리지 않아도 혈기는 능히 이어지는 것.
그대는 보지 못하는가.

연평 나루터 용검이 합하는 것을,

하물며 부자의 인륜은 본래 하늘에 속하는 것.

斷劒合歌

善射高朱蒙 臨別禮氏留信息 生兒善彈丸 誤中汲盆
娘以無父責 歸來告阿母 母曰汝父在東扶餘國 去時有遺物
藏在七嶺七谷松下石 礎有七稜松是柱
因此索之斷劒得 來獻父王劒相合 不待破璣血氣能相續
君不見 延平津龍劍合 況乎父子之倫本天屬

해설 _ 김수민(金壽民)의 『명은집(明隱集)』 중 『기동악부(箕東樂府)』에 수록되었다. 김수민에 관해서는 「고구려의 노래(高句麗謠)」를 참조할 것.

이익, 황조가

유리왕 3년 가을 칠월 골천에 별궁을 지었다. 겨울 10월 왕비 송씨가 돌아가셨다. 왕은 다시 계실로 두 여인을 취하니 하나는 화희라 하는 골천 사람의 딸이고 다른 하나는 치희라 하여 한인의 딸이었다. 두 여인이 총애를 다투어 화합하지 못했다. 왕은 양곡에 동서 두 궁실을 지어 각기 살게 했다. 후에 왕이 기산에서 사냥을 하느라 칠일간 돌아오지 않았을 때였다. 두 여인이 다투다가 화희가 치희를 욕했다. "너는 한나라 천한 여인으로 어찌 무례함이 이리 심한가" 하니, 치희가 부끄러워하고 한을 품어 도망해 가버렸다. 왕이 그 말을 듣고 말을 채찍질해 그를 좇았으나 치희는 성내어 돌아오지 않았다. 왕이 일찍이 나무 아래에서 쉬다가 황조 두 마리가 날아 모이는 것을 보고 느낀 바 있어 노래 불렀다. "펄럭펄럭 나부끼는 꾀꼬리. 암수 서로 의지하는데. 생각해보니 나는 홀로 있네. 그 누구와 더

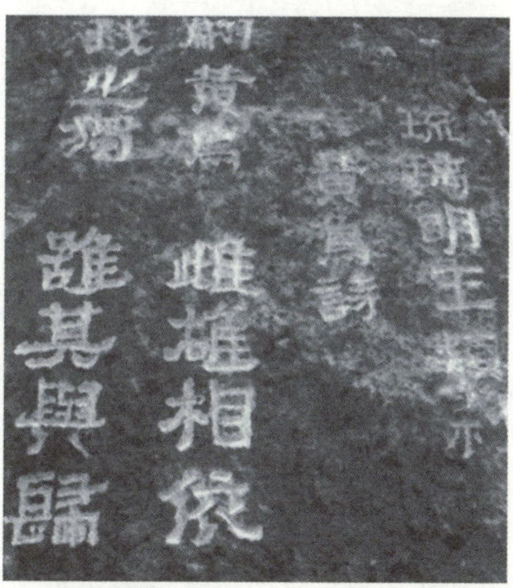

| 오녀산성에 중국인이 새긴 황조가 |

불어 돌아갈꼬."

琉璃王三年秋七月 作離宮於鶻川 冬十月王妃松氏薨 王更娶二女以繼室 一曰禾姬 鶻川人之女也 一曰雉姬 漢人之女也 二女爭寵不相和 王於凉谷造東西二宮 各置之 後王佃箕山七日不返 二女爭鬪 禾姬罵雉姬曰 汝漢家婢妾 何無禮之甚乎 雉姬慙恨亡歸 王聞之策馬追之 雉姬怒不還 王嘗息樹下 見黃鳥飛集 乃感而歌曰 翩翩黃鳥 雌雄相依 念我之獨 誰其與歸

궁실을 건축하고 또 궁실을 건축하니,
골천에 두 궁이 가파르고 깊숙하네.
한 나라에 두 왕비 있어
총애가 똑같으니 투기 역시 똑같네.
나라의 풍속이 우리 나라 것을 중히 여겨
나라 밖 사람을 냉시하더니,
화희가 한번 성을 내자 치희는 도망가서
한번 채찍에 지름길로 청천 패수 물가를 건너가
유유히 가서 돌아오지 않네.
왕이 홀로 돌아오니 그림자도 짝이 없어
나뭇가지 위 홀연히 들리네.
수놈이 날아 암놈을 좇아 뜻이 절로 친해지니
소리소리 귀에 들어와 느낌이 마음에 있네.
새 오히려 이와 같은데 하물며 사람이야.
황조여,
황조는 알리라 응당 서로 성냄을.
지아비 암매하고 적처도 꺼리니
처는 삼종의 윤리를 잃었어라.
어찌 하여 기자 성인의 옛 땅에
남기신 가르침 모두 잃어버리게 하나.
그대는 보지 못하는가.
압록 방 가운데서 중매 없이 해모수를 따르던 유화의 일을.
천하가 미개하여 거칠고 누추하네.

黃鳥歌

築宮復築宮 鶻川雙嶙峋 一國有二妃 寵均妒亦均
邦風重土產 冷視域外身 禾姬一怒雉姬走 一鞭徑渡淸淟濱
悠悠去不返 王獨歸來影無隣 頭忽聞睍睆鳴 雄飛從雌意自親
聲聲入耳感在心 鳥猶如此況於人 黃鳥兮 黃鳥有知應相嗔
夫昧幷嫡嫌 妻失三從倫 柰何箕聖墟 遺敎都喪淪
君不見 鴨綠室中無媒從 天荒未開猶荊榛

해설 _ 이 시는 이익(李瀷, 1681~1763)의 『성호선생전집(星湖先生全集)』(문집총간, 198) 권7 「해동악부」와 『한문악부・사자료집』 2에 수록되어 있다. 이 시에서도 여성의 윤리를 문제 삼고 있다. 아내로서의 윤리를 저버린 화희와 치희의 총애 다툼을 남편인 유리왕의 할머니 유화가 중매 없이 해모수와 직접 만나 임신한 사실에 연결시키고 있는 것이다.

이복휴, 황조가

유리왕 3년 왕비 송씨가 돌아가셨다. 왕은 우울하고 즐겁지 않아 다시 두 여인을 취하셨다. 화희는 골천 사람의 딸이고 치희는 한나라 사람의 딸이었

| 황조 주인 부부의 나들이 | 수산리 벽화분 서벽 벽화

다. 왕은 양곡에 동서 두 궁실을 지어 각기 살게 했으나 두 여인은 총애를 다투었다. 후에 왕이 기산에서 사냥을 하느라 오래 돌아오지 않았다. 두 여인이 다투다가 화희가 치희를 욕했다. "너는 한나라 천한 여인으로 어찌 그리 무례하냐." 치희가 부끄러워하며 도망해서 가버렸다. 왕이 말을 채찍질해 그를 좇았으나 미치지 못했다. 나무 아래에서 쉬다가 황조 두 마리가 날아 모이는 것을 보고 느낀 바 있어 노래 불렀다.

펄럭펄럭 나부끼는 꾀꼬리는
암수 서로 의지하는데
생각해보니 나는 홀로 있구나
그 누구와 더불어 돌아갈꼬.

瑠璃王三年 妃松氏薨 王怏怏不樂 更娶二姬 禾姬鶻川女也 雉姬漢人女也 王造東西宮於凉谷 各置之 二女爭寵 王畋於箕山 久不返 二姬爭鬪 禾姬罵曰 汝漢家婢 何無禮也 雉姬慙而亡歸 王策馬追之不及 息於樹下 見黃鳥飛集 感而作歌 歌曰 翩翩黃鳥 雌雄相依 念我之獨 誰其與歸

꾀꼴꾀꼴 봄 수풀 끝에서
어떤 새 꾀꼬리 울음을 우네.
어인 일로 봄바람에 용납되지 못하고
밤이 오면 날아가 다른 가지를 두드리나.
양곡의 구슬궁궐에 갇혀있는 두 꽃,
만기가 꿈 같은데 봄은 느릿느릿 오누나.
임춘 · 결기 두 누각을 마주 세워 일으키니,
지분의 붉은 물이 연못을 부풀리네.
나비가 꽃을 다툼 아니고 꽃이 절로 다투니,
봄바람 어지러워 불지 못하게 금할 수 없네.
(왕께서는) 기산에 사냥 가서 밤에 돌아오지 않으나,
단지 한스럽네 그가 오기를 기원하는 시 없음을.
길거리 버드나무 흔들어 어지러이 날리며

한유에게는 두 명의 시녀가 있었는데 하나는 강도라 하고 다른 하나는 유지라 했다. 한유가 사신이 되어 왕의 명을 받들고 왕정주 군대에 가서 우원익의 포위를 풀었는데, 그

> 사이 두 해가 바뀌었다. 유지는 이미 떠나버렸는데, 한유가 집에 돌아와 시를 지었다. 이별한 후 길가 버드나무는 봄 바람에 어지러이 흩날려 날아감을 금할 수 없네 오직 작은 복숭화나무만 정원에 있어 꽃을 피운 채 열매 맺지않고 낭군 돌아오기를 기다리고 있구나.

강 건너 손짓함은 누구의 한일까.
돌아와 골천의 달을 마주하여
발을 내리고 눈썹을 내리깔고 부끄러워하네.
바라보니 저 새는 짝을 잃지 않았구나,
생각하니 나는 홀로 누구와 함께 따라가리.
이미 암새가 숫새를 버렸으니
무슨 일로 숫새가 암새를 연연하리.
단지 한하기는 머무르는 곳 알 수 없어라,
동서로 날아다니며 괴로이 낮게 드리우네.

黃鳥歌

恰恰春林梢 有鳥鳴黃鸝
何事春風不容得 夜來飛去打別枝 凉谷瑤宮鎖二花 萬機如夢春遲遲
臨春結綺相對起 粉脂流紅漲御池 蝶非鬪花花自鬪 狼藉春風不禁吹
箕山獵騎夜不歸 只恨人無祈招詩 街頭楊柳擺亂飛

> 韩愈有二侍女 曰絳桃 曰柳枝 愈奉使入王定凑军 解牛元翼之圍
> 其间二更岁矣 柳枝已去 愈归家作诗云 别来杨柳街头树
> 擺亂春风不禁飞 惟有小桃园裏在 留花不结待郎归

隔江招招恨在誰 歸對鶻川月 下簾低羞眉 相彼鳥兮不失侶 念我之獨誰與隨
旣是雌棄雄 何爲雄戀雌 但恨不能知所止 東飛西飛苦低垂

생각컨대 이 때 요동은 서쪽으로 한나라에 속했으니 한나라 여인이란 요동인을 가리켜 말한 것이다. 군왕이 나라를 바로잡는 다스림은 마땅히 『시경』의 「관저」 편과 「작소」 편을 근본으로 삼아야 한다. 그러나 유리왕은 비빈 잉첩들이 일으키는 화를 생각하지 않고 즐겨 풍속에 어그러지는 경계를 범하다가, 그들이 남편을 버리고 달 속으로 도망갔던 항아처럼 하고, 망령되이 남녀가 몰래 만나 즐기는 행실을 함에 이르러서도 그리움을 이기지 못하는 것이 거의 남당의 이 후주가 눈물을 뿌리며 여인을 그리워하던 것 같으니 또한 가소롭지 않은가.

按此时辽东西屬汉 汉女或辽东人而言歟
人君正國之治 當以關雎鵲巢爲本 而琉璃不思貫魚之災 甘犯風愆之戒 及其月宮之奔妄作桑中之行 戀戀不已 殆如李後主揮淚戀娥 不亦笑哉

해설 _ 이복휴(李福休)의 『한남집(漢南集)』 「해동악부(海東樂府)」와 『한문악부 · 사자료집』 6에 수록되어 있다. 한유의 시에 관한 각주는 『한남집』 수록 「해동악부」에 있다. 임춘(臨春)·결기(結綺)는 남조의 진(陳) 후주가 세운 누각 이름으로 이들 외에 망선(望仙)이 있다. 후주는 임춘각을 세워 자신이 거주하고, 장귀비를 위해서 결기각을, 다른 두 귀비를 위해서 망선각을 세웠는데 이들은 모두 금은 보옥으로 장식하였으며, 기화요초를 심어 사치를 다하였다고 한다. 이 누각들을 간단히 임춘 결기 망선으로 부르기도 한다. 후대 시인들이 지은 시에는 "臨春結綺事最奢"(劉禹錫) "臨春結綺歌舞池"(王安石) 같은 구절이 있다. 후서에 언급된 『시경』의 「관저」와 「작소」 편은 모두 왕후의 덕을 그린 시로 해석되었다. 모시에서는 관저가 후비의 덕을, 작소가 임금의 짝이 될 만한 부인의 덕을 그린 것으로 보았다. 남당의 제2대 임금인 이경(李景)과 그의 아들인 이욱(李煜) 부자는 특히 풍류를 즐기어 항상 군신들과 연회를 베풀고 사(詞)를 짓곤 했다고 한다. 이욱은 송나라에 망한 남당의 마지막 임금인 이 후주이다. 그는 글씨를 잘 썼고 사를 잘 읊었으며 여인들의 전족을 만든 장본인으로 알려져 있다. 부녀들의 전족은 이 후주(李後主)가 반비(潘妃)로 하여금 비단으로 발을 싸메게 하고 금련(金蓮)으로 땅에 깔고 그 위로 다니게 한 데서 시작되었는데, '걸음마다 연화가 난다(步步生蓮花)'는 시구가 있다. 이 후주가 나라를 떠나면서 읊은 시에는 묘당과 백성을 떠나는 슬픔이나 미안함이 아니라 "교방에서는 오히려 이별가를 연주하니 눈물을 날리며 궁아(宮娥)를 대하네(揮淚對宮娥)"라는 구절이 있다. 송 태조는 만약 이욱이 작시 공부로 나라일을 다스렸다면 어찌 내게 사로잡혔겠는가고 했다. 이로 보면 이복휴는 화희와 치희를 궁인들의 쟁총으로, 유리왕을 여인들과의 풍류에 빠졌다가 나라를 잃은 진 후주와 이 후주에 비교한 것이다.

유득공, 황조가

협탄아 : 삼국사에 의하면 "유리왕의 휘는 유리類利이다. 처음에 주몽이 부여에 있을 때에 예씨의 딸에게 장가들어 임신했는데, 주몽이 도망간 뒤에 아들을 낳았으니 이가 유리이다. 어렸을 때에 나가서 놀면서 길에서 참새를 탄알로 쏘다가 잘못하여 물 긷는 부인의 물동이를 깨트렸다. 부인이 욕하기를 '이 아이가 아비가 없기 때문에 이렇게 사납군' 하였다. 유리가 부끄러워서 돌아와 어머니에게 여쭈어 보았다. '나의 아버지는 어떤 사람이며 지금 어디에 계십니까.' 어머니가 말씀하셨다. '너의 아버지는 범상한 사람이 아니다. 나라에서 용납되지 못하여 도망하여 남쪽 땅으로 가서 나라를 세우고 임금이 되셨느니라.' 유리가 이에 옥지 · 구추 · 도조의 무리 세 사람으로

더불어 졸본에 이르러 부왕을 뵈오니 세워서 태자로 삼았다"고 한다.

挾彈兒 三國史 琉璃王諱類利 初朱蒙在夫餘 娶禮氏女 有娠 朱蒙歸後乃生子 是爲類利 幼年出遊 陌上彈雀 誤破汲水婦人瓦器 婦人罵曰 此兒無父 故頑如此 類利慙歸 問母 我父何人 今在何處 母曰 汝父非常人 不見容於國 逃歸南地 開國稱王 類利乃與屋智句鄒都祖等三人 行至卒本見父王 立爲太子

황조 : 삼국사에 의하면 "유리왕이 두 여자에게 장가들었는데 하나는 화희이니 골천 사람의 딸이요 하나는 치희이니 한나라 사람의 딸이다. 두 여자가 총애를 다투므로 왕이 양곡에 동 서 두 궁전을 지어서 각각 두었다. 뒤에 왕이 기산에 사냥하러 갔는데 화희가 치희에게 욕하기를 "너는 한나라 집의 비첩인데 어찌 그렇게 무례한가"라 하였다. 치희가 부끄럽고 한스러워 도망하여 돌아갔다. 왕이 듣고 말을 채찍질하여 쫓아갔으나 치희가 노하여 돌아오지 않았다. 왕이 나무 밑에서 쉬다가 황조가 날아 모이는 것을 보고 이에 느낌이 있어 노래했다. 펄펄 나는 꾀꼬리는 암컷 수컷이 서로 의지하니, 생각건대 나의 고독함이여, 뉘와 더불어 돌아갈꼬"라 했다.

黃鳥 三國史 琉璃王娶二女 一女禾姬 鶻川人之女也 一曰雉姬 漢人之女也 二女爭寵 王於凉谷造東西二宮 各置之 後王田於箕山 禾姬罵雉姬曰 汝漢家婢妾 何無禮之甚乎 雉姬慙恨亡歸 王聞之 策馬追之 雉姬怒不還 王嘗息樹下 見黃鳥飛集 乃感而歌曰 翩翩黃鳥 雌雄相依 念我之獨 誰其與歸

지난 날 부여에서 팔매 치던 아이,
동명왕의 아들 이름은 유리.
깊은 나무숲에 울어대는 꾀꼬리 소리,
마치 화희가 치희를 꾸짖는 듯하구나.

昔日夫餘挾彈兒 東明王子號琉璃 數聲黃鳥啼深樹 猶似禾姬罵雉姬

해설 _ 이 시의 출전에 관해서는 이 책 앞에 수록된 「유득공, 이십일도회고시 고구려」의 해설에 기술되어 있다. 앞에서 이익이 「황조가」를 여성의 비윤리적 행위라는 시각에서 접근한 것과 달리 유득공은 이를 어린 시절 유리의 행실에 연관시켰다. 유리왕의 외로움을 부각시키는 황조의 울음소리를 오히려 화희가 치희를 꾸짖는 소리로 본 것은 백성을 통치하는 군왕으로서 도망가 버린 여인을 데려오지 못해 낙심하고 있는 유리왕을 꾸짖는 의미일 수도 있겠다.

3 후계자를 위한 고민

이학규, 해명태자의 한

이전에 유리왕이 천도하고자 하니 태자 해명이 마땅하지 않다고 하며 옛 수도에 머물렀다. (해명은) 힘이 있고 용맹을 좋아했다. 황룡국왕이 사신을 보내어 강한 활을 바쳤는데, 해명이 사자 앞에서 활을 굽혀 부러뜨리며 말했다. "내가 힘이 있는 것이 아니라 활 자체가 굳세지 못하군요." 황룡왕이 부끄러워했다. 고구려왕이 이를 듣고 노하여 사람을 보내어 해명에게 말했다. "내가 도읍을 옮겨 백성을 편히 하고자 했거늘 너는 따르지 않고 강한 힘을 믿어 이웃나라와 원한을 맺었으니 자식된 도리가 어떠한가"라고 하면서 검을 내려 죽으라고 했다. 어떤 이들이 (태자를) 말리며 속임수가 아닌지 어찌 알겠는가라고 말했다. 태자가 말했다. "이전에 황룡국 왕이 강한 활을 보냈을 때 내가 그의 우리 나라를 가벼이 봄에 화가 나서 그것을 부러뜨렸다. 뜻밖에 부친에게 책망을 당하니 아버지의 명을 피할 수 있겠는가." 그리고 여진원에 이르러 창을 땅에 꽂고 말을 달려 창에 찔려서 죽었다. 예에 따라 장사하고 사당을 세우고 그 땅을 창경이라 불렀다.

> 初琉璃王遷都 太子解明不肯從 留故都 有力好勇 黃龍國王 遣使贈强弓 解明對使者彎折之曰 非予有力 弓自不勁耳 黃龍王慙 麗王聞之 怒遣人謂解明曰 吾遷都欲安民 汝不隨 恃强力結怨鄰國 於子道何 乃賜劒死 或止之曰 安知非詐乎 太子曰 嚮黃龍王 遺以强弓 我怒其輕我國 折之 不意見責於父 父命可逃乎 乃往礪津原 以槍插地 走馬觸槍而死 乃禮葬立廟 號其地槍京

창경의 길로 향하지 말아라.
해명의 억울함을 묻지 말아라.
해명은 본래 허물이 없으니
창경은 부질없이 그의 혼을 상하게 했네.
차라리 이웃나라의 원한을 부를지언정
어찌 부자의 은의를 잊을 수 있는가.
활을 부러뜨림 또한 설명할 수 있는 것,

검을 주어 죽으라 하다니 아아 무슨 말을 하랴.
산머리에서 북소리 울리며 장사지내나
구원의 혼백을 위로하기 충분하지 않구나.
이제 여진의 무덤에 이르러보니
봄풀은 피 흔적 지니며 무성하게 자랐어라.

槍京歎
莫向槍京道 莫問解明寃 解明本無辜 槍京徒傷魂
寧招隣國怨 那忘父子恩 折弓亦有說 賜劒嗟何言
山頭鼓吹葬 未足慰九原 至今礪津墓 春草長血痕

해설_ 이학규의 『낙하생집』(문집총간 290) 책17 「해동악부」와 『한문악부 · 사자료집』 4에 수록되어 있다. 김부식은 『삼국사기』 찬에서 "효자가 어버이를 섬길 때에는 좌우를 떠나지 않음으로써 효를 이룰 수 있는 것이니, 마치 문왕이 세자로 있을 때처럼 하는 것이다. 해명은 별저에 있으면서 무용을 좋아하는 것으로 이름을 날렸으니 죄를 받음이 의당하다. 또 듣건대 『좌전』에 사랑하는 자식은 의방으로 가르치고 사악함에 들지 않게 하라고 했다. 이제 왕은 처음에 그를 일찍이 가르친 적이 없고, 그의 악함이 이루어진 후에는 그를 미워함이 이미 심해서 그를 죽이고야 말았으나 가히 아버지는 아버지답지 않고 자식은 자식답지 않다고 일컬을 만하다"고 했다. 유리왕과 해명태자 모두 잘못했다는 것이다. 그러나 이학규는 이 시에서 분명하게 해명태자는 억울하고 허물이 없다고 했다. 이학규에 관해서는 「천년기둥처럼」에 간략하게 기술되어 있다.

이복휴, 해명태자의 비극 황룡은 지금의 용강현이다

고구려 유리왕이 천도하는데 태자 해명은 따르지 않고 졸본 고도에 머물렀다. 평소 용력이 있었는데 그때에 황룡국왕이 사신을 보내어 강한 활을 선사했다. 태자가 사자를 대한 자리에서 활을 부러뜨리고는 말했다. "활 자체가 세지 않을 뿐이요" 하니, 황룡왕이 부끄러워했다. 유리왕이 그 이야기를 듣고 성내어 검을 내렸다. "내가 천도하여 백성을 편히 하고자 했는데 어찌 아비의 명을 좇지 않는 아들이 있을 수 있단 말인가. 반드시 너를 죽일 것이다." 태자가 여진에 가서 창을 땅에 꽂고 말을 달려 창에 찔려서 죽었다. 사람들이 그를 애도하며 그 땅을 창원이라 불렀다.

高句瑠璃王遷都 太子解明不從 留於故都卒本 素有勇力 黃龍遣國遣使 贈强弓 太子對

使者折之 曰 弓自不勁耳 黃龍王慙 瑠璃王聞之 怒賜劒曰 吾欲遷都安民 豈有不從父命之子乎 必死之 太子往礪津 以槍揷地 走馬觸槍而死 人哀其死 號其地曰槍原

왕이 오라고 하는데 오지 않고
왕이 가라 하는데 가지 않았네.
살아서 왕자 죽어서도 왕자인데
아버지의 명을 버리니 너를 어찌 쓸고.
단지 이 몸 사는 곳 즐거워
차마 그 곳을 하루아침에 떠날 수 없었어라.
황룡왕의 명월궁이 완전히 부서지자
부자의 봄빛이 풍광을 잃었어라.
눈 없는 촉루 검[24]이 진나라 궁궐에서 오니
부소 글을 받들고 눈물을 뿌리네.
긴 창 꽂은 수풀 속으로 말을 달려 찔리니
억울한 피는 줄줄 여진 못에 질펀하네.
호수 위 높고 높은 망사대엔
황조가 노래 속에 사녀들이 울고 있네.

槍原怨, 黃龍今龍岡縣
王之來不爲來 王之去不爲去 生爲王子死王子 棄父之命焉用汝
但是此身生處樂 不忍一朝離其所 黃龍明月影全破 橋梓[25]春光失春序
钃鏤無眼來秦宮 扶蘇奉書涕淚漘 長槍快馬走中林 冤血淋淋礪津渚
湖上峨峨望思臺 黃鳥歌中泣士女

생각건대 옛 역사는 분명하지 않아서 그 때의 일을 잘 알지 못한다. 그러나 단지 도읍을 옮기기 전 필시 사이가 벌어지게 한 일이 있어서 그렇게 되었을 것이다. 어찌 부왕이 천도하는데 태자로 좇지 않은 자가 있겠는가. 활을

24) 촉루는 검의 이름이다. 일반적으로 촉루(屬鏤)라고 쓴다. 전국 시대 오(吳)나라의 충신 오자서가 참신(讒臣) 태재(太宰) 백비(伯嚭)의 참소를 입어 오왕 부차(吳王夫差)로부터 촉루검(屬鏤劍)으로 자결하기를 강요받고, 마침내 스스로 목을 찔러 죽었다(『史記』 卷六十六).

25) 교재(橋梓)는 두 나무 이름이다. 교나무는 키가 크고 위로 향했으며, 재나무는 낮고 아래로 굽어 본다하여 아버지와 아들을 비유하는 뜻으로 쓰인다.

부러뜨린 것은 작은 일인데, 이 때문에 어찌 죽으라고 검을 내릴 이치가 있단 말인가.

按古乘依微 不知其時事 而第遷都之前 必有阻隔之事而然 豈有父王遷都 而太子不從者乎 折弓小事也 以此豈有賜劍之理

해설 _ 이 시는 『한문악부 • 사자료집(漢文樂府·詞資料集)』 6과 이복휴의 『한남집』 「해동악부」에 수록되어 있다. 『한남집』에는 이 시의 후서가 들어있지 않다. 이복휴 역시 해명태자의 죽음이 억울하다고 본다. 유리왕이 천도할 때에 그가 따라가지 않은 것이나 활을 부러뜨린 작은 일로 자결을 명한 데에는 천도 이전에 어떤 문제가 있었을 것으로 추측하는 점에서 김부식과 다르다. 시에 나오는 부소는 진시황의 장자로, 분서갱유를 힘써서 말리다가 변방으로 쫓겨났다. 진시황이 죽자 조고 등 간신들이 조서를 고쳐 그를 사사했다. 망사대는 한나라 무제의 아들 여태자(戾太子)가 모함을 받아 억울하게 자결했는데, 후에 이를 알게 된 부왕이 아들을 그리워하며 지은 궁(思子宮)과 대(望思臺)이다. 이들 모두 아무 죄 없이 모함을 받거나 오해를 받아 자결한 아들들이라는 점에서 해명태자의 죽음에도 중간에 조작된 사건이나 관리의 모함이 있었음을 추측하고 있는 것으로 보인다. 시에서 "황룡명월"은 황룡왕이 해명태자에게 보낸 활로 번역했다. 이복휴의 〈유화의 노래〉에 주몽이 "오호궁으로 만월을 쏘니 화살이 백발백중"이라 했고, 당나라 양형(楊炯)의 시 「송유교서종군(送劉校書從軍)」에는 "적토검, 유성검, 오호궁, 명월궁(赤土流星劍, 嗚呼明月弓)"이라는 구절이 있다. 모두 이름난 칼과 활이다. 마지막 구절인 "황조가 노래 속에 사녀들이 울고 있네"에서 「황조가」는 『시경』 「진풍(秦風)」에 나오는 작품으로, 모시 서에는 진 목공(穆公)이 죽을 때 따라 죽은 뛰어난 세 신하들을 애도한 노래로 설명했다. 이들은 모두 살았으면 백 사람 몫을 충분히 할 수 있는 이들이다. 특히 『시경』의 「황조가」를 거론한 것은 동일 제목의 노래를 부른 유리왕을 빗대려는 중의적 의도를 지닌 것으로 보인다. 유리왕이 아니었으면 해명태자가 국가를 위해 백 사람의 몫을 충분히 할 수 있는 능력을 발휘할 수 있었을 것이라는 비판이다.

이복휴, 어린 왕자를 위해

부여왕 대소의 사신이 와서 왕을 책망했다. "우리 선왕이 동명왕을 마음으로 사랑했는데 동명왕이 우리 신하들을 꾀어 남쪽으로 도망하여 나라를 세웠으니 나의 의리를 저버림이 심하오. 이제 왕이 만약 능히 나를 순종하여 섬긴다면, 하늘이 반드시 당신을 도울 것이요. 그렇지 않으면 사직을 보존하려 해도 어려울 것이오." 왕자 무휼이 아직 나이가 어렸으나 사자를 대하여 말했다. "우리 나라의 동명왕은 태어나면서부터 신이했소. 형제들이 부모에게 참소하여 우리 할아버지에게 말을 치라고 모욕하므로 우리 할아버지는 기미를 보아 나온 것입니다. 이제 대왕이 전날의 잘못은 생각하지 않고, 오직 군사 강함을 믿어 우리 나라를 경멸하고 있으니, 청컨대 사신은 돌아가서 대왕에게 고하시오. 이곳에 알을 쌓아 놓았는데, 만약 대왕이 그 알을 무너뜨리지 않는다면 내가 대왕을 섬길 것이요, 그렇지 않으면 왕께서는 스스로 생각하십시오." 대소가 이 말을 듣고 여러 사람에게 그 뜻을 두루 물었으나 아는 사람이 없었다. 한 노파가 풀어 말했다. "쌓아놓은 알은 위태로운 것이니, 그 알을 무너뜨리지 않는 자가 편안할 것이오. 그 뜻은 자신에게 위기가 왔음을 알지 못하고 오히려 남이 와서 자기를 섬기기를 원하는 것은 쌓아놓은 알을 무너뜨리지 않는 쉬움만 못합니다." 대소가 심히 부끄러워했다.

> 扶餘王帶素使來 讓高句王曰 我先王心愛東明王 東明誘我臣僚逃南立國 負我甚矣 今王能順事我 天必佑之 不然保社稷難矣 王子無恤尙幼 對使者曰 我朝東明王 生而神異 諸兄讒於父母 辱我祖以牧馬 我祖見幾而出 今大王不念先愆 但恃兵强 輕蔑我邦 請使者歸告王 今有累卵於此 王若不毁其卵 則吾將事之 否則王其自慮 帶素聞之 徧問君臣 莫有知者 有一老嫗解曰 累卵者危也 不毁者安也 其意曰 不知自危 而欲人之事己 不如易危以安也 帶素甚慚

엄체 시냇가로 잡으러 떠났던 사람 돌아오니
부소[26] 노목에 가을 찬바람 소리 생기네.
종가 나라 사자 명을 받고 와서
병든 호랑이 으르렁대는 소리 교만하고 사나워라.
나면서부터 원수로 삼았으나
내 어찌 내 형을 잊을 수 있으리오.
그대 보지 못했는가 졸본 부여 언덕의 연리 나무,[27]

---

26) 『시경』「정풍」의 「산유부소(山有扶蘇)」에서 부소는 작은 나무로 무궁화의 별종이라는 해석도 있다. 진 시황의 장자 이름도 부소다. 그러나 부소는 우리 나라 지명으로 많이 쓰였는데, 부여에 부소산이 있는가 하면 동국여지승람 개성부에서는 신라시대(통일기)의 송악군(松岳郡)이 원래 고구려의 부소압(扶蘇岬)이라는 설명이 있기도 하다. 이 시에서는 동명왕이 태어난 부여를 의미하는 것으로 보인다.

27) 뿌리가 다른 두 나무의 가지나 줄기가 연결되어 하나로 된 나무로, 부부나 형제애, 부모에 대한 지극한 효를 상징한다.

동쪽 가지 초췌했고 서쪽 가지 번영하네.
그대 집에 알이 있어 겹겹이 쌓아올렸는데
위의 알 아래 알 기울어져 위태로워라.
그대 이제 급히 허물 수는 있으나
허물면 그대 집 안녕할 수 있으리오.
단지 그대 몸 강령함 누릴 뿐 아니라
내 옥백 들고 그대 나라에 가 조회하리니,
그대 비웃지 마시오 나를 아이로 보고
아이는 그대 노쇠하고 문란함을 선망하지 않는다오.
이후 알을 허무는 자 누구의 자식일가.
이 아이 비록 어리나 공을 능히 이룰 수 있다오.

毁卵行
淹遞川畔逋人歸 扶蘇老木生秋聲 宗邦使者受命來 病虎咆喝聲驕獰
生來自作仇 吾豈忘吾兄
君不見卒本原頭連理木 東枝憔悴西枝榮
君家有卵築重重 上卵下卵危以傾 君今速可毁 毁可君室寧
不獨君身享康寧 我執玉帛朝君京 君莫笑我童觀 童不羨君老傖
他時毁卵者誰子 此童雖幼功能成

생각건대 무휼의 '쌓아놓은 달걀을 허문다'는 말은 조무휼의 회간(懷簡, 죽간을 품다)의 대응과 같다. 옳도다, 고구려 창업이 조나라 양자와 서로 비슷하다는 것이.

按無恤毁卵之言 與趙無恤懷簡之對一般 宜乎高句創業 與襄子相似

해설 _ 무휼은 해명태자가 자결한 후에 유리왕을 이어 즉위한 대무신왕으로 왕자 호동의 아버지이다. 같은 이름을 가진 춘추시대 조나라 대부 조무휼은 앙(鞅)의 둘째 아들인데, 여러 아들 중 가장 현명해서 태자 백로 대신 왕위에 오른 것도 대무신왕과 유사하다. 진나라 지백(智伯)이 한(韓)나라와 위(衛)나라에 땅을 달라고 했을 때 모두 주었으나 조(趙)나라만 주지 않았다. 지백이 노하여 한나라 위나라를 거느리고 조나라를 공격하니 무휼이 진양으로 도망갔다. 세 나라가 성을 포위하고 분수(汾水)를 이끌어 물을 대어 거의 성이 물에 가라앉게 되었다. 이때 무휼은 허리 위는 보이고 아래는 보이지 않는 세 사람을 만나는데, 그들을 위한 사당을 세우면 앞으로 성공을 보장해준다는 죽간을 받는다. 조무휼은 한나라· 위나라와 사사로이 맹약을 맺고 함께 지백을 멸망시킨 후 그 땅을 나누고 세 신의 사당을 세워 제사를 지냈다.

시호가 양자(襄子)이다. 이 시의 화자를 무휼로 보면 "내 어찌 내 형을 잊을 수 있으리오"에서 형은 유리왕의 첫째 아들 도절(都切)을 의미하는 것으로 볼 수 있다. 『삼국사기』에 의하면 유리왕 14년 봄 대소가 고구려에 사신을 보내와 볼모를 교환할 것을 요청하니, 유리왕은 부여가 강대한 것을 꺼려 태자 도절을 보내고자 했으나 그가 두려워 가지 않아서 대소가 분노하였다고 한다. 그해 11월 대소가 군사 오만 명으로 고구려를 침범한 것도 그 일과 관련이 있을지도 모른다. 『한문악부·사자료집』 6과 『한남집』 「해동악부」에 수록되어 있다.

03 고국천왕 故國川王

이복휴, 일곱 겹 소나무

고구려 동천왕 8년에 태후 우씨가 죽었다. 유언을 남기길, "첩이 바른 행실을 잃었으니 무슨 면목으로 첫 남편인 국양왕(고국천왕)을 지하에서 만나겠습니까? 청컨대 저를 산상왕 무덤에 묻어주십시오"라 했다. 왕이 그 말을 따라서 합장을 하였더니, 후에 국양왕이 무당에게 강림해 말하길 "내가 우씨를 저승에서 만나니 그 분을 이기지 못하겠노라. 크게 싸우고 물러나 돌아가 생각건대 나라 사람들 보기가 수치스럽다. 반드시 물건으로 내 무덤을 가려주오." 이에 일곱 겹으로 소나무를 심었다. 「동사보유」에 나온다.

> 高句 東川王八年 太后于氏死 遺言曰 妾失行 何面目見國壤(故國川也)於地下 請葬我於山上陵 王從其言 合葬後 國壤降於巫曰 予見于氏之歸川上 不勝其憤 大戰而退 歸而思之 羞見國人 必以物遮我墓 於是種七重松於陵前 出東史補遺

일곱 겹 소나무
소나무는 푸르고 푸르네.
능히 얼굴은 가릴 수 있으나.
부끄러움은 가릴 수 없다네.
어찌하여 정을 배신한 지어미를 주살하지 않고,
무덤에서 잃어버린 칼을 찾으려 생각하나.
소나무 길게 자라 산 위에서 잎사귀 떨고 있는데,

바람과 더불어서 〈순지분분〉 노래를 연주하는 듯하네.

七重松

七重松 松青青 能掩面 不掩羞
如何不誅負情婦 九原忍思亡劒求 松長山上葉葉戰 和風奏出鶉奔謳

살피건대 이 말은 보유에 나온다. 대저 고국천왕의 혼이 능히 나라사람들과 대함을 부끄러워할 줄 알아서 물건으로 그 능을 가리게 했겠는가. 진실로 그렇게 부끄러워했다면 어찌 치마를 풀던 처음 순간에 귀신 도끼를 써서 '하간河間의 요망한 여자'로 하여금 일곱 구멍으로 피 흘리게 하지 않았는가? 그리고 나서 산상왕과 합장을 한 뒤에야 비로소 부끄럽게 여기니, 일의 황탄함은 진실로 믿을 만하지 않다.

按此說出於補遺 夫故國川之魂 能羞國人之對 使物遮其陵 苟其羞也 何不用鬼斧於解裙之初 使河間之娃 七竅流血 而乃於山上同葬之後 始羞之也 事之荒誕 良不信也

해설 _ 이 시는 이복휴(李福休)의 「해동악부(海東樂府)」(『한문악부 · 사자료집』 6과 『한남집(漢南集)』)에 수록되어 있다. 태후 우씨가 죽을 때 전남편을 저승에 만날게 될 것을 두려워하여, 전남편이 아닌 시동생이자 둘째 남편이던 산상왕의 무덤에 합장해달라고 원했고, 전남편인 고국천왕의 영혼은 아내의 행실에 분개하고 수치스럽게 여겨, 우씨의 무덤과 자신의 무덤 사이에 무엇인가로 막아달라고 했다는 내용을 담고 있다. 그러나 시인은 이러한 고국천왕의 행동은 쓸모없는 것으로 실행한 아내를 제 때에 응징하지 않고 뒤늦게 엉뚱한 방법을 찾고 있다고 질책하였다. 또한 이복휴는 사평에서 이런 귀신들 이야기는 황탄하다고 하며, 또 태후 우씨를 음란함의 극치인 '하간(河間)의 요망한 여자'로 묘사하고 있다. 여기서 '하간의 여자'란 바로 중국 당나라시대의 희대의 음부(淫婦)의 가명이다. 처음엔 빼어나게 정조가 굳은 여자였는데, 외간남자와 관계를 한 후 성(性)에 중독되어 남편까지 죽게 만들면서 음행을 계속하였던 여자라고 한다. 시 원문에 나오는 순분구(鶉奔謳)란 『시경』 「용풍(鄘風)」의 「순지분분(鶉之奔奔)」 편을 가리키는데, 위나라 선강(宣姜)이 자기의 서자인 공자 완(頑)과 음란한 것을 풍자하며 선강이 메추리, 까치보다도 못하다고 비판하는 것이다.

왕비로서 자신의 운명을 바꾸려고 하고, 또한 자신의 세력을 유지하려고 했던 우씨 왕비의 행동을 하간의 요망한 여자나 선강과 같은 여성에 동일시한 것은 현대적 시각에서 볼 때 상당히 편향된 평가로 보인다. 조선조 시인인 이복휴는 여성이 죽은 남편을 따라 죽어야 마땅하거늘, 도리어 새로운 배우자를 선택했기에 그 행실을 음란한 행위로 보고, 시의 본문에서나 사평 모두에서 그 자리에서 죽였어야 옳았음을 강조하고 있다. 이러한 내용은 조선시대 시인의 철저히 유교적이고 남성 중심적 시각에서 연유된 것이라 하겠다. 그러나 고구려 당대에는 형수를 아내로 맞는 것이 허용되어 있었기에 우씨 왕비의 행동에 대해 무조건적인 비난을 할 수는 없다. 그녀는 자신의 선택을 통해 권력을 장악하고 천수를 누렸다. 그런데 흥미로운 것은 우씨 왕비의 행동에 대해 김부식은 『삼국사기』에서 이복휴 만큼의 지독한 비난은 없다는 것이다. 그러므로 고구려, 고려 시대의 우씨 왕비에 대한 평가가 조선조와는 사뭇 달랐음을 알 수 있다.

참고 : 김양 편, 『악녀의 세계사』, 가람기획, 2000

| 왕비와 시녀 | 안악 3호무덤 서측실 남벽 부인, 시녀

04 동천왕 東川王

이복휴, 교체의 노래

고구려 산상왕 때에 제사를 위한 희생 돼지가 도망하였다. 맡은 관리가 이를 추격하다 주통촌에 이르렀다. 한 여자가 있었는데 나이는 이십 정도로 곱고 어여쁜 모습으로 돼지를 잡아 바쳤다. 왕이 이 소식을 듣고 기이하게 여겨서 미행을 가서 그녀를 사랑하였다. 왕후 우씨가 이를 듣고 투기하여 몰래 병사를 시켜 그녀를 찾아가게 했다. 여자가 남복을 입고 도주하다가 병사를 만나니 말하길, “지금 내 몸에는 태기가 있으니, 네가 왕의 아이를 죽여도 되겠는가?”라 하니 추격하던 병사가 감히 해치지 못했다. 왕이 다시 그녀의 집에 찾아가서 그 여자에게 묻길 “네게 태기가 있다고 들었는데, 누구의 자식인가?” 여자가 말하실 “평생 동안 형제와도 동석하지 않았습니다. 하물며 감히 다른 사람을 가까이하겠습니까?” 그리고 나서 사내아이를 낳았으니 이름을 ‘교체’라고 하였다. 세워서 태자를 삼았고, 나중에 이름을 고쳐서 ‘우위거’라고 하였다.

> 高句 山上王時 郊豕逸 掌者追之 至酒桶村 有一女 年二十美而艶 執豕獻之 王聞而異之 微行幸之 于氏聞而妬 陰使兵追之 女着男服而逃 遇兵曰 今吾有身 汝殺王子可乎 追兵不敢害 王復幸女家 問女曰 聞汝有娠 是誰之子 女曰 平生不與兄弟同坐 況敢近他人乎 已而生男 名郊彘 立爲太子 改名憂位居

주통촌 중의 사람이 옥같이 예쁜데,

나면서부터 주먹을 쥐었는데, 주먹이 펴지지 않았다네.
하늘이 제사용 희생을 쉽게 잡게끔 보냈으니,
문에는 대나무 잎이 없으나 임금의 수레가 왔다네.
지난 꿈에 난초꽃이 피어서 품에 가득 찼으니,
밝은 달이 영롱하게 진주처럼 태에 들어왔네.
어느 집에서 하동사자후河東獅子吼인가
창황하게 추격하던 기사는 말없이 돌아가네.
남전의 옥 같은 아기 알아주는 이 없으나,
사나운 호랑이 으르렁대며 물지는 못하네.
길게 늘어진 굳센 머리털이 초록 상자에는 없으나,
하늘의 뜻은 음해하려는 수레의 세력을 용납하지 않았네.
아이가 태어나 오래 묵은 깊은 원한 기억하지 않고,
산상왕 능 앞 같은 무덤에 합장하길 허락했다네.

郊彘詞
酒桶村中人如玉 生來手拳拳不開 天送郊牲敎利執 門無竹葉羊車[28]來
昨夢蘭花開滿懷 明月玲瓏入蚌胎 誰家河東獅子吼 蒼黃追騎無言回
藍田玉子無人識 猛虎狺狺不得噬 髧髧壯髮無綠篋 天意不容陰車勢
兒生不記宿怨深 山上陵前許同瘞

살피건대 당나라 선종은 정희의 아들로 곽후가 임금의 사랑을 독점함을 미워하여, 곽후가 죽은 후에 헌종의 능에 합장하는 것을 허락하지 않았다. 동천왕과는 마땅히 다름이 있음을 보게 된다.

按唐宣宗 以鄭姬之子蘊惡郭后之專寵 郭后之死 不許同葬於憲宗之陵 其視東川 當有差等

해설 _ 이 시는 이복휴(李福休)의 「해동악부(海東樂府)」(『한문악부 · 사자료집』 6과 『한남집(漢南集)』)에 수록되어 있다. 동천왕이 태어나게 된 과정을 서술한 시로, 마지막 부분을 통해 이 시의 주인공이 교체, 즉 동천왕이고 그가 관대한 성품을 가져서 자신의 목숨을 위협했던 우씨 왕

28) 양거(羊車) : 양이 끄는 수레. 진 무제(晉武帝)가 사랑하는 후궁이 많아 어디로 가야 할지를 모르면 양거를 타고 그 수레가 가는 대로 따라갔으므로 후궁들이 그 양을 유인하기 위하여 서로 대나무 잎을 문에다 꽂아두고 소금물을 땅에다 뿌려 양이 그리로 오게 하였다(『진서(晉書)』「호귀빈전(胡貴嬪傳)」).

후의 합장을 인정해준 사실을 강조한 시라고 할 수 있다. 그러나 시의 대부분이 동천왕의 어머니인 주통촌 여인의 행적을 묘사하고 있어 주목할 만하다. 그 주통촌의 여인은 태어날 때부터 왕의 소후가 될 귀한 운명이었음을 시로 묘사하고, 또한 하늘의 뜻으로 제사용 돼지가 그 마을로 도망가 아름답고 젊은 그녀가 사로잡게 되었다 했다. 마치 하늘의 뜻으로 모든 것이 정해진 것으로 묘사되고 있다. 사실 『삼국사기』 속에 기록된 이 여인의 모습은 상당히 적극적이고 생명력이 넘친다. 우선 남자들도 잘 잡지 못하는 돼지를 쉽게 잡는다는 면에서 그녀가 매우 동적이고 적극적이며, 그 여인은 임금이 찾아오자, 무조건 임금을 받아들이는 것이 아니라, 승은을 입은 뒤 태어날 아이의 신분 보장을 미리 당당히 요구하고 있는 점에서도 그렇다. 또한 아이를 잉태한 뒤에는 그녀의 존재에 위협감을 느낀 왕비가 사람을 보내 죽이려 했는데, 주통촌의 여인은 왕실의 혈통을 잇는다는 대의명분을 밝혀 자신과 아이의 목숨을 지켜내는 지혜를 보인다. 시인은 그녀를 해치러 왔던 기사가 마치 중국의 진계상(陳季常)이 사나운 처 앞에서 옴짝도 못하는 한심한 몰골을 보여, 소동파(蘇東坡) 시에 "하동사자후, 수장낙지경(河東獅子吼 手杖落地驚)"이라 우습게 표현된 것처럼 '하동의 사자후'라고 묘사하였다. 이렇듯 주통촌의 여인은 젊고 아름다울 뿐 아니라, 사리에 맞는 당당한 자기 주장을 보이고 자기의 정당한 권리를 얻어내고 있어 주목된다. 그러나 이복휴는 그러한 여인의 구체적인 모습보다는 하늘의 뜻으로 왕자를 잉태하였다는 것과 그 속에서 태어난 임금의 모습만 보이고 있다.

한편 시인은 주통촌 여인의 아들로 훗날 왕이 된 동천왕(東川王)이 자신을 핍박하였던 우후의 유언을 들어주어 산상왕의 능에 합장해 주었던 사실을 높이 평가하였다. 이는 개인적으로 곽후에 대해 증오를 쌓고 있다가 부왕인 헌종과 곽후의 합장을 끝내 허락하지 않았던 중국 당나라 선종과는 인격적인 면에서 월등하다는 평가를 한 것이다.

이복휴, 비류 전쟁

고구려 동천왕 때에 서위西魏의 문제文帝가 유주자사 관구검毌丘儉을 보내어 만 명의 병사를 이끌고 현토성을 나와 침범해왔다. 동천왕이 보병과 기병 이만 명을 이끌고 비류수에서 맞서 싸웠다. 관구검이 방진을 만들어서 엄습해서 공격하니 고구려의 군사가 크게 무너져서 죽은 사람이 2만 명이었다. 마침내 진격하여 환도성丸都城을 함락시켰다. 왕망이 남쪽을 무너뜨리니, 그 이야기는 밀우전密友傳에 있다 — 환도는 지금의 영변부 북쪽 검산령 아래에 있다.

高句 東川時 西魏文帝 遣幽州刺史毌丘儉 將萬兵出玄菟侵之 東川王將步騎二萬 逆戰於沸流水 儉爲方陣 掩擊之 麗軍大潰 死者二萬人 遂進陷丸都 王莽南沮 語在密友傳
— 丸都 今寧邊府北 劍山嶺下

유주성 안에 북소리가 울리니

동천왕의 훌륭한 말이 히잉 울며 이르네.
구슬프게도 온갖 귀신들이 푸른 단풍 속에서 곡을 하니,
어룡은 모두 말라 포가 되어 서쪽 물로 흐르네.
검산 골짜기 아래 다니는 사람이 적으니,
정나라 사마는 급하게 숙신의 마을에 있네.
지아비는 밭 갈지 않고 지어머니는 베 짜지 않으니,
백 리나 되는 한 고을에 연기가 일어나지 않네.
조말曺沫의 원정이 또한 무슨 이익인가?
헛되이 밀우密友를 보내서 적을 찌르려 애를 썼네.

沸流戰
幽州城裡鼓聲起 東川甲馬蕭蕭至 哀哀萬鬼青楓哭 魚龍鮑盡西流水
劍山嶺下少人行 鄭駟倉皇肅愼里 夫不得耕婦不織 百里一村烟不起
曺沫圓淨亦何益 空遣密友勞心刺

경림耿臨과 관구검毌丘儉은 똑같이 강한 적이었는데, 경림은 패하였고 관구검은 전승하였으니, 그 이유는 아군이 적을 막는 득실에 있을 뿐이다. 저 신대왕은 그 뛰어남으로는 헛수고가 되는 계책을 알고 그들이 곤경에 처했을 때를 타서 공격하였다. 동천왕은 다만 적을 가벼이 여기는 마음만 있고 도적을 곤경에 빠지게 하는 전술은 알지 못해서 거의 나라가 뒤집힐 뻔 했으니, 밀우를 보냄에 이르러서는 연태자 단이 형가荊軻를 보낸 방책에 불과하다. 이것이 어찌 바른 도이겠는가? 일이 성사되어 나라를 회복한 것은 또한 요행일 따름이다.

耿臨毌丘儉 同一强敵 而臨敗績 儉則全勝 在我禦敵之得失耳 彼新大王知其以逸 待勞之策 乘其困而擊之 東川王 只有輕敵之心 不知困賊之術 幾乎覆國 至於密友之送 不過燕丹送荊軻之策 此豈正道乎 其成事恢邦 亦僥倖也已

해설 _ 이 시는 이복휴(李福休)의 「해동악부(海東樂府)」(『한문악부 · 사자료집』 6과 『한남집(漢南集)』)에 수록되어 있는데, 동천왕 시절 비류에서의 전쟁을 비판하고 있다. 제대로 된 전술은 쓰지 못하고, 다만 자객인 밀우를 보내어 위기를 벗어나려고 한 동천왕은 나라를 잃을 뻔한 위기를 맞았다면서, 적을 가벼이 여겨서는 안 됨과 훌륭한 전술을 갖추어야 함을 강조하고 있다. 사평에 나오는 경림(耿臨)은 고구려 제8대 신대왕 때에 고구려를 침범해온 한나라 현도군(玄菟郡)의 태수로 적을 제대로 막지 못해 전쟁에서 패했었다. 연태자 단은 진(秦)나라에 오랜 기

간 인질로 잡혀 있다가 귀국하였는데 후에 복수를 위해 자객인 형가를 보내 진시황을 암살하려 했으나, 실패하였다. 시인은 동천왕이 밀우를 보낸 것을 시의 원문에서는 전국시대 노(魯)나라 자객(刺客)인 조말(曹沫)에 비유하고, 사평에서는 연태자 단이 보낸 자객 형가에 비유하였다. 조말은 춘추(春秋) 시대 노(魯)나라 사람으로 장공(莊公)이 제(齊)와 싸워 지고는 가(柯)에서 맹약을 할 때 그가 비수를 들고 제 환공(齊桓公)을 위협하면서 의분에 북받치는 말을 하자 환공은 그 동안 노나라에서 빼앗은 땅을 그 자리에서 다 되돌려 주었다고 한다(『사기』「자객열전」). 시구에 나오는 '조말의 원정(圓淨)'에서 '원정'이란 불교용어로 연기(緣起 : 원인과 결과의 연쇄 관계를 뜻하며, 현상 세계의 모든 것은 서로 의존하며 영향을 주고받는 관계 속에서 성립한다는 불교의 대표적인 세계관)에 의한 보리(菩提 : 깨달음의 지혜)를 뜻한다. 조말이 약소국을 빼앗으려 한 제나라를 비난하며 비수로서 위협해 돌려받게 된 것은 인과관계 속에 있는 것이나, 그것이 고구려에게는 그다지 도움이 되는 선례가 아니라는 것이다. 시인은 결론적으로 자객의 힘을 빌어 나라를 구하려고 한 것은 요행을 바라는 것으로, 그다지 바람직하지 않다고 평하고 있다.

이복휴, 유유의 노래

위나라 장군 관구검이 고구려 환도성을 공격해 함락할 때에 왕이 탈출해 도망하였다. 소신인 유유가 나와 말하길, "형세가 매우 급박한데, 그대로 죽을 수는 없습니다. 청컨대 신의 계책을 좇아주십시오"라 하였다. 그는 위나라

| 환도성 |

군대로 들어가 거짓으로 항복하여 말하길 "우리 임금이 대국에 죄를 지으셔서 바닷가로 도망하였습니다. 장차 진영 앞에서 항복을 청할 것인데, 먼저 소신을 보내어서 변변치 못하나마 물건을 바치고자 하십니다"고 했다. 위나라 장군이 이를 듣고 장차 그 항복을 받으려고 하니, 유유가 칼을 음식 중에 숨겼다가 위나라 장군의 가슴을 찌르고 그와 함께 죽었다. 위나라 군대가 마침내 혼란에 빠지니 왕이 군대를 쉬게 했다가 떨치고 일어나 공격해 그들을 쫓아냈다. 마침내 나라를 회복하고는 유유를 공신의 제일로 논하였다.

魏將毌丘儉 攻陷高句丸都城 王出奔 小臣紐由進曰 勢甚危迫 不可徒死 請從臣計 乃入魏軍詐降曰 寡君 獲罪大國 逃至海濱 將請降於陣前 先遣小臣 致不腆之物 魏將聞之將受其降 紐由藏刀食中 刺魏將胸 與之俱死 魏軍遂亂 王乃休軍 奮擊逐之 遂復國 論紐由功第一

비류의 핏물은 끓어오르는 듯 하고,
유주의 아이는 사나운 비출과 같네.
환도성 아래에 왕의 기운이 없으니,
저 하나의 신하는 어떠한 사내인가.
자칭 전저의 후신이라고 칭하며,
누런 덮개 항복하는 깃발로 돌 머리에 내었네.
얼굴을 대하며 웃은 말로 날 푸른 비수를 숨겼고,
폐백은 두텁고 말은 달콤하니 또한 기이한 계책이라네.
위나라 군영의 한밤중 곡소리는 장군이 죽어서이니
후대에 다시 황창랑이 있어
우리 나라 자객의 기록 속에 또한 늘어선다네.

紐由行

沸流水血如沸 幽州兒猛如狒 丸都城下無王氣 一介臣何男子
自稱專諸後身是 黃盖降旛出石頭 對面笑語藏青匕 幣重言甘亦奇計
魏營夜哭將軍死 後來復有黃昌郎 亦列青丘刺客記

살피건대 공손술公孫述이 잠팽岑彭을 찌르고, 이사도李師道가 무원형武元衡을 찌름은 모두 역逆으로서 순順을 범한 것으로, 자객으로서의 행동을 면하지 못한 것이나 유유紐由의 경우는 다르다. 이는 의리로 마땅히 그런 것이다. 관구검毌丘儉이 참람되이 어지럽히고 함부로 무죄한 고구려를 학대하니, 고구려의 신하된 자로 어찌 또한 그 패망함을 앉아서 보기만 하며 구하려고 하지 않겠는가? 그런즉 자객이 아니고 곧 충신이니, 후대의 의론하는 자는 그 일을 가지고 의리를 해치지 않아야 할 것이다.

按公孫述之刺岑彭 李師道之刺武元衡 皆以逆犯順 未免爲刺客之所爲 而至於紐由 則異乎 此義理之所當然也 毋丘之僭亂之餘 浪虐無罪之高句 爲高句臣者 抑亦坐觀其敗亡 而不之救乎 然則非刺客 乃忠臣 後之議者 不以事害義可也

해설 _ 이 시는 이복휴(李福休)의 「해동악부(海東樂府)」(『한문악부 · 사자료집』 6과 『한남집(漢南集)』)에 수록되어 있다. 시인은 전설 속의 짐승 비출(狒狘)처럼 사나운 관구검이 고구려를 침범해 왔기에, 위나라 군영에 잠입한 뒤, 장군의 가슴에 칼을 꽂아 위나라 군대를 무너뜨린 유유의 행적을 높이 찬양하고 있다. 여기서 이복휴는 역사적으로 이름난 중국과 우리 나라의 자객들을 여러 명 거론했다. 시에 나오는 전저(專諸)는 춘추 시대 오(吳)나라 용사로 오나라 공자 광(公子光)을 위해 구운 고기〔炙魚〕의 뱃속에 칼을 숨겨가지고 오왕 요(吳王僚) 앞에 나아가 대번에 오왕을 찔러 죽이고, 자신도 오왕의 측근에게 그 자리에서 죽임을 당했던 인물이다. 또한 황창랑(黃昌郞)은 8세의 동자(童子)로 신라왕의 원수를 갚기 위해 백제 궁궐에서 칼춤을 추다가 백제왕을 찔러 죽였다고 전해지는 인물이다. 한편 사평에서 이복휴는 다른 이유로 자객을 썼던 인물들을 거론해 유유의 경우와 비교하였다. 한 애제(漢哀帝)의 신하로서 반역(叛逆)을 일으켜 자칭 천자(天子)라 하였던 공손술(公孫述)은 자기를 치려고 한 한나라 장수 잠팽(岑彭)에게 자객(刺客)을 보내 살해하였다. 또한 당나라의 헌종(憲宗) 때 사람으로, 천성이 표독하던 이사도(李師道)는 번진(藩鎭)으로서 명성과 위세를 믿고 도적을 보내어, 역적을 처벌하기 위해 나섰던 승상 무원형(武元衡)을 죽인 일이 있었다. 이들 중국의 인물들은 모두 개인적인 야욕으로 자객을 쓴 것이므로, 의리에 맞게 행동한 유유와는 다른 것이다. 이복휴는 유유와 황창랑을 단순한 자객이 아니라 나라를 구한 충신이라 강조하며 높이 평가하고 있으니, 우리 나라 고대사에 대한 이복휴의 관심이 잘 보여진다.

이복휴, 시원의 슬픔

고구려 동천왕의 성격이 관대하고 인자하니, 왕후가 왕의 마음을 시험하고자 하여 왕이 나가기를 기다렸다가 임금 수레의 말 갈기를 잘라버렸다. 왕이 말하길 "말이 갈기가 없으니 가련하다"고 했다. 또 시자로 하여금 음식을 올리면서 일부러 국을 옷에다 엎지르게 하였으나 또한 성내지 않았다.

왕이 돌아가심에 이르러 나라사람들이 그 덕을 그리며 슬피 울지 않는 이가 없었다. 근신 중에는 자살하여 순사한 자가 많았다. 나라 사람들이 땔나무를 하여 그 시신을 덮었으니, 그 땅을 이름하여 '시원柴原'이라 하였다.

高句 東川王 性寬仁 王后欲試王心 候王出遊 截路馬鬣 王曰馬無鬣可憐 又令侍者進食而陽覆羹於衣 亦不怒 及薨 國人懷德 莫不哀泣 近臣多有自殺以殉者 國人伐柴以覆其屍 名其地曰柴原

군왕의 말에는 갈기가 없고,
군왕의 옷에는 국을 엎지름이 있네.
국을 엎음에도 오히려 스스로 괜찮다고 하고
갈기가 없음에도 도리어 놀라움이 없다네.
오릉의 풀 푸르고 구름 수레는 깊숙하니,
천관에 비 내리는데 반궁은 눈물 흘리네.
그대는 보지 못했나.
학릉의 동쪽 언덕에 땔나무 구름처럼 쌓였으니,
죽은 혼들이 기꺼이 선왕을 모신다네.
어느 시인이 부질없이 〈황조가〉를 만들었나?
동방으로 고개를 돌리면 부끄럽지 않을 수 있으리.

柴原悲
君王馬無鬣 君王衣覆羹 覆羹尙自可 無鬣還無驚
五陵草碧雲輧邃 千官雨下攀弓淚 君不見
鶴陵東畔柴如雲 死魂甘作先王侍 誰家謾作黃鳥歌 回首東方得不愧

살피건대, 동천왕은 위나라 도적이 어지럽던 때를 당하여 능히 패잔병을 수습하여 난리를 평정해 다시 회복하였으니, 그 공은 실로 초소왕楚昭王에 못지 않다. 옛날 초소왕이 활을 잃고도 찾지 않았고, 신발을 떨어트리고는 버리지 않았다. 자서子西의 말을 달게 들어 남윤이 자기 처자만을 배로 건네준 것을 죽이지 않았다. 또한 싸움을 하려했던 회懷의 공에 상 주며 운 중에서 자기를 죽이려 함을 죄주지 않았다. 붉은 새 같은 구름이 나타난 재앙에도 영禜 제사를 지내지 않으며 가까운 신하들을 인자함으로 보호하였고, 황하의 재앙에도 제사를 금하며 그 병고를 달게 받았다. 그러므로 도적의 무기가 왕에게 미쳤어도 어디에서 말미암아 배반을 당하겠는가. 오나라 군사가 왕에게 청했으나 따르던 사람이 명을 거부하고, 마침내 신포서의 한 바탕 통곡과 포호의 뛰어난 말이 일제히 나옴에 옹서에서 세 번 싸우고 형장의 산천을 다시 평정했으니 그 깊고 두터운 어짐과 은택이 당나라 시대에 이르러서도 지워지지 않았다. 그러므로 한창려가 「제초묘시題楚廟詩」에서 읊길 "도리어 나라 사람들이 옛 덕을 그리워하며 한 칸짜리 띠풀 집에서도 소왕을 제사지냈으니 천 년 동안 남은 풍모가 족히 사람을 감동시킴을 상상할 수 있다"고 했다. 동천왕의 비류에서의 전쟁은 온 나라가 무너지고 들끓어서 잠시 쉴 곳도 없는데, 밀우가 죽음으로 마음먹고 유유가 앞장서서 죽음을 맞아 이로써 적병을 점차 물리치니, 평소 사람을 기르던 공을 알 수 있다. 우리 나라는 오히려 띠풀 집에서 제사를 지냄을 듣지 못했으니 우리 나라의 인심이 남쪽 백성의 두터움만 못하다는 것을 볼 수 있다.

按東川 當魏寇搶攘之際 能收拾餘燼 撥亂重恢 其功實不下楚昭王 昔楚昭王失弓而不覓 墜履而不棄 甘聽子西之言 而不殺藍尹之涉帑 並賞鬪懷之功 而不罪雲中之殺己 勿禜赤鳥之災 而仁保股肱 禁祭黃河之祟 而甘受其病 故盜戈及王而由于背受 吳師請王而隨人拒命 終至於包胥一哭 蒲虎之甲馬齊出 雍澨三戰 衡漳之山川復定 其深仁厚澤至唐時而不沫 故昌黎題楚廟詩曰 猶有國人懷舊德 一間茅屋祭昭王 想像千載餘風 足以感人 東川沸流之戰 擧國崩沸 稅駕無所 而密友以死爲心 紐由挺身當死 以致賊兵漸退 則平日養人之功 可知也 我國則尙不聞茆屋追祭 足可見東土人心 不如南民之厚也

해설 _ 이 시는 이복휴(李福休)의 「해동악부(海東樂府)」(『한문악부 · 사자료집』 6과 『한남집(漢南集)』)에 수록되어 있다. 관대한 성품으로 국을 엎거나 말의 갈기를 자른 아랫사람을 용서하고 포용했던 동천왕이 죽었을 때의 일을 노래한 시이다. 동천왕의 임금으로서의 인덕으로 인해 전쟁의 위기 속에서 목숨 걸고 싸워 나라를 지킨 많은 신하들이 있었고, 또 그의 죽음에 그를 따라 기꺼이 순사하는 신하들이 많았다며, 이는 『시경』 「진풍(秦風)」에 나오는 「황조가」의 내용에 비해 더욱 극적이라고 했다. 왜냐하면 『시경』의 「황조가」의 내용은 진목공(秦穆公)을 위해 순사한 3명의 신하를 애도하는 것인데 비해, 동천왕의 경우는 더 많은 신하들이 임금을 위해 죽었기 때문이다.

이복휴는 사평을 통해 동천왕과 중국의 초소왕(楚昭王)을 비교하고 있다. 초소왕이 매우 관대하고 훌륭한 인물로 알려져 있기 때문이다. 초소왕은 활을 잃고도 찾지 않았고, 오병(吳兵)에게 쫓기어서 도망갔다가 돌아가면서 신을 잃고는 기어이 찾으라 하였다. 말하기를, "새 신이 없는 것이 아니라 헌 신으로 도망 왔다가 그것이 낡았다 차마 버릴 수 없다"라 하였다. 이는 의리를 소중하게 생각했던 초소왕의 특징을 보여준다. 또한 위기의 순간에 남윤(藍尹)이 사사롭게 처자만 위하고 배로 강을 건너주지 아니하였으며, 운공(鄖公)의 아우 회(懷)가 사사로운 감정을 품고서 그 임금을 죽이려 하였으니, 다 신하로서 지극한 죄악이나, 소왕은 허물을 모두 자기에게 돌리고 원망을 잊고서 상 주었다. 이에 그 나라를 안정시켜 잘 다스려서 편안한 복을 누리게 되었다고 평가된다.

또한 초 소왕이 다스릴 때 불길한 징조의 자연현상이 일어났다. 새처럼 생긴 붉은 구름이 태양을 끼고 나는 형상을 하여 알아보니, 이는 초나라 왕에게 불리한 징조인데 그 불길을 장상(將相)에게로 떠넘길 수는 있다고 하였다. 이에 소왕은 말하기를, "장수와 재상이라면 바로 나의 팔다리인데 어떻게 그럴 수가 있는 일인가" 하고 재앙의 기미를 신하에게 넘기려 않았다. 또 점을 쳤을 때 황하(黃河)가 병의 빌미가 되고 있다는 점괘가 나와 대부(大夫)가 빌 것을 청하자 소왕은 또 말하기를, "우리는 선왕(先王) 때부터 강수(江水)·한수(漢水)만이 우리 국경 안에 있어 망제(望祭)를 지내왔을 뿐이므로 국경 밖에 있는 황하가 병의 빌미가 될 수는 없는 것이다" 하고 의연히 신경 쓰지 않자 공자(孔子)가 그 말을 전해 듣고는, 초소왕은 대도(大道)를 통한 사람이라고 격찬을 하였다고 한다. 신포서(申包胥)의 한 바탕 통곡이란 춘추 오(吳)나라의 군사들이 초나라를 쳐 수도(首都)에 들어오자, 신포서가 진(秦)나라에 가서 구원병을 청하여 뜰에서 7일 동안 울음소리를 끊지 않으니, 진나라에서 그 정성에 감동되어 군사를 내어 초나라를 구하였던 일을 말한다. 이 모두는 백성과 신하에게 관대하고 그들을 아끼던 임금 초소왕의 평소 행적 때문이다. 이복휴는 중국에서는 가난한 띠 집에서도 초소왕에 대한 존경심을 숨길 수 없어 평생 제사를 올리기도 한다면서 중국에는 이렇게 존경받는 임금이 있었는데 비해, 우리 나라에는 아직 그런 임금이 없음을 안타까워하고 있다. 다만 동천왕 사후에 많은 사람들이 그를 위해 순사하였다는 사실로 동천왕의 훌륭한 점을 확인하게 한다.

05 미천왕 美川王

이복휴, 소금장수 노래

고구려 봉상왕烽上王 9년 큰 가뭄이 들어 봄부터 가을까지 비가 내리지 않았다. 백성이 굶주려 서로 잡아먹었으나 왕은 구휼하지 않았다. 나라 안의 남녀 백성들을 징발하여 궁실을 크게 지으니, 상국인 창조리倉助利가 그 일을 그쳐야 한다고 간언하였다. 왕이 노하여 말하길 "임금은 백성들이 우러러 보는 바인데, 궁실을 장대하게 하지 않으면 권위의 중함을 보일 방법이 없다. 국상은 곧 나의 허물을 드러내어 백성들의 칭찬을 구하려하는 것이 아닌가?" 창조리가 말하길, "신하로서 품은 생각이 있는데 말씀드리지 않은 것은 충성이 아닙니다. 어찌 감히 임금의 허물을 드러내 칭찬을 구하려 하겠습니까?" 왕은 잘못을 뉘우치지 않았다. 그 전에 왕은 그 아우인 돌고咄固가 다른 마음이 있다고 의심하여 그를 죽였으니 돌고의 아들 을불乙弗은 들로 숨었다. 왕이 그를 찾아 죽이려 했으나 찾지 못했고, 그는 이에 용수실이란 마을에 숨었다. 그곳의 주인이 고되게 일을 시키니 을불은 견디지 못하고 압록강가 마을에서 소금을 팔았다. 의복은 남루하여 사람들이 그가 왕손임을 알지 못했다. 이때에 이르러 창조리가 소우蕭友로 하여금 그를 물색하게 하니, 마침내 을불을 찾아 그에게 절을 하였다. 을불은 말하길 "나는 들사람으로 왕손이 아니오"라 했다. 소우가 말하길 "온 나라에서 왕손을 바람이 매우 간절하오니, 원컨대 의심하지 마십시오." 이에 맞이하여 돌아갔다.

왕을 폐하여 별실에 유폐하니, 스스로 목을 베어 죽어 봉산에 장사지냈다. 인하여 봉상왕이라 시호하고, 마침내 을불을 세워 왕이 되니 이가 미천왕美川王이다.

高句 烽上王九年 大旱自春至秋不雨 民飢相食 王不恤 發國中男女 大修宮室 相國助利諫止之 王怒曰 君者民所瞻仰 不壯宮室 無以示重 國相無乃彰吾過 而干百姓之譽乎 助利曰 臣有懷不陳非忠也 豈敢干譽以彰君乎 王不悛 初王疑其弟咄固有異心 殺之 咄固子乙弗 遯於野 王求殺之 不得 乃隱傭水室村 主人苦役之 乙弗不堪 乃去販鹽鴨綠村家 衣服襤褸 人不知爲王孫 至是助利使蕭友物色之 就拜乙弗 乙弗曰 吾野人 非王孫也 友曰 一國之望王孫甚勤 願勿疑也 乃迎歸 廢王幽於別室 自刎死 葬之烽山 因號烽上王 遂立乙弗爲王 是爲美川

압록강 마을에 고향으로 돌아가고픈 두견새 소리 있으나,
소 끄는 수레로 높고 험한 돌길 밟고 간다네.
수레 중의 눈꽃 같은 볶은 소금 파도처럼 하얀데,
양 치는 왕손을 누가 알아보겠나.
낭이 원통한 피를 흘려 그 피를 씻어내지 않았으니,
어린애야 울지 마라, 무서운 병사가 온단다.
궁중에는 원래 이 곽상霍相이 있으니,
사냥수레용 작은 수레에 봄바람이 돌아온다네.
소우蕭友가 대면하여 하례의 말을 하니,
하늘이 어둡고 비 내리지 않음은 누구 때문인지 아시는가?
갈대 잎 꽂은 군대 앞에서 일제히 군사가 절을 하니,
후산侯山에서 사냥 말 타고 총총히 돌아오네.
봉산왕의 영혼이 있을까 없을까
죽어서 돌고咄固를 대하면 응당 부끄러워 울 것이라네.

販鹽曲
鴨綠江村杜宇語 牛車踏石崚嶒去 車中雪花熬波白 牧羊王孫誰識楚
郎罷寃血碧未洗 小兒勿啼屠兵來 宮中自有伊霍相 軨獵小車春風回
對面蕭友作賀辭 天陰不雨知爲誰 蘆葉軍前一軍拜 侯山獵騎悤悤歸
烽山之魂得有無 死對咄固應羞啼

나무누각의 잔도에서 태사 집안의 일꾼을 맞이해 세웠던 것과, 안개 낀 제

방 향기로운 풀 속에서 양을 치던 왕손을 찾아낸 것은 이는 을불乙弗과 같은 경우를 말함인가? 그런즉 창조리가 옛 주인을 대하는 것이 또한 곽광보다 한 등급 떨어진다.

木閣棧道 迎立太史之家傭 烟堤芳草 覓來牧羊之王孫 其乙弗之謂乎 然助利之待舊主 亦落下霍光一等

해설 _ 이 시는 이복휴(李福休)의 「해동악부(海東樂府)」(『한문악부 · 사자료집』 6과 『한남집(漢南集)』)에 수록되어 있다. 신하인 창조리가 자기를 따르는 사람들과 함께 폭군인 봉상왕을 폐위하고, 왕의 조카인 을불을 소금장사꾼 속에서 찾아내어 왕으로 옹립한 이야기이다. 백부인 왕에 의해 아버지의 목숨을 잃고, 들사람 속에 몸을 숨긴 을불은 늘 고향을 그리워했다. 그리하여 왕위(王位)를 신하에게 빼앗기고 그 혼이 두견새가 되어 타향에서 "촉도로 돌아가자, 돌아감만 못하다(歸蜀道,不如歸)"라고 울부짖었다고 한(『華陽國志』 「蜀志」) 두우(杜宇 : 촉왕(蜀王) 망제(望帝)의 호)와 을불이 같은 마음이었다 표현하고 있다. 소금장사를 하며 고달프게 살아가던 을불을 곽광과 같은 신하가 찾아와 모셔갔으니, 그 당시의 신하들의 마음은 새로운 임금을 추대하기로 마음이 한결같이 정해져 있었다는 것이다. 폭군이던 봉상왕을 폐위시키기 전 창조리는 후산 북쪽으로 왕을 모시고 사냥 가서 여러 사람에게 자신과 같은 마음이면 자기 행동을 따라 하라고 했다. 그가 갈대 잎을 모자에 꽂자, 다른 여러 사람들도 모두 따라 행동하니, 창조리는 그들과 함께 뜻을 합쳐 왕을 폐위시키고 왕손 을불을 맞이했던 것이다. 그래서 시 속의 '갈대 잎 꽂은 군대(蘆葉軍)'란 표현은 일종의 혁명군이라 할 수 있다.

시인은 시의 말미에서 폐위된 봉상왕이 사후세계에서 자기가 죽인 동생 돌고를 볼 면목이 없을 것이라 서술하여, 봉상왕 생전의 그릇된 행실을 비판하고 있다. 그러나 이복휴가 창조리를 '곽광보다 한 등급 떨어진다'라고 평가한 것은 을불을 찾아내 신왕으로 옹립한 것보다 이로 인해 옛 주인 봉상왕을 유폐시켜 끝내 자살하게 한 데 있는 것으로 보인다. 곽광은 한나라 소제(昭帝) 붕어 후 창읍왕 하(昌邑王 賀)를 세웠으나 음란하므로 그를 폐위시키고 선제(宣帝)를 옹립했다. 그는 숙위에게 근신해 폐주를 지켜 그가 자살하여 자신이 군주를 죽였다는 오명을 쓰지 않도록 할 것을 명했다. 창읍왕은 죽지 않고 후에 2,000호 탕목읍(湯沐邑)을 받았다. 김부식 역시 열전에서 창조리를 연개소문과 함께 다루어 '반역'에 귀속시키고 있어 흥미롭다. 역사를 살펴보면, 을불처럼 왕가에서 태어났으나 위험이 닥치자 도망하여 자신을 숨기고 민가에서 어렵게 살다가 왕위에 나아가게 된 이들이 많다. 이복휴가 사평에서 거론한 '태사 집안의 일꾼'은 제나라 민왕(閔王)의 아들 법장(法章)으로 그는 부왕이 살해되자 거 땅의 태사 교(敫)의 집에 일꾼이 되었다가 후에 양왕(襄王)으로 옹립되었고(『전국책』 「조책」), '양 치던 왕손'은 초나라 회왕(懷王)의 손자 심(心)으로 항우가 민심을 얻기 위해 민가에서 신분을 숨기고 양을 치던 그를 추대해서 초 회왕을 삼았던 것을 가리킨다.(『한서』 「항우세가」)

06 고국원왕 故國原王

이복휴, 훼손된 도읍을 한탄하며

고구려 고국원왕 12년에 여러 번 병사를 보내어 요동을 침범했다. 연나라왕 모용외慕容廆가 아들 모용황慕容皝을 보내니 스스로 정예병 4만을 이끌고 와 환도성을 공격해 함락시켰다. 고구려왕은 홀로 말을 타고 단웅곡斷熊谷에 들어갔다. 연나라는 미천왕의 무덤을 파헤쳐 시체를 싣고 갔고 왕모와 왕비, 남녀 5만여 명을 사로잡아 궁실을 태우고 환도성을 헐어버리고 돌아갔다. 왕이 사신을 보내 신하국이라 칭하고 공물을 보내어, 아버지 미천왕의 시신을 돌려받아 왔으나, 오히려 그 어머니와 아내는 볼모로 억류되었다. 왕이 거처를 동황성으로 옮겼다.

> 高句 故國原王十二年 數遣兵侵遼東 燕慕容廆遣慕容皝 自將精兵四萬 攻陷丸都 麗王單騎走斷熊谷 燕拔美川王塚 載其屍 虜王母王妃男女五萬餘口 燒宮室毁都城而還 王遣使稱臣入貢 乃還其父屍 猶留母妻爲質 王移居東黃城

요동의 성이여
성은 가깝고도 머니.
장사가 한번 가매 다시 오지 않는다네.
환도성이여
성은 높고도 낮으니
남녀 모두 끌려 들어감에 연나라 구름은 아득하다네.

군왕의 네 마리 당나귀 단웅곡에 들어가니
왕의 예물이 떨치고 나가 의려산 언덕에 간다네.
교린은 자고로 틈을 만들지 않아야 하는 것이니,
화의 싹 자기가 만들면 화가 반드시 돌아온다네.

毁都歎
遼東城 城近遠 將士一去不復返 丸都城 城高低 男女盡入燕雲遠
君王匹驢入熊谷 王幣奔走醫閭坂 交隣自古不構釁 孼自已作禍必反

모용씨는 고구려에 있어 뼈에 사무치는 원수로서 이는 곧 고금에 없는 바이다. 그런데도 고구려가 도리어 신하로서 그를 섬기고 끝내 한번도 싸워 보복하지 못했다. 진실로 가령 한 나라의 군신이 피땀을 흘리고 울음을 삼키면서 와신상담했다면 어찌 보복할 수 있는 날이 없었겠는가? 한탄스럽다.

慕容之於高句 血怨骨讐 直古今之所無 而高句反臣事之 終不能一戰有報 誠使一國君臣 沫血飮泣 臥薪嘗膽則 豈無可報之日哉 可歎

해설 _ 이 시는 이복휴(李福休)의 「해동악부(海東樂府)」(『한문악부 · 사자료집』 6과 『한남집(漢南集)』)에 수록되어 있다. 시에서는 이웃나라와의 관계에 흠을 만들지 말아야 함을 강조했으나, 사평에서는 고구려의 환도성을 훼손시킨 중국 모용씨의 행적을 서술하고, 이러한 상황 속에서 그들과 맞서서 싸우거나 와신상담하여 보복할 날을 길러내지 못한 고구려의 임금이 한탄스럽다고 비판하고 있다.

이복휴, 고국원왕

백제 근초고왕近肖古王이 병사를 이끌고 평양성 — 곧 동황성이다 — 을 공격했다. 고구려왕은 힘써 싸우다가 화살에 맞아 죽으니, 시호를 고국원故國原이라 했다. 태자인 구부丘夫가 왕위에 올랐으니, 이가 소수림왕小獸林王이시다. 복수에 뜻을 품고, 백성들로 하여금 방패를 들고 전쟁 연습을 하게 하여, 매년 침공해 정벌했다. 즉위 2년에 진왕 부견苻堅이 불승 순도順道와 불상, 불경을 보내니 왕이 이를 맞이하여 마침내 절을 지어서 그 곳에 거하게 했다. 우리 나라의 불법이 여기에서 시작되었다.

百濟 肖古王 帥兵攻平壤城 -卽東黃城- 高句王 力戰中矢死 號故國原 太子丘夫立 是爲小獸林王 志復讎 令國人持干以習戰 年年侵伐 卽位二年 秦王苻堅 送浮屠順道及佛像佛經 王迎之 遂立寺觀以居之 東國佛法始此

고국원왕이여
어디에 계시는가.
죽어서 편하게 된 영혼이 돌아가도 돌아가지 않으니,
고국원 언덕 가에 쌓을 땔나무가 없다네.
혼이시여 아들을 바라보며 공연히 슬피 탄식하네.
군사 조련함은 곤명지에서 헛되이 익혔고
돼지고기와 호리병술은 평양성에 두루 미치지 못했네.
다만 부처님의 힘으로 능히 복수할 수 있다고 알아,
고승의 불법이 구슬 휘장에 가득하네.
부끄러워라, 장수왕은
오히려 부여에서 하치 선비 노릇을 했으니.

故國原

故國原 在何處 死綏之魂歸不歸 故國原頭無積薪
魂兮望子空悲欷 組練虛習昆明池 豚壺不遍東黃畿
但識佛力能報讐 闍梨法楞充珠幃 令人愧殺長壽王 猶能下甲扶蘇磯

소수림왕은 복수에 뜻을 두면서도 복수하는 요체를 알지 못했다. 대개 복수를 하려는 자는 먼저 뜻을 굽혀서 상대를 섬겨서 그로 하여금 의심이 없게끔 한 뒤에 백성을 기르고 재물을 모으는 생취生聚의 법을 넓혀야 비로소 능히 한 번의 전쟁으로 공을 이루게 된다.
그런데 도리어 부처를 섬기어 요행을 바라며 복을 구하니 그 복수함은 또한 어렵지 않겠는가?

小獸林志復讎 而不知復讎之要 盖欲復讎者 先屈意事之 使彼無疑 而後廣其生聚之法 方能一戰成功 而反以事佛 徼倖求福 其復讎不亦難乎

소수림왕은 복수에 뜻을 두면서도 복수하는 요체를 알지 못했다. 대개 복수를 하려는 자는 먼저 뜻을 굽혀서 상대를 섬겨서 그로 하여금 의심이 없게끔 한 뒤에 백성을 기르고 재물을 모으는 생취生聚의 법을 넓혀야 비로소 능히 한 번의 전쟁으로 공을 이루게 된다.

생生이라는 것은 사람이 날로 번성하는 것이요, 취聚라는 것은 재물이 날로 늘어나는 것이다. 지금 생취함이 없이 해마다 전쟁을 하여, 적으로 하여금 미리 준비하게 하니 어떻게 능히 공을 이루겠는가?

小獸林志復讎 而不知復讎之要 盖欲復讎者 先屈意事之 使彼無疑 然後廣其生聚之法 方能一戰成功也 生者卽人物日繁也 聚者卽財物日殖也 今也無生聚而年年戰爭 使敵豫備 何以能成功

해설 _ 이 시는 이복휴(李福休)의 「해동악부(海東樂府)」(『한문악부 · 사자료집』 6과 『한남집(漢南集)』)에 수록되어 있다. 시인은 소수림왕이 불교를 받아들여 부처의 힘으로 전쟁 중에 죽은 아버지 고국원왕을 위한 복수를 하려고 한 것은 허황된 것임을 지적하며, 실제적인 전투훈련을 계속하지 않았음을 안타까워하고 있다. 그러므로 죽은 고국원왕은 죽어서도 원통함을 잊지 못할 것이라 표현하였다. 소수림왕도 처음에는 한무제가 곤오이(昆吾夷)를 치기 위해 곤명지(昆明池)라는 연못을 파고 열심히 주전(舟戰)을 교련하였듯이 열심히 군사를 조련하였다고 한다. 그러나 소수림왕이 불교를 받아들이면서부터 전쟁 교련도 하지 않고, 또한 술과 고기와 같은 음식도 베풀지 않게 되었다. 다만 도가 높아 승려의 모범이 된다는 도리(闍梨)의 말에 따라 부처님이 복수해줄 것을 기대하였으나, 결국 아무 것도 이루지 못했다. 시의 마지막 구절에 나오는 장수왕은 백제에 쳐들어가 개루왕을 죽였다. 소수림왕은 부처의 힘으로 고국원왕의 복수를 꿈꾸는데 장수왕은 백제왕을 죽였으니 그렇다면 부처는 또 누구의 편을 든다는 것인가. 이 시 속에는 이복휴의 불교 비판이 함축되어 보인다.

그런데 그의 문집(『漢南集』)에는 사평의 문장 중 '방능일전성공(方能一戰成功)'의 뒷부분이 위와 다르게 기술되어 있다. 두가지 사평을 비교해볼 수 있도록 참고로 『한남집』의 사평을 뒤에 제시해놓았다.

07 고국양왕 故國壤王

이복휴, 말 발자국

고구려 고국양왕故國壤王 때 병사를 보내 백제를 침범하니, 백제왕은 태자 구수仇首를 보내어 저항하였다. 반걸양半乞壤에 이르니 사기斯紀라는 자가 있었는데, 본래는 백제 사람이었다. 실수로 국마를 상하게 하여 죄가 두려워 고구려로 도망했다. 이때에 이르러 태자에게 와서 이르길 "저 병사들이 비록 많으나, 그 날래고 용감한 것은 오직 적기군 뿐이니, 만약 먼저 그를 깨뜨리면 그 나머지는 저절로 무너질 것입니다"라 했다. 태자가 그 말을 좇아서 진격해 크게 깨뜨렸다. 도망하는 것을 추격해 수곡성에 이르러, 돌을 쌓아 표지로 삼았다. 그 땅에 암석이 있는데, 갈라진 틈이 마치 말의 발자국 같아 지금까지 '태자의 말발굽'이라고 부른다.

> 高句 故國壤王時 遣兵侵百濟 濟王遣太子仇首拒之 至半乞壤有斯紀者 本是濟人 誤傷國馬 懼罪 奔高句 至是來告太子曰 彼兵雖多 其驍勇惟赤旗軍 若先破之 其餘自潰 太子從之 進擊大破 追奔至水谷城 積石爲識 其地有巖石 折罅如馬跡 至今稱太子馬蹄

편의 입은 자가 반걸양 땅에서 나오고
패수에는 시끄러운 소리가 일어나네.
동산의 적기군을 불을 보듯 환히 보고,
도화질발桃花叱撥같은 명마는 이 가을 구름 속에 있다네.
진나라 교외에선 말을 잡아먹게 하여 충을 바칠 수 있게 하였고,

죄가 있는데도 벌주지 않으니 진실로 선비를 얻었다네.
수곡성 주변에 돌이 많이 쌓여있으니,
얼룩덜룩 철마의 발자국인지 의심이 많게 되네.

馬跡行
偏衣出半壤 浿水囂聲起 東山赤旂望如火 桃花叱撥秋雲裡
秦郊食馬能效忠 有罪不藏眞得士 水谷城邊石磊磊 斑斑鐵蹄多疑是

살피건대, 진나라의 효능殽陵의 전쟁에서 정鄭나라의 상인 현고弦高는 그가 타고 갔던 소로 진나라 군사들을 먹이었고, 사람을 중간에 몰래 가게 하여 진나라를 막을 수 있음을 정나라에 고하게 하였다. 나는 일찍이 그 사람됨을 현명하다 여겼는데, 백제의 사기斯紀와 같은 자는 또한 그 원한을 잊어버리고 자기 나라의 어지러움을 구하였다. 이는 진실로 운공鄖公 투신鬪辛이 초소왕楚昭王을 원수로 삼지 않은 것과 같은 것이니, 그 현명함이 어찌 두 사람에게 양보하겠는가.

按秦之殽陵之戰 鄭商弦高 以其乘牛犒秦師 使人間行 告鄭以禦秦 余嘗賢其爲人 百濟之斯紀者 亦忘其怨 而救國亂 此誠鄖公鬪辛之不讐楚昭者也 其賢豈讓兩人哉

해설 _ 이 시는 이복휴(李福休)의 「해동악부(海東樂府)」(『한문악부 · 사자료집』 6과 『한남집(漢南集)』)에 수록되어 있다. 고국양왕 때 백제 사람인 사기는 국마를 상하게 했다는 죄를 짓고, 벌을 피해 고구려에 망명을 요청해 살았다. 그런데 막상 고구려와 백제 간에 전쟁이 일어나자, 사기는 모국인 백제를 위해 정보를 제공하여 백제의 승전을 이끌었다. 시에서 편의(偏衣)는 절반이 공복(公服)과 같은 것으로, 백제인으로 고구려에 망명해 일하고 있었던 사기(斯紀)를 가리키는 듯하다. 그가 과거 백제에서 국마를 다루어 말에 대해 잘 알고있어, 백제와 고구려의 말의 사정은 그의 전문이었을 것이다. 도화질발(桃花叱撥)은 명마(名馬)의 이름으로, 당(唐)나라 때 서역(西域)에서 바친 한혈마(汗血馬) 중 하나이다(『속박물지(續博物志)』 권4). 그리고 그는 고구려군의 정예부대가 적기군임을 알아서 중요한 정보를 알고 백제에 건네주어, 백제의 승리를 이끌어내었다. 시인은 백제인 사기가 개인적인 원한을 잊고 모국을 위해 공헌했음을 긍정적으로 평가하고 있다. 또한 동시에 시인은 사소한 죄로 인해 백성이 나라를 등지게 해서는 안 된다고 생각했다. 그리하여 과거 중국역사상 관대한 처사로 백성들의 충성스런 마음을 격동시킨 임금을 거론하고 있다. 진 목공(秦穆公)은 자신의 애마를 도둑떼들이 잡아먹었으나, 이들을 용서하며 술을 내려 감동한 그들로 하여금 훗날 죽기를 무릅쓰고 전투에서 싸우게끔 하였던 임금이다. 그리하여 시 속에 '진나라 교외에선 말을 잡아먹게 하여 충을 바칠 수 있게 하였고, 죄가 있는데도 벌주지 않으니 진실로 선비를 얻었다네(秦郊食馬能效忠 有罪不藏眞得士)'라 쓰고 있는 것이다.

또한 시인은 사평에서 중국역사상 나라를 위해 자신의 재물과 정보를 다 바쳐 조국의 위기를 구했던 인물로 정나라 상인 현고(弦高)를 들었다. 춘추시대 노희공(魯僖公) 33년에 진(秦)나라가 정(鄭)나라를 치러 가는데, 정나라 상인 현고가 도중에 진나라 군사를 만나 정목공(鄭穆公)의 명이라고 하면서 우선 부드러운 가죽 네 개와 소 12마리를 보내어 군사를 먹이게 하고는, 급히 역마를 보내 정목공에게 보고하여 미리 대비하게 하였다. 이에 진나라 군대를 거느리고 온 장수 맹명(孟明)은 정나라가 충분한 대비가 되어 있다고 판단하여 물러갔다고 한다(『춘추좌씨전』, 희공(僖公) 33년). 또한 시인은 개인적인 원한은 잊고 대승적으로 처신한 인물로 운공(鄖公) 투신(鬬辛)을 꼽았다. 오(吳)나라 군사가 영(郢)에 들어가니 초소왕(楚昭王)이 운(鄖)나라로 피신했다. 운공의 아우 회(懷)가 초소왕을 죽이려고 말하기를, "소왕의 아버지 평왕(平王)이 우리 아버지를 죽였으니, 내가 그 아들을 죽이는 것이 옳지 않은가?" 했으나, 운공이 허락하지 않았다고 한다. 개인적이고 순간적인 감정보다는 상황을 넓게 바라보고, 신중하게 행동하였던 것을 시인은 높이 평가한 것이다. 시인은 백제인 사기처럼 자신의 개인적 원한을 잠시 잊고 나라를 위해 목숨을 바치는 것이 매우 훌륭하다고 평가하면서, 동시에 백성의 실수를 관대히 용서해주어, 충성심을 갖도록 해주는 것이 임금으로서의 갖추어야할 중요한 덕목이라고 강조하고 있다.

08 장수왕 長壽王

이복휴, 북풍을 비웃으며

고구려 장수왕 26년에 연燕왕 풍홍馮弘이 위魏나라 때문에 곤경에 처하여 고구려에 투항할 것을 청했다. 왕이 장군 갈려葛盧 등을 보내어 화룡새和龍塞에 이르게 하여 그를 맞이했다. 왕이 친히 위로해 말하길 "풍군이 멀리서 왔으니 피로할 것이다"라 했는데, 풍홍은 장수왕이 자기를 가볍게 여긴다고 화를 내고, 천자를 대신해 다스린다며 그를 꾸짖었다. 왕은 그를 평교平郊[29]에 거처하게 하였다가 북풍北豊으로 옮겨 살게 하였다. 풍홍의 위세 부림과 명령함은 자기 나라에 있을 때와 다름이 없어서, 왕이 이에 그의 시종자들을 모두 거두어들이고 태자를 잡아 볼모로 삼았다. 풍홍은 이에 원한을 품고 몰래 송宋나라에 사람을 보내 자기를 맞이하게 하였다. 송태조宋太祖 유유劉裕가 왕백구王白駒를 보내어 그를 맞이하려 하므로, 왕이 손수孫漱와 고구高仇로 하여금 풍홍을 북풍에서 죽이게 했다. 왕백구는 자기 병사 7천명을 데리고 손수와 고구를 습격해 죽였다. 왕이 백구가 마음대로 죽이고 습격한 것으로 그를 잡아다 송나라에 보내니, 송나라는 그를 가두었다가 놓아주었다.

高句 長壽王二十六年 燕王馮弘 困於魏 請投高句 王遣將葛盧等 至和龍塞迎之 王親勞曰 馮君遠來 其勞乎 弘怒其輕己 稱制讓之 王處之平郊 尋徙北豊 弘威令無異在國時 王乃奪其侍人虜太子爲質 弘怨之 潛使宋迎之 宋太祖劉裕 遣王白駒邀之 王使孫漱高仇 殺弘於北豊 白駒以其兵七千 掩殺漱仇 王以白駒專殺襲擊 執送于宋 宋囚之已而放

29) '평교(平郊)'라고 문집에는 써있으나, '평효(平効)' 또는 '평곽(平郭)'일 가능성이 있다.

釋

연산의 두 마리 말 교만한 기세로 그림자를 밟는데,
변새의 풀은 추위를 맞아 살찌지 못하네.
평교의 안개 장막이 취한 눈을 뿌옇게 하고,
방릉의 산목에는 가을 소리 구슬프네.
북쪽 바람 먼지를 일으키나 돌아가지 못하니,
강을 사이에 두고 왕백구가 힘차게 달려오네.
세차게 달려왔으나 또한 어찌 하겠는가?
안릉安陵의 붉은 탄환 나는 번개와 같네.
그 때는 도적을 죽인 것이고 사람을 죽인 것이 아니라네.
왕백구가 무슨 잘못이리오. 다른 사람이 잘못한 것이네.

笑北豊
燕山二馬驕踏影 塞草當寒不得肥 平郊霧幕薄醉眼 房陵山木秋聲悲
北風吹塵歸不得 隔江白駒來騑騑 騑騑來亦奈何 安陵赤丸如飛電
當時殺盜非殺人 白駒何非人自非

풍홍馮弘은 작고 작은 자취로써 교만한 태도를 가졌으니, 진실로 구걸하는 거지가 주인보다 교만한 격이다. 누가 능히 그 뜻을 받들어 따르겠는가? 하물며 지금 강남에 구걸해 붙어사는데, 강남은 해동에 있어서 그 멀기가 만 리나 되고, 중간에서 위魏나라 국경을 건너 지나가야 하니, 위나라 사람이 과연 중로에서 막지 않겠는가? 비록 고구려가 그를 보내주는 것을 이롭게 여길지라도 그 형세는 반드시 중로에서 죽임을 당할 형세이니, 풍홍은 멀리 보는 지혜가 없음이 심하다. 다만 고구려는 작은 분을 이기지 못하여 중로에서 겁박해 죽였으니 강도처럼 죽였다는 비판을 면하기 어렵다. 당희종唐僖宗 때에 낙종훈樂從訓이 왕탁王鐸을 죽인 것은 당연히 도둑을 치죄하는 법률로서 다스린 것이다. 고구려는 중로에 위나라에 걸린다는 것을 알지 못하고, 불의하다는 이름을 감수하게 되었으니 또한 지혜롭지 못하다.

馮弘自以瑣尾之蹤 任作驕傲之態 眞是乞子之驕於主 誰能承順其風旨哉 況此乞附於江南 江南之於海東 其遠萬里 中間涉魏境而過之 魏人果無中路之梗耶 雖高句利送之 其

勢必見殺於中路 弘之無遠智甚矣 但高句不勝小忿 劫殺中路 難免盜殺之譏 唐僖宗朝 樂從訓之殺王鐸 當以治盜之律 治之也 高句不知中路之梗於魏 而甘受不義之名 亦不智矣

해설 _ 이 시는 이복휴(李福休)의 「해동악부(海東樂府)」(『한문악부 · 사자료집』 6과 『한남집(漢南集)』)에 수록되어 있다. 연나라 풍홍은 다른 나라에 투항한 입장이면서 그 곳에서 온갖 권세와 교만을 보이니, 결국 비참한 죽음을 맞이하게 되었다 하겠다. 시의 제목은 풍홍이 머물렀던 북풍(北豊) 지방을 보고 웃는다고 하여 어리석은 인물에 대한 조소라고 할 수 있다.

시 속에 나오는 평교(平郊)와 방릉(房陵)은 이리 저리 옮겨지던 풍홍의 거처를 뜻하는데, 평교는 그가 처음에 거처했던 곳이고, 방릉이란 곳은 당 중종(唐中宗)이 쫓겨 가있던 곳으로 북풍(北豊)을 비유한다고 하겠다. 풍홍은 자신의 처지를 자각하지 못하고, 고구려에 방자하게 굴고 다른 나라에 구원을 요청하여 왕백구(王白駒)가 오게 만들었는데, 결국 그 과정 중에 잡혀 죽게 된다. 스스로 자기 목숨을 위태롭게 한 격으로 어리석다고 평가되고 있다. 그러나 또한 주목되는 것은 시인이 고구려가 작은 분을 이기지 못하고 불의를 저질렀다고 지적하고 있다는 것이다. 안릉(安陵)은 한나라 혜제의 무덤인데, 장소에 있어 힘깨나 쓰는 소년들이 놀던 곳 중 하나이다. 이들은 암살단을 조직하여 적, 백, 흑 삼색의 탄환을 만들어 적환을 취한 자는 무리(武吏)를, 백환을 취한 자는 문리(文吏)를, 흑환을 취한 자는 장례 일을 주관했다고 한다. 이복휴가 고구려가 풍홍을 죽인 것을 비행소년들의 행위와 동일시한 것은 그가 이에 대해 매우 비판적, 부정적 시각을 갖고 있음을 보여주는 것이다. 이복휴의 평에 나오는 왕탁(王鐸)은 당 희종(唐僖宗) 때에 의성절도사로 황소를 쳤던 인물이다. 늘 왕실의 은혜에 감읍하여 황제에게 아뢸 때는 눈물을 흘렸으나, 지나친 야심으로 부정적 평가를 받았다. 의창절도사로 좌천되어 가다가 낙종훈(樂從訓)에게 피살되었다.

09 보장왕 寶藏王

김수민, 마령산 노래

마령산신이 말하길
사치가 고구려를 망하게 할 것이라.
단지 서울에 아홉 마리 범이 들어왔을 뿐 아니라,
대동강 물이 삼월에도 붉었어라.
팔십의 대장이 와서 멸망시키니,
예언의 말은 이적을 증험할 만하네.
가련하다. 여래보장 왕이여.
헛되이 힐리한 묘 곁에 묻히니
무릇 이십팔 대를 전해오다가
칠백 오년 만에 사직이 망했구나.

馬嶺山謠
馬嶺山神語告 奢侈必亡爾麗國 不獨京城九虎入 平壤江水三月赤
八十大將來滅之 讖語果驗唐李勣 可憐如來寶藏王 空埋頡利汗墓側
凡傳之二十八世 七百五年亡社稷

해설 _ 이 시는 김수민(金壽民, 1734~1811)의 『명은집(明隱集)』『기동악부(箕東樂府)』 조에 수록되어 있다. 시인은 고구려가 망하기 직전 펴져있던 불길한 소문들의 진상과 28대까지 이어진 고구려의 역사를 서술하고 있다. 『삼국사기』 보장왕 13년조에는 "여름 4월에 사람들이 혹간 말하기를 마령 위에 신인이 나타나서 너희 임금과 신하들이 사치스럽기 한이 없으니,

패망할 날이 멀지 않았다고 하는 것을 보았다"는 기록이 있다. 27년조에는 "고구려 비기에 이르기를 9백년이 못되어 의당 팔십 대장이 멸망시킬 것"이라는 기록이 있다. 고구려를 침공한 당나라 장수 이적의 나이가 80세였다. 보장왕은 이름이 장(藏) 또는 보장(寶藏)이어서 '여래보장(如來寶藏)'은 진여(眞如)가 번뇌 중에 있는 것, 즉 번뇌가 여래의 성덕을 가리어 겉으로 드러내지 못함을 의미한다.

참고 : 김수민 지음, 신장섭 주해, 『韓國箕東樂府註解』, 국학자료원, 1997

III

고구려 왕자와 왕비

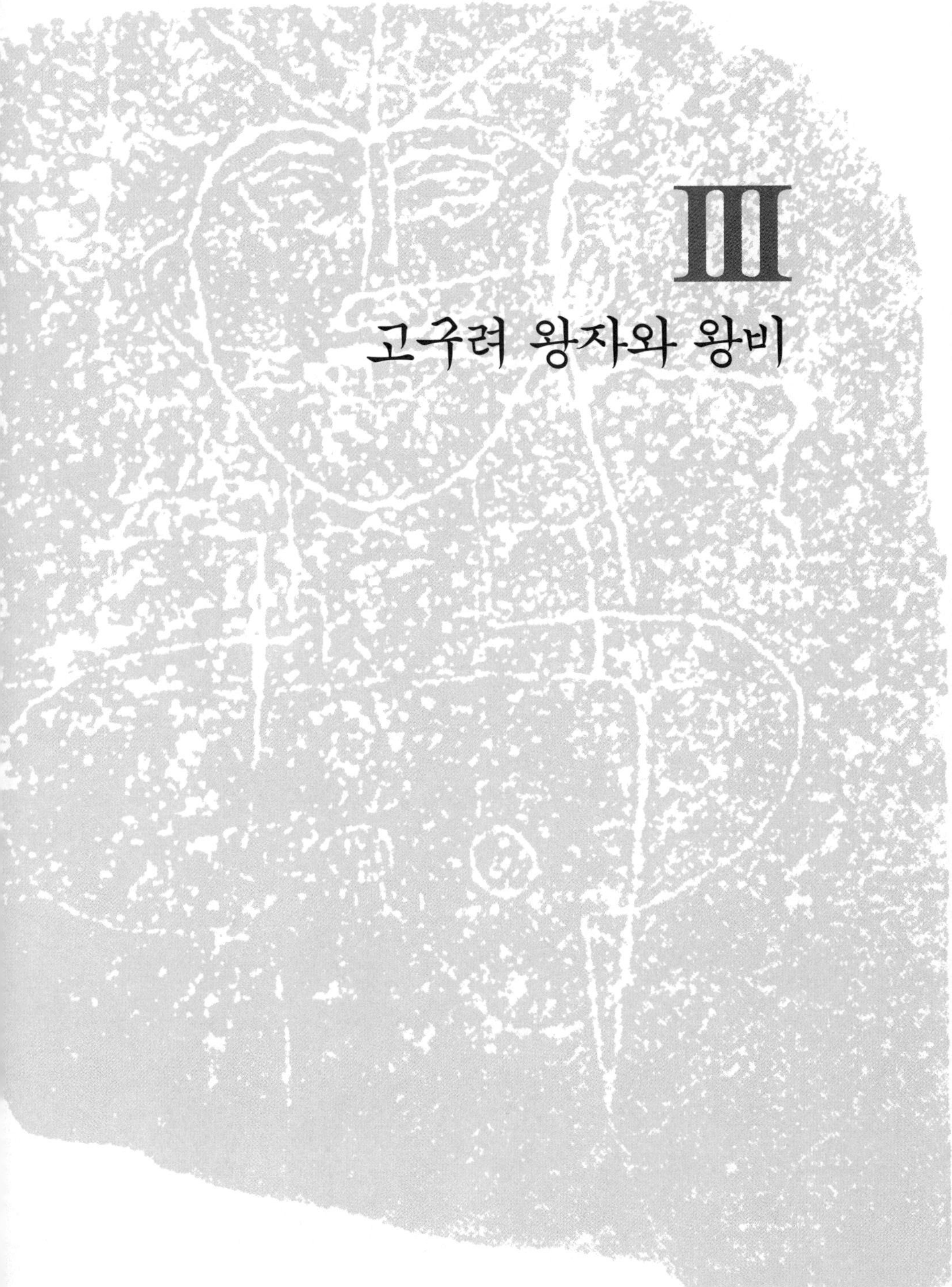

01 고구려 왕자들

1 호동 왕자 好童王子

이복휴, 호동의 원한

고구려 대무신왕大武神王 때의 차비는 갈사왕의 딸로 아들을 낳았더니 용의가 아름다워 이름을 호동好童이라 하였다. 일찍이 낙랑에 들어갔는데 낙랑왕樂浪王 최리崔理가 그를 보고 기이하게 여겨 자기 딸로 아내 삼게 하였다. 낙랑에는 북이 있었는데 적병이 이르면 저절로 울렸다. 호동이 장차 돌아가려 하며 그 아내에게 "만약 능히 무기고에 들어가 북의 겉껍질을 자를 수 있다면 나는 장차 그대를 맞이하겠다"라고 하니, 최씨녀가 그 말대로 하였다. 호동은 돌아가서 왕에게 낙랑국을 습격하라고 권했다. 병사들이 성 아래에 이르렀을 때 비로소 그 까닭을 알고 마침내 딸을 죽이고 나가 항복했다. 왕의 원비는 호동이 적자 자리를 빼앗을까 두려워, "호동이 첩에게 무례합니다"라고 헐뜯었다. 왕은 그를 의심하였다. 어떤 이가 스스로 해명하라고 권했더니, "내가 만약 스스로 밝힌다면 곧 어머니의 허물을 드러내는 것이 되어, 아버지께 근심을 끼치게 되니 자결한만 못하다"고 말하고, 마침내 칼에 엎어져 죽었다.

高句 大武神王 次妃曷思王女也 生子容儀美好 故名好童 嘗入樂浪 樂浪王崔理 見而奇

之 妻以女 樂浪有鼓角 敵兵至 則自鳴 好童將還 謂其妻曰 若能入武庫 割鼓面角口 則我將迎汝 崔女如其言 好童歸 勸王襲樂浪 兵至城下 始知其故 遂殺女出降 王元妃恐好童奪嫡 譖好童無禮於妾 王疑之 或勸自釋 乃曰 我若自明 乃顯母之過 貽父之憂也 不如自斃 遂伏劍

낙랑성 중에서 북이 울지 않는데,
낙랑성 밖으로는 연기가 피어오르네.
부인이 지아비만 보고 아비를 보지 않았으니
나라를 팔아 어찌 능히 홀로 영화를 누릴까.
동도에 돌아왔을 때 부부의 증표 있었으나
고락皐落의 전쟁에서 화의 싹이 이루어졌네.
요망한 여자가 날마다 안고 있으니 공자가 울고
암탉의 한 소리에 왕의 마음은 어지럽다네.
왕의 마음이 어지러우니 어찌할까나?
치마에 붙은 벌로 인한 오해 더욱 살필 바 없으니
군왕에겐 눈이 있으나 헤아려 보지 못하네.
「승주乘舟」 한 곡조엔 슬픔과 고통이 많으니
희姬가 아니면 먹어도 배부르지 않고
희姬가 아니면 자도 편안하지 않다하네
내 몸은 한번 죽어도 아깝지 않으나
다만 이 마음을 아는 이 없을까 두렵다네.
풀은 신성에 푸르고 왕의 아들은 울지만
동풍의 들불에는 한식寒食이 없다네.
황천에서 낙랑의 여인을 마주 대하기 부끄러우니
그대의 공과 내 정벌이 모두 형벌을 받았구나.

好童怨

樂浪城中鼓不鳴 樂浪城外烟塵生 婦人見夫不見父 賣國何能獨享榮
東都歸來鵲印橫 皐落之戰成禍萌 妖姬日抱公子啼 牝鷄一聲王心迷
王心迷可奈何 裙蜂之說尤無稽 君王有眼不解看 乘舟一曲多悲酸
非姬食不飽 非姬寢不安 儂身一死不足惜 但恐此心無人識
草綠新城帝子泣 東風野火無寒食 九原羞對樂浪女 爾功我伐俱受戮

살피건대, 『좌전』 속의 경사慶舍의 딸은 노포계의 아내가 되었으나 노포계가 경사를 죽여 경씨 집안을 망하게 했다. 『사기』의 조양자趙襄子는 자기 누이를 속여 대代나라를 멸망하게 하였기에 그로 인하여 마계산摩笄山이 있게 되었고, 의로운 선비는 이를 비난한다. 지금 낙랑의 딸이 나라를 배신한 것이 경씨의 딸보다 심하고, 호동의 탐욕과 가혹함은 마계산의 일과 다름이 없으니, 두 사람의 화는 진실로 스스로 초래한 것이니 또 누구를 원망하리오.

按左傳 慶舍之女 附于盧蒲而亡慶宗 史記趙襄子 欺其妹而滅代 因有摩笄山 義士非之
今樂浪女之負國 甚於慶女 好童之貪酷 無異摩笄 則二人之禍 固是滄浪 又何怨乎30)

해설_ 이 시는 이복휴(李福休)의 「해동악부(海東樂府)」(『한문악부 · 사자료집』 6과 『한남집(漢南集)』)에 수록되어 있다. 시인은 먼저 지아비를 위해 자신의 조국을 버린 낙랑 공주의 일을 서술한 뒤, 호동 왕자의 입을 빌려 자신이 왕비의 참언으로 안타깝게 자살을 택하게 되었으나, 죽어 저승에 가서 자신을 위해 몸을 바쳤던 낙랑공주를 볼 자신이 없다는 고통스런 감정을 표현하고 있다.

시인은 처음 호동왕자와 낙랑공주가 부부간의 정표(鵲印)31)를 나누던 애틋한 사이였으나, 중국의 비극적 인물 왕자 신생(申生)이 어쩔 수 없이 치루었던 동산고락씨(東山皐落氏)와의 전쟁(『춘추좌씨전』, 閔二)처럼 낙랑국과의 전쟁을 치러 멸망시키고 난 뒤, 비극이 시작되었다고 하였다. 당시 부왕인 대무신왕(大武神王)의 마음을 불안하게 여긴 왕비가 호동을 참소하였으니, 그녀의 말은 마치 집안의 불상사를 일으키는 '암탉의 한 소리(牝鷄一聲)'와 같은 것으로, 결국 호동에게 억울한 누명을 씌워 자살에 이르게 하였다.

호동왕자처럼 부왕의 마음이 아플까봐 왕비의 참소를 밝히지 않고 자살한 예는 역사상 많다. 윤길보(尹吉甫)의 아들 백기(伯奇), 『시경』 「이자승주(二子乘舟)」의 두 아들이 모두 그러한데, 전자는 시 속에 인용된 '치마에 붙은 벌로 인한 오해' 고사와 관련된다. 주(周)나라 선왕(宣王)의 신하 윤길보의 아들 백기가 계모를 지성으로 섬기었는데, 계모는 벌의 독을 제거하여 자기 옷에 붙게 하고는 백기가 치마에 붙은 벌을 떼어주려 하자 큰소리를 지르면서 백기가 자기를 유혹한다며 길보에게 모함한 일이 있다. 후자는 시 속의 '「승주」 한 곡조(乘舟一曲)'란 내용과 관련되는데, 『시경』 「패풍(邶風)」의 「이자승주」 노래는 두 아들이 아버지의 잘못된 명령을 어기지 않고 그대로 죽음을 택했던 내용을 담고 있다. 호동왕자 역시 아버지의 그릇된 판단을 그대로 받아들여 죽음을 택한다는 면에서 이와 같다. 또 다른 유사한 예로 유명한 신생(申生)의 이야기는 아래에 수록된 김수민의 「자명고」의 내용을 살펴

30) 고시창랑(固是滄浪) : 『맹자』 「이루 상」 「창랑가」 다음에 공자가 맑으면 갓끈을 씻고 흐리면 발을 씻는다고 하였으니 스스로 초래한 것[自取之]이라고 했음.

31) 작인(鵲印) : 까치가 새겨진 도장. 옛날 부부가 이별할 때 거울을 깨어 반씩 가졌는데, 아내가 딴 남자와 간통하니 그 거울이 까치로 변했다는 고사에서 '작경(鵲鏡)'을 부부간의 정표로 말한다. 작인 역시 작경과 같은 뜻으로 보인다.

보면 자세하다.

시인은 사평에서 낙랑공주를 중국의 역사인물 '경사의 딸'과 '조양자의 여동생'과 비교하며 그녀의 화는 자초한 것이니 누구를 원망하겠느냐면서, 호동왕자와 낙랑공주 모두의 선택이 그릇되었음을 암묵적으로 비판하고 있다. 호동은 아내에 대한 인간적인 배신을 했기에, 낙랑공주는 자기 집안과 나라를 멸망시켰기 때문이다. 그런데 현대적 시각에서 볼 때 이미 혼인을 한 낙랑공주에게는 어떠한 선택을 할지라도 그 결과는 모두 비극이 되므로 안타깝다. 한식(寒食)은 망명중인 춘추시대 진문공(晉文公)을 위해 공을 세우고 상을 받지 못한 개지추(介之推)가 산으로 들어가 숨자, 그를 다시 찾기 위해 불을 질렀던 사건에서 유래되었다. 개지추가 끝내 나오지 않고 불에 타죽자, 이를 슬프게 여긴 사람들이 그날을 기념하며 불을 피워 음식을 하지 않는 날이 되었다. 이 시에서는 죽어서는 그 공을 인정받고 추앙되었던 개지추와 달리 사후에도 끝내 공을 인정받지 못한 호동을 안타까워하며 '동풍 들불에는 한식이 없다'는 표현이 나오고 있다. 그리하여 시의 말미에서는 호동왕자와 낙랑공주의 절망적 회한의 감정이 강하게 표출되고 있다.

김수민, 자명고

낙랑국에는
저절로 우는 북이 있었네.
보통 때 적병이 이르면
북은 약속이나 한 듯 반드시 울렸었네.
왕자 호동이 와 낙랑공주를 아내로 맞아
몰래 북을 갈라 병사가 습격하게끔 계획했네.
북이 절로 울지 않으니 새벽에야 깨달았으니
음산한 비를 대비하지 않았으니 어찌할까나.
그 딸을 죽이고 나가서 항복하니
습격해 깨뜨림이 의로운 병사가 할 일이 아닌데,
하물며 교린하여 서로 친하게 즐길 것을 배신했음에랴.
여자의 간사함이란 말할 것이 못되네.
북이 실로 나라를 망하게 하였으니
무릇 온갖 애완물이란
예부터 나라에서는 쌓아둠이 마땅하지 않다네.
훗날 신생申生이 칼 위에 자결한 것과 같아

나는 호동을 도타이 여겨 거듭 탄식하노라

鼓角謠

樂浪國 自鳴有鼓角 常時敵兵至 鼓角必鳴以爲約
王子好童來娶樂浪女 潛謀割角口兵襲擊 角不自鳴平明覺 陰雨不備無奈何
殺其女出降伏 襲破匪義兵 況負交隣相親樂 女姦不可說
鼓角實亡國 凡百翫好物 古來家國不宜畜 他日仗劍申生同
我篤好童重歎惜

해설 _ 이 시는 김수민(金壽民, 1734~1811)의 『명은집(明隱集)』 『기동악부(箕東樂府)』 조에 수록되어 있다. 시인은 호동왕자의 행동과 그 비극적 최후에 대해 안타까움을 표시하면서 그 사건이 일어나게 된 계기라 할 '자명고'와 조국을 배신한 '낙랑공주'를 모두 부정적으로 평가하고 있다. 춘추시대 진헌공(晋獻公)의 태자로 그 아버지 헌공이 총애하는 여희(驪姬)가 자기 소생 해제(奚齊)를 태자로 세우고자 참소하자, 아버지에게 여희의 거짓을 알리면 불효가 된다고 하여 자살을 택하였던 신생(申生)의 이야기를 들어 그와 호동왕자의 경우를 함께 놓고 있다. 시인은 이 두 사람 모두 부왕에 대한 효를 위해 자살을 택했다는 점에서 동정심을 드러내고 있어 앞서 소개한 이복휴의 입장과 다르다.

참고 : 김수민 지음, 신장섭 주해, 『한국기동악부주해(韓國箕東樂府註解)』, 국학자료원, 1997

2 수성 遂成 백고 伯固

김수민, 화목하고 즐거움

형제가 화목하여
실로 서로 좋은데
무슨 일로 고보장이
사이에서 이간질했나?
그대는 보지 못 했는가
순임금이 상을 봉했던 날을
마음이 답답해도 말할 때는 오직 믿음 뿐
선위하고 누림이 어언 백십구 년
홍범의 첫째도 이와 같음이라

湛樂歌 – 太祖王時

兄弟湛樂 寔相好矣 何事高保章 間於其間以
君不見 大舜封象日 鬱陶之言惟信只 禪位安享一百十九年 洪範一日乃如彼

해설 _ 이 시는 김수민(金壽民, 1734~1811)의 『명은집(明隱集)』 『기동악부(箕東樂府)』 조에 수록되어 있다. 시에 나오는 고보장(高保章)은 고복장(高福章)의 다른 표기이다. 고복장은 태조대왕(太祖大王) 때 우보(右輔)로 왕에게 그의 아우 수성(遂成)이 배반의 뜻이 있고, 사람됨이 잔인하고 어질지 못하다는 이유로 그를 처치해야 함을 간했으나 받아들여지지 않았다. 태조대왕의 왕위를 물려받은 수성이 왕으로 즉위한 후 고복장은 죽임을 당했다. 시인은 고복장의 행동이 사이좋은 형제지간을 이간질 한 것으로 보고, 복장이 쓸데없는 과도한 행동을 한 것이라고 표현하고 있다. 심지어 시인은 이 시 작품의 제목을 「담락가(湛樂歌)」로 하고, 시의 시작을 '형제담락(兄弟湛樂)'이라고 하였다. 이 담락이란 지나치게 즐거움, 향락에 빠짐이란 뜻이 있다. 아무 걱정 근심 없이 즐겁게 지낸다는 것으로 『시경』 「소아」 편 「북산(北山)」에 "어떤 자는 즐기고 술 마시기에 빠져있거늘[或湛樂飮酒], 어떤 자는 처참히 허물 두려워하며 일하고[或慘慘畏咎]"라는 구절이 있다. 시인은 즐겁게 지내던 형제가 고복장의 간언으로 인해 신뢰를 잃고 이간질이 된 셈이라며, 무엇보다 형제간에는 믿음이 중요하다고 강조하고 있다. 다른 작품들과는 달리 고복장에 대한 비판이 나오고 있어 흥미롭다. 차대왕(次大王)으로 즉위하고 고복장을 죽였던 수성은 즉위 20년에 명림답부에게 시해되었다.

이복휴, 산에 숨는 원한

고구려 상왕上王이 돌아가시고 명림답부明臨答夫가 그 임금인 수성遂成을 시해하고, 왕의 아우인 백고伯固를 세웠다. 백고는 처음에 수성의 난을 피하여 산골짜기로 도망했었다. 이때에 이르러 군신들이 그를 맞이하러 가자 백고는 세 번 사양하고 난 뒤에야 왕위에 올랐다. 수성에게는 차대왕次大王이라는 추호를 붙였다. 앞서 명림답부의 난에 수성의 태자 추안鄒安은 산골짜기로 도망해 숨었는데, 이때에 이르러 대궐로 나와 대죄하였다. 왕이 그를 양국군讓國君으로 봉하였고, 명림답부를 재상으로 삼았다.

高句 上王薨 明臨答夫弑其君遂成 立王弟伯固 伯固初避遂成之亂 遯于山谷 至是群臣迎之 伯固三讓而後立 追號遂成次大王 初答夫之亂 遂成太子鄒安逃竄
山谷 至是詣闕待罪 王封爲讓國君 以答夫爲相

올빼미가 내 집을 훼손하고
벌과 전갈이 내 침상으로 들어오네.

산중의 기러기 남쪽을 향해 날아가는데,
한번 날개 짓하니 펄럭이며 하늘 밖까지 비상하네.
형제 세 사람이 서로 용납하지 못하여,
하나는 망명하고, 하나는 숨고, 하나는 군왕이 되었네.
가을이 되니 콩을 콩깍지로 태워 익히듯 형제간에 괴롭히고,
기장 이랑이나 외밭에서 밭 갈려 해도 황폐하기만 하네.
푸르른 뜰 가운데 해바라기
해가 지니 누가 햇볕을 향하는가.
한번 산으로 도망하고,
다시 산으로 도망하니
아재비여 조카여 모두 슬프고 처량하네.
대궐 문 앞에 누런 소가 끄는 수레 있어
댕그렁 댕그렁 옥 소리는 슬프게 방황하는구나.
아비의 원수 형의 원수와 어쩔 수 없이 나라를 함께 하니
명림답부의 허리엔 황금 도장이 번쩍이네.

遯山怨

鴟鴞毁我室 蜂蠆入我床 山中鴻雁向南飛 一翽翽翽天外翔
兄弟三人不相容 一亡一隱一君王 秋來豆萁自相煎 秫畝苽田耕欲荒
青青園中葵 日落誰向陽 一遯山 再遯山 叔兮姪兮俱悲涼
閶闔門前黃犢車 丁東玉珂悲彷徨 父讐兄讐忍同國 答夫腰間金印黃

명림답부明臨答夫는 백고伯固에게 있어서는 형의 원수이고, 추안鄒安에게 있어서는 아비의 원수이다. 예禮에 이르길 "거적을 베고 자고 방패를 베고 자면서도 병사를 돌리지 않고 싸운다"고 했다. 두 사람은 이러한 의리를 알지 못하고 명림답부를 은인으로 여겨 재상으로 삼아 함께 안락함을 누렸으니 참으로 잔인한 사람들이다.

答夫在伯固則 兄讐也 在鄒安則父讐也 禮云枕苫枕干 不反兵而鬪 兩人不知此義 以答夫爲恩 相而同享安樂 眞忍人也

해설 _ 이 시는 이복휴(李福休)의 「해동악부(海東樂府)」(『한문악부 · 사자료집』 6과 『한남집(漢南集)』)

에 수록되어 있다. 시인은 왕실의 세 왕자의 신세가 서로 너무 다르게 나뉘었고, 그 후 힘들게 숨어살아야 했음을 묘사하고 있다. 부자간의 골육상쟁의 불행한 비극을 이야기하면서 자기의 형, 자기의 부친을 죽인 원수를 은인으로 여기면서 그의 도움을 받으면서 권세를 누렸던 백고와 추안을 어리석고 잔인한 사람들이라고 질타하고 있다.

시의 말미에 나오는 '허리의 금도장(腰間金印)'이란 전국시대 육국의 재상 노릇을 했던 소진(蘇秦)의 전성기 때 금도장을 차고 다녔던 모습으로, 명림답부가 소진처럼 나라를 위해 분주하게 일하는 재상으로 묘사하고 있다. 시인은 사평에서 '예(禮)에 이르길 "거적을 베고 자고 방패를 베고 자면서도 병사를 돌리지 않고 싸운다(禮云枕苫枕干 不反兵而鬪)"라고 했는데, 이 구절은 불구대천지원수라 할 부모, 형제의 원수에게는 절대 용서함이 없어야 한다는 뜻이다(『禮經』 所謂枕苫枕干 不共戴天 不反兵 執兵而陪其後 不爲魁不同朝云者). 그러나 『삼국사기』에서는 명림답부를 을파소, 김후직, 박제상 등과 함께 국가에 기여한 재상으로 평가하고 있기에 시인 이복휴의 견해와 다름을 참고할 만하다.

3 달가 達賈

이복휴, 달가를 그리며

고구려 서천왕西川王이 숙신肅愼이 변방을 침범함을 근심하여, 군신들에게 장수직을 감당할 만한 재주가 있는 자를 물었다. 모두들 왕의 아우 달가로 대답하니 마침내 달가를 보내서 단로성檀盧城을 빼앗고 주민 6백여 가를 부여로 옮겼다. 그를 봉하여 안국군安國君으로 삼았다. 왕이 돌아가시자 태자인 상부相夫가 왕위에 올라 달가를 좌보左輔로 삼으니 백성들이 의지하고 중히 여겼다. 그를 위해 노래하길 "달가께서 안 계시면 우리는 누구를 의지하고 섬기겠나." 왕이 그의 명성을 꺼리어 모반의 죄를 얽어서 죽였다. 백성들이 모두 슬피 울며 그를 그리워했다.

高句 藥盧王 患肅愼侵邊 問群臣 才堪將帥者 皆以王弟達賈對 遂遣達賈 拔檀盧 遷六百餘家於扶餘 封爲安國君 王薨 太子相夫立 以達賈爲左輔 國人倚重 爲之歌曰 達賈不在 吾何依戴 王忌其名 搆以謀叛殺之 國人皆涕泣思之 – 藥盧 則西川王

슬프고 슬픈 저 교외의 곡소리
곡소리는 푸른 단풍나무를 향해서이네.
단풍이여 공의 영혼으로 화했구나.
잎사귀마다 바람에 읊조리며 하소연하고 있네
그 옛날 숙신과의 전쟁을 생각하니,
그대가 정녕 팔뚝을 휘두르고,
한번 부르짖음에 바람과 벼락이 노하는 듯 했네.
검을 한번 휘둘러 철령에 오르고,
숙신족의 고시楛矢를 누린내 빗속에서 적막히 거둬들였네.
한 곡조 백성의 노래가 화의 시작이 되었으니,
두우杜郵에서의 사사賜死는 새 임금을 만났기 때문이네.
남은 한은 안국군安國君이 도장끈을 풀지도 않았는데,
푸른 피가 헛되이 종실 흙에 묻혔다는 것이네.
관가에서 사람은 죽이나 그 명성은 죽이지 못하니,
내 노래와 내 곡조는 천고를 슬퍼하누나.

思達賈
哀哀彼郊哭 哭向青楓樹 楓兮化公靈 葉葉吟風訴
伊昔肅愼之戰 子爲政奮臂 一呼風霆怒
劃然一劒上鐵嶺 楛矢寂寞收腥雨 一國歌謠作禍胎 杜郵之賜逢新主
遺恨安國不解印 碧血空埋鍾室土 官家殺人不殺名 我歌我曲悲千古

살피건대 고구려는 동쪽으로는 숙신肅愼과 접하고 서쪽으로는 유연幽燕과 경계하고 있었다. 스스로 방위할 수 있었던 것은 그 병사의 굳셈과 장수의 사나움으로 앉아서도 쳐들어오는 적을 꺾을 수 있었다. 달가는 왕의 친동생으로 충성을 다하여 적과 싸워 나라의 장성長城처럼 되었으니, 백성들이 우러러보고 돌아가 의지하는 바 되었다. 저 새 왕의 시기함은 그 형세가 반드시 그렇게 될 수밖에 없었다. 대저 주공周公의 충성과 성왕成王의 밝음으로도 동산東山으로 은둔하는 탄식을 면할 수 없었으니 하물며 봉상왕과 같은 어둡고 포학스러움에랴. 성왕과 같은 지혜로움이 아니었기에 달가는 신뢰를 받고서도 성인의 성실하고 정성스러움에 미치지 못해 그 불리한 참소하는 말이 관숙管叔과 채숙蔡叔보다 10배가 되었는가? 만약 달가가 도장끈을 풀고 들판으로 숨어들어가 「동산」 시에 보이는 것처럼 황야로 은둔함을 좇으며 찬미했더라면 군신이 서로 보존함에 가까웠으리니 그 계책이 여기에서 나오지 못함이 안타깝다.

按高句 東接肅愼 西界幽燕 所以自衛者 以其兵强將猛 坐以折衝耳 達賈以王之親弟 竭忠敵愾 爲國長城 則國人之望 有所歸矣 彼新王之猜 勢所必然 夫以周公之忠 成王之明 未免遜東之歎 則況烽上之昏虐 自非成王之慧喆 達賈見信 未及元聖之孚誠 而其不利之讒言 十倍於管蔡乎 倘使達賈解印遯野 踵美東山之遜荒 則庶乎君臣之相保 而計不出此惜哉

해설_ 이 시는 이복휴(李福休)의 「해동악부(海東樂府)」(『한문악부 · 사자료집』 6과 『한남집(漢南集)』)에 수록되어 있다. 시 속의 주인공 달가는 왕의 아우 신분으로 나라를 위하고, 백성을 위해 헌신적으로 일을 하였다. 고구려는 당시 숙신과 유연 등과 같은 오랑캐족과 경계하고 그들과 싸워야 했는데, 달가는 훌륭한 장수로서 역량을 펼쳐 숙신(肅愼)들이 즐겨 쓰던 고나무로 만든 화실 고시(楛矢)를 거둬들이며, 전승을 이어갔다. 그러나 그에 대한 백성들의 사랑이 지나쳐 이것이 화근이 되어 결국 조카인 새 임금 봉상왕에 의해 죽임을 당하게 되었다는 것이다. 달가와 유사한 인물로 비교된 사람은 진(秦)나라 장군 백기(白起)이다. 그는 진왕(秦王)의 출정 명령을 거절하였다가 면직되어 일반 병사로 출정하게 되었는데, 두우(杜郵) 땅에 이르러 사사(賜死)의 명를 받고 결국 자살하였다. 이에 진인(秦人)들이 그의 억울한 죽음을 불쌍히 여겨 죽은 곳에 사당을 세웠다고 한다. 시 속에 "두우(杜郵)에서의 사사(賜死)"라는 구절이 그것이다. 시인은 달가의 몸은 죽일 수 있으나, 그 명성은 죽일 수 없다며, 그의 죽음을 애석해하며 슬퍼하고 있다.

그런데 이러한 왕의 숙부가 모함을 당하고 위기에 빠지는 일은 역사적으로 적지 않았다. 『시경』 「빈풍」의 「동산(東山)」시는 주공(周公)이 주무왕(周武王) 사후 조카인 성왕(成王)을 보좌하였는데, 관숙(管叔)과 채숙(蔡叔)이 반란을 일으켜 이들을 치기 위해 동정할 때 있었던 일을 읊은 시이다. 이복휴는 만약 달가가 심각한 모함을 받게 되기 전, 미리 조정에서 은퇴하여 은둔하였더라면 군신으로서 모두 보존하지 않았을까 하는 아쉬움을 보이고 있다.

02 고구려 왕비들

1 고국천왕비 故國川王妃

이복휴, 치마끈을 풀고

고구려 고국천왕故國川王이 죽자 왕비 우씨于氏가 밤에 발기發岐의 집에 가서 그에게 청하여 말하길, "왕이 죽고 후사가 없으니, 그대가 최장자로 후사가 되어 왕이 됨이 마땅합니다"라고 하였다. 발기는 왕후를 책하며 말하길, "부인이 밤에 돌아다니는 것이 예입니까? 하물며 국왕이 돌아가셨는데, 왕후께서 가벼이 출입함은 마땅하지 않습니다"라고 하였다. 우후가 크게 부끄럽게 여겨 다시 왕의 동생 연우延優에게로 찾아갔다. 동생인 연우는 손을 잡고 들어오게 이끌어서 그 이유로써 고하고, 연우와 함께 우씨는 왕을 세우고 왕후가 됨을 허락하기로 약속하였다. 마침내 피로서 맹세하고 술을 따르며 잔치를 베풀었는데 연우가 손수 돼지고기를 썰어 안주로 주다 잘못하여 손가락을 다쳐 피가 났다. 우씨가 치마끈을 풀러 상처를 감싸주었다. 손을 잡고 함께 궁으로 들어와 발상하고 연우를 세워 왕으로 삼고, 왕은 우후를 세웠다.

| 고구려 왕후 복식 | 안악 3호 무덤 참고

高句 故國川王薨 王妃于氏 夜往發岐家 請之曰 王薨無嗣 子其最長 宜嗣爲王 發歧責后曰 婦人夜行禮乎 況國王有喪 王后不宜輕出 于后大慚 又往王弟延優 弟延優握手 延入告以故 與延優結約立王 許爲王后 遂作血誓 酌酒設筵 延優手斫猪肉以爲肴 誤傷指出血 于解其裙腰帶 以裹之 攜手同入宮發喪 立延優爲王 王立于后

남산의 늙은 여우 울며 꼬리를 늘어뜨려 서성이고,
패수의 외로운 원앙새 새 짝을 부른다네.
궁중에 죽은 사람 옷 있으나 혼을 부르지 않더니,
발기의 한 마디가 그대를 부끄럽게 했구나.
한 번 웃음에 돼지고기를 베어주고,
두 번 웃음에 치마끈을 풀어 상처를 묶어주었네.
가깝고 친하게 나라의 국새를 주고받았으니,
시체 벌레는 문밖으로 기어 나온다네.
혼이 있다면 고국천왕을 보기 부끄러울 것이니,
산상왕릉에 소나무 심지 않음을 한하게 될 것이네.

解裙帶

南山老狐鳴綏綏 涓水孤鴦喚新侶 宮中有衣不皐復 發歧一言堪羞汝
一笑劃猪肉 再笑解裙褚 昵昵授國璽 尸虫出門去
有魂羞見故國川 恨不栽松山上處

『시경』의 「장유자墻有茨」, 「순지분분鶉之奔奔」 편은 위나라 선강宣姜과 공자 완頑을 나무라고 비난한 것이고, 「남산南山」과 「폐구敝笱」 편은 노나라 문강文姜과 여러 사내들을 풍자한 것이다. 천리와 인사가 멸하고 끊어져 남지 않으니, 성인이 경서에 써놓았다. 취하여 후세의 교훈으로 삼으니 그 뜻이 깊다. 대저 연우와 우씨의 죄는 진실로 궁극적으로 말한다면 추한 것이다. '국양왕'(고국천왕)이 일찍이 예로써 집안을 규제할 수 있었다면 어찌 그 처와 아우를 교화하지 않았겠는가? 그 일이 은밀하고 음란한 말에 관계되니 굳이 붓으로 먹물을 찍어 쓸 필요가 없다. 그런데 고구려의 세가에는 주색에 빠져 어지러운 일이 많고, 선악이 뒤섞여있으므로, 성인이 악을 징계했던 의리를 부치려한다. 이로써 세상이 변해도 그대로 있는 것을 보이려 한다.

按詩墻茨鶉奔 譏貶衛宣姜與子頑也 南山敝笱 刺論魯文姜與諸兒也 天理人事滅絶無餘 而聖人著之於經 取爲後世之訓 其意深矣 夫延優與于氏罪 固窮極言之醜也 而爲國壤者 早能以禮制家 焉有不化其妻與弟乎 事涉中冓之言 不必泚筆 而高句之世 事多荒濛 淑慝混淆 故要附聖人懲惡之義 以示世變無不有耳

해설 _ 이 시는 이복휴(李福休)의 「해동악부(海東樂府)」(『한문악부 · 사자료집』 6과 『한남집(漢南集)』)에 수록되어 있다. 시인은 남편이 죽은 후 즉각적으로 움직인 고국천왕(故國川王)의 비 우씨(于氏)의 행동에 대해 『시경』 「남산(南山)」 시에 나오는 여우처럼 무엇인가를 탐내며 어슬렁거린다고 묘사하였고, 짝 잃은 원앙새처럼 새 짝을 구한다고 하였다. 죽은 이의 영혼을 부르는 초혼의 예도 치르지 않고 곧장 발기에 찾아갔던 그녀는 예의범절을 따지는 발기에게 모욕감을 느끼고 다른 시동생인 연우에게 찾아가 밀약을 통해 왕후의 자리를 지속하게 됨을 시를 통해 보여준다. 그런데 시의 마지막 구절에서는 죽어서는 전남편인 고국천왕의 영혼을 볼 수 없을 것이라는 저주 비슷한 예언을 하고 있다. 시인은 사평에서 『시경』 「용풍(鄘風)」의 「장유자(墻有茨)」와 「순지분분(鶉之奔奔)」은 모두 위나라 선강(宣姜)과 서자인 공자 완(頑) 사이의 음란한 행실을 나무라고 비난한 것이고, 「제풍(齊風)」의 「남산(南山)」과 「폐구(敝笱)」 편은 제(齊)나라 문강(文姜)이 노나라 환공(桓公)에게 출가하였지만, 자기 오빠인 양공 등과 간음하였던 사실을 들어 성인이 비판하였던 것을 환기하고 있다. 시인은 우씨 왕비를 음란한 여성의 대표격으로 보고 교화되지 못함을 안타까워하고, 굳이 붓으로 기록할 필요성도 없다고 하였다.

그러나 현대적 관점에서 볼 때 우씨 왕비에 대한 평가는 달라질 수 있다. 그녀는 자신의 운명을 적극적으로 바꾼 사람이기 때문이다. 남편의 사후 시동생과 결혼하여 그가 왕위에 오르게 함으로써 나락으로 떨어질 뻔한 자신의 운명을 단번에 바꾸어 왕을 능가하는 권력을 가졌던 놀라운 여인이었다. 고구려의 혼인제도에 형이 죽으면 형수를 아내로 삼는 '취수혼(娶嫂婚)'이 있었음을 인식할 때, 당대의 혼인제도에서는 이것은 엄청난 패륜이 아니었음을 알고 있어야 한다. 그러나 조선의 문인 이복휴는 고구려 사회의 패륜적 사건으로 보고 악평을 하였다. 우씨 왕비의 입장에서 볼 때는 단순히 재혼상대를 고른 것이 아니라, 자신과 자기 혈족들의 몰락과 죽음을 넘어서려는 적극적인 구명운동을 한 셈이다. 자신의 운명을 스스로 개척한 여인의 전형을 보여준 우씨왕비는 자신의 의지대로 왕위를 바꾸고, 몰락해가는 연나부를 강력한 고구려의 왕비족으로 격상시켰다는 점에서 의미부여가 가능하다.

참고 : 김용만, 『인물로 보는 고구려사』, 창해, 2001, 352~353면; 김수태, 「2세기 말 3세기 때 고구려의 왕실혼인－취수혼에 대한 재검토를 중심으로」, 『한국고대사연구』 38집, 서경문화사, 2005.6; 김선주, 「호동설화를 통해 본 고구려의 혼인」, 『민속학연구』 8호, 국립민속박물관, 2001. 모두 취수혼(娶嫂婚)에 대해 다루고 있다. 남은경, 「고구려 관련 한시 속에 나타난 여성」, 『한국고전여성문학 2007 동계학술대회 발표집』, 한국고전여성문학회, 2007.11.

2 중천왕 총희 관나 中川王 寵姬 貫那

이복휴, 가죽 주머니 노래

고구려 중천왕中川王 때에 총희인 관나貫那는 안색이 수려했고, 머리카락의 길이가 구척이나 되었다. 왕이 그녀를 세워 소후로 삼으니, 왕후인 연씨椽氏가 왕에게 참언하길 "옛날에 우리 선왕께서 중국에 예를 바치지 못해서 전쟁이 일어나 패하여 달아나게 되고 거의 종사를 잃을 뻔 했습니다. 첩이 듣자하니 서위西魏가 장발 미인을 구하여 천금을 주고 산다고 합니다. 지금 왕께서 만약 사신을 통하여 미인을 바친다면 저들은 반드시 기뻐서 받을 것이고 다시는 침범하지 않을 것입니다." 왕은 그냥 묵묵히 있었다. 관나가 두려워하여 도리어 왕후를 참소하였는데, 왕이 또한 듣지 않았다. 뒤에 왕이 사냥을 나갔더니 관나가 가죽 주머니를 가지고와 울며 맞이하길 "왕후가 이 속에 첩을 집어넣어 바다에 던지려고 했습니다. 원컨대 왕은 첩을 놓아주어 돌아가게 해주십시오." 왕은 그 거짓됨을 알고는 노하여 말하길 "네가 능히 바다에 들어가겠느냐?"라고 하며 가죽 주머니에 넣어서 서해에 던져 버렸다.

> 高句 中川王 有寵姬貫那 顔色殊麗 髮長九尺 王將立爲小后 王后椽氏譖言於王曰 昔我先王 不致禮於中國 以致兵敗出奔 幾喪宗社 妾聞 西魏求長髮美人 購以千金 今王若憑一介行李 以進美人 則彼必喜納 不復侵矣 王黙然 貫那懼 反譖后 王亦不聽 後王出獵 貫那將革囊 哭迎曰 后欲以此 盛妾投海 願王放妾歸 王知其詐 怒曰 汝能入海乎 乃盛革囊投之西海

꽃 같이 아름답게 단장한 얼굴을 믿지 말라.
구름 같이 풍성한 긴 머리를 믿지 말라.
먹구름이 구천에 길게 뻗친 것이
어찌하여 긴 가죽 주머니의 모양과 비슷한가.
다른 사람이 나를 중상하고,
나는 다른 사람을 중상한다네.
첩은 본처와 나란하지 않고 본처는 당하기 어려우니

가죽 주머니에 내 몸을 넣게 됨 한하지 말라.
다만 한할 것은
왕의 첩으로 태어나 왕을 알지 못하는 것.
예로부터 남을 해치면 자기를 해하는 것으로 돌아오나니,
서문표가 무당을 강물에 빠뜨림에 누가 슬프고 아파하리오.

革囊歌
莫倚花顔粧 莫恃雲鬟揚 烏雲長九天 何似革囊長
人讒我 我讒人 妾不匹嫡嫡難當 不恨革囊藏我身
但恨 生爲王妾不知王 從古害人還自害 西門送巫誰悲傷

살피건대 『사기』에서 서문표西門豹가 업鄴 땅에서 물을 다스리는 것을 보면, 물에다 여자 무당을 빠뜨려 죽였다. 또 육국 때에 위나라가 미인을 초나라에 보내니 초회왕楚懷王이 그녀를 매우 사랑했다. 정수鄭袖가 이를 보고 질투를 하여, 위미인에게 말하길 “왕께서 너를 사랑하시는데, 다만 너의 콧구멍만을 싫어하신다. 반드시 손으로 가리도록 해라”라고 했다. 미인이 그 말대로 하였다. 왕이 정수에게 “위나라 미인이 나만 보면 코를 가리니 무슨 이유인가?”라고 물었다. 정수가 말하길 “임금님의 체취를 맡길 싫어하는 것 같습니다”라 했다. 왕은 노하여 미인의 코를 베어버렸다. 이 일은 연씨의 일과 매우 비슷하다.

按史記 西門豹治鄴水 泛女巫于水以殺之 又六國時 魏送美人于楚 懷王酷愛之 鄭袖見而妬之 謂魏美人曰 王愛汝 而但惡汝之鼻孔 以手必掩 美人如其言 王問鄭袖曰 魏美見我 掩鼻何也 袖曰 似惡聞王之臭也 王怒劓美人之鼻 此事恰似椽氏

해설 _ 이 시는 이복휴(李福休)의 「해동악부(海東樂府)」(『한문악부 · 사자료집』 6과 『한남집(漢南集)』)에 수록되어 있다. 임금의 사랑을 놓고 왕비와 다투다가 죽임을 당한 장발미인 관나 부인에 대한 시이다. 그녀는 자신의 존재를 첫째 왕비가 위협하자, 맞공세를 펼쳤다. 즉 왕비가 자신을 죽이려 한다고 거짓으로 호소하면서 돌아가게 해달라고 하였다. 그러나 그 결과는 그녀에게 너무 참담했다. 자신이 준비한 가죽주머니 속에 들어가 처참한 죽음을 맞이하기 때문이다. 그런데 시인 이복휴는 사랑했던 여인을 그렇게 죽게 한 임금에 대해서는 아무런 비판도 없이, 자기 꾀에 자기가 속아 넘어가 수장된 것이 마치 서문표가 물에 빠뜨려 죽인 업 땅의 무당과 같다고 하였다. 서문표는 업 땅의 수령으로 갔을 때, 그 지방의 풍속에 하백의 수신에게 신부로 바친다는 명목으로 부녀를 수장시키는 악습이 있음을 알게 되었다. 서문표가 그 폐단을 고치려고 그 의식을 주관하던 무당을 강물에 빠뜨려서 업 땅의 악습을 없애버렸다

(『사기』「골계전」). 시인은 남을 해치려고 했기에 스스로 해침을 당하게 된다는 논리이다. 또한 관나부인을 제거하려고 서위에 대한 조공을 언급한 왕후 연씨는 마치 『전국책』에서 초나라 미인을 추한 외모로 만들어 왕의 사랑을 되찾아온 정수의 술수와 같다고 평가하고 있다. 결국 시인의 시선은 임금의 사랑을 놓고 처절하게 다투다 비극적인 결말을 맞은 여인의 모습에 대한 동정이 없이 매우 남성중심적 시각을 보여준다. 그리고 도리어 본처의 지위에 첩이 맞서지 말 것과, 첩으로 태어나 남자의 마음을 제대로 읽지 못했음을 문제시 하고 있다.

IV

고구려의 재상들

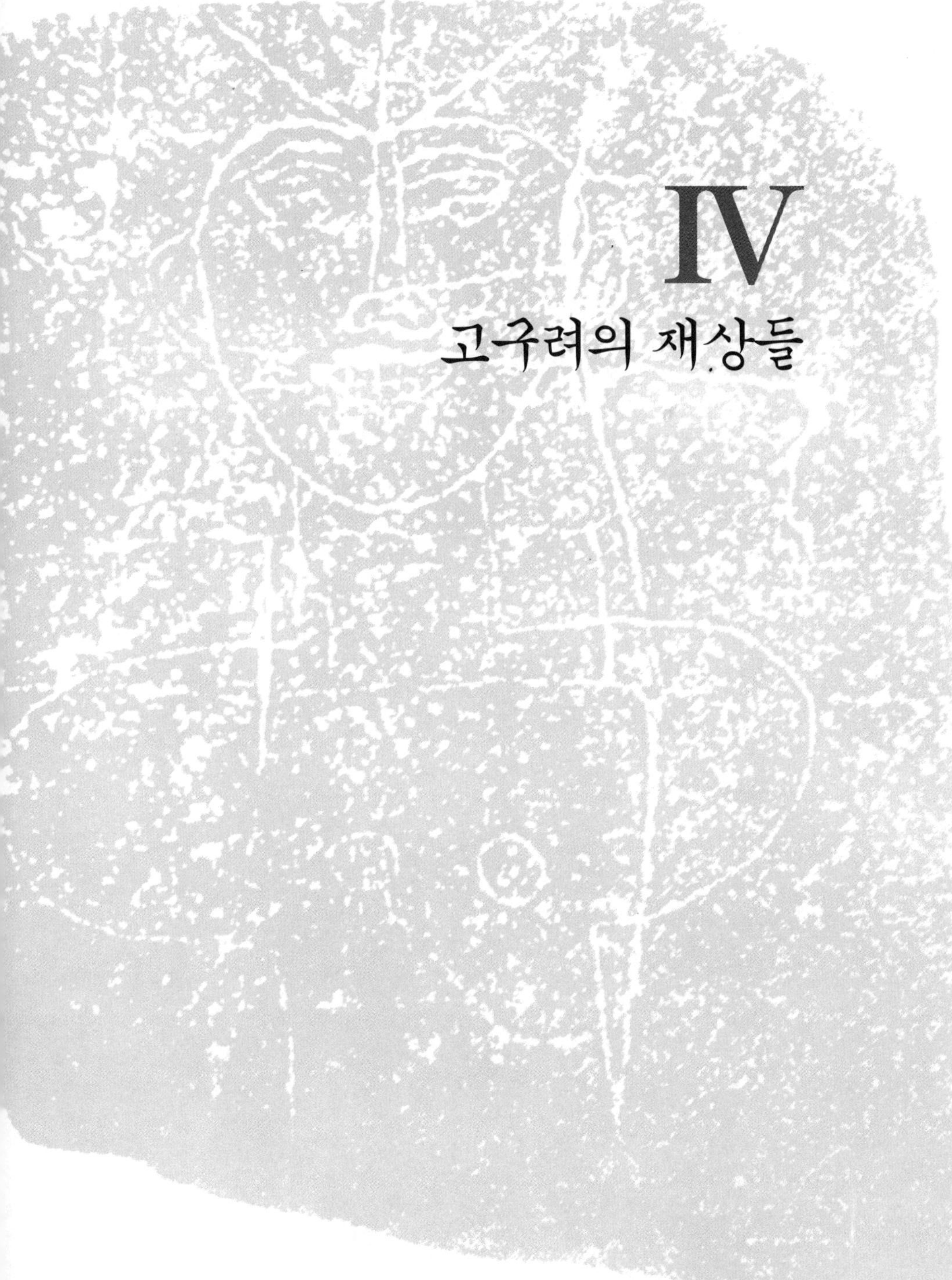

01 부분노 扶芬奴

이복휴, 부분노

고구려 유리왕 때 선비족이 침략해 왔다. 왕이 말씀하셨다. "적을 쳐부술 책략을 만드는 자에게는 반드시 후한 상을 주리라." 부분노가 말했다. "선비는 험하고 높은 곳에 있는 나라여서 사람들이 용감하나 어리석습니다. 힘으로는 어렵지만 계략으로 굴복시키기는 쉽습니다. 신이 정병을 거느리고 사잇길로 가고 왕께서는 약한 군사를 거느리고 거짓 패하신 척 하신다면 저들은 반드시 성을 비워두고 좇아 올 것이니, 신이 정병으로 그 성에 들어가겠습니다. 이는 한신이 조나라를 깨트린 책략입니다." 왕이 그 말을 따랐더니 선비를 대파하여 그 항복을 받았다.

> 高句 琉璃王時 鮮卑來侵 王曰 有能劃策破賊者 必重賞之 扶芬奴曰 鮮卑險高 勇而愚 難以力鬪 易以謀屈 臣率精兵從間道 王率羸兵佯敗 則彼必空城逐之 臣以精兵入其城 此韓信破趙之策也 王從之 大破鮮卑受其降

선비족의 산 아래 북 소리 일어나니,
성 위 장군이 몰래 귓속 말을 하네.
조나라 구슬[32]을 추격하는 먼지 어둡고

32) 조(趙)나라의 구슬. 전국 시대 조나라 혜문왕(惠文王) 때 초(楚)나라로부터 얻은 화씨벽(和氏璧)을 말한다(『韓非子』). 진(秦) 소왕(昭王)이 그 구슬을 탐내어 열 다섯 고을과 바꾸자고 하였다. 인상여(藺相如)는 조왕에게 "진왕이 성(城)을 가지고 구슬을 바꾸자고 하는데, 왕이 허락하지 않는다면 잘

병선兵仙 한신은 배수의 진을 치네.
이는 본래 대군을 먼저 치는 계략이라,
한번 앉고 한번 행동함에 계략이 비밀스럽네.
잠깐 사이 붉은 해 스러지니
빈 성안에 불만 나르네.

扶芬奴
鮮卑山下鼓聲起 城頭將軍潛附耳 趙壁追塵暗 兵仙陣背水
自是元戎先伐謀 一坐一作機關秘 俄然紅日晩 飛火空城裡

선비는 모용의 조상이다. 고구려는 그 승리함을 믿고 대비하지 않았으나, 모용은 그 패배에 분노하여 준비했다. (고구려는) 필경 적을 가벼이 여기는 환난을 스스로 취하여 모용한慕容翰 모용황慕容皝의 전쟁을 일으켜서, 끝내 미천왕의 무덤을 드러내고 고국원왕의 어머니가 사로잡히는 데 이르렀으니 어찌 이웃과 사귐에 그 도를 잃은 때문이 아니겠는가.

鮮卑乃慕容之祖也 高句恃其勝而無備 慕容忿其敗而自修 畢竟自取輕敵之患 以致翰皝之交兵 終至拔美川之塚 擒故國之母 豈非交隣之失其道歟

해설 _ 이 시는 이복휴의 『한남집』 「해동악부」와 『한문악부 · 사자료집』 6에 수록되어 있다. 이복휴와 「해동악부」에 관해서는 「북부여」 조에 기술되어 있다. 부분노는 동명왕의 건국 시 공을 세운 신하이지만 유리왕 때에도 계략을 잘 세워 선비족을 항복시켜 복속하게 했다. 처음 유리왕이 선비족들이 험한데 의지하여 화친하지 않고, 이로우면 나와 약탈하고 불리하면 들어가 나오지 않아 나라의 우환이 됨을 염려하자 부분노는 선비가 험고한 나라로서 사람들은 용맹스러우나 어리석으므로, 힘으로 싸우기는 어렵지만 계략으로 굴복시키기는 쉽다고 하여 앞에서 약한 군사로 유인하고 뒤에서 정병으로 성을 쳐 승리했다.

그의 계략은 한신이 조나라를 깨트릴 때 사용한 것이다. 『사기』 「회음후전(淮陰侯傳)」에 의하면 한신(韓信)이 조(趙)를 치는데 정병 2천 명을 뽑아 샛길로 가서 조나라 성을 숨어서 망보게 하고, 한신은 배수진(背水陣)을 치고 도전했다. 조나라가 응전해 오니 한신이 거짓 패하여 도망쳤다. 그러자 조나라는 성을 비워두고 추격했는데, 이때 망보던 군사들이 그 사이에 들어가서 성을 점령하고 한신은 반격을 가했다. 결국 조나라 군사는 성으로 들어가지도 못하고 앞으로 나아가지도 못하여 패망하고 말았다. 병선(兵仙)은 한신의 호이다.

못이 우리에게 있고, 우리가 구슬을 주어도 진나라가 성을 주지 않는다면 잘못이 진나라에 있으니, 신이 구슬을 가지고 진나라에 가겠습니다. 진에서 성을 주지 아니할 경우에 구슬을 완전하게 가지고 돌아오겠습니다" 하였다(『사기』 「인상여전」).

후에 제16대 고국원왕 때 부여왕 모용황이 장군 모용한과 환도성까지 침입하여 왔는데, 고구려왕이 산에 숨어 나오지 않으므로 부여왕은 고국원왕의 생모를 사로잡고 아버지 미천왕 묘에서 그의 시신을 꺼내어 싣고 갔다. 또한 이때 진귀한 보물을 약탈하고 수많은 백성들을 포로로 사로잡아 갔다. 이복휴는 후서에서 유리왕 이후 부분노의 지혜와 신중함을 본받지 않고 미리 대비하지 않은 고구려 역대 왕들의 교만함을 비판하고 있다.

02 두로 杜魯

이복휴, 모본원왕

고구려의 민중왕閔中王이 죽자, 왕의 조카 해우解憂가 왕위에 올랐는데 사납고 도리에 안 맞고 어질지 않았다. 앉을 때는 반드시 사람을 깔고 앉고, 누울 때는 반드시 사람을 베고 누웠다. 사람이 혹 움직이면 곧 그를 죽였다. 간언하는 사람에게는 화살을 쏘았다. 백성이 원망하고 하늘이 노하여 재앙과 이변이 끊이지 않았다. 두로杜魯가 그를 죽여 모본원慕本原에 장사지내고 인하여 왕의 호로 삼았다. 나라 사람들이 유리왕의 손자인 궁宮을 왕위에 세웠으니, 그가 태조왕太祖王이다.

> 高句 閔中王薨 王姪解憂立 暴戾不仁 坐必藉人 臥必枕人 人或動 輒殺之 諫者射之 民怨天怒 災異不絶 杜魯殺之 葬於慕本原 因爲王號 國人立瑠璃王孫宮 是爲太祖王

모본원은 석굴이 아닌데,
어찌하여 들 가운데 봉을 만들고 나무 심지 않았나?
군왕이 덕을 버리길 마치 헌신짝 버리듯이 하니,
사냥 수레 덜컹거리고 패수엔 비 내렸다네.
백성들이 노래하길 하늘엔 해가 없고 혜성이 나와,
벽 사이에서 환상처럼 천 명의 두로가 나왔다 하네.
모본원가 소나무 잣나무는 푸르러 하늘을 막고 있으니.

죽은 혼이 백성들 대하길 부끄럽게 생각하기 때문이네.
침강의 원통한 피 아직까지 푸르니,
도리어 한하는가. 신왕이 항우를 주살하지 않음을.

慕本原

慕本原非石窟 胡爲中野不封樹 君王棄德如棄屣 獵車轔轔涙水雨
民謠喪日天出彗 壁間幻出千杜魯 原頭松栢翠遮天 死魂羞對生民靦
郴江寃血至今碧 却恨新王不誅羽

살피건대, 대무신왕이 공이 있는 아들 호동왕자를 죽이고, 해우의 악을 몰라, 누란의 위기에 해당하는 일을 겪게 되었으니 그 지혜가 혼몽하다 말할 수 있다. 태조왕은 두로의 죄를 벌하지 않고, 자신을 도와 왕위에 오르게 해 준 공만을 보았으니, 시인이 「양지수揚之水」를 지은 것은 이러한 무리를 본보기 삼은 것이다.

按大武神 殺其有功之子 不知解憂之惡 參於累卵之對 可謂其智之昏懵 太祖王不討杜魯之罪 視以援立之功 詩人之賦揚水者 當律此輩

해설 _ 이 시는 이복휴(李福休)의 「해동악부(海東樂府)」(『한문악부 · 사자료집』 6과 『한남집(漢南集)』)에 수록되어 있다. 시인은 임금으로서 자격이 없는 해우에게 왕위를 넘겨준 대무신왕의 어리석은 판단을 언급하고, 비록 왕위에 자신을 등극하게 하였으나 신하로서 왕을 시해한 두로에 대해서 태조왕이 벌을 내리기는커녕 고맙게 여기었음을 비판하고 있다. 이를 통해 시인 이복휴는 신하에 의한 왕권 교체에 대해서는 매우 부정적 입장이었음을 알 수 있다. 이복휴의 사평 속에 인용한 누란의 위기는 『삼국사기』 고구려본기 유리왕조에 유리왕의 어린 아들 무휼(대무신왕)이 대소에게 수수께끼를 낸 부분에 나와 있다. 태조왕(太祖王)은 고구려 6대왕으로, 5대 모본왕을 시해한 두로가 왕의 사촌 아우를 왕으로 세운 것이다. 태조왕은 당시 7세의 나이었기에 그 어머니 부여태후가 수렴청정했다.

시의 말미에 나오는 침강(郴江)은 중국 호남성 침현(郴縣)에서 시작되는 강이다. 침(郴)은 항우(項羽)가 세우고 또 죽인 초나라 의제(義帝)의 성이기도 하다. 초회왕(楚懷王) 손심(孫心)이 의제로 즉위한 후 침현을 도읍을 정하고, 이로 성씨를 삼았다. 태조왕이 모본왕을 시해한 두로를 죽이지 않은 것은 마치 의제가 항우를 죽이지 않아 끝내 해를 당한 것과 같다며 염려하는 시인의 관점이 보인다. 또한 사평의 말미에 나오는 양수(揚水)란 『시경』 「정풍(鄭風)」의 편명인 「양지수(揚之水)」인데, 이 시는 남들의 이간으로 인해 뜻이 어긋나게 되는 형제의 관계를 슬퍼한 시이다. 시인은 신하인 두로 때문에 왕실 친척간의 죽고 죽임이 있고 이를 통해 새 왕이 등극하였다고 생각하여 이를 부정적으로 평가하고 있음을 「양지수」 시 인용을 통해 알 수 있게 한다.

03 복장 福章

임창택, 복장의 탄식

고구려의 국조왕이 장차 아우인 수성에게 선위하려고 하니, 고복장이 "수성은 잔인하고 어질지 않으니, 지금 선위하시면 다음날에 왕의 자손을 해칠 것입니다"라고 말했다. 왕은 듣지 않았다. 수성이 즉위하여 복장을 주살하였다. 복장이 탄식하며 말하길 "선왕이 내 말을 듣지 않은 것이 한스럽다" 했다. 후에 과연 국조왕의 두 아들인 막근과 막덕을 죽였다.

句麗 國祖王 將禪位於弟遂成 高福章曰 遂成忍而不仁 今日受禪 明日害王子孫 王不聽 遂成卽位誅福章 福章歎曰 恨先王不用吾言 後果殺國祖二子莫勤莫德

왕께서는 아우에게 공이 있다 하나,
신은 수성遂成이 어질지 않다 말씀 드립니다.
오늘 왕위에 오르면
내일 왕손을 죽일 것이리니
신이 죽는 것은 슬프지 않으나
두 왕자님들을 보존하기 어려울까 걱정입니다.

福章歎
王言弟有功 臣言遂不仁 今日卽王位 明日殺王孫
臣死不足悲 郞勤郞德恐難存

해설 _ 이 시는 임창택(林昌澤, 1682~1723)의 『숭악집(崧岳集)』(한국문집총간 202) 권1 「해동악부(海東樂府)」 조에 수록되어 있다. 시인은 신하인 복장의 입을 통해 마치 유언과 같은 목소리로 안타까운 독백을 하고 있다. 왕이 믿고 왕위를 넘겨준 왕의 아우가 도리어 왕손들을 해칠 것임을 확신하고 이에 대한 우려의 심정을 드러내고 있는 것이다. 실제로 훗날 새로 즉위한 왕이 선대왕의 자식을 죽인 것이 역사적 사실인데, 시인은 그에 대한 언급은 없이 중간에 멈추어 독자들에게 후일담에 대한 호기심을 자극하고 있다. 시에 나오는 '두 왕자님들(郎勤郎德)'이란 왕의 아들인 막근(莫勤)과 막덕(莫德)을 가리킨다. 이 시는 앞의 「고구려 왕자들」이란 제목의 시들 중 수성(遂成)과 관련된 시와 비교해볼 만하다.

이복휴, 복장의 탄식

고구려의 태조왕太祖王 궁宮은 왕위에 90여 년 있으면서 놀고 즐기며 태만하고 황음하여 매일 기산 언덕에 사냥하러 다니고, 아우인 백고伯固가 간언을 하여도 듣지 않았다. 왕이 일찍이 표범 한 마리가 호랑이의 꼬리를 무는 꿈을 꾸었는데, 점쟁이가 말하길 "호랑이는 모든 짐승의 우두머리이고, 표범은 같은 종류이나 보다 작은 것입니다. 그 뜻은 왕족 중에서 아마 왕의 후계자를 끊으려고 꾀하는 자가 있는 듯합니다"라고 했다. 왕은 기뻐하지 않았다. 우보右輔 고복장高福章이 말하길 "왕의 아우인 수성遂成이 반드시 반역을 할 것이니 죽이기를 청합니다"라고 했다. 왕은 그 말을 따르지 않고 결국 수성에게 왕위를 선위하고, 스스로는 상왕이 되었다. 수성은 그 때 나이 76세였는데, 복장과 상왕의 아들인 막근과 막덕을 죽였다. 복장이 형장에 임하여 탄식하길, "내가 왕의 가까운 신하가 되어, 어찌 위험을 보면서 말하지 않을 수 있었겠는가? 전왕께서 내 말을 쓰지 않아 이 지경에 이른 것이 한스러울 뿐이다"라고 했다. 원근의 사람들이 이를 슬퍼했다. 이 당시 좌보左輔였던 목도루穆度婁는 태조가 복장의 말을 듣지 않는 것을 보고, 곧 물러나 향리로 돌아갔다.

高句 太祖王宮 在位九十年 戲樂怠荒 每遊獵於箕丘 弟伯固諫不聽 王嘗夢一豹嚙虎尾 占者曰 虎者百獸之長 彪者同流而小者也 意者王族中殆有謀絶王嗣者乎 王不悅 右輔高福章曰 王弟遂成必反 請誅之 王不從 乃禪位于遂成 自爲上王 遂成時年七十六 殺福章及上王子莫勤莫德 福章臨刑 嘆曰 我爲近臣 寧可見危而不言乎 恨前王不用吾言 以至此耳 遠近悲之 是時左輔穆度婁 見太祖不聽福章之言 卽退還鄕里

호랑이를 물어뜯는 표범의 꿈을 임금이 꾸니,
궁 가운데 방자한 인물이 있구나.
왜산倭山의 푸른 이내 덮인 곳에 반란의 기운 일어나고,
질양質陽의 사냥 수레는 연기와 안개 속에 멈춰있네.
소신에겐 혀가 있어 그 혀가 본래 강하고,
의리는 태산 같이 무거우나 이 몸은 기러기 깃털 같이 가볍다네.
임금께는 귀가 있으나 헤아려 듣지 못하니,
뽕나무 밭은 성글어지고 하늘엔 비가 내리지 않는다네.
봉황이 깃든 곳에 물수리가 감은 슬퍼할만 하지 않으나,
보금자리를 덮쳐 알을 깰까 더욱 두렵구나.
별궁에 봄풀이 나도 거듭 문을 닫고 있고,
푸른 산을 바라보는 이 근심이 아침저녁이라네.
충성스런 혼은 밤마다 응당 슬프고 아프리니,
신하의 피는 푸르게 변하고 신하의 마음은 붉다네.
밝은 사람이라야 능히 몸을 보존함 알게 되고,
쑥대 오막살이의 목도루의 편안함에 내가 도리어 부끄럽구나.

福章歎

君王夢囓虎 宮中驕羽父 倭山翠被起叛氣 質陽畋車坐烟霧
小臣有舌舌本强 義是泰山身鴻羽 靈修[33]有耳不解聽 桑土疎疎天未雨
鳳藏鶚逝不足悲 覆巢破卵尤堪怖 別宮春草鎖重門 青山望子愁朝暮
忠魂夜夜應悲酸 臣血化碧臣心丹 也知哲人能保身 却慚蓬廬穆度安

옛날 노은공魯隱公은 우부羽父의 말을 듣지 않고 환공桓公에게 왕위를 양보하려고 했다가 끝내 그 화를 당했다. 송선공宋宣公은 여이與夷를 버리고 목공穆公에게 전했다가 끝내 보복을 당했다. 태조왕이 아우를 사랑하는 마음이 자못 은공과 비슷하나 수성이 악을 드러냄이 이와 같다. 심하도다. 태조왕이 의로운 도로써 명해야 함을 몰랐음이.

33) 영수(靈修) : 어진 임금에게 비유하여 쓰는 말이다. 굴원(屈原)의 『이소경(離騷經)』에 "영수가 자주 마음 변하는 것이 슬프다[傷靈修之數化]" 한 데서 온 말이다.

昔魯隱公 不聽羽父言 欲遜位桓公 終受其禍 宋宣公 舍與夷而傳穆公 終受其報 太祖王愛弟之心 頗似隱公 而遂成之逞惡如此 甚矣 太祖王不知命以義之道也

해설 _ 이 시는 이복휴(李福休)의 「해동악부(海東樂府)」(『한문악부 · 사자료집』 6과 『한남집(漢南集)』)에 수록되어 있다. 시에 나오는 왜산이나 질양과 같은 지명은 모두 왕의 아우 수성(遂成)이 자주 사냥을 나갔던 곳이며, 임금에 대해 반역을 암시하는 꿈인 호랑이를 물어뜯는 표범이 바로 수성이다. 그러나 황음하고 무능한 임금은 반역을 꿈꾸는 아우를 그냥 믿고 방임했다가 결국은 충신과 자신의 왕자들의 목숨을 잃게끔 하였다. 시인은 왕위를 자기 아들에게 전해주지 않고, 아우에게 물려주어 왕위 계승이 어지러워진 사실에 주목하며 역대 중국 역사에서 이러한 왕위계승 문제로 수차례 비극적인 상황이 빚어졌던 것을 상기하고 있다.

이복휴의 사평에 나오는 노은공(魯隱公)은 당시 태자가 어리기 때문에 섭정을 하던 인물이다. 당시 공자이던 우부(羽父)가 그를 위해 태자를 죽이겠다고 청했는데, 노은공은 장차 선왕의 명을 받들어 태자에게 왕위를 물려주겠다고 대답했다. 그러자 거꾸로 태자의 허락을 받은 우부에게 살해되고 말았다(『춘추좌씨전』 은공 11년). 또한 송선공(宋宣公)은 죽을 때 태자 여이(與夷)를 두고 아우 목공(穆公)을 왕으로 세웠던 인물이다. 그 후 목공이 죽을 때 자기 아들 풍(馮)을 내쫓고 여이를 세웠으나, 훗날 그는 대부 화독(華督)에게 시해되니, 다시 풍이 왕위에 올라 장공(莊公)이 되었다. 그후 장공의 아들도 시해되어 아우 환공(桓公)이 서는 등, 선공 이후 송은 왕위 계승을 둘러싸고 분란이 계속되었다.(『춘추좌전』 은공 3년) 이러한 과거 역사를 생각해볼 때, 충성스런 복장이 올바른 왕위 계승을 주장하며 장래 왕권에 위험 요소가 될 인물을 제거하려고 간언함은 불가피한 행동이었다. 그는 죽은 후에도 왕실을 걱정한다고 고백하고 있으나, 동시에 자기 몸을 지키며 조용히 살았던 목도루에 대한 언급을 통해 복장 자신의 행동에 대한 회의와 탄식도 솔직히 나타내고 있다.

04 명림답부 明臨答夫

이복휴, 청야 전술

고구려 신대왕新大王 때에 한나라 현토군玄菟郡 태수 경림耿臨이 대군을 끌고 침범해 오려고 하였다. 왕이 말하길 "전쟁을 하는 것과 수비를 하는 것 중 어떤 것이 낫겠는가?" 상국 명림답부明臨答夫가 말하길 "병사가 많은 쪽은 전쟁을 함이 마땅하고, 병사가 적은 쪽은 수비를 함이 마땅합니다. 지금 한나라 사람들이 천리나 식량을 옮겨왔고, 형세가 서로 지탱하기 어렵습니다. 우리가 만약 깊이 물구덩이를 파고 높이 누를 쌓아서 들을 비워놓고 기다린다면 얼마 지나지 않아 그 형세가 반드시 돌아가게 될 것입니다. 우리는 정예병으로 그들을 가볍게 이기면 뜻을 얻을 수 있을 것입니다. 왕은 그렇게 하라 하여 성을 에워싸 굳게 지켰다. 한나라 사람이 이를 공략했으나 이기지 못하고, 사졸이 굶주리고 피곤하여 이끌고 돌아가니, 명림답부가 천여 명의 기병을 이끌고 추격해 싸워 크게 이겼다. 한 마리 말도 살아 돌아가지 못했다.

> 高句 新大王時 漢玄菟太守 耿臨以大兵欲侵之 王曰 戰守孰便 相國明臨答夫曰 兵多者宜戰 兵少者宜守 今漢人千里轉糧 勢難相持 我若深溝高壘 淸野以待之 不過旬月 其勢必歸 我以精兵薄之 可以得志 王然之 嬰城固守 漢人攻之 不克 士卒飢困引還 答夫率千騎追戰 大敗之 匹馬不得還

낙랑성 가운데는 북이 둥둥 울리고,

낙랑성 바깥에는 먼지가 자욱하구나.
한나라 현토성의 정벌 온 군사들 서서 머뭇거리는데,
강철이빨 같은 칼과 창이 푸른 하늘을 찌르는구나.
그대는 비웃지 마라 문을 닫고 앉아 있음을.
문 닫은 지 오래지 않아 문 열 것이 많으리라.
사방 들에 쌓아놓은 곡식 없고 골짜기에 꼴이 없으니,
천리 밖에서 온 병사가 우리를 어찌하리오.
성은 철옹성 같아서 검으로도 깨뜨릴 수 없으니
군막 위로 나는 까마귀 까악까악 울며 지난다네.
황혼에는 살수의 언덕을 지나지 말지니,

| 귀족 남자가 정사를 보는 모습 | 안악 3호 무덤 서측실 서벽 주인공 정사

시끌시끌 전쟁의 귀신이 군사를 멈추게 한다네.

清野行

樂浪城中鼓鼕鼕 樂浪城外塵濛濛 菟城征旂立躊躇 鐵齒劍戟摩蒼穹
君莫笑 閉門坐 閉門不久開門多 四野無儲谷無蒭 千里來兵奈吾何
城如鐵 劍莫破 幕上飛烏啞啞過 黃昏莫過薩水岸 啾啾戰鬼吟銅羅

살피건대, 고구려는 그 땅이 요와 신라와 경계를 하고 있어 좌우로 적을 맞았으니 병사를 씀이 절로 강해졌다. 그러므로 수나라의 전 군사가 모두 을지문덕에 의해 섬멸되었고, 당태종의 대군이 안시성에서 패하여 기세 꺾임을 면치 못했다. 어찌 가이 자그마한 현토군으로 서로 겨룰 수 있겠는가? 왕망王莽이 항복을 받고, 모용씨慕容氏가 인질로 잡고 거두어감은 다만 그 폐단을 타서 그러할 뿐이고, 대개 그 병사를 기르는 도를 알았기에 끝내 그 폐를 입지 않았다. 지금은 고구려의 세 배나 되는 땅으로 그 역량力量은 아주 쇠약해진 것과 다름없다. 시종 다른 사람에게 다스림을 당하는 것은 다른 이유가 아니라 병사를 기르는 도를 모르기 때문일 뿐이다.

按高句 界於遼羅 左右受敵 用兵自强 故隋家全師 盡爲乙支之所殲 唐帝大軍 未免安市之敗衂 豈可以區區一玄菟而抗衡哉 王莽之受降 慕容之虜臧 特其乘弊而然爾 盖知其養兵之道 故卒不受弊 今則以三倍高句之地 無異弩末之弱 終始受制於人 非他 不知養兵之道耳

해설 _ 이 시는 이복휴(李福休)의 「해동악부(海東樂府)」(『한문악부 · 사자료집』 6과 『한남집(漢南集)』)에 수록되어 있다. 적은 수의 군사로는 적수가 되지 않는 엄청난 대군을 물리치는 방법으로 청야 전술을 써서 나라를 보전했던 명림답부의 전술에 대해 언급하며, 이는 을지문덕의 살수대첩과 맥을 같이 하는 쾌거로 보고 있다. 굳게 성문을 닫고 한 톨의 곡식도 남겨놓지 않았던 청야 전술로 인해 한나라 군사는 굶주리고 지쳐 돌아가다가 동라(銅羅) 즉 '징' 소리를 듣고 행진을 멈추는데, 바로 명림답부의 소수의 기병부대에게 공격당해 대패하게 되었음을 시로 묘사하고 있다. 그런데 시인은 사평을 통해서 적은 수의 군사로 나라를 지켜낸 과거의 인물들에 비해서 당대의 조선 인물들은 군사를 다스리는 법을 몰라, 이전보다 훨씬 큰 땅을 가지고도 적군을 이겨내지 못하고 있다면서 과거를 통해 현재를 비판하고 있어 주목된다.

05 을파소 乙巴素

이익, 서압록의 노래

고국천왕 13년에 명하여 말하길, "요근래 벼슬을 총애로써 주고, 직위를 덕으로 이끌어냄이 아니니, 그 독이 백성에게 흐르고 우리 왕실을 동요시킨다. 이는 과인이 밝지 못한 소치이다. 너희 사부四部에서는 그 각각 아래에 있는 현량한 자를 추천하라"고 했다. 이에 모두 동부의 안류晏留란 자를 추천했다. 왕이 그를 불러 나라의 정치를 맡기자, 안류는 왕에게 말하길, "소신은 용렬하고 어리석어 진실로 큰 정치에 참여하기에 부족합니다. 서압곡 좌물촌에 을파소乙巴素란 자가 있는데, 성질이 굳세고 지혜와 사려가 깊다고 합니다. 세상에 쓰이지 못해 힘써 밭 갈아 자급하고 있으니, 대왕께서 나라를 다스리길 바라신다면 이 사람이 아니면 안 될 것입니다." 왕이 말을 낮추고 말을 무겁게 하여 예로써 그를 초빙했다. 중외대부를 배수하고 작위를 더하여 우태로 삼았다. 말하길 "짐이 외람되이 선왕의 업을 이어 신민의 위에 거하였으나 덕은 엷고 재주는 짧아 잘 다스리지 못하고 있소. 선생은 자질을 감추고 현명함을 드러내지 않고 초야에 묻혀 사신 지 오래되었오. 지금 나를 버리지 않고 선뜻 와주셨으니 이는 나의 기쁨일 뿐만 아니라, 사직과 백성의 복이오. 어떻게 하면 과인에게 가르쳐 주겠소." 을파소가 대답해 말하길 "신은 노둔하여 명을 감당할 수 없사오니, 원컨대 대왕께서는 현량한 사람을 뽑아 높은 관직을 주어 큰일을 이루소서"라 했다. 왕이 을파소가 그 지위가 낮다고 여김을 알아차리고, 이에 국상을 제수하였다. 대신과 종실 외척들은 모두 그를 미워하였다. 왕이 "만약 국상을 따르지 않는다면 귀천을 막론하고 온가족을 멸하겠다"고 했다. 을파소가 그 지우함을 감사히 여겨 정교를 밝게 하고 상벌을 신중히 하니, 백성들이 편안하고 나라 안팎이 무사하였다. 왕이 안류에게 "만약 그대가 아니었다면, 짐이 을파소를 얻지 못했을 것이다"라 말하고, 대사자大使者를 배수했다.

故國川王 十三年 令曰 近者官以寵授 位非德進 毒流百姓 動我王家 此寡人不明所致 汝四部其各擧賢良在下者 於是共擧東都晏留 王徵之 委以國政 晏留言於王曰 微臣庸愚 固不足以參大政 西鴨谷左勿村有乙巴素者 性質剛毅 智慮淵深 不見用於世 力田自給 大王欲理國 非此人不可 王卑辭重 禮以聘之 拜中畏大夫 加爵爲于台 謂曰 孤叨承先業 處臣民之上 德薄材短 未濟於理 先生藏用晦明 窮處草澤者久矣 今不我棄 幡然而來 非獨孤之喜幸 社稷生民之福也 何以教寡人 巴素對曰 臣駑蹇不敢當命 願大王選賢良 授高官以成大業 王知巴素薄其位 乃除國相 大臣宗戚皆疾之 王曰 苟不從國相者 無貴賤皆族之 巴素感其知遇 明政敎愼賞罰 人民以安 內外無事 王謂晏留曰 向非子 孤不能得巴素 乃拜大使者

어진 이를 나오게 함은 이미 어렵고,
재주 있는 자를 임명함 역시 쉽지 않다네.

| 압록강 |

정나라엔 자피子皮가, 제나라엔 포숙鮑叔이 있었으니
천고에 두 사람 같은 이 만난다면
군왕이 황금대에서 빗자루를 안고 있으리니,
나라에서 천리에 사람 없다 말하지 말라.
동도는 서쪽으로 압록해안에 접했으니
늙은 용이 위엄 길러 신령스런 구슬이 신비롭다네.
경사의 땅에 떨쳐 나르는 길이 그윽히 열렸으니,
을파소 선생이 부름에 응하여 이르렀다네.
우택을 써서 구부러진 싹들이 이르게 했고,
풍뢰를 써서 숨어있던 것들을 일어나게 했네.
우태 벼슬이 어찌 국상처럼 높겠는가?
귀척들도 망설이며 감히 꺼리지 못하네.
단군과 기자의 옛 터에서 햇빛이 화려하니,
나라를 당겨 일으켜 빛나고 밝게 다스렸네.
왕이 말하길 이 도는 누구의 힘인가?
그대를 이르게 한 안류晏留이니 대사로 삼았다네.
대사는 애써 왕의 밝음을 구하지 않았으나,
우물 밑을 치운 것이니 어찌 복 받지 않을까 근심하리오.
갈옷을 입고 옥을 품은 이 다시 얼마나 될까?
드러내놓고 눈물 흘리는 이는 암혈의 선비들이라네.

西鴨綠行

進賢旣云難 任才亦不易
鄭有子皮齊鮑叔 際會千古稱二子 君王擁篲黃金臺 域中莫道無千里
東都西接鴨綠海 老龍養威神珠秘 天衢穩闢奮飛程 乙巴先生應聘至
用爲雨澤句萌達 用爲風雷群蟄起 于台何似國相尊 貴戚躑躅不敢忌
檀箕舊墟日光華 挽國熙熙皞皞治 王曰此道伊誰力 來汝晏留爲大使
大使非力求王明 井渫何憂不受祉 被褐懷玉復幾何 公然涕淚巖穴士

해설_이 시는 성호(星湖) 이익(李瀷, 1681~763)의 『성호선생전집(星湖先生全集)』(문집총간 198)의 「해동악부(海東樂府)」와 『한문악부 · 사자료집』 2에 수록되어 있다. 훌륭한 인재인 을파소와 같은 사람을 찾아서 쓴다면, 어느 임금도 훌륭한 정치를 행할 수 있으리라는 내용으로, 인재등용의 중요성을 노래하고 있다. 이러한 과거의 예를 통해 아직 천거되지 않은 수많은 인재들이 숨어있음을 상기시키고 있다. 을파소와 비교되는 중국 역사인물인 정(鄭)나라의 공자 피(子皮)는 윤하(尹何)를 읍대부로 임명하게 했으나, 공자 산(子産)이 말렸다. 시험 삼아 맡기면 어떠냐는 말에 공자 산은 아름다운 비단은 서투른 재단사에게 맡기면 비단이 상한다고 하였다. 후에 그는 자산에게 국정을 물려주고, 모두 그의 말을 따랐다. 흔히 능한 사람에게 사양하는 사람을 '자피와 같다'고 말한다(『춘추좌전』 양공 31년). 포숙(鮑叔)은 잘 알려진 대로 관중(管仲)의 재능을 알아보고 그의 모든 허물에도 불구하고 제환공(齊桓公)에게 천거하고 자신은 그 밑에서 섬겼던 인물이다. 이렇게 훌륭한 인재들을 잘 알아보아 추천해줄 수 있는 안목 있는 인물만 있다면 연(燕)나라 소왕(昭王)이 천하의 현사(賢士)를 불러들인 황금대(黃金臺)에서 인재 대접을 위해 빗자루를 안고 있었던 것처럼 기쁘게 있을 수 있다고 했다.

그러나 시인은 인재가 없다고 말하지 말고, 숨어있는 인재를 잘 찾아내어 그로 하여금 뛰어난 능력을 잘 발휘할 수 있도록 도와주어야 함을 말하고 있다. 을파소를 추천한 안류와 같은 인물도 매우 훌륭하다고 칭찬하지만, 무엇보다도 현재 '갈옷을 입고 옥을 품은 이 다시 얼마나 될까?'라고 하면서 참다운 인재, 숨어있는 진정한 군자는 얼마되지 않다고 했다. 다만 드러내놓고 재야의 선비인 척하는 은자들만 있는 세속의 현실 속에서 참다운 인재를 분별할 수 있는 안목이 또한 필요함을 강조하고 있다.

임창택, 을파소

고구려 고국천왕 때에 권신인 좌가려가 불의한 일을 행함이 많으니 왕이 그를 주살하였다. 압록곡에서 을파소를 초빙하여, 재상으로 삼으니 나라가 다스려졌다.

句麗 國川王時 權臣左可慮 多行不義 王誅之 聘乙巴素于鴨綠谷 爲相 國治

권신으로 좌가려가 있는데,
처사로 을파소가 있었네.
권신이 주살되니,
처사가 이르렀네.
어진 이를 친하게 여기고 간사한 이를 멀리하니,
천하가 잘 다스려졌네.

乙巴素
權臣左可慮 處士乙巴素 權臣誅 處士至
親賢遠姦 天下治

해설 _ 이 시는 임창택(林昌澤, 1682~1723)의 『숭악집(崧岳集)』(한국문집총간 202) 권1 「해동악부(海東樂府)」 조에 수록되어 있다. 시인은 어진 이를 가까이 하고, 간사한 이를 멀리해야 하는 정치의 이치를 과거 고국천왕 때의 을파소 등용의 예를 들어 설명하고 있다.

이복휴, 을파소

고구려 고국천왕 때 외척인 좌가려 등이 모반하여 형벌에 따라 죽으니, 조정의 신하 중에 정치를 맡을 수 있는 이가 드물었다. 왕이 나라 안에 영을 내려서 말하길 "요근래 벼슬을 총애로써 주고, 직위를 덕으로써 이끌어냄이 아니니, 이는 과인이 밝지 못한 허물 때문이다. 사부에서는 각기 현량한 인재를 천거하라." 이에 모두 동도수 안류를 추천했는데, 안류는 을파소를 추천했다. 왕이 을파소에게 벼슬을 내려 재상으로 삼았고, 안류에게 상을 내려 대사자로 삼았다.

> 高句 故國川王時 外戚左可慮等 謀叛伏誅 朝臣鮮可任政 王令於國中曰 近日官以寵授位非德進 是寡人不明之過也 四部各擧賢良 於是 共擧東都守晏留 留薦乙巴素 王拜爲相 賞晏留爲大使者

외척 중엔 가려 같은 이 많고
내신에는 충신이 없었다네.
신하를 얻으매 가문 없는 이를 귀하게 여기고,
측근 신하로는 충순함을 생각한다네.
부암傅巖의 들도 다하지 않고 위수渭水의 사냥도 없으니,
좌우의 방이 어둑어둑해도 새벽까지 잠 못 드네.
동도 유수의 눈에 구슬 같은 이 들어왔는데,
사부의 부장이 조칙을 읊조리네.
압록촌 가운데 소를 몰던 객을
나오게 하여 군왕의 자리 위 보배로 삼았네.
상금은 모른다 해도 참된 앎이 있으니,
이로부터 군왕은 사람 알아보는 신통력이 있다 하겠네.

乙巴素

外戚多可慮 內臣無忠臣 得臣貴無家 側席思忠純
傅巖無盡渭無獵 翼室暗暗不寐晨 東都留守眼有珠 四部部長誦絲綸
鴨綠村中叱牛客 來作君王席上珍 無知賞金眞有知 自是君王藻鑑神

은나라의 부열傅說은 곧장 관직을 배수하여 재상으로 삼았고, 주나라의 여망呂望은 곧장 배수하여 상보尙父로 삼았으니, 추천하여 끌어오는 힘에 의지하지 않고, 밟아온 경력의 수고로움을 바탕 삼지도 않았다. 그런데 지금에 이르러서는 군신간의 사귐과 대우라 칭하는 것이 한나라 이후로 경력을 바탕 삼기 시작했으니, 인재가 쇠하게 되었다. 대개 경력을 바탕 삼는 것은 그 흐름이 폐단이 되고, 바뀌어서는 사람을 위해 벼슬을 택하는 것이 되기도 한다. 이는 가이 상고시대와 후세의 인재를 쓰는 득실을 보아야 할 따름이다.

按殷之說 直拜爲相 周之呂 直拜爲師 不藉薦引之力 不資履歷之勦 而至今稱君臣際遇自漢以後 始有資歷之用 而人才衰矣 盖用資歷 則其流之弊 轉爲爲人擇官 此可見上古後世用人得失耳

해설 _ 이 시는 이복휴(李福休)의 「해동악부(海東樂府)」(『한문악부 · 사자료집』 6과 『한남집(漢南集)』)에 수록되어 있다. 시인은 인재를 알아보고 득실을 잘 살피는 임금의 안목이 중요함을 강조하며, 과거 외척으로 발호했던 좌가려를 물리치고, 숨은 인재를 등용해 훌륭한 정치를 했던 고국천왕의 시대를 노래했다. 가문이나 경력에 너무 연연하면 훌륭한 인재를 발굴하기 어려움을 지적한 점이 눈에 띈다. 시에 나오는 '가려(可慮)'는 좌가려(左可慮)로 당시 왕의 외척으로 권세를 믿고 함부로 행동을 하였던 인물이다. 그에 대해서는 『삼국사기』 고국천왕 12년조에 나온다. 평에 나오는 '은지열(殷之說)'은 은나라 고종(高宗) 때의 재상인 부열(傅說)을 가리키는데, 고종이 어느 날 꿈에서 깨어 꿈에 본 사람의 인상을 그리게 하여 그 인물을 찾았는데, 마침내 부암(傅巖)의 들에서 부열을 찾아 재상으로 삼았다고 한다. 또 '주지여(周之呂)'는 주나라의 신하 여상(呂尙)을 가리킨다. 그는 위수가에서 낚시질을 하고 있다가 임금을 만나서 왕의 스승격인 상보(尙父)가 되었고, 후에 태공망(太公望)이라고 불렸다.

김수민, 압록산 노래

처사 을파소가
압록산에 은거해 살 때
안류가 천거하여 상국이 되니

정사를 밝게 하고 믿음을 가르쳐
상벌로 천하를 편안케 했네.
안류에게 상을 주어 천거한 공에 보답했네
세월의 흐름 속에 이 같은 자 누구인가?
초은곡 켜며 용문의 오동나무에 올라 살핀다네

鴨綠山歌 – 故國川王時

處士乙巴素 隱在鴨綠山中 晏劉薦爲相國 明政敎信
賞罰安海東 賞晏劉答薦功 古往今來如此其有誰 彈招隱騰按龍門桐

해설 _ 이 시는 김수민(金壽民, 1734~1811)의 『명은집(明隱集)』 『기동악부(箕東樂府)』 조에 수록되어 있다. 시인은 숨어있는 인재였던 을파소를 천거해 등용케 한 안류의 공을 노래하며, 이러한 인재 등용의 중요성을 강조하고 있다. '초은(招隱)'은 세상에 숨어사는 어진 사람을 초빙하는 노래이다. 『초사(楚辭)』의 편명에 「초은사(招隱士)」가 있는데, 모함으로 임금에게 버림받은 굴원(屈原)을 안타까이 슬퍼하는 뜻을 담았다.

참고 : 김수민, 신장섭 역, 『한국기동악부주해(韓國箕東樂府註解)』, 국학자료원, 1997

06 연개소문 淵蓋蘇文

신광수, 연개소문

규염객은 바로 연개소문이라
동쪽으로 당나라 대군을 끌어왔구나.
고려 학사 이색李穡의 이야기가 남아있어
웃노라 눈동자에 활을 맞은 당나라 태종을

關西樂府

虬髥客是蓋蘇文 勾引東來太國軍 留與高麗學士話 玄花白羽笑唐君

해설 _ 이 시는 신광수(申光洙)의 「관서악부(關西樂府)」 108수 중 제22수이다. 「관서악부」은 『석북집』 권10(문집총간 231)에 수록되어 있다. 규염객은 당나라 전기소설에 의하면 부여의 뛰어난 인물로 나라를 세우려 하다가 이세민의 왕재를 알아보고 그를 떠났다고 한다. 규염객을 연개소문으로 보는 학자가 많다. 중국에서는 당 태종이 눈에 활을 맞은 사실조차 쓰지 않고 있기 때문에 당시 활을 쏜 사람이 누구인지 분명하지 않으나 대체로 연개소문과 양만춘이 거론되고 있다.

돌아가는 당 태종의 수레를 보고 성 위에 올라와 절한 것을 묘사한 성상배(城上拜)의 주인공은 양만춘(楊萬春)이다. 고려 학사 운운한 것은 본서의 V. 고구려의 장수들 중 8. '수당전쟁 관련 인물' 항목 (2) '당 태종' 조항의 이색(李穡), 「정관음(貞觀吟)」을 참고하면 구체적으로 알 수 있다.

이복휴, 남생의 소환

처음 고구려의 막리지(승상의 명칭) 천개소문泉蓋蘇文이 건무왕建武王을 시해하여, 당 태종은 죄를 물었으나 이기지 못하고 돌아갔다. 보장왕 25년 천개소문이 죽으니 큰아들 남생男生이 대를 이어 막리지가 되었다. 국정을 잡고 여러 성을 돌아다녔는데 그 동생인 남건男建과 남산男産으로 하여금 머물러서 나라의 일을 관장하게 했다. 어떤 이가 두 동생에게 고하길 남생이 장차 그들을 해칠 것이라 했고, 또 남생에게는 두 동생이 장차 그에게 맞설 것이라 했다. 남생이 사람을 보내어 그들을 엿보게 하다가 두 동생에게 잡히게 되었다. 이에 두 동생은 왕에게 호소하길, 남생이 장차 왕을 배반할 것이라 했다. 남생을 소환하니 남생은 탈출하여 당나라로 도망하였다. 남건이 대를 이어 막리지가 되어 병사를 풀어 국내성을 쳤다. 남생은 마침내 당나라의 앞잡이가 되어서 고구려를 멸망시켰다.

> 初高句莫離支－丞相名－泉蓋蘇文弑建武王 唐太宗問罪 不克而還 寶藏王二十五年 蘇文死 長子男生 代爲莫離支 秉國政 出巡諸城 使其弟男建男産留知國事 或告二弟曰 男生將害之 又告男生曰 二弟將拒之 男生遣人伺之 爲二弟所獲 乃訴于王曰 男生將叛王 召男生 男生脫身奔唐 男建代爲莫離支 發兵討國內城 男生遂爲唐前導滅高句

막리지가 화의 근본이라
골육 간에 절로 서로를 삼켰네.
남생은 나라를 도모하며 자기 몸은 도모하지 않아
당시에 몸을 굽혀 여러 성을 돌아 다녔네.
궁중의 두 형제 몰래 귓속말 하고
곤경에 빠진 새는 날고 날아 중원에 들어갔네.
어찌 차마 병사를 들어 압록강을 건넜는고.
천개소문의 혼이 있다면 응당 노하여 책하였으리.

> 召男生
> 莫離支爲禍根 骨肉自相呑 男生謀國不謀身 當時枉巡諸城門
> 宮中二哥潛附耳 困鳥飛飛入中原 豈忍提兵渡鴨綠 蘇文有魂應嗔責

최저와 경봉의 난은 오로지 참언으로 말미암아 이들이 이간되었고, 터무니없는 말로 남을 속이다가 끝내 그 집안을 멸망시켰다. 대개 소인은 이익을 주로 삼는 고로 사심이 쉽게 생긴다. 골육지간에도 절로 의심과 거리가 생겨서, 외국과 친하고 형제와 원수가 되는 지경에 이르게 된다. 전傳에 이른 바 두텁게 할 바가 엷고, 엷게 할 바가 두텁다는 것은 남생과 같은 경우를 말한다.

崔杼慶封之亂 專由讒間之 譸張而卒滅其家 盖小人主於利 故邪心易生 骨肉之間 自生疑阻 以至於親外國而讐兄弟 傳所謂 所厚者薄 所薄者厚者 男生之謂也

해설 _ 이 시는 이복휴(李福休)의 「해동악부(海東樂府)」(『한문악부·사자료집』 6과 『한남집(漢南集)』)에 수록되어 있다. 제나라의 최저(崔杼)와 경봉(慶封)이 함께 난을 일으켜 장공(莊公)을 시해하고 경공(景公)을 세웠다. 경봉이 최저의 아들 사투(私鬪)와 함께 최씨를 멸하고 경공의 재상이 되었으나 경공이 이들을 죽이려 하였다. 경봉이 진(晉)나라로 달아났다가 다시 오(吳)나라로 도망했는데, 후에 초영왕(靈王)이 오나라를 정벌하고 경봉을 잡아서 죽였다(『좌전』 소공 4년).

연개소문의 아들로 형제간의 암투로 인해 자신의 모국인 고구려를 배반하고 당나라에 붙었던 남생의 이야기를 통해 치열한 권력욕의 결과로 빚어진 골육상쟁의 비극을 노래하며 그 근원을 아버지 연개소문에게서 찾고 있다.

유득공, 연개소문

고구려를 하구려로 잘못 생각하였고,
주필산은 푸른데 천자의 군사를 지치게 했네.
서경의 홍불기에게 물어볼지니,
이무기 수염을 한 자가 바로 막리지인가.

句麗錯料下句麗 駐蹕山青老六師 爲問西京紅拂妓 虯髯客是莫離支

하구려 : 『후한서』에 "왕망이 '고구려왕'이라는 명칭을 고쳐 '하구려후'라고 하였다"고 하고, 우동의 「외국죽지사」를 살펴보면 "고구려를 하구려로 강등시켰다"고 하였다.

下句麗 後漢書 王莽更名高句麗王 爲下句麗侯 尤侗外國竹枝詞 高句麗 降下句麗

주필산 : 『당서』에 "태종이 스스로 거느리고 와 고구려를 쳐 안시성에 이르니 북부욕살 고연수와 남부욕살 고연진 등이 무리들과 함께 항복했다. 황제가 인하여 거동한 산을 주필산이라 이름하고, 돌에다 새겨 공을 기록했다. 안시성을 공격하였으나 항복받지 못했다. 성에서는 황제의 깃발을 보고는 곧 성 바퀴를 타고 지껄였다. 황제가 노하여 강하왕 도종이 나무 장목으로 흙을 쌓아 성까지 몇 십 척도 못 되게 바싹 다가갔다. 과의도위 부복애가 그것을 지켰다. 높은 곳으로부터 성을 밀치니 성이 또 무너졌다. 복애가 사사로이 제 소속부대를 옮겨서 오랑캐(고구려) 군사가 성 무너진 곳으로부터 나와서 웅거하고 참호를 파서 끊고 불을 쌓아 높고 방패를 돌려세워 굳게 지켰다. 황제가 복애를 베고 조서를 내려 군사를 회군하니, 성의 우두머리가 성에 올라 절하여 사례하였다. 황제가 그 지키는 것을 가상히 여겨 비단 백 필을 주었다" 하였다.

駐蹕山 唐書 太宗自將伐高麗 次安市 北部褥薩高延壽 南部褥薩高惠眞等 與衆降 帝因號所幸山爲駐蹕山 勒石紀功 攻安市未能下 城中見帝旌麾 輒乘陴譟 帝怒 江夏王道宗以樹枚裹土 積之 迫城不數丈 果毅都尉傅伏愛守之 自高而排其城 城且頹 伏愛私去所部 虜兵得自頹城出 據而塹斷之 積火縈盾固守 帝斬伏愛 有詔班師 酋長登城拜謝 帝嘉其守 賜絹百匹

막리지 : 『당서』에 "개소문이란 자는 혹은 개금이라고도 한다. 성은 천씨인데 스스로 이르기를 '물 가운데서 태어났다' 하며 뭇사람을 속이었다. 막리지가 되어 나라를 제 마음대로 하니 당나라의 병부상서 중서령의 직책과 같다 한다. 용모가 괴걸 영특하고 수염이 아름다웠다. 관과 의복을 모두 금으로 꾸미고 칼 다섯을 찼으니 좌우가 감히 우러러보지 못하였다. 귀인으로 하여금 당에 엎드리게 하고 밟고 말을 탔으며 출입할 때에 군사를 늘어세워 긴 대답을 하여 잡인을 금하니 보행하는 사람들이 두려워 도망하여 구덩이에 떨어지기까지 하였다" 하였고, 『해동패승』에 「규염객전」은 비록 당나라 사람이 지은 전기이나 또한 반드시 그 사람이 있을 것이다. 상고하건대 부여의 땅이 고씨에게 통합되었으니 수나라 당나라 즈음에 있어서 다시 부여국이라는 것은 없다. 남만이 아뢴 바 "배 천 척과 군사 십만 명으로 부여국에 들어갔다"고 말한 것이 고구려를 가리켜 부여라고 한 것 같다. 생각건

대 개소문이 동부 대인의 아들로서 뜻과 기운이 괴걸하고 준일하여 수나라 말년의 혼란을 타서 중국을 돌아다녔으니 장차 무엇을 해보자는 것이었다. 문황의 특이한 풍표와 기국과 기개를 본 연후에 동방으로 돌아와서 군사를 일으켜 난을 만들어 막리지가 된 것이리라.

莫離支 唐書 盖蘇文者 或號盖金 姓泉氏 自云生水中以惑衆 爲莫離支專國 猶唐兵部尙書中書令職云 貌魁秀美鬚髯 冠服皆飾以金佩五刀 左右莫敢仰視 使貴人伏諸地 踐以乘馬 出入陳兵 長呼禁切 行人畏竄 至投坑谷 海東稗乘 虯髯客傳 雖唐人傳奇 亦必有其人也 按夫餘之地 爲高氏所統 在隋唐之際 更無所謂夫餘國 南蠻所奏 海船千艘 甲兵十萬 入夫餘國云云 似指高句麗爲夫餘也 意者蓋蘇文 以東部大人之子 意氣傑驁 乘隋季之亂 遊歷中國 將有爲也 及見文皇 異表器氣 東返 稱兵作亂 做得莫離支爾

해설 _ 이 시는 「이십일도 회고시 고구려」 중 연개소문을 읊은 작품으로 수록되어 있다. 이에 대해서는 이 책 47쪽에 수록된 유득공의 「이십일도회고시 고구려」를 참조할 것. 유득공(柳得恭)의 문집 『영재집(泠齋集)』(문집총간 260) 권2에 수록되어 있다. 중국에서는 고구려를 하찮게 보아, 하구려라고 폄하하여 부르기도 하였으나 주필산에서 자신만만했던 당 태종은 안시성에서 패배를 하고 돌아갔음을 역사적 기록을 통해 보이고 있다. 또한 고구려의 인물인 연개소문이 기이한 풍모와 기세를 가지고 있어서, 마치 『해동패승』에 나오는 규염객이 바로 그와 같다고 연개소문에 빗대어 표현하고 있다. 시에 나오는 홍불기(紅拂妓)는 당전기소설 「규염객전」에 나온다. 홍불기는 본래 수나라 때의 권력가 양소(楊素)의 시기(侍妓)였는데, 이정(李靖)의 사람됨을 알아보고 규염객과 함께 이세민에게 갔다. 후에는 영웅을 식별하는 여성을 홍불기라고도 한다. 여기서 규염객은 연개소문으로 보기도 한다.

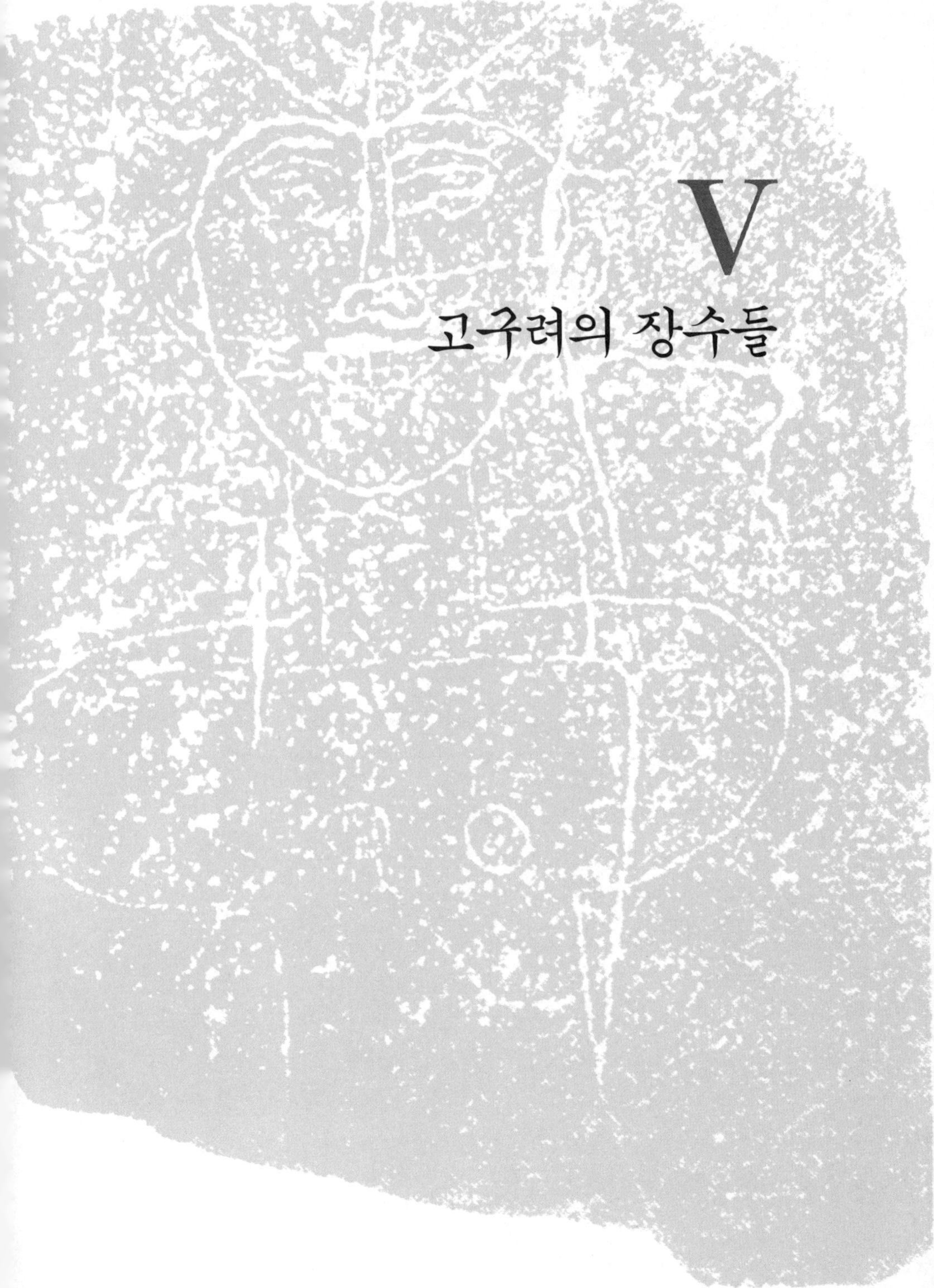

V

고구려의 장수들

01 괴유 怪由

이복휴, 진흙 속에 빠진 부여왕

고구려 대무신왕이 골구천에서 사냥하고 있을 때 신마를 얻어 부여를 공격했다. 길에서 한 사람을 만났는데 그의 키는 9척이었으며, 눈에서 광채가 빛났다. 말 앞에서 절하며 말하기를 "저는 북명 사람 괴유입니다. 듣건대 대왕께서 출사하러 가신다는 말을 들었습니다. 제가 따라 가서 부여왕의 머리를 베어 오도록 허락하여 주십시오"라고 말했다. (왕이) 이를 허락하였다. 진군하여 부여 남쪽에서 안장을 풀고 병사를 쉬게 했다. 부여왕이 말을 채찍질하며 앞으로 돌진하다가 진흙에 빠졌다. 괴유가 칼을 들고 바로 왕의 머리를 베니 부여 군사들이 어지러워져 드디어 승세를 타고 돌아왔다. 부여인들이 왕의 아우 갈사를 세워 왕으로 삼았다.

> 高句 大武神王 畋於骨句川 得神馬駏驤 攻扶餘 道遇一人 身長九尺 目有燈光 拜於馬前曰 臣是北溟人怪由 聞大王行師 臣願從行 取扶餘王頭 王許之 進軍扶餘南 解鞍休卒 扶餘王策馬突前 陷泥淖 怪由挺釰直斬王頭 扶餘兵亂 遂乘勝而歸 扶餘人立王弟曷思爲王

붉은 까마귀가 부여에서 오고
상서로운 솥이 비류수에 나왔네.
깃발이 펴져 띠집 앞에 벌려 있고
인루마는 밝은 달에 우네.

| 무용총 수박 |

모천의 검은 개구리 징조 보고
동쪽 이웃 부여 왕의 전투마는 봄 진흙에 빠지네.
북명장사 괴유가 검 잡고 일어나니
부여황제가 가원 서쪽에서 목숨을 잃었네.
요동벌 하늘은 막막하여 운무 속에 해매다가
돌아와 사당을 만들어 예를 거행하니.
사졸들이 일제히 기뻐하는 소리를 지르네.
이에 알 수 있어라, 창망 중에도 절로 도움 있음이.
그대 보지 못했는가,
학반령 아래 말들이 우는 소리를.

陷泥淖

赤烏扶餘來 瑞鼎沸流出 蝥弧儼前茅 騆騣嘶明月 矛川黑蛙示先兆 東隣戰馬陷春泥 北溟壯士按劍起 白帝魂斷迦原西[34] 遼天漠漠雲霧迷 歸來作社擧 士卒歡聲齊 也知滄茫

34) 백제(白帝)는 괴유에게 죽임을 당한 부여왕 대소(帶素)를 가리킨다. "白, 素也"라 하여 백색은 무

自有佑 君不見鶴盤嶺下雲錦嘶

생각건대 부여의 괴유는 백제의 황창랑과 동일한 수단을 썼는데, 당시 국왕이 자객에게 당함이 이와 같이 매우 쉬어, (섭정이) 한나라 재상실에 직접 쳐들어가 죽인 것과 다름이 없으니 그 거칠고 암매함을 알만하다.

按扶餘之怪由 與百濟黃昌郎同一手段 當時國君之見刺 若是甚易 無異韓相府之直入 其草昧可知

해설 _ 이 시는 이복휴(李福休)의 「해동악부(海東樂府)」(『한문악부 · 사자료집』 6과 『한남집(漢南集)』)에 수록되어 있다. 『삼국사기』에는 "대무신왕 3년 9월에 골구천에서 사냥하다가 신마를 얻었는데 이름을 거루라 했다"는 기록이 있다. 10월에 부여왕 대소가 붉은 까마귀를 고구려에 보냈다. 부여왕이 머리가 하나이고 몸은 둘인 까마귀를 얻었는데, 까마귀는 본래 검은 것인데 붉은 빛으로 변했고, 또 머리 하나 몸이 둘이므로 두 나라가 합병할 징조여서 고구려를 합병하라는 말을 듣고 이를 고구려에 보냈다. 대무신왕은 신하와 의논한 후 검은 색은 북방의 빛인데 지금 남방의 빛으로 변하고, 또 붉은 까마귀는 상서로운 짐승인데 이를 갖지 않고 고구려에 보냈으므로 양국의 존망을 아직 알 수 없다고 대답했다. 대소는 이 말을 듣고 놀라고 후회하였다고 했다.

대무신왕 4년 12월에는 부여를 치기 위해 비류수에 행차하였는데 거기서 큰 솥을 얻는다. 밥을 지을 때 불을 때지 않아도 스스로 끓고, 밥을 지으면 일군을 배불리 먹일 수 있었다. 여기서 부여왕의 머리를 잘라오겠다는 북명 사람 괴유를 얻었다. 대무신왕 5년에 부여국의 남쪽으로 진군하는데 나라를 들어 출전한 부여왕이 진흙에 빠져 움직이지 못하자 괴유가 가서 그의 머리를 잘랐다. 그러나 부여의 군사들은 왕을 잃고도 물러가지 않고 고구려 군사를 몇 겹으로 포위함으로 고구려 군사들은 군량이 떨어져 굶주리게 되었다. 왕이 하늘에 빌어 운무가 끼어 지척을 구분하기 어렵게 되자 대무신왕은 허수아비를 대신 세우고 군사를 이끌고 귀환했다. 왕은 자신이 경솔하게 부여를 정벌하러 나아가 사람과 국력을 허비한데 대해 사과하고, 친히 죽은 자를 조상하고 다친 자를 문병하여 백성을 위로하자 백성들이 감복하여 더욱 충성할 것을 맹세했다. 3월에 신마 거루가 부여의 말 백필을 거느리고 함께 학반령 밑의 차회곡에 이르렀다. 이 시에는 이러한 역사적 사실이 모두 포함되어 있다.

후서에서 언급한 황창랑은 "신라 무동(舞童)으로서 무용에 뛰어나 나이 15·6세로 왕에게 백제왕을 죽이겠다고 약속하고 백제에 들어가 궁중에서 검무를 추다가 왕을 죽인 후 붙잡혀 죽었다. 이 소식을 듣고 그의 모친이 눈이 멀었으나 사람들이 검무를 추면서, 거짓으로 창랑이 돌아왔다고 말하여 멀었던 눈을 뜨게 했다. 이로부터 황창무(黃倡舞)가 향악(鄕

늬 없는 흰색을 의미한다. 백제는 이복휴가 대소의 이름을 풀이해서 사용한 것일 뿐 역사적으로 사용된 명칭은 아니다. 가원(迦原)은 가섭원(迦葉原)을 줄인 것이다. 이규보의 「동명왕편」에 부여왕 해부루가 아들 금와를 얻은 후 아란불의 권유를 받아들여 가섭원으로 도읍을 옮겼다고 했다.

樂)에 실려 전하게 되었다."(『신증동국여지승람』 권21 「경주부」) 한 상부에 직접 쳐들어간 사람은 전국 시대 자객 섭정(聶政)이다. 한나라 애공(哀公)을 섬기던 엄중자(嚴仲子)는 당시 재상이었던 협루(俠累)와 사이가 좋지 않아 죽임을 당할 위기에 처하자 제나라 자객인 섭정에게 복수를 부탁한다. 섭정은 협루가 집무하는 청사로 직접 쳐들어가 그를 죽였다. 『한문악부·사자료집』 6에 수록되어 있다. 이복휴에 관해서는 II장의 동명성왕 조의 「북부여」에 기술되어 있다.

02 을두지 乙豆智

이복휴, 을두지

고구려 대무신왕大武神王 11년 한나라 요동태수가 침범해왔다. 우보 송옥구松屋句는 “험한 지형에 기대어 기이한 전술을 써 깨뜨리면 반드시 이길 것입니다”라 말했다. 좌보 을두지乙豆智는 “한나라 병사가 멀리서 왔는데 그 무기를 당할 수 없습니다. 문을 닫고 굳게 지키며 들판을 모두 비워놓고 병사가 지치는 것을 기다려 공격하는 것이 좋겠습니다”라고 말했다. 왕이 위나암성尉那巖城에 들어와 오래 지키니 힘이 곤궁했다. 을두지가 말하길 “한나라 군사가 말하길 우리 암석 중에는 물이 없어 고로 곤궁하게 하려고 한다고 했습니다. 우리는 마땅히 못의 물고기를 취해 수초로 싸서 술과 함께 군사에게 먹으라고 보내야 합니다.” 왕이 이를 따르니, 한나라 장군은 성내에 물이 있어 빠른 시일 내에 공략할 수 없다고 여겨 마침내 군대를 이끌고 돌아갔다.

高句 大武神王十一年 漢遼東太守來伐 右輔松屋句曰 憑險出奇 破之必矣 左輔乙豆智曰 漢兵遠來 其鋒不可當也 閉門固守淸野 以待師老而擊之可也 王入尉那巖城 久守力困 豆智曰 漢軍謂 我巖石中無水 故欲困 我宜取池魚 包水草兼以酒致犒也 王從之 漢將謂城內有水 不可猝拔 遂引還

위나암성 문을 한낮 내내 닫아놓았는데,
성 바깥에는 한나라 병사가 와 머뭇거리네.

수초로 물고기를 싸서 삼군에게 보내며,
'먼 길에 어찌 오셨는가'라고 하였네.
성 가운데 물의 깊기는 강과 같고
성 가운데 곡식 쌓인 것은 갈대와 같네.
뜻은 풍정馮亭처럼 땅을 팔아 조나라에 바쳐서 나라 지킨 것을 배웠으나,
의리는 정백鄭伯처럼 성이 함락되자 양을 끌고와 따르는 일은 하지 않았네.
아아, 을두지는 참다운 지혜로
적이 있어도 맞서지 않았으니 진정한 사내대장부가 아니겠는가.

乙豆智
尉那城門白日閉 城外漢兵來踟躕 水草包魚饋三軍 謂言遠道胡爲乎
城中有水深如江 城中有粟積如蘆 旨學賣土降馮亭 義不城下牽羊趨
嗚呼乙豆智眞智 有賊不抗眞非夫

살피건대, 장수가 적을 제압하려면 반드시 기이한 전략을 내어야만 이길 수 있다. 그래서 경공耿恭은 소륵성疏勒城에서 솟아나는 샘물이 있음을 적에게 알렸고, 오개吳玠는 요풍饒風에서 적에게 황감을 보내었다. 이는 모두 적을 놀라게 하는 꾀였다. 이와 같이 나라를 두를 정도로 엄청나게 많은 병사가 여러 달 동안 포위하고 머물러 있다면, 어찌 하나의 물풀로써만 그들을 물리칠 수 있었겠는가.

按將帥制敵 必以出奇爲勝 而耿恭之疏勒飛泉 吳玠之饒風遺柑 皆是驚賊之謀 若是卷國大兵 屢月圍住 則豈可以一水草而退之哉

해설 _ 이 시는 이복휴(李福休)의 「해동악부(海東樂府)」(『한문악부 · 사자료집』 6과 『한남집(漢南集)』)에 수록되어 있다. 지략을 써서 적을 물리친 을두지는 전쟁을 하지 않고 군사의 희생 없이 이겨냈다는 점에서 참다운 사내대장부로 찬양되고 있다. 이 시를 쓴 이복휴는 을두지가 의외의 전략을 썼던 중국의 역대 인물과 동급으로 위기의 순간을 뛰어난 방법으로 이겨낸 전략의 대가임을 강조했다. 시 속에 나오는 을두지의 뜻이란 풍정(馮亭)과 관련한 것이다. 진(秦)나라 백기(白起)의 공격에 한(韓)나라 왕이 항복하자, 한나라 상당(上黨)의 태수 풍정은 상당 땅을 조나라에 바치고 연합전선을 형성하여 함께 진나라에 항거했다(『사기』 권43 「조세가」). 시 속에 나오는 의리는 정백(鄭伯)에 관한 것으로, 초나라 장왕이 정나라를 포위해서 삼 개월 만에 함락시키고 황문으로 들어가니, 정백이 옷을 벗고 양을 끌고 와서 맞이했다. 그는 장왕을 섬길 수 없지만 만약 정나라 사직을 끊어지지 않게 하면 마음을 고쳐 섬기겠다고 말했다. 이에 대해 장왕은 그가 능히 몸을 굽혀 아래에 처할 줄 아는 것을 높이 사서 신하의 반대를 무릅

쓰고 그의 원을 들어준다(『사기』 권40 「초세가」). 시인은 을두지가 위기에 처해서도 적에게 무릎을 꿇지 않았다는 주장이다.

이복휴는 평에서 과거 기이한 전략을 써서 적을 놀라게 했던 인물로 중국의 몇 사람을 거론했는데, 경공(耿恭)과 오개(吳玠)를 예로 들었다. '경공은 소륵성에서 솟아나는 샘물이 있음을 적에게 알렸다'고 했는데, 경공은 후한 때의 인물로 소륵성(疏勒城)을 지키고 있었다. 흉노의 포위로 물길이 끊겨, 성 안의 우물을 깊이 팠으나 물이 나오지 않았다. 경공이 의관(衣冠)을 갖추고 우물을 향해 두 번 절하자, 우물물이 갑자기 솟아 나왔다. 그 물을 퍼서 흉노에게 보내자, 흉노들이 놀라 군사를 끌고 물러갔다고 한다(『후한서』 권49 「경공전(耿恭傳)」). '오개(吳玠)는 요풍에서 적에게 황감을 보내었다'고 했는데. 오개(吳玠)는 남송(南宋)의 명장으로 금(金)의 공격을 막는 데 큰 공을 세웠던 인물이다. 그는 위기의 순간에 도리어 적에게 사자를 통해 황감을 보내서 적의 기세를 꺾었다(『송사』 권366 「오개열전(吳玠列傳)」). 오개는 특히 임기응변을 통해 병법상의 문제를 해결했던 것으로 유명하여, 다음의 『조선왕조실록』에도 기록되어 있다. "예전부터 전쟁 중에는 사자(使者)가 그 사이를 왕래하였다. 제갈공명(諸葛孔明)과 사마의(司馬懿)가 대진(對陣)하여 서로 방문하는 것이 끊이지 않았고, 오개(吳玠)는 올출(兀朮)에게 황감(黃柑)을 보냈습니다. 이러한 일은 한두 가지가 아닙니다. 대개 병가(兵家)의 임기응변은 무궁무진하므로 일률적으로 말할 수 없습니다"라고 언급되고 있다(『조선왕조실록』 선조 29년 병신, 6월 20일 조). 이복휴는 을두지가 희생을 최소한으로 줄이도록 맞서 싸우지 않고 이겼다는 점에서 진정한 사대부라고 높이 평가하고 있어, 그가 전략전술을 중요시함을 엿보게 한다.

김수민, 을두지의 노래

을두지를
한나라 운대의 장수들도 못 따른다네
지혜로 싸울지언정 힘으로 함이 아니니
이름 글자 '지'智와 실로 부합하도다
성 안에 본래 물이 없어
한나라 병사 이를 알고 세 겹으로 포위할 때
연못의 고기 잡아 수초에 싸서
성 밖으로 던져 성안에 물이 충분함을 보였네
한나라 이광리가
칼 꽂아 샘 솟은 것에 비해 어떠한가?
요동벌 겨울이 일찍 추워짐을 기다리지 않고
군사를 거두워 압록강 건너갔다네.

애석타, 한 광무제의 만리를 밝히 보는 지혜로
원정한 것은 일단 기질과 습관이 되었기 때문이네.

乙豆智歌 – 大武神王時

乙豆智 漢家雲臺諸將不可及 寧鬪智不鬪力 名字實相合
城中本無水 漢兵知此圍三匝 取池魚包水草 投諸城外以示城中水已洽
何如李廣利 揷釰泉湧汲 不待遼野早寒 班師還渡鴨
可惜漢光明見萬里智 遠征一任爲氣習

해설 _ 이 시는 김수민(金壽民, 1734~1811)의 『명은집(明隱集)』『기동악부(箕東樂府)』 조에 수록되어 있다. 시인은 을두지의 이름 안에 '지혜로울 지(智)' 자가 있음을 거론하며 그의 행동이 매우 지혜로웠음을 찬미하고 있다. 그리하여 중국 후한 명제(明帝) 때 훌륭한 인재 28인의 초상을 걸어둔 곳인 운대(雲臺)의 장수들보다 더 훌륭하다고 평가하였다. 적에게 포위되어 물도 메말라가는 상황 속에서 지혜를 발휘하여 마치 물이 많은 것처럼 고도의 심리전술을 써서 적군으로 하여금 물러나게 한 것은 전한(前漢) 무제(武帝) 때의 용맹한 무장 이광리(李廣利)가 군사를 동원하여 이사성(貳師城)으로 갈 때 물이 없어 군사들의 목이 타는데, 광리가 패도(佩刀)로 산을 쳐서 물줄기가 솟아나게 한 기적과 비슷하다고 하겠다(『한서』「이광리전」). 또한 시인은 시의 마지막 줄에서는 중국의 임금들이 침략 야욕에 불타 함부로 정벌전쟁을 일삼고 있음을 비판하고 있다.

03 온달 溫達

임창택, 온달의 처

온달의 모습은 꾀죄죄하고 집안이 가난하여 구걸해서 어머니를 봉양하였다. 고구려의 평강왕은 어린 딸이 울기를 좋아하자, 왕은 매번 장난으로 말하길 "네가 항상 울어 내 귀를 시끄럽게 하니, 온달에게 시집보냄이 마땅하리라"고 하였다. 공주가 성장하여 부마를 택하려하니, 공주는 말하길, "대왕께서 항상 저를 온달에게 시집보낸다고 하셨는데, 어찌하여 전의 말을 바꾸시는지요?"라고 하였다. 왕이 노하여서 공주는 궁을 나와 혼자 온달의 집에 이르렀다. 온달은 느릅나무 껍질을 채취해서 돌아왔는데, 마침내 그 아내로 삼았다.

> 溫達貌龍鐘 家貧乞食以養母 句麗平崗王少女兒好啼 王每戲曰 汝常啼聒我耳 當歸之溫達 及長擇駙馬 女曰 大王常語歸溫達 何改前言 王怒之 女出宮 獨行至溫達家 溫達採楡皮而歸 遂爲其婦

모습은 꾀죄죄하고,
빌어먹으며 살았네.
비류수의 사내 이름은 온달인데,
왕궁의 딸이 울고 또 울매
딸이 울면 왕이 항상 희롱하였네.
네가 크면 반드시 온달의 처로 보내겠다.

딸이 열여섯이 되어 부마를 택하게 되매,
부마를 택하니 딸은 안 된다 하네.
필부의 식언도 오히려 상서롭지 못한데,
왕이 항상 하시던 말씀 저는 잊지 못합니다.
산중에 느릅나무를 함께 캘 수 있으니,
빈천함이 또한 어찌 방해되리오.
옛사람들 가난하고 병들어도 서로 저버리지 않았네,
앞에는 온달이 있고, 뒤에는 백운白雲의 아내가 있었네.

溫達婦
貎龍鐘 食行乞 沸水之男名溫達 王宮女兒啼復啼
兒啼王常戱 兒長必作溫達妻 兒年十六卜駙馬 卜駙馬兒不可
匹夫食言猶不祥 王常有言兒不忘 山中榆皮可共采 貧賤亦何妨
古人貧病不相負 前有溫達後有白雲婦

해설_ 이 시는 임창택(林昌澤, 1682~1723)의 『숭악집(崧岳集)』(한국문집총간 202) 권1 「해동악부(海東樂府)」 조에 수록되어 있다. 어릴 적부터 부왕의 장난스런 말로 자신의 배필을 바보 온달이라 믿게 된 평강공주의 생각과 선택을 표현한 시이다. 가난하고 못생긴 온달이지만 그

| 사냥 | 덕흥리 벽화분 앞방 남쪽 천장

를 배필로 생각하며 믿고 평생 의지하며 배신하지 않겠다는 아름다운 뜻이 나타나고 있다. 시의 말미에 나오는 백운(白雲)의 아내는 신라 진흥왕 때 국원현 사람인 백운과 결혼한 같은 동리의 제후(際厚)라는 여인이다. 백운과 약혼 후 백운의 눈이 멀게 되자, 제후의 집에서는 그 두 사람을 억지로 파혼시키고 다시 무진 태수 이교평에게 시집 보내려고 하였다. 제후는 백운과 몰래 약속하고 무진 산중으로 도망하여 결국 부부가 되었다. 이 백운의 아내에 대해서는 이복휴의 「해동악부」 중 「백운영(白雲詠)」 소서(小序)를 참고할 만하다. 이복휴는 그 작품의 사평에서 온달의 부인을 유사한 예로 들었다.

신광수, 온달

평강공주 소를 타고 궁문을 나와
칠보단장한 모습으로 가난한 마을에 왔네
금지옥엽 아가씨가 바보 온달에게 시집가길 원하니
하늘이 정한 인연이라 혼사를 피할 길 없구나.

關西樂府
騎牛公主出宮門 七寶粧來荳葉[35]村 金枝願嫁愚溫達 天定人緣莫避婚

해설_이 시는 이 시는 신광수(申光洙, 1712~1775)의 「관서악부」(『석북집』 권10) 108수 중 제23수(문집총간 231)이다. 『삼국사기』 「온달전」의 평강공주는 팔목에 패물을 차고 궁을 나왔고, 이것은 후에 남편 온달을 성공시키는 중요한 자본이 된다. 일반적으로 온달과 평강공주의 관계는 사랑보다는 적극적 내조자의 도움으로 인한 성공이라는 면에서 주목받았는데, 여기에서는 그러한 두 사람의 관계가 언급되고 있지 않다. 다만 이 시에서 칠보는 공주를 아름답게 단장시킨 장신구일 뿐이고 온달은 천정배필이어서, 신분을 뛰어넘은 두 사람의 운명적인 사랑에 더 초점을 두고 있다.

이복휴, 온달

고구려 평원왕平原王 때에 낙랑사람 우온달于溫達은 집안이 가난하고 용모가 꾀죄죄하였다. 항상 음식을 구걸해서 어머니를 봉양하니, 마을 사람들이 그를 지목해 바보란 의미로 우온달愚溫達이라고 했다. 왕에게 잘 우는 어린 딸이

35) 두엽(荳葉)은 콩잎(藿)과 같은 뜻으로 거친 음식(粗食)이나 그러한 음식을 먹고 사는 가난한 백성을 가리킨다.

있었으니, 왕이 장난으로 말하길, "네가 우는 소리가 듣기 싫으니 반드시 바보 온달에게 시집보내리라"고 했다. 딸이 16세가 되자 장차 상경을 택하여 시집보내려고 하였다. 딸이 말하길 "임금은 농담이 없어야 합니다." 왕이 노하여 그녀를 쫓아냈다. 공주는 걸어서 온달의 집에 이르렀는데, 온달은 때마침 나무껍질을 캐러 산에 올라갔었다. 공주가 그를 쫓아가니 온달이 말하길, "깊은 산 속에 어찌 미녀가 있겠는가. 이는 반드시 요망한 귀신이 사람에게 씌운 것이다"고 하며 마침내 산을 내려 가버렸다. 공주는 그를 따라 그 집에 이르러서 간곡하게 그간의 사정을 말하여 받아들여졌다. 공주는 주머니 속에 있던 금팔찌를 팔아서 밭과 집, 노비, 소용되는 물건들을 샀다. 또 온달로 하여금 국마 중에서 여윈 것을 사오라 하여 공주가 친히 그 말을 먹이어서 매우 살찌고 건강하게 만들었다. 나라 풍속에 3월 3일에는 매년 사냥놀이를 하고 하늘에 제사를 지냈다. 왕이 사냥에 나갔는데 온달이 앞에서 빨리 달렸다. 왕이 놀라 그에 대해 묻고, 곧 말하길 "내 사위이다. 후하게 대접하라"고 했다. 그 뒤에 주나라 무제가 요동을 정벌하며 예산에서 전투를 벌였는데, 온달의 공이 제일이었다. 드디어 대부 작위를 내렸다. 영양왕이 즉위함에 이르러 온달이 말하길 "한수 북쪽의 군현이 모두 신라 땅이 되었습니다. 가서 반드시 회복하겠습니다." 왕이 이를 허락하니, 갑병 3천인과 함께 떠남에 임하여 맹서하길 "죽령과 계현의 서쪽이 우리에게 돌아오게 하지 못하면 나는 돌아오지 않을 것이다"라 했다. 마침내 떠나서 신라군과 아조성에서 만나 힘써 싸우다가 죽었다. 시체를 싣고 돌아오는 운구가 움직이지 않았는데, 공주가 와서 어루만지면 말하길 "아. 죽음과 삶이 결정되었으니, 아아 돌아가소서"라고 하니, 마침내 들어서 가게 되었다.

高句 平原王時 樂浪人于溫達 家貧貌龍鐘 常乞食養母 市井人目以愚溫達 王有少女好啼 王戲曰 汝啼惡 必與愚溫達 女年十六 將擇嫁上卿 女曰 王者無戲言 王怒逐之 女步行至溫達家 溫達方採楡皮上山 女隨之 溫達曰 深山之中 豈有美女 此必妖魅侵人 遂下山 女隨至其家 懇告其情 乃納焉 女遂賣囊中金釧 買田宅奴婢器用 又使溫達買國馬之瘦者 女親齕之太肥盛 國俗三月三日 每遊獵祭天 王出獵 溫達馳騁在前 王驚問之 乃曰吾甥也 厚餉之 後周武帝伐遼東 戰於肄山 溫達功爲第一 遂賜爵大夫 及嬰陽王卽位 溫達曰 北漢郡縣 盡爲新羅 往必復之 王許之 與甲兵三千人 臨行誓曰 所不以竹嶺鷄峴之西歸我者 吾無返矣 遂行 與羅軍遇於阿朝城 力戰而死 屍還柩不動 公主來撫曰 噫死生決矣 嗚呼歸矣 遂擧而行

꾀죄죄한 저 사람 누구인가?
스스로 말하길 짝이 없다 하네
친한 이를 찾아도 중매로 나서지 않는데
사뿐사뿐 어느 마을의 처녀인가
여자로 태어나 사랑하는 바 없었고,
여자로 자라나 희롱하는 바 없었네.
다만 왕은 두 가지로 말하면 안 됨을 알았고,
태어나 16년간 문을 나서지 않았다네.
어찌 감히 귀한 옥새 황량한 산 속에 있게 되었으리오.
주머니 속에 금이 있고 협중에 옷이 있으니
단지 원하는 것은 함께 나서 함께 죽는 것이네.
삼월 삼일 사냥마가 우뚝하게 뛰어나니
임금이 마음 돌려 건장한 취린翠獜처럼 순미하다 칭찬하네.
죽령과 계현에 남긴 맹세 헛되게 되니,
혼은 돌아가지 못하고 낭자에게 돌아가는구나.

溫達行
龍鐘彼誰子 自言無配侶 探親不用媒 步步何村女
女生無所愛 女長無所戲 但識王者言無二
生年十六不出門 豈敢璽足荒山裡 囊中有金篋有衣 只願同生與同死
三月三日獵馬驕 天回翠獜稱純美 竹嶺鷄峴空留誓 魂兮不歸歸娘子

남자 중에는 부인으로 인해 성공한 자가 많다. 제강齊姜은 뽕밭의 여인들을 죽여서 중이重耳를 보냈고, 황부인黃夫人은 나무소 모양의 수레를 만들어서 제갈량諸葛亮의 전략을 도왔다. 시소柴紹에게 시집간 공주는 군사를 모아서 태원의 역에 나갔고, 양부인梁夫人은 친히 북을 들고 한기왕韓蘄王의 공을 이루었다. 이들은 어진 지아비를 도와 공을 이루게 한 사람들이나, 온달의 경우는 품계가 아래에 있었다. 아래에 있는데도 그로 하여금 초연히 여러 품계의 위에 있게 하였으니, 공주의 힘이 아니었다면 누가 그렇게 했겠는가? 하물며 삶과 죽음의 정신이 밝게 서로 비추는 것이 순언荀偃이 범개范匃를 눈으로 보고 그의 말을 듣은 후 눈을 감고 죽은 것과 같다. 장하도다. 옛날 산음山陰의 장원백張元伯의 영구가 움직이지 않았으니, 범거경范巨卿이 오기를 기다렸던 것이다. 지금 공주가 한번 쓰다듬음에 죽은 자도 느끼어 알았으니, 유명을 달리한 지기로서 범거경과 장원백보다 못하지 않다.

男子以婦人成功者多 齊姜殺蠶妾以送重耳 黃夫人造木牛以助諸葛 柴紹公主聚軍以赴太原之役 梁夫人親執桴鼓以成韓蘄王之功 此皆賢夫之可以助成者 而至於溫達 則品居下 下而使之超然於衆品之上 微公主之力而誰歟 況生死精神 炯然相照 有如荀偃目視聽范匄言 而還瞑 壯哉 昔山陰張元伯 有柩不動 以待范巨卿之來 今公主一撫 死者知感 可謂幽明知己 不下范張

해설 _ 이 시는 이복휴(李福休)의 「해동악부(海東樂府)」(『한문악부 · 사자료집』 6과 『한남집(漢南集)』)에 수록되어 있다. 시인은 평강공주가 순결하고 정조가 강한 고귀한 여성으로 부왕의 말을 그대로 믿고 지키려 했음을 강조하고 있다. 신분의 차이가 나는 두 사람이지만, 서로 믿고 의지하며 평생 해로하기로 약조했으며, 말을 타고 왕의 앞에 나선 온달의 모습은 마치 개의 모양에 호랑이 발톱을 가진 신성하고 건장한 짐승이라 전해지는 취린(翠獜)을 탄 듯 훌륭하여 임금의 마음을 돌려놓았다고 묘사하였다. 그러나 고구려를 위해 공을 세우고자 맹세하고 나갔던 전투에서 목숨을 잃은 온달은 그 혼이 사랑하는 아내의 곁을 떠나지 못함을 슬프게 서술하였다.

그런데 시인은 사평을 통해서 온달과 평강공주와 같은 관계의 남녀가 많았음을 보여주고 있다. 역대 중국 역사를 살펴보면 평강공주처럼 남자를 성공시킨 여인들이 상당히 많다는 것이다. 제강(齊姜)은 제 환공(齊桓公)의 딸로 중이(重耳)를 진나라로 데려가는 모의를 엿들은 뽕나무 밭 여인들을 죽여 비밀을 유지한 후 중이를 진나라로 보냈다. 후에 결국 중이는 춘추오패의 하나인 진문공(晉文公)이 되었다(『열녀전』 「현명」 편). 제갈량(諸葛亮)의 부인인 황부인(黃夫人)은 나무소 모양의 수레를 만들어 제갈량의 작전을 도왔다고 했다. 원래 삼국지에는 목우가 제갈량이 소의 생김새를 본떠서 만든 군량미를 운반하는 기계로 되어있다. 그런데 일설에는 이것이 황부인의 착상으로 전해지기도 하여 이복휴가 이런 내용을 인용한 것이다. 시소(柴紹)에게 시집 간 당나라 고조 이연의 딸 평양(平陽)공주는 군사를 모아 오빠 이세민이 태원에서 혁명을 일으켜 나라를 세우는 일을 돕게 하였다. 양부인은 이름이 양홍옥(梁紅玉)으로 본래 기녀였으나, 송나라 장군 한세충(韓世忠)이 벼슬하기 이전부터 그를 알아 그의 부인이 되었고, 후에 안국부인(安國夫人)으로 봉함을 받았다. 한세충이 초산사(焦山寺)에서 올출(兀朮)과 싸울 때 친히 북채를 들고 싸움을 도와, 장병들이 힘을 내어 전투하여 금나라 군사가 끝내 남하하지 못했다. 이렇게 남편의 공을 이루게 하여 그가 후에 기왕(蘄王)으로 추봉되는데 도왔다. 그런데 평강공주는 이들과는 달리 그 지위가 저 아래 품계에 있던 남편을 아주 높이 끌어올렸으니, 그 내조의 공이 더욱 뛰어나다고 이복휴는 평했다.

또한 시인은 온달 사후 온달의 영구가 움직이지 않았던 신비한 일과 관련한 중국역사 고사를 찾아 보여주고 있다. 평에 나오는 순언(荀偃)은 춘추시대 진(晋) 도공(悼公)때의 대부 중행언(中行偃)을 가리키고(『사기』 「진세가(晉世家)」), 범개(范匄) 역시 동시대의 사람이다. 순언이 친구인 범개를 기다린 후에야 임종했다는 사실은 죽음을 뛰어넘은 우정을 보여주는 것이다. 또한 후한(後漢) 때의 인물 범거경(范巨卿)과 장원백(張元伯)은 친구 사이로, 범거경은 신의(信義)가 두터운 것으로 유명했다. 범거경이 친구 장원백과 헤어지면서 2년 뒤에 만나기로 약속했는데, 약속한 그날 어김없이 그의 집에 찾아갔고, 장원백이 죽은 후 그 영구가 친구인 범거경이 오길 기다린 연후에야 움직였다는 고사가 있다(『후한서』「범식전(范式傳)」). 이들의 이야기는 평강공주가 온 후에야 온달의 시신이 움직인 감동적인 사건이 허구가 아님을 순언과 범개, 범거경과 장원백의 과거 전고를 통해 밝혀준 것이다.

유득공, 온달

계립산 앞에 전쟁 먼지 휘날리고
붉은 명정은 공주의 뜰에서의 봄을 잊지 못하네.
평생토록 강개하던 바보 온달은
원래는 꾀죄죄하게 우습게 생긴 사람이었다네.

鷄立山前漲戰塵 丹旌依戀泌園春 平生慷慨愚溫達 自是龍鐘可笑人

계립산 : 『여지승람』에 "계립산은 문경현 북쪽 20리에 있다. 세속에서 마골산이라 부르는데, 방언으로 서로 비슷하기 때문이다"라 하였다.

鷄立山 輿地勝覽 鷄立山在聞慶縣北二十里 俗號麻骨山 以方言相似也

바보 온달 : 『삼국사』를 보면 다음과 같다. 온달은 용모가 꾀죄죄하여 우습게 생겼고 집이 가난하여 밥을 구걸하여 어머니를 봉양하느라 찢어진 옷과 헤진 신으로 시정 사이를 왕래하니, 그 때 사람들이 바보 온달로 지목했다. 평강왕의 어린 딸이 울기를 좋아하니, 왕이 희롱하여 말하기를 "네가 항상 울어서 내 귀를 시끄럽게 하니, 크면 반드시 사대부의 아내는 되지 못할 것이다. 마땅히 온달에게 시집 보내야겠다" 하였다. 딸의 나이 16세가 되니 상부 고씨에게 시집보내려고 하였다. 공주가 말하길 "대왕께서 항상 말씀하시기를 반드시 온달의 아내가 될 것이라 하셨는데, 무슨 이유로 맹서하신 말을 바꾸십니까?" 하였다. 왕이 노하여 말하기를 "네가 가고 싶은 대로 가라" 하였다. 이에 공주가 보석 비녀 수십 개를 팔뚝에 끼고 난 뒤 궁을 나와 온달에게 돌아갔다. 후주의 무제가 요동을 침공하므로 왕이 진산들에서

맞아 싸우는데 온달이 선봉이 되어 빨리 싸웠다. 공을 의논하니 온달이 제일이었다. 왕이 가상히 여겨 탄식하며 말하기를 "내 사위로다" 하고 예를 갖추어 맞아서 대형 벼슬을 주었다. 양강왕이 즉위한 후에 온달이 신라를 치기를 청하여 왕이 허락하였다. 온달이 떠날 때에 임하여 맹서하기를 "계립현 죽령의 서쪽이 우리에게로 귀속되지 않으면 돌아오지 않겠다" 하고 드디어 신라 인과 함께 싸우다가 날아온 화살에 맞아 죽었다. 장사를 지내려 하니 관이 움직이지 않았다. 공주가 관을 어루만지며 말하기를 "사생이 결정되었으니 아아 돌아가소서"라고 하니 마침내 관이 들어 올려져서 장사하였다.

愚溫達 三國史 溫達容貌 龍鍾可笑 家貧乞食以養母 破衫弊履 往來市井間 時人目爲愚溫達 平崗王少女好啼 王戲曰 汝常啼聒我耳 長必不得爲士大夫妻 當歸之愚溫達 及女年二八 欲下嫁於上部高氏 公主曰 大王常語必爲溫達之妻 何故改盟言乎 王怒曰 宜從汝所適 於是 公主以寶釧數十 繫肘後出宮 歸溫達 後周武帝伐遼東 王逆戰於津山之野 溫達爲先鋒疾鬪 論功第一 王嘉歎曰 吾婿也 備禮迎之 賜爵大兄 及陽崗王卽位 溫達請伐新羅 王許之 溫達臨行誓曰 鷄立峴竹嶺以西 不歸於我 則不返也 遂與羅人戰中流矢死 欲葬 柩不肯動 公主撫棺曰 死生決矣 嗚呼歸矣 遂擧以窆

해설 _ 이 시는 「이십일도회고시」 고구려 조에 수록된 다섯 편 중 하나이다. 이에 대해서는 이 책 47쪽에 기술되어 있다. 유득공(柳得恭)의 문집 『영재집(泠齋集)』(문집총간 260) 권2에 수록되어 있다. 이 시는 온달이 전쟁에서 활약하였던 것과 죽은 뒤 그 혼이 평강공주와의 인연을 잊지 못해 떠나지 못했음을 간단히 축약적으로 표현하였다. 평생 동안 강개함이 많았던 온달이 사실은 매우 못생기고 볼품없었던 인물이었음을 밝히고, 이를 통해 그가 평강공주로 인해 새롭게 거듭났던 것임을 환기시키고 있다.

이학규, 바보 온달

온달은 고구려인이다. 용모가 꾀죄죄하고 우습게 생겼다. 집안이 가난하여 구걸해 먹고 살아 시정 간을 왕래하니 사람들이 그를 지목해 바보 온달이라고 했다. 평원왕에게는 울기를 잘 하는 어린 딸이 있었다. 왕이 희롱조로 말하길 "네가 매일 울어 내 귀를 시끄럽게 하니, 크면 반드시 사대부의 아내가 될 수 없을 것이다. 바보 온달에게 시집보냄이 마땅하겠다." 딸이 16세가 되니 장차 상부 고씨에게 시집보내려 하였다. 딸이 말하길 "임금은 농담이 없어야 합니다"라고 하니 왕이 노하였다. 보물 팔찌 수십 개를 팔꿈치에 끼고서 온달을 좇아가, 온달의 집으로 찾아가 그의 아내가 되었다. 후주의 무제가 요동을 칠 때에 온달은 선봉이 되어서 빠르게 전투하여 수십 명의 목을 베었다. 제군이 뛰어나서, 후주의 군사가 크게 패하니, 왕이 가상히 여기고 감탄해서 "내 사위이다"라고 하며 태형 작위를 내렸다. 영양왕이 즉위한 때에 온달은 신라가 한강 이북 지역을 침범해 빼앗아 간 것에 분노하여 여기를 칠 것을 청하였다. 떠남에 임하여 맹서하길 "계립현 — 지금의 조령으로 경상도 문경현에 있다 — 죽령 서쪽이 우리에게 귀속되지 않으면 돌아오지 않겠다"고 하고 마침내 신라인과 아조성 — 지금의 충청도 영춘현 — 아래에서 전투를 하였다. 날아온 화살에 맞아서 죽었다. 장사를 지내려 하였으나 관이 움직이지 않았다. 공주가 관을 어루만지며 "사생이 결정되었으니, 아아 돌아가소서"라고 하니 마침내 관이 들어 올려져 장사지냈다.

溫達 高句麗人 容貌龍鍾可笑 家貧乞食 往來市井間 時人目爲愚溫達 平原王有少女好啼 王戲曰 汝每啼聒我耳 長必不得爲士大夫妻 當歸之愚溫達 女年十六 將嫁上部高氏 女曰 王者無戲言 王怒 以寶釧數十 繫肘後逐之 尋至溫達家爲婦 後周武帝伐遼東 溫達爲先鋒 疾鬪斬數十級 諸軍桀之 周師大敗 王嘉歎曰 眞吾婿也 賜爵太兄 及嬰陽王卽位 溫達忿新羅之侵割漢北地 請伐之 臨行誓曰 鷄立峴－今之鳥嶺 在慶尙道聞慶縣－竹嶺以西 不歸於我 則不返也 遂與羅人戰於阿朝城－今忠淸道永春縣－下 爲流矢所中而死 欲葬柩不宜動 公主撫棺曰 死生決矣 嗚呼歸矣 遂擧而窆焉

비쩍 말랐다고 천마 망아지를 비웃지 마라.
어리석어 보인다고 구걸하는 사내를 비웃지 말라.
말이 말랐어도 다시 살찌우면 팔극을 넘을 수 있고,
사람이 어리석어도 뜻을 얻으면 나라를 위해 죽을 수 있다네.
원래 온달이 벼슬에 몸 바치진 않았을 때는
일찍이 꾀죄죄하여 우습게 생긴 사람이었네.
요동에서 10월엔 적을 토벌해 타이르고,
진을 함락시켜 목을 벰은 누구의 힘인가?
몸은 왕의 사위가 되었으나 스스로 교만하지 않고,
관직은 대형이 되었으나 애석해함이 없었네.
계립산 관문 앞에서 이별해 떠나보내던 날

붉은 만장은 오히려 공주의 뜰에서의 봄을 그리워하네.
아아!
온달은 생전에도 어리석지 않았고 죽어서는 신과 같았네.

愚溫達

瘦莫笑天馬駒 愚莫嘲行乞夫 馬瘦復肥夌八極 人愚得志能殉國
當年溫達未致身 曾是龍鍾可笑人 遼陽十月討勅敵 陷陳斬馘伊誰力
身爲王婿不自驕 官是大兄無所惜 雞立關前送別辰 丹旐猶戀沁園春
嗚呼 溫達生亦不愚死猶神

해설 _ 이 시는 낙하생(洛下生) 이학규(李學逵, 1770~1835)의 『낙하생집(洛下生集)』(문집총간 290) 책17 「해동악부(海東樂府)」조에 수록되어 있다. 시인은 겉모습만으로 사람을 판단하지 말라고 하며, 온달의 경우 외모가 볼품없었으나, 전쟁의 영웅이었고 교만함이나 욕심이 없는 훌륭한 인재였음을 서술하고 있다. 죽어서는 사랑하는 아내 평강공주의 곁을 떠나고 싶어 하지 않았던 것을 묘사하여, 그들의 애틋한 사랑을 엿보게 한다. 시인은 온달이 생전에도 어리석지 않았고, 죽은 뒤엔 오히려 신과 같았다고 그를 높이 평가했다.

04 을지문덕 乙支文德

1 을지문덕

을지문덕, 수장 우중문에게 주는 시

신기한 책략은 천문을 꿰뚫었고
오묘한 꾀는 지리에 통달했네.
싸움에 이겨 공이 이미 높으니
족함을 알고 그치기를 원하노라.

與隋將于仲文詩
神策究天文 妙算窮地理 戰勝功旣高 知足願云止

해설 _『삼국사기(三國史記)』와 『동문선(東文選)』에 실려 있는 이 시는 을지문덕(乙支文德) 장군의 작품이다. 을지문덕은 거짓으로 일곱 번 싸우고 일곱 번 져서, 수나라 군사로 하여금 고구려 내부까지 깊이 들어오게 한 뒤, 그들이 함정에 빠졌음을 이 시를 통해 은근히 암시하였다. 수나라 장수 우중문에게 이 시를 보낸 뒤, 을지문덕은 살수(薩水)에서 엄청난 숫자의 수나라 군사를 섬멸하여 패배시켰다. 이 오언고시(五言古詩)는 우리 나라의 최고(最古)의 한시로 평가받고 있다.

김수민, 을지문덕 노래

수나라 양제가
정병 백만을 거느리고 급히 공격할 때
우문술宇文述이 병사 나눠 아홉 갈래 길에서 나와
압록강에 모이자
깃발은 구백 리나 뻗치었지만
군사들 조금도 두렵지 않으니
하루 일곱 번 싸워 퇴각하는 기이한 술책
명장 을지문덕이 있어
평양성 삼십 리를
산에 의지하여 깊은 골짜기에 진을 치고
살수로 퇴진하는 군사들 반 건널 때
병사 놓아 뒤로부터 공격하자
무너지고 익사하는 병사 어찌 헤아리리.
물도 흐르지 못해 막혀 버려
병사들 크게 패해 돌아갔네.
계유년에도 왔지만 또 패하니
〈무향요동낭사가〉 속에
두어 가지 버들이 수나라 둑에 떨어질 뿐

乙支文德歌

隋煬帝 自將精兵百萬來攻促 宇文述分兵九道出 會鴨綠
旌旗橫亘九百里 疇不慴伏 一日七戰七退行奇計 有名將乙支文德
平壤城三十里 因山爲營據深谷 乘退陣薩水軍半濟 縱兵突騎自後擊
潰死溺死何無數 水不流爲之塞 隋兵大敗歸 黑鷄重來又敗局
無向遼東浪死歌 數條楊柳隋堤禿

해설 _ 이 시는 김수민(金壽民, 1734~1811)의 『명은집(明隱集)』 『기동악부(箕東樂府)』 조에 수록되어 있다. 을지문덕 장군이 수나라 군사를 맞아 싸웠던 살수대첩에서의 기이한 전투방법을 구체적으로 묘사하며, 이로 인해 수나라 군사가 궤멸되고 또한 결국 나라가 망하게 되는 지경에 이르렀음을 설명하고 있다.

시에 나오는 〈무향요동낭사가(無向遼東浪死歌)〉란 수나라에 유행했던 노래라고 한다. 수양제(隋煬帝)가 고구려를 치기 위하여 산동(山東) 지방에 조서를 내려 군사를 징발하고 백성을 동원시켜 군량을 운반하게 하므로 백성들이 곤궁에 빠져 도적이 되었는가 하면, 〈무향요동낭사가〉(괜히 요동에 나갔다가 개죽음만 당하지 말라는 뜻의 노래)까지 나와 유행하여, 징발되었던 군사들이 많이 도적의 무리에 가담하였다고 한다.

2 살수첩과 안주

조준, 안주를 회고하며

살수薩水가 넓고 멀어 허공에 출렁일 때
수나라 군사 백만은 물고기로 화했것다.
지금도 고기잡이와 나무꾼들이 이야기하는데
그것은 나그네의 한 웃음거리에도 차지 않는다네.

| 쌍영총의 중장기병 |

安州懷古

薩水湯湯漾碧虛 隋兵百萬化爲魚 至今留得漁樵話 不滿征夫一笑餘

해설 _ 이 시는 조준(趙浚, 1346~1405)의 시로 『송당집(松堂集)』 권1(문집총간 6)에 실려 있다. 조준은 고려 말 조선 초의 문신으로 자는 명중(明仲), 호는 송당(松堂)이다. 안주 땅에 이른 시인은 그곳에서 흐르고 있는 살수(薩水)를 보고, 곧 과거 역사를 생각하게 된다. 살수는 지금의 청천강으로 고구려의 을지문덕 장군이 수(隋)나라의 백만 군사를 청천강에서 대파하였던 곳이다. 시인은 당시 수장되었던 수나라 군사에 대한 생각을 하며, 그 일이 이제는 나그네의 웃음거리라고 말하고 있다. 조준의 이 작품은 그의 문집 『송당유고(松堂遺稿)』에는 첫 구와 마지막 구의 글자가 조금 다르게 실려 있다. '벽허(碧虛)'에 대해 '벽일작태(碧一作太)'라고 주가 붙어있고, '불만(不滿)'은 '미만(未滿)'으로 되어있다.

김시습, 살수

살수는 소용돌이치며 흘러가고,
청천강은 세차게 흐르는구나.
저녁 구름은 떨어지는 석양빛을 머금고,
성근 비는 돌아가는 배를 보내네.
돌 여울의 물결 소리는 놀랄 만하고,
모래섬의 옅은 물방울은 둥둥 떠 있네.
강 위의 피리 소리 한 곡조는
옛 일을 조상하며 새로운 근심을 남기네.

薩水

薩水沄沄去 晴川袞袞流 晩雲銜落照 疏雨送歸舟
石瀨驚波響 沙洲淺沫浮 一聲江上笛 弔古剩生愁

해설 _ 이 시는 김시습(金時習, 1435~1493)의 『매월당시집(梅月堂詩集)』 권9 「유관서록(遊關西錄)」(문집총간 13)에 실려 있다. 김시습은 조선 초기의 학자이며 문신으로 생육신의 한 사람이다. 자는 열경(悅卿), 호는 매월당(梅月堂), 청한자(淸寒子) 등이 있다. 최초의 한문소설 『금오신화』를 지었다. 살수에서 물 흐름이나 한적한 자연환경을 구체적으로 묘사하던 시인은 강가에서 피리 소리 들으며 옛 일은 조상하고, 새로운 근심을 갖게 된다고 하였다.

유호인, 백상루 시에 차운하며

살수는 질펀하게 하늘의 한쪽 모서리에서 흐르는데
수나라 왕실의 옛 일들은 자세히 말하기 어렵네.
누대에 가득한 바람과 달은 시인이 맡을 바이니
거두어 들여 속마음을 읊조리니 백 가지 상서로움을 만드는구나.

次百祥樓韻
薩水溶溶天一方 隋家往事語難詳 滿樓風月詩人管 收入吟脾做百祥

해설 _ 이 시는 유호인(兪好仁, 1445~1494)의 『뇌계집(㵢溪集)』 권2(문집총간 15)에 실려 있다. 유호인은 조선 초기의 문신이자 문장가로 자는 극기(克己), 호는 임계(林溪), 뇌계(㵢溪)로 김종직의 문인이다. 시인은 질펀하게 흐르는 살수를 보면서 그곳에서 일어났던 을지문덕 장군의 수나라 군사 물리침을 연상하나, 그 자세한 역사적 사실은 알 수 없다고 간략히 넘어간다. 그 대신 그 곳 누대인 백상루의 풍광과 그 이름에서 시인이 백 가지나 되는 상서로움을 읊조리게 된다고 하고 있어, 역사적인 사실을 탈피하여 아름다움에만 미혹되어 독특하다.

남효온, 안주 백상루에 묵으며

백상루 앞의 큰 강은 그 원류가 묘향산에서 시작된다. 옛날에는 살수라고 불렀고, 지금은 청천강이라 부른다. 수양제가 앞장서 침범해왔다가 우문술 등 37만 명이 여기에서 빠져 죽었다.

樓前大江 源自妙香山 古名薩水 今呼淸川江 隋煬帝前鋒 宇文述等三十七萬 溺死於此

수나라와 고구려 뒤에 남은 사적으론
큰 강가에 누각만 남아있네.
하룻밤 신령스런 비가
쓸쓸하게 세 모래톱을 지나가네.
반평생에 나라의 흥망을 살펴보니
시큼한 바람이 두 눈동자를 쏘는 듯하네.
인생살이 백년 밖에 안 되는데
분주하게 천년의 계략이 있었다네.

하루아침에 어디로 갔는가?
성은 텅 비고 시든 풀만 우거져있네.
진부한 선비 시서만 믿고
다만 계략만 일삼을 줄 아네.
군대의 힘을 다해 사해에 공을 세우니
비록 공을 이루었지만 또한 걱정할 만하네.
하물며 백만 군사 전멸해버렸으니
수나라 왕실은 그 일을 수치스러워할 만하네.
고구려가 비록 작은 나라이나
세상에서는 예의지국이라고 칭해지네.
동명성왕의 신성한 덕은
지금까지 노래로 불리워 왔네.
적들은 널리 교만한 병사를 일으키어
우리 백성 모조리 살육하려 하였네.
어찌 하백께서 나서서
모조리 황천에 가게 할 줄 알았으랴 .
많고 적음은 비록 대적할 수 없으나,
을지문덕의 신령스런 계책이 두루 미쳤네.
수레 한 척도 돌아가지 못했으니,
귀신의 울음소리 처량하구나.
천년이 되도록 땅 모습 변하지 않고,
살수의 강물이 서남쪽으로 흘러간다네.
강가에 서 있는 일곱의 돌부처
우뚝하게 서 있은 지 몇 해가 되었나?
사람들이 전하길 바야흐로 전쟁하던 때
기묘한 꾀로 적들을 속였다 하네.
저들이 비록 말을 못 알아들어도,
또한 나라의 근심을 근심할 줄은 안 것이라네.

宿安州百祥樓

隋麗事跡後 樓在大江頭 一夜神靈雨 蕭蕭過三洲
半世閱興亡 酸風射雙眸 人生百年內 營營千歲謀
一朝安在哉 城空衰草稠 腐儒信詩書 但知舞羽籥
窮兵四海功 雖成亦可尤 况覆百萬兵 隋家事堪羞
高麗雖小邦 世稱禮義區 東王神聖德 至今被歌謳
賊廣發驕兵 期我盡虔劉 安知河伯使 顧被泉陽留
衆寡雖不敵 乙支神算周 隻輪一不返 鬼哭鳴啾啾
千年地不變 薩水西南流 江邊七大士 謾立幾春秋
人傳方戰時 騁謀紿賊儔 渠雖不解語 亦知憂國憂

해설_ 이 시는 남효온(南孝溫, 1454~1492)의 『추강집(秋江集)』 권1(문집총간 16)에 실려 있다. 남효온은 조선 단종 때의 사람으로, 생육신의 한 사람이다. 자는 백공(伯恭), 호는 추강(秋江), 행우(杏雨)이며 시호는 문정(文貞)이다. 저서로 『추강집』·「추강냉화」가 있다. 시인은 백상루 앞의 풍물을 묘사하고 그 중 강물이 예전의 살수임을 생각하여, 그 곳에서 일어났던 을지문덕의 살수대첩을 노래하고 있다. 고구려 민족은 특히 동명성왕의 후손으로 하늘의 도움을 받고, 또한 하백의 보호를 받고 있는데 고구려를 살육하려고 했던 수나라는 이를 모르고 스스로 멸망하였다고 했다. 시인은 살수대첩의 승리를 통해 민족적인 자부심을 불러일으키는데, 주몽과 하백까지 환기하고 있어 흥미롭다.

이식, 백상루

묘향산 남쪽 아래 유서 깊은 안주 땅
전승全勝을 기약하는 절도사節度使의 군영일세.
성 위에서 가지런히 굽어 뵈는 칠불사
거꾸로 강에 비친 백상루의 그림자라.
날뛰는 오랑캐들 병란兵亂의 티끌 여전하니
술잔 들며 어떻게 장사의 근심이 없으리요.
수당 때 싸웠던 일 한번 물어보려 해도
을지문덕乙支文德 사당 아래 강물만 무심히 흐르누나.

題百祥樓

香山南陸古安州 大旆開營本勝籌 城勢平臨七佛寺 江光倒暎百祥樓
風塵未盡狂胡運 樽酒能忘壯士憂 欲問隋唐征戰事 乙支祠下水空流

해설_ 이 시는 이식(李植, 1584~1647)의 『택당선생속집(澤堂先生續集)』 권3(문집총간 88)에

실려 있다. 이식은 조선 중기의 문신으로 자는 여고(汝固), 호는 택당(澤堂)이다. 문장이 뛰어나 신흠(申欽), 이정구(李廷龜), 장유(張維)와 함께 한문사대가로 꼽혔다. 시인은 평북 안주(安州) 북성(北城)의 안쪽 청천강(淸川江) 가에 자리 잡은 조망이 좋은 누대 백상루(百祥樓)를 배경으로, 그 아래 보이는 칠불사(七佛寺)를 거론하고 있다. 칠불사는 북성(北城) 밖에 있는 절로 일곱 명의 승려가 수(隋)나라 군대를 강물 속으로 유인하여 몰살시켰다는 전설이 전하고 있다(『신증동국여지승람(新增東國輿地勝覽)』 권52 「안주목」). 시인은 을지문덕이 살수대첩을 하던 때를 회상하며 오랑캐가 날뛰는 현실상황을 극복할 비책을 묻고 싶어 한다. 그러나 을지문덕 사당 아래로 무심한 강물만 흐르고, 위기상황을 극복할 방법은 찾지 못해 시인은 안타까운 소회를 드러내고 있는 것이다.

홍세태, 안주

안주는 장대한 관방을 당겨 누르고 있고,
서쪽으로 용만을 지나 심양에 접한다네.
땅에서는 굳센 병사 나옴이 조나라 대나라와 같고,
성이 강한 적을 꺾어버림은 수나라 당나라를 돌아본다네.
지는 해에 배회하는데 강 흐름은 급하고,
흉년을 참담해하는데 들 색은 황량하네.
이곳은 지나는 이가 애 끊는 곳인데,
다시 보니 앞길이 저 하늘 끝까지 닿을 듯하네.

安州

安州控扼壯關防 西去龍灣接瀋陽 地出勁兵同趙代 城摧强敵閱隋唐
徘徊落日江流急 慘淡凶年野色荒 此是行人斷腸處 更看前路極天長

해설_이 시는 홍세태(洪世泰, 1653~1725)의 『유하집(柳下集)』 권2(문집총간 167)에 실려 있다. 안주라는 지역이 그 땅이나 성의 모양이 외적을 맞아 싸워 이기기에 충분히 좋은 조건이었음을 노래하며 과거의 역사적인 높은 기세를 노래하고 있다. 그러나 현재는 흉년을 맞이하여 황량하기 그지없음에 마음 아파하고 있는 것이다.

오광운, 살수첩

수나라 군사 구십만 오천 명을 을지문덕이 막아내었다. 평양에서 내호아를 패배시켰고, 살수에서 우문술을 패배시켰다. 수나라 병사로 살아 돌아간 자는 이천 명이었다.

隋師九十萬五千 乙支文德禦之 敗來護兒於平壤 敗宇文述於薩水 隋兵還者二千

수나라 황제 사방을 돌아보아 인재가 없길 바라지만,
중국 밖에도 위대한 인물이 있다네.
그 사람 누구인가 을지공이라네.
천문과 지리에 경륜을 쌓았으니,
수나라 백만 병사 흘린 피 천리나 되고
패수 살수엔 귀신도 많다네.
패수 북으로 흐르고 살수 끊어져도
을지문덕의 이름은 없앨 수가 없다네.

薩水捷
隋皇四顧欲無人 海外大有人 人爲誰乙支子 天文地理蘊經綸
隋兵百萬血千里 浿水薩水多鬼神 浿水北流薩水絶 乙支之名不可湮

해설 _ 이 시는 오광운(吳光運, 1689~1745)의 문집 『약산만고(藥山漫稿)』 권5(문집총간 210) 「해동악부(海東樂府)」 하에 수록되어 있다. 오광운은 조선 후기의 문신으로 자는 영백(永伯), 호는 약산(藥山)이다. 중국의 수나라 황제는 천하를 다스릴 욕심으로 고구려의 저력를 경시하고 함부로 침범해 왔다. 그러나 중국땅 바깥에도 위대한 인물이 있었으니, 그는 다름 아닌 을지문덕으로 살수대첩을 통해 수나라 군사를 전멸시키다시피 하였다. 시인은 을지문덕의 이름은 역사에 길이 남아 산천이 변하더라도 영원히 기억될 것이라 예견하며 찬양하고 있다.

이광사, 살수첩

수나라 군사 백만 오천 명을 고구려 을지문덕이 막았으니, 평양에서 내호아來護兒를 패배시켰고, 살수에서 우문술宇文述을 패배시켰다. 수나라 병사로 살아 돌아간 자는 이천 명이었다.

隋師百萬五千 高麗乙支文德禦之 敗來護兒於平壤 敗宇文述於薩水 隋兵還者二千

수나라 군사 동쪽으로 임하니,
그 숫자 백만 오천 명이라네.
창을 모으니 휘황찬란하여 눈이 어지럽고,
깃발을 드니 하늘을 감싸는 듯하네.
채찍 휘둘러 말 달리니 산이 평평해지는 듯 하고,
갈기털을 뽑을 듯 달리니 강폭이 줄어든 듯하네.
조그만 너희 나라는
화살 한번 당기면 땅 끝까지 닿을 정도니,
큰 소리와 위엄이 진동하면
저절로 쓰러져 죽으리라.
진陳은 남쪽에서 황제가 되고,
주周는 북쪽에서 황제가 되었었네.
군사와 양식은 산과 바다처럼 많았고
장수들은 맹수처럼 용맹하더니,
혹은 우물에 몸을 던지고
혹은 앞서서 옥새를 바쳤다네.
얼마 지나지 않아
모두가 일가처럼 통일을 이루었네.
하물며 너희들 탄환같이 작은 존재
얼어 죽은 파리 같고 진흙에 빠진 새우 같아
칼집에서 칼을 뽑을 것도 없고
활집에서 활을 뺄 것도 없도다.
뭇 호랑이 양을 잡고
넓은 화로에 털 한줌 태우는 것 같으리라.
그러나 벌과 전갈도 능히 쏠 수 있으니,
일에는 헤아리기 어려운 것이 있는 법.
도리어 도륙을 당하여
한번 전투에 궤멸되었구나.
갑옷 입은 병사 돌아간 이 없고,

수레 타고 돌아가지도 못 하네.
저수는 통하고 살수는 넘실대는데,
귀신 울음 우렛소리처럼 진동하네.
나라는 거만해서는 안 되고,
작은 나라라고 업신여겨서는 안 된다네.
경계할 줄 모르면
몇 번이나 앞일을 반복하니,
엎어진 수레 자취 따름이
이와 흡사하도다.
공을 자랑하려 멀리 달려 나오다가
허물을 불러들일 줄 생각 못했구나.

薩水捷
隋師東臨 百萬五千 攢鋒奪目 擧麾包天
揮鞭山平 拔毛江縮 藐爾小邦 矢陳地局
聲威所震 自當靡斃 陳爲南皇 周是北帝
山海兵糧 熊貔將士 或自投井 或先獻璽
曾不經時 混爲一家 矧玆彈丸 凍蠅泥鰕
劒何脫鞘 弓豈槺弢 羣虎攫羊 洪爐焫毛
鑫蠹能螫 事有難料 反爲所戮 一戰如鏖
殘甲無還 依輪無返 沮港滻淆 鬼哭雷磤
國不可狃 小不可侮 不知爲戒 後踵前武
顚覆之轍 如貉一丘 騖遠侈功 不念徵尤

내가 일찍이 한유韓愈의 「원화성덕시元和聖德詩」는 팔풍무八風舞이고, 유종원柳宗元의 「진문晉問」의 어구 또한 고아하지 않고 예스럽지 않다고 말한 적이 있다. 내가 쓴 이 작품에는 두 작품이 보여준 가르침이 있어 따라서 고쳐 쓰고 이를 버린다. 아래에 다시 쓴 작품이 과연 이 작품보다 나을 것인가.

余嘗謂韓公元和聖德詩 是八風舞 子厚晉問語 亦不雅不古 此作有二文語訓 故改作而棄此 下所作 果比此有勝耶

수나라 군사 동쪽으로 가며
모두 일어나 활을 잡았네.

엄청난 위세 높은 하늘을 움직이고,
적군을 흩트리는 법
군량미를 운송하는 기계의 수송
수나라 군사에겐 있으나 오랑캐엔 없다 하네.
전에는 우주 안에서
나라끼리 서로를 대했으나,
많은 숫자를 믿고 거만하게 미워하며,
성세를 더하였네.
그물질하여 짐승 사냥하듯 하여,
모두 합쳐 일가가 되었네.
하물며 작은 나라도
오히려 미천한 절개를 가지고 있거늘,
어찌 제거해 해쳐도 되겠는가?
나라는 거만해서도 안 되고,
작은 나라라고 업신여겨서는 안 된다네.
많은 숫자의 군사는 부족해도
작은 나라에도 장군이 있다네.
지혜로움과 무예의 씩씩함은
옛 사람에 비교해도 결코 못하지 않네.
전술을 움직이며 기회를 잘 봐서
안정되게 지휘하니,
마치 신령스런 위엄이 있는 듯하네.
백만여의 대군을
모두 죽여 짓밟았으니,
능히 도망갈 수 있던 자가 드물다네.
장평長平의 엎어짐과
비수淝水의 모욕당함이
이와 같이 지독하진 않았으리라.
멀리까지 원정 가서 공 세우길 좋아하는 군주는

마땅히 이것을 보면서,
무력을 함부로 쓰지 말길 바라네.

隨師遂東 悉起持弓 威動高穹 乖乘之膴
糧械之輸 有師戎無之 前是宇內 疆國相對
負衆慠懟 聲勢所加 畢就禽拏 混爲一家
矧爾小方 猶存稗節 何足鋤戕 國不可狃
小不可侮 衆不足有 小方有將 智武之壯
比古人不讓 運謀制機 安定指揮 如有神威
百有餘萬 盡爲鏖躙 尠能有遁 長平之覆
淝水之衄 不如是毒 騖遠喜功之主 宜是之覩 毋黷其武

해설 _ 이 시는 원교(圓嶠) 이광사(李匡師, 1705~1777)의 『원교집선(圓嶠集選)』(문집총간 221) 권1 『동국악부(東國樂府)』에 수록되어 있다. 앞의 시는 "뭇 호랑이 양을 잡고 넓은 화로에 털 한줌 태우는 것 같으리라"라는 구절까지 고구려를 쳐들어온 수나라 장수 관점에서 고구려를 소국이라 업신여기고 자신들 앞에 스스로 쓰러질 나라로 호언하는 모습을 묘사하고, "그러나 벌과 전갈도 능히 쏠 수 있으니, 일에는 하기 어려운 것이 있는 법"에서부터는 오히려 도륙을 당하고 철저하게 패배한 살수의 싸움을 거론하면서 나라가 크다고 거만하고, 작다고 업신여기면 이러한 일이 거듭 일어날 수 있음을 엄중 경계했다.

그러나 이광사는 한유의 「원화성덕시」와 유종원의 「진문」의 예를 들어 수나라를 풍간하고 고구려를 찬양한 자신의 시가 이 두 작품들이 가졌던 단점을 갖고 있다고 스스로 비판한다. 한유의 「원화성덕시」는 당헌종이 즉위 후 간신을 물리쳐 조정을 청명하게하고 경서로 인재를 교도한 것 등을 극히 찬양한 시이다. 한유는 사문박사, 감찰어사 등의 벼슬을 역임하던 중 상소가 문제가 되어 폄적되었다가 원화년간 박사로 복직된 바 있다. 팔풍무(八風舞)는 당(唐) 축흠명(祝欽明)이 만든 춤 이름으로 음란하고 누추한 태도를 갖춘 춤으로 비판받고 있는데, 이광사는 한유의 「원화시」가 바로 팔풍무와 같은 수준의 작품임을 분명히 했다. 「진문」은 유종원이 매승(枚乘)의 칠발(七發)을 모방하여 당시 임금을 풍간한 문장이다. 매승의 「칠발」은 양효왕(梁孝王)을 섬기면서 7개 항목의 글로 그가 모반하지 말도록 풍간한 우의적인 작품이다. 뒤의 작품은 이광사가 그러한 자기 성찰 하에 다시 고쳐 쓴 작품이다. 시에서 주나라와 진나라를 언급한 것은 수나라 조상이 북조의 주나라에 벼슬했고 그후 북주의 군왕이 되었다가 진나라를 멸망시키고 양견(楊堅)이 세운 나라가 수나라라는 역사적 사실을 쓴 것이다.

뒤의 시에서는 수나라가 고구려와의 살수대첩에서 겪은 수모가 진나라 백기(白起)가 조(趙)나라의 대군을 장평(長平)에서 대파하였던 일이나, 전진(前秦)의 부견(苻堅)이 많은 군사를 이끌고 비수(淝水)에 가서 사석(謝石)과 싸우다가 패배했던 경우보다 지독할 것이라고 하였다. 전진의 부견 측에 의해 잡혀있던 주서(朱序)는 전쟁 중 진(陣) 뒤에서, "부견이 패했다"고 외치니, 군사들이 심리적으로 동요되어 마침내 크게 무너졌다. 그래서 주서는 본국으로 돌아오게 되었다고 한다. 이렇듯이 전쟁에서는 많은 수의 군사가 결코 전쟁의 승리를 보장하지 않고, 훌륭한 전략 전술이 있어야 전승을 이끌 수 있음을 강조하여 을지문덕 장군의 능력이 높이 평가되어 있다. 그러나 앞의 시에 비해 수나라에 대한 풍간과 고구려 측에 대한 찬양을 절제하여 시인의 자기 성찰이 엿보인다. 원시 중 괴승(乖乘)은 승괴(乘乖)의 뜻으로 풀이하였다. 승괴는 적군을 분산시키는 기회를 이용하는 것을 가리킨다.

홍량호, 살수를 넘는 감회

수나라 병사 백만이 사충沙蟲으로 화했으니
맑은 살수에는 천년이나 흰 파도가 일어나네.
전대의 흥망은 덧없는 물 속의 달과 같은데
을지문덕의 훈업은 산하에 가득 차누나.
중화와 오랑캐는 삼한의 위대함 아직 알고 있고,
사직에는 모름지기 그 한 선비 같은 이 많아야 하네.
옛날에 남절도사를 홀로 한하였으나,
사대 대장부가 비록 수양睢陽에서 죽더라도 어찌 하리오?

渡薩水有感
隋兵百萬化蟲沙 淸薩千年起白波 前代興亡空水月 乙支勳業滿山河
華夷尙識三韓大 社稷終須一士多 獨恨往時南節度 男兒雖死睢陽何

해설 _ 이 시는 이계(耳溪) 홍량호(洪良浩, 1724~1802)의 『이계홍양호전서(耳溪洪良浩全書)』 권6(문집총간 241) 「연운기행(燕雲紀行)」 안에 수록된 시이다. 수나라의 백만 군사를 일거에 수장시켜 사충으로 만들어버린 을지문덕은 그 명성이 세월이 흘러도 늘 살아있을 것이라며 찬양하였다. 사충(沙蟲)은 역(蜮 : 물여우)이라고도 하고, 석공(射工)이라고도 하는데, 물 속에 있어 모래를 머금어서 사람을 쏘면 사람이 병들게 하는 좋지 않은 존재이다. 시 속에서는 수나라 군사를 말한다.

을지문덕은 삼한의 위대함을 드러내는 인물로 시인은 우리 사직에 그런 인물이 많기를 바란다. 시의 말미에 '수양에서 죽더라도 어찌 하리오'라고 하였는데, 여기 나오는 수양(睢陽)은 지금의 중국 하남성(河南省) 상구현(商丘縣)의 남쪽에 있는 지명으로, 당 현종 때 장순(張巡)이 안녹산(安祿山)의 반군을 막다가 전사한 곳이다. 당시 장순이 수양을 지키다가 양식이 떨어지고 포위되어 위급했는데, 하남 절도사(河南節度使)인 하란진명(賀蘭進明)은 공을 시기하여 구원하지 않아 그가 죽게 했다. 시인은 수양을 지키던 장순이 비록 안타깝게 죽게 되었으나, 그럼에도 불구하고 이러한 운명을 애석해하지는 않겠다는 것이다. 이는 시인 자신이 공적인 업무를 하다가 혹 안타깝게 죽게 되더라도 원통해하지 않을 것을 스스로 다짐하는 것으로 보인다.

이복휴, 살수에서의 전투

고구려 영양왕 때에 수양제가 고구려가 신라의 공로를 막는다는 소식을 듣고 군사 — 113만 3천 8백 명 — 를 내어 친히 정벌하러 요수에 이르렀다. 물에 임하여 진을 치니 고구려 병사가 물을 막아서 수나라 병사가 건너지 못했다. 양제가 부교를 만들라 명하여 강을 건너서 고구려병을 크게 패배시켰다. 나아가 요동성을 둘러싸고 강회의 수군 전함이 수 백리에 이르렀다. 고구려의 장군이 성곽 안에 병사를 매복시켰다가 출전해 패한 척 하였다. 수나라 장군 내호아가 갑자기 성에 들어갔다가 패하고, 구도의 병사가 모두 압록강에 모였다. 가지고 온 군량이 이미 다 떨어져가니 고구려왕이 을지문덕을 시켜 거짓으로 항복하게 했다. 대장 우중문이 그를 잡아두려 했으나, 상서우승 유사룡이 그가 돌아가게 허락했다. 장군 우문술은 병사들이 피로하다고 돌아가길 바랐으나, 우중문이 노하여 "장군은 작은 도적을 깨뜨리지도 못하고서 무슨 면목으로 돌아가 황제를 보려고 하시오"라고 했다. 우문술 등이 마침내 압록강을 건너 그를 추격하니, 을지문덕은 수군이 매우 피로한 것을 보고, 매 전투마다 곧 도망하였다. 우문술 등이 하루에 7번 싸워 모두 이기니, 마침내 동쪽으로 살수까지 건넜다. 평양성에서 30리쯤 되는 곳에 산으로 의지하여 군영을 삼고, 을지문덕은 우중문에게 시를 보내길 "신책구천문神策究天文, 묘주궁지리妙籌窮地理, 전승공기고戰勝功旣高, 지족원운지知足願云止"라고 하며, 우중문의 글에 답하며 그를 깨우쳤다. 마침내 방진을 만들어 돌아가니, 을지문덕이 군사를 출전시켜 사면으로 그들을 노략질하듯이 공격했다. 우문술 등은 싸우면서 도망하다 살수에 이르러 군이 반쯤 건넜을 때 을지문덕이 군사를 풀어 크게 깨뜨렸다. 그 우위장군 신세웅을 죽이자, 수군은 크게 허물어져 요동성에 이른 자가 겨우 2천 7백인이었다 한다.

高句 嬰陽王時 隋煬帝 聞高句阻新羅貢路 出師 – 一百十三萬三千八百 – 親征至遼 臨水爲陣 麗兵阻水 隋兵不得渡 帝命造浮橋以渡 大敗麗兵 進圍遼東城 江淮水軍舳艫數百里 麗將伏兵於郭內 出戰佯敗 隋將來護兒 突入城見敗 九道兵皆會鴨綠 資糧已盡 麗王使乙支文德詐降 大將于仲文欲留之 尙書右丞劉士龍許其歸 將軍宇文述以兵疲欲歸 仲文怒曰 將軍不能破小賊 何顔歸見帝 述等遂渡鴨綠水追之 文德見隋軍甚疲 每戰輒北 述等一日七戰皆捷 遂東濟薩水 去平壤城 三十里 因山爲營 文德遺仲文詩曰 – 神策究天文 妙籌窮地理 戰勝功旣高 知足顯云止 – 仲文答書諭之 遂爲方陣而還 文德出軍四面鈔擊之 述等且戰且走 至薩水 軍半濟 文德縱擊大破之 殺其右衛將軍辛世雄 隋兵

大潰 至遼東城僅二千七百人

누대를 미혹시키며 밤에 연주되는 고구려 음악 속에
버들 꽃이 요수를 건너는 꿈을 꾼다네.
강회의 수군의 배는 마치 말과 같아
한번 채찍질하매 강을 끊고 강의 소리는 죽는 듯하네.
을지문덕 장군은 밤에 하늘을 보니
목성木星은 하늘 동남쪽인 진사辰巳 방향에 있다네.
하루에 일곱 번 이김은 좋은 일이 아니니,
서궁에 시를 보내매 묘한 이치가 많다네.
장수는 교만하고 병졸은 나태하여 패색이 짙은데
우문술은 돌아가려 하나 우중문은 멈추라 하네.
아마의 〈낭사가〉를 생각하지 않고,
다만 말을 끌고 평양성으로 들어가라 재촉하네.
피폐하게 허물어진 하구려下句麗라 보지 말라.
살수의 물고기와 용은 배부르지 않을 뿐이네.
공공연히 양현감楊玄感이 일어나게 하였으니,
화의 근본은 동쪽 정벌을 일으킨 것에서임을 알게 되리라.

薩水戰

迷樓夜奏高麗樂 一夢楊花渡遼水 江淮水軍舟如馬 一鞭斷江江聲死
乙支將軍夜看天 歲星在東辰在巳 一日七捷非勝事 西宮送詩多玅理
將驕卒惰多敗色 宇文欲還于公止 不念阿麽浪死歌 只促繫馬箕王市
莫視疲殘下句麗 薩水魚龍不饒爾 公然惹起楊玄感 禍根知自東征起

중국이 동방에서 일을 벌임에 끝내 길함은 적고 흉함이 많았다. 한무제가 양복楊僕을 보내어 우거右渠를 치고 사군四郡을 설치하였으나, 한나라는 전쟁으로 피폐해져 거의 망하게 되었다. 왕망王莽은 전담田譚을 보내 고구려를 쳐서 하구려下句麗라고 낮추었으나, 왕망도 전쟁으로 피폐해져 마침내 망했다. 아마阿麽 수양제가 무력을 남용하며 동쪽을 친 것은 과연 무슨 뜻인가? 다만 사방으로 위엄을 보이고, 그들로 하여금 감히 반역하는 마음이 생기지 않게 하려는 것으로, 그 병사가 패하고 힘이 빠져서 흙산이 붕괴되는 듯한 형세가 될 것을 생각하지 않았다. 저 한 사내의 죄는 천지가 용납하지 않는 바요, 신과 사람이 함께 분노하는 바로, 비록 전쟁에서 이겨 동쪽의 땅을 얻더라도 어찌 그 멸망을 구할수 있겠는가? 또 이 당시 삼국이 분열되었음을 생각하면, 한 모퉁이에서 탄알을 쏘는 듯한 형세였는데, 오히려 능히 중원의 200만의 군사와 겨루고도 남았다. 지금은 전국을 가진 형세로써 매번 남에게 제압을 당하니, 이는 다른 이유가 아니라 우리 나라가 병사를 기르는 방책을 모르기 때문이다. 만약 사람으로 하여금 각각 싸우라고 하면 비록 한 읍의 많은 사람과도 스스로 겨루고도 남을 것이다. 하물며 한 나라의 군사라야 말할 것이 있겠는가? 후세에서는 이를 모르고 곧 갖가지 많은 명목으로 대책을 삼으니 탄식할 만하다.

中國之有事東方 終是少吉多凶 漢武遣楊僕 討右渠設四郡 而漢疲於兵 幾亡 王莽送田譚討高句 降爲下句麗 而莽疲於兵 遂亡 阿麼之窮兵伐東 果何意哉 只爲示四方威 使不敢叛心生 而不思其兵敗力殘 因成土崩之勢也 彼獨夫之罪 天地之所不容 而神人之所同憤 雖戰勝而得東土 何救其亡哉 且念此時三國分裂 以一隅彈丸之勢 猶能抗中原二百萬之師而有餘 今則以全局之勢 每每受制於人 此無他 我國不知養兵之策也 果使人各爲戰 則雖一邑之衆 自可有餘 況一國之師乎 後世不知此 直以名目之多爲策 可歎

해설 _ 이 시는 이복휴(李福休)의 「해동악부(海東樂府)」(『한문악부 · 사자료집』 6과 『한남집(漢南集)』)에 수록되어 있다. 시인은 살수대첩이 있게 된 자세한 전후 상황을 묘사하여, 을지문덕의 기묘한 전략으로 적이 유인되고, 특히 수양제는 교만한 나머지 그 전략에 걸려들어 비극적인 최후를 맞게 되었다고 했다.

시인은 우리 동방을 가볍게 여겨 함부로 쳐들어왔다가 득보다 실이 많아 멸망을 자초했던 중국의 경우를 들어 그들의 무모함을 비판하고 있다. 한 무제(漢武帝) 때는 양복(楊僕)으로 하여금 우리 땅에 한사군을 설치하고, 또 누선장군(樓船將軍)이 되게 하여 남월(南越)을 정벌하여 공을 세웠으나, 결국은 전쟁으로 피폐해져 망하게 되었다고 했다. 또 왕망(王莽)은 고구려의 군사를 동원해서 호(胡)를 치려고 강박하여, 유리가 변방에 나가 요(遼)를 침벌하여 태수(太守) 전담(田譚)을 격살하였다. 왕망이 노하여 엄우(嚴尤)를 보내서 치고 유리를 하구려후(下句麗侯)로 강봉(降封)하였다. 그렇게 위세 등등했던 왕망도 결국은 전쟁으로 망하였다. 아마(阿麼)는 수양제(隋煬帝)의 소자(小字)로, 수양제는 고구려의 저력을 잘 모르고 무모하게 전쟁을 시작하여 결국 수나라의 멸망을 자초하였다. 수양제가 고구려에 원정을 와 있는 사이 양현감(楊玄感)이 모반을 획책하고, 그로 인하여 수양제가 화급히 돌아가게 됐다. 수양제의 고구려 정벌전쟁은 결국 스스로 화를 일으킨 형국이라고 시인은 평가한다.

그런데 주목되는 것은 사평의 내용이다. 시인은 고구려 당시 우리 나라가 삼국으로 분열되어 있었음에도 중국과의 전쟁을 잘 치러내었음을 강조하고, 이제는 전국의 형세를 갖추고도 매번 남에게 제압을 당함이 한심한 일이라고 안타까워하고 있다. 이러한 문제는 군사를 기르는 법에 대한 무지로 인한 것이라 지적하고 있어 조선후기 지식인의 당대 사회에 대한 비판의식을 볼 수 있게 한다.

유득공, 살수첩

요동으로 돌아가는 깃발 몇 조각만 붉은데
세차게 흐르는 살수는 사충沙蟲을 쓸어버렸네.
을지문덕은 진실로 재주 있는 선비이니
오언시를 노래함이 우리 나라의 으뜸이라네.

遼海歸旌數片紅 湯湯薩水捲沙蟲 乙支文德眞才士 倡五言詩冠大東

살수 : 『여지승람』에 "청천강은 일명 살수라 하는데 근원이 묘향산에서 나와 안주성 북쪽을 지나 또 서쪽으로 30리를 흘러 박천강과 합류하여 바다로 들어간다" 하였다.

薩水 輿地勝覽 淸川江 一名薩水 源出妙香山 經安州城北 又西流三十里 與博川江合流入海

을지문덕 : 『삼국사』에는 "을지문덕이 침착하고 용맹하고 지혜가 있었다. 수나라 개황년 중에 양제가 조서를 내리어 고구려를 치는데, 좌익위대장군 우문술은 부여도로 나오고 우익위대장군 우중문은 낙랑도로 나와서 구군과 함께 압록강에 이르렀다. 을지문덕은 수나라 군사가 굶주린 기색이 있음을 보고 지치게 하려고 싸울 때마다 곧 패하여 달아났다. 수나라 군사가 하루에 일곱 번을 이기고 동쪽으로 살수를 건넜다. 평양성에서 30리쯤 떨어진 곳에 산에 의지하여 군영을 만들었다. 을지문덕이 사자를 보내어 거짓으로 우문술에게 항복하니 문술의 무리가 방진을 만들어서 회군했다. 을지문덕이 군사를 내어 사면으로 노략질하듯 공격하였다. 살수에 이르러 수나라 군사가 반쯤 건넜을 때, 을지문덕이 그 후군을 쳐서 우둔위장군 신세웅을 죽이니, 여러 군사가 함께 무너졌다. 도망하여 돌아가니 하루 낮 하루 밤만

에 압록강까지 이르렀다. 처음에 요하를 건널 때에는 30만 5천인이었는데, 돌아가 요동성에 이르니 겨우 2천 7백인이었다" 하였다.

乙支文德 三國史 乙支文德沈鷙有智 隋開皇中 煬帝下詔征高句麗 左翊衛大將軍宇文述出扶餘道 右翊衛大將軍于仲文出樂浪道 與九軍至鴨綠水 文德見隋軍士有饑色 欲疲之每戰輒北 隋軍一日七捷 東濟薩水 去平壤城三十里 因山爲營 文德遣使詐降於述 述等爲方陣而還 文德出軍 四面抄擊 至薩水隋軍半濟 文德擊其後軍 殺右屯衛將軍辛世雄諸軍俱潰 奔還 一日一夜至鴨綠 九軍初渡遼三十萬五千人 還至遼東城 惟二千七百人

창오언시 : 『수서』에 "요동 전역에 우중문이 군사를 거느리고 낙랑도로 향하여 압록수에 이르니 고구려 장수 을지문덕이 거짓 항복하였다. 중문이 문덕을 잡으려 하니 상서우승 유사룡이 굳이 말리었다. 드디어 문덕을 놓아 보내고 조금 뒤에 후회하여 사람을 보내어 문덕을 속이기를 '다시 의논할 것이 있으니 다시 오라' 하였다. 문덕이 좇지 않고 마침내 강을 건넜다. 중문이 군사를 뽑아 물을 건너서 싸울 적마다 적을 깨뜨렸다. 문덕이 중문에게 시를 주어 말하기를, '신기한 책략은 천문을 꿰뚫었고, 오묘한 꾀는 지리에 통달했네. 싸움에 이겨 공이 이미 높으니, 족함을 알아 그치기를 원하노라'라고 했다" 한다.

倡五言詩 隋書 遼東之役 于仲文率軍 指樂浪道 至鴨綠水 高麗將乙支文德詐降 仲文將執之 尙書右丞劉士龍固止之 遂捨文德 尋悔遣人紿文德曰 更有言議 可復來也 文德不從遂濟 仲文選騎渡水 每戰破賊 文德遺仲文詩曰 神策究天文 妙籌窮地理 戰勝功旣高知足願云止

해설 _ 이 시는 유득공(柳得恭)의 문집 『영재집(泠齋集)』(문집총간 260) 권2에 수록되어 있다. 「이십일도회고시 고구려」의 다섯 편 중 하나로, 이에 대해서는 앞 부분의 「유득공, 이십일도회고시」에서 설명하였다. 유득공은 을지문덕의 살수대첩에서의 승리를 찬양하고, 수나라 군사를 사충(沙蟲)으로 비유하였다. 사충이란 역(蜮 : 물여우)이라고도 하고, 석공(射工)이라고도 하는데, 물속에 있으면서 모래를 머금어서 사람을 쏘면 사람이 병들게 만드는 해로운 존재이다. 그런데 시인은 을지문덕 장군을 살수대첩의 영웅으로만 보지 않고 훌륭한 시인으로 보고 있다. 그가 지은 '여수장우중문시'가 우리 나라 오언시의 시초가 되었기 때문이다. 이러한 점을 강조한 것을 볼 때, 시인은 을지문덕을 문, 무를 두루 갖춘 뛰어난 역사적 인물로 높이 평가하고 있음을 알 수 있다.

05 양만춘 楊萬春

1 안시성

정몽주, 안시성을 회고하며

황금전黃金殿 위에 앉아 옷을 드리웠으나,
백 번 전쟁의 웅대한 마음을 스스로 지키지 못했네.
당 태종이 친히 수레 몰던 날을 생각해보니,
풍부馮婦가 수레 아래로 내려올 때와 비슷하다네.

安市城懷古
黃金殿上坐垂衣 百戰雄心不自持 想見太宗親駕日 宛如馮婦下車時

해설 _ 이 시는 정몽주(鄭夢周, 1337~1392)의 『포은집(圃隱集)』 권1(문집총간 5)에 수록되어 있다. 정몽주는 고려 시대의 문신이자 학자로 자는 달가(達可), 호는 포은(圃隱)이다. 조선 건국에 동참하길 권유하는 이방원(태종) 앞에서 〈단심가(丹心歌)〉를 읊어 고려에 대한 충성을 맹세한 것으로 유명하다. 시인 정몽주는 당 태종이 직접 고구려 정벌에 나선 것은 대국의 천자로서 전쟁에 부적절하게 관여한 것으로서, 이것은 천자로서의 위엄과 권위를 떨어뜨린 것이라 낮게 평가하고 있다. 시에 나오는 진(晉)의 풍부(馮婦)라는 이는 호랑이를 맨손으로 잘 잡았는데, 뒤에 그 일을 그만두고 선사(善士)가 되었다. 어느 날 들을 지나는데, 많은 사람들이 호랑이를 쫓다가 풍부가 오는 것을 보고는 모두 달려가서 반갑게 맞았다. 이에 풍부가 다시 팔을 걷고 수레에서 내리자 많은 사람들은 좋아했으나 식견 있는 사람은 그 일을 비웃었다(『맹자(孟子)』 「진심하(盡心下)」). 이 풍부의 비유는 일의 가부곡직은 불고하고 인기 편승에만 관심을 두거나, 옛 버릇을 못 버림을 비유하는 것인데, 정벌전쟁을 벌이길 좋아하던 당 태종의 성향을 풍자하는 것이라 하겠다.

김시습, 안시성의 가을 모습

안시성가 나무 잎사귀가 정말로 누렇게 되니
나그네의 가을 생각 정말로 아득하네.
홍망이 백번 변해도 산은 의구하고,
구름과 물은 천 번 거듭되나 사적은 이미 황폐해졌네.
강 물결에 해가 지니 떠나는 기러기 헤매는 듯 하고,
마른 풀에 바람 부니 우는 쓰르라미 목메게 하네.
세차게 흐르는 살수의 여울물 소리 급하니,
가을을 슬퍼함 아니나 애간장이 끊기는 듯.

安市城秋望

安市城頭葉正黃 客中秋思正茫茫 興亡百變山依舊 雲水千重事已荒
日落江波迷去雁 風吹枯草咽啼螿 湯湯薩水灘聲急 不是悲秋卽斷腸

해설 _ 이 시는 김시습(金時習, 1435~1493)의 『매월당시집(梅月堂詩集)』 권9 「유관서록(遊關西錄)」(문집총간 13)에 실려 있다. 시인은 산천은 의구하나 인간의 흥망성쇠는 끊임없이 변하고 있다는 사실을 떠올린다. 그는 안시성과 살수에서의 과거의 장엄한 역사 사실을 생각하면 애간장이 끊어지는 듯한 슬픔을 느낀다고 하여, 찬란했던 선인들의 역사적 업적을 되살리고 싶음을 은밀히 표현하고 있다.

성여신, 안시성

당태종이 친히 천자의 군대를 이끌고 왔는데,
너무도 작은 외로운 성은 문을 닫고 열지 않았네.
마침내 검은 눈동자가 흰 깃 화살에 맞아 떨어졌으니,
당당한 만승천자 또한 슬프다고 말하네.
—안시성 시이다. 오석산 아래에 있다. 험하고 견고하기가 비할 바 없다.

安市城

唐宗親率六師來 一髮孤城閉不開 終使玄花落白羽 堂堂萬乘亦云哀

– 右安市城 在烏石山下 險固無比

해설_ 이 시는 성여신(成汝信, 1546~1632)의 『부사선생문집(浮査先生文集)』 권1(문집총간 56)에 실린 총 12수로 된 「서도유적(西都遺跡)」이란 작품 중의 제8수로, 안시성의 외로운 모습과 그와 대조되는 의외의 저력을 그렸다. 희미하게 보이는 고립된 성이 끝내 성을 지키며 항전하여 결국 엄청난 천자의 군대로 하여금 돌아가게 하였다는 이야기로 과거의 안시성 전투의 역사를 노래하고 있다.

김세렴, 책문 밖에서 안시성을 바라보며

이번에 떠나 수레를 돌림은 정녕 어느 때일꼬?
책문의 서쪽 언덕에서 서로 눈물을 흘리고 있네.
가련한 안시성의 천길 절벽이여.
일찍이 당나라 백만 군사를 물리쳤었지.

柵門外望安市城

此去回轅定幾時 柵門西畔淚交垂 可憐安市千尋壁 曾却唐家百萬師

해설_ 이 시는 김세렴(金世濂, 1593~1646)의 『동명선생집(東溟先生集)』 권5(문집총간 95)에 실린 작품으로, 병자호란의 후유증 속에서 중국 책문에서 조선에서부터 끌려간 포로들과 이별하며 느끼는 시인의 감회를 노래하고 있다. 현재는 청나라의 압박 속에서 약소국의 비애를 느끼고 있으나, 과거 안시성에서는 당나라의 대군을 물리쳤던 위대한 역사가 있었음을 회상하고 있다. 이를 통해 시대적 위기 상황 속에서 사기를 충전케 하는 것이 안시성의 역사였음을 알 수 있다. 작가인 김세렴은 조선 중기의 문신으로 자는 도원(道源), 호는 동명(東溟)이고 일본에 사신으로 갔을 때 아름다운 시문창작으로 이름을 떨친 바 있다.

강백년, 안시성 가는 도중 우연히 읊조리며

안시의 외로운 성이 길가에 있는데,
영웅의 묵은 자취 아직도 그대로라네.
이른 추위는 군사를 돌려야 할 날을 이미 깨닫게 했고,
큰 절의는 황제께 절을 했던 해를 끝내 밝히었다네.

남은 주춧돌 종횡으로 시든 풀 안에 있고,
퇴락한 성의 담은 쓸쓸하게 산봉우리 앞에 어지럽네.
갈림길에 임해 어떤 곳을 가리키며 슬피 읊조리는 곳에서
몇 번이나 나그네로 하여금 말 채찍을 들게 하나.

安市城途中偶吟
安市孤城在路邊 英雄陳迹尚依然 早寒已覺旋師日 大節終彰拜帝年
遺礎縱橫衰草裏 頹垣寥落亂峯前 臨岐指點悲吟際 幾遣征人擧馬鞭

해설 _ 이 시는 강백년(姜栢年, 1603~1681)의 『설봉유고(雪峯遺稿)』 권14(문집총간 103)의 「연경록(燕京錄)」에 실려 있다. 시인은 연행길에 안시성을 보면서 과거 영웅의 묵은 자취를 회상하고 있다. 안시성주의 지략과 큰 절의는 과거 당나라와의 전쟁에서 잘 드러났다고 하며, 이제는 쓸쓸하게 남은 옛 안시성 터를 바라보고 있다. 갈림길 속에서 차마 떠나지 못하고 있음을 묘사하고 있어, 과거 우리 역사의 영웅에 대한 그리움을 표현하고 있다.

신정, 안시성

우리 나라는 천고에 뛰어난 이름을 날리고 있으니,
삼리의 성으로 능히 백만 군사를 막았다네.
오히려 문황으로 하여금 천자 수레를 돌리게 하였고,
묘지에서 부질없이 위징을 그리워하게 하였네.

安市城
箕封千古振英名 三里能當百萬兵 却使文皇廻玉輅 九原空憶魏玄成

해설 _ 이 시는 신정(申晸, 1628~1687)의 『분애유고(汾厓遺稿)』 권5(문집총간 129) 「연행록(燕行錄)」에 실려 있다. 신정은 조선 중기의 문신으로 자는 백동(伯東), 호는 분애(汾厓)로 명문장가 신흠(申欽)의 손자이다. 과거 역사상 영웅스런 이름을 날린 것은 작은 규모의 안시성으로 백만 대군을 물리친 것이라 했다. 당 태종이 안시성을 끝내 함락하지 못하고 수레를 돌리게 하였고, 이미 죽은 위징을 그리워하게 하였다고 하였으니, 이는 훌륭한 신하의 필요성을 은근히 암시하고 있다. 당나라 초기의 문신이던 위징(魏徵, 580~643)의 호가 현성(玄成)이다. 그는 죽을 때까지 간신(諫臣)으로서 훌륭하게 태종을 보필하였다. 『수서(隋書)』를 편찬했는데, 당 태종에게 수양제처럼 되지 말라고 경계했다. 그의 간언은 『정관정요(貞觀政要)』에 수록되어 있으며 수성(守成)의 어려움을 설명한 이야기는 유명하다. 태종이 고구려 침공에 실패하고 회군할 때에 "위징이 살아있었다면, 나로 하여금 이런 걸음이 있게 하지 않았으리라"

고 했다(『당서』 권97). 그리하여 시의 말미에 전국시대 진(晉)나라 경대부(卿大夫)의 묘지를 뜻하는 구원(九原)에서 위징을 그리워했다는 표현이 나오는 것이다.

남용익, 안시성과 봉황성

탕참湯站에서 냉천冷泉에 이르기까지 이른 바 동팔참東八站이 있다. 길을 따라 보는 바는 변새의 쓸쓸한 물색이 아님이 없다. 거쳐 가는 곳에서 읊조림이 있고 일에 느끼면 세속의 말로 표현했다. 합하여 이름 붙이길 〈새상곡塞上曲〉이라 하였다.

自湯站至冷泉 卽所謂東八站也 沿途所見 無非塞上蕭條物色 所歷有吟兼卽事俚語 合名之曰塞上曲

안시성

산악의 형세는 두루 땅에서 뽑아 올린 듯 기이하고,
황량한 망루는 첩첩이 남은 터를 그대로 보여주네.
성 머리에 큰 돌이 우뚝하게 서 있으니,
장군이 일어나 절하던 때를 그려보게 되네.

塞上曲 十四絶 3首
岳勢周遭拔地奇 荒譙疊壘宛遺基 城頭大石巍然立 想像將軍起拜時
ㅡ右安市城

봉황성

봉황성 밖에서 갑군이 맞이해주고,
마패, 복병장, 박씨가 함께 오네.
흡사 대마도에서 처음 건너가던 날 같으니,
무늬 옷 입는 남다른 습속이 사람을 놀라게 하네.

塞上曲 十四絶 4首
鳳皇城外甲軍迎 痲貝仍將博氏幷 恰似馬州初渡日 斑衣殊俗使人驚
ㅡ右鳳皇城

해설_ 위의 두 편의 시는 남용익(南龍翼, 1628~1692)의 『호곡집(壺谷集)』 권12(문집총간 131) 「연행록(燕行錄)」에 실려 있다. 남용익은 조선 중기의 문신이자 학자로 자는 운경(雲卿), 호는 호곡(壺谷)이다. 문장과 글씨에 뛰어났고 신라 시대부터 조선 인조대까지의 시인의 시를 모아엮은 「기아(箕雅)」의 편집자로 유명하다. 시대에 따라 다르기는 하나 연행사가 책문을 통과할 때 마역과 마패, 박씨, 복병장, 갑군 등이 이들을 맞이하고, 선물을 받는다. 아역은 통관(通官)이고, 마패는 영송관(迎送官)이다. 갑군은 만주족으로만 이루어진 팔기군(八旗軍)을 말한다. 시인은 안시성 주변과 성의 모습을 묘사한 뒤, 성 머리의 큰 돌 모양을 보며 과거 안시성주 양만춘이 당 태종을 향해 절을 하던 때를 상상해보게 된다고 하였다. 시인이 변방을 두루 돌며 쓴 시 속의 이 작품은 안시성과 봉황성을 분별하여 시화하고 있어, 안시성과 봉황성을 같은 것으로 보았던 많은 시인들과는 차별성을 보이며, 봉황성(鳳皇城)의 표기 또한 다른 시인들이 쓰는 봉황성(鳳凰城)과는 달리 하고 있음이 보인다.

이세백, 안시성

안시성은 산머리에 층층이 쌓인 돌처럼 높다랗고,
장군의 충렬은 아직도 무너진 성가퀴에 남아 있는 듯.
우리 나라를 위험에서 보전하려는 마음만 있어,
황제가 마침내 군사를 물러가게 함에 절을 하네.
예로부터 남아는 의당 대오 속에 있길 꾀하는데,
지금까지 역사를 편찬함은 이 누구인가.
나그네가 우연히 성 주변 길을 지나가며,
슬프게 바라보니 천추에 눈물이 절로 흐르네.

安市城.次副使韻
安市山頭疊石危 將軍忠烈尙頹陴 心存吾國能全險 拜謝天王遂却師
從古男兒宜莫伍 至今編簡此爲誰 客來偶過城邊路 悵望千秋涕自垂

해설_ 이 시는 이세백(李世白, 1635~1703)의 『우사집(雩沙集)』 권3(문집총간 146)에 실려 있다. 이세백은 조선 후기의 문신으로 자는 중경(仲庚), 호는 우사(雩沙) 또는 북계(北溪)이다. 김상헌(金尙憲)의 외증손이고, 송준길(宋浚吉)의 문인이다. 시인은 과거 나라를 보전하기 위해 애쓰고 천자에게 인사를 했던 안시성주의 충렬의 마음을 생각하며, 그러한 그가 역사 속에는 남아있지 못함을 안타까워하고 있다. 또한 지나간 역사를 회고하며 절로 눈물이 흐름을 묘사하였다.

임상원, 안시성

성이 있으나 그 이름을 몰랐는데,
어떤 이가 이르길 안시성이라 하네.
북쪽으로는 봉황산 산꼭대기에 의지해 막아서고,
남쪽으로는 용산을 어루만지면 가로놓였네.
깍아지른 듯한 절벽은 구름에 이어져 일어나고,
원숭이들도 감히 가볍게 생각지 못한다네.
황홀한 것이 조화옹의 솜씨인가 의심되고,
휘어진 것이 사람의 뜻을 따라 이루어졌네.
성문은 좁은 길을 꽉 누르는 듯하여,
수레와 말이 나란히 다닐 수 없다네.
흘러 전해지는 말 진실이 아닌가 생각되는데,
험하고 빼어남은 사람으로 하여금 놀라게 하네.
당나라 황제는 훌륭한 임금인데,
무슨 이유로 수고로이 직접 정벌 나왔나.
당시 천하를 손쉽게 빼앗아가지려던 뜻이
이곳에서 막혀 오랫동안 군사들이 넘어졌다네.
어찌 적의 소굴을 무찌를 계책은 물었나.
돌이켜 후회하며 문정공 위징을 그리워하네.
역사서에서는 평양으로부터
거리를 계산하면 칠일의 정程이라 한다네.
기록된 일은 그러나 의심스런 중에 있으니,
정확한 지리기록을 누가 능히 밝게 알까?

安市城

有城不知名 或云安市城 北倚鳳岫障 南按龍山橫
削壁連雲起 猿猱不敢輕 怳疑造化翁 曲隨人意成
城門扼窄徑 車馬不並行 流傳恐未眞 險絶令人驚
唐皇好大君 何故勞親征 當時席捲志 阻此久頓兵
豈問擣穴謀 追悔憶文貞 史稱去平壤 里計七日程
記事然疑間 輿地誰能明

해설 _ 이 시는 임상원(任相元, 1638~1697)의 『염헌집(恬軒集)』 권15(문집총간 148)에 수록되어 있다. 임상원은 조선 후기의 문신으로 자는 공보(公輔), 호는 염헌(恬軒)이다. 시인은 안시성이 승전할 수 있는 천혜의 지형을 가진 요새였음을 묘사하고, 또한 당나라 태종이 무모하고 교만하게 전쟁을 일으켜서 자국 병사들의 수많은 희생을 가져오게 했음을 비판하고 있다. 그러나 또 한편 정확한 역사기록과 지리기록이 없어서 사실여부를 확인할 수 없음을 안타까이 여기고 있다. 문정(文貞)은 직간으로 이름난 당 태종의 신하 위징(魏徵)의 시호이다. 당 태종은 안시성을 함락시키지 못하고 회군하면서, 만약 위징이 살아있었으면 자신의 요동 정벌을 하지 않게 말렸을 것이라 말했다. 앞의 신정의 시 「안시성」 참고.

오도일, 안시성

안시성은 천년 동안 다만 피폐해진 성이 되어,
돌문에 남은 성가퀴는 반이나 무너지고 기울었네.
골짜기 깊어 산의 사슴이 수레 앞으로 지나가고,
관문이 가까워서 오랑캐가 말 머리에서 맞이하네.
누린내 나는 요동의 변새에는 유독 늙은이의 눈물 있어,
술 따르는 압록강에는 아직 숙취가 남아 있네.
평생 동안 오래된 서리 색 검을 비껴 찼기에,
손으로 어루만지면 어찌 감개의 정을 견디리오.

安市城

安市千年但廢城 石門殘堞半頹傾 谷深山鹿車前過 關近胡兒馬首迎
遼塞腥膻偏老淚 鴨江杯酌尚餘酲 平生古劍橫霜色 手撫何堪感慨情

해설 _ 이 시는 오도일(吳道一, 1645~1703)의 『서파집(西坡集)』 권5(문집총간 152)에 실려 있다. 오도일은 조선 중기의 문신으로 자는 관지(貫之), 호는 서파(西坡)이다. 이 작품은 「후연사록(後燕槎錄)」 속에 있는데, "갑술년(甲戌)가을에 부사(副使)의 신분으로 연경으로 가서, 겨울에 일을 마치고 조정으로 돌아왔다"고 기술되어 있다. 시인 오도일은 그 유명한 안시성이 이제는 쓸쓸한 폐허가 되어 남아 있고, 그 곳에서는 산짐승과 오랑캐를 볼 수 있음을 묘사하고 있다. 오랑캐의 누린내가 나는 듯한 요동 변새에서 착잡한 심정을 감출 수 없는 늙은 시인은 술에 취해 눈물을 흘리고 있는데, 이는 서슬 퍼런 오랜 된 검을 그저 만지작거릴 수밖에 없는 안타까움을 견디기 어려워하기 때문이다. 중국의 압박 속에서 생활하던 당시 변방지역 조선인들의 심정을 노래한 시라고 하겠다.

김창흡, 안시성–맏형님 따라 연경에 가는 아우 창업을 보내며 50수 중 제7수

고구려 옛 영토 광활하기도 하구나
봉황성을 안시성이라고도 하네.
천추에 뛰어난 담대하신 양만춘
당 황제를 활로 맞추어 눈동자를 떨어뜨린 연개소문.
만약 남한산성의 형세가 약했다고 말한다면
당 태종은 청태종과 비교해서 어떠한가.

安市城 – 送大有隨伯氏赴燕 50首 中 7首

高麗舊疆踔遠矣 鳳城或云是安市 千秋大膽楊萬春 箭射虬髯落眸子 若道南漢形勝弱 文皇何如洪太始

해설 _ 이 시는 김창흡(金昌翕, 1653~1722)의 『삼연집(三淵集)』 권11(문집총간 165)에 수록되어 있다. 삼연 김창흡은 자는 자익(子益), 호는 삼연(三淵)으로 성리학에 밝아 형 김창협(金昌協)과 더불어 대학자로 명성을 떨쳤다. 그는 숙종 38년(1712) 정사로 연행을 떠나는 형 김창집(金昌集)에게는 「맏형님의 연행을 보내드리며(拜送伯氏赴燕)」 9수를, 자제군관이 되어 동행하는 아우 김창업에게는 「맏형님 따라 연경에 가는 아우 창업을 보내며(送大有隨伯氏赴燕)」 50수를 써서 송별의 정을 나누었다. 김창업에게 준 시 중의 제7수가 안시성을 다룬 이 시이다. 이 시 제목 속의 대유는 김창업의 자이다. 이 시는 양만춘의 승리를 말하면서 병자호란의 치욕을 회억하는 시이다. 남한산성에서 피신하다가 결국 청나라에 항복한 것이 당시 성의 형세가 너무 외롭고 약해서라고 말하지만 안시성 싸움에서 당 태종의 패배는 그가 청태종보다 약해서 진 것이 아니라는 것이다. 다시 말하면 안시성이 남한산성보다 형세가 더 나아서 승리한 것이 아니라는 관점이다. 우리 사신이 안시성을 지나면서 병자호란 때의 남한산성과 강화도를 연상하는 작품으로는 채제공(蔡濟恭)의 「안시성」이 있다. 시 속에 나오는 규염객은 당나라 전기소설에 의하면 부여의 뛰어난 인물로 나라를 세우려 하다가 이세민의 왕재를 알아보고 그를 떠났다 한다. 규염객을 연개소문으로 보는 학자가 많다. 중국에서는 당 태종이 눈에 활을 맞은 사실조차 쓰지 않고 있기 때문에 당시 활을 쏜 사람이 누구인지 분명하지 않으나 대체로 연개소문과 양만춘이 거론되고 있다. 당 태종이 한 쪽 눈을 잃은 사실에 대해 이덕무가 논의한 바 있는데, 이에 대해서는 뒤에 나오는 '당 태종' 조의 목은(牧隱) 이색(李穡)의 「정관음(貞觀吟)」에 대한 해설에 인용해 놓았으니 참고할 만하다.

조태채, 안시성을 지나며

장하다. 안시라는 하나의 외로운 성이여.
능히 당나라 백만 군사를 막아냈다네.

산 위에는 지금도 성가퀴가 남아 있으나,
어찌하여 천년 동안 이름이 전하지 않는가?

過安市城
壯哉安市一孤城 能抗唐家百萬兵 山上至今遺堞在 奈何千載不傳名

해설_이 시는 조태채(趙泰采, 1660~1722)의 『이우당집(二憂堂集)』 권1(문집총간 176)에 수록되어 있다. 조태채는 조선 후기의 문신으로 자는 유량(幼亮), 호는 이우당(二憂堂)이다. 안시성은 과거의 역사적 사적으로 말미암아 장한 기운을 천년의 세월동안 전하여왔으나 안시성주의 이름은 전하지 못하였다고 했다. 이에 대한 안타까움이 엿보인다.

이관명, 안시성을 지나며 느낌이 있어

당일의 위엄과 명성을 초목들은 다 아는데
천년 세월 속에 사라져버린 그 일은 못내 슬프구나.
하늘이 귀물로 하여금 인간 세상에 전하려 함은,
삼한의 쇠약해진 무략을 일으켜 세우려 하기 때문이네.

過安市城感吟
當日威名草木知 千秋湮沒事堪悲 天敎鬼物傳人世 欲起三韓武略衰

세상에 전해지길 어떤 사람이 관서의 산골짜기 중에서 털북숭이 사람을 만났는데, 스스로 말하길 안시성의 병졸로 도망해 숨어 솔잎을 먹으며 죽지 않고 살아왔다고 했다. 성의 장수 이름을 물으니 양만춘이라 했다. 그러므로 시 속에서 언급한 것이다.

世傳 有人於關西山谷中 遇一毛人 自言以安市城卒 奔竄餌松葉不死 問城將之名 楊萬春云 故詩中及之

해설_이 시는 이관명(李觀命, 1661~1733)의 『병산집(屛山集)』 권2(문집총간 177)에 수록되어 있다. 이관명은 조선 후기의 문신으로 자는 자빈(子賓), 호는 병산(屛山)이다. 지금은 사라져버린 안시성에서의 일들을 안시성의 병졸이라는 털북숭이의 이상한 귀물이 후세에 전하고 있다고 하였다. 시인은 이러한 존재가 삼한 시대 때의 뛰어난 무략을 현재에도 일으켜 세울 필요가 있기 때문에 과거를 회상하게 하려고 하늘이 일부러 보낸 것이라고 설명하고 있다.

이의현, 안시성

옛 자취는 황제에게 절하던 때와 비슷하나,
무너진 성가퀴가 나그네 길 옆에 길게 누워있네.
만승천자의 장대한 위엄 드날렸다 말하지 말라.
오히려 외로운 군사가 굳센 절개로 막았다네.
흰 깃 화살에 대해 싫어하고 숨김이 심함은 이미 알겠고,
역사서에도 끝내 그 이름 전함에 인색하네.
노나라의 삭魯削은 지금 어떠한지 마음 아프니,
영걸스런 기풍에 멀리서 인사해도 눈물이 절로 계속 나네.

安市城
舊迹依俙拜帝年 頹陴長臥客程邊 休言萬乘揚威壯 尙有孤軍抗節堅
白羽已知嫌諱甚 靑編終靳姓名傳 傷心魯削今如許 緬挹英風涕自漣

해설 _ 이 시는 이의현(李宜顯, 1669~1745)의 『도곡집(陶谷集)』 권2(문집총간 180)에 실려 있다. 이의현은 조선 후기의 문신으로 자는 덕재(德哉), 호는 도곡(陶谷)이다. 김창협(金昌協)의 문인이며 명문장가로 이름 높았다. 이 시에서 시인은 안시성에서 당 태종을 맞아 맞서 싸워 물리쳤던 고구려의 영웅 안시성주의 이름이 중국의 역사서에서는 일부러 전해지지 않을 것이라 생각하며 안타까워하고 있다. 노나라의 삭(魯削)이란 노나라에서 필기도구로 쓰던 서도(書刀)를 말하는데, 주로 역사기록을 하였다고 한다. 시인은 예(禮)를 아는 노나라와 같은 곳, 가령 우리 나라의 역사기록에는 어떻게 기록되고 있을지 안타깝다고 표현하고 있다. 안시성주의 영걸스런 풍모를 회상해보면 저절로 눈물이 나온다고 하여, 안시성주에 대한 그리움과 아쉬움이 느껴진다.

이의현, 안시성

요동 정벌의 과거의 일 지금은 아득한데,
무너진 성곽은 오히려 예전의 안시성이라 전해지고 있네.
한번 절하여 조용히 병사를 퇴각시킬 수 있었으니,
기이하구나. 대체 누구네 집 아들인가?
우리 동방의 군사가 강함은 예로부터 말해져 왔는데,
국경 지역 굳게 지켜냄은 여기서부터 시작되었네.

紀行述懷.次三淵韻 其七 安市城

征遼往事今邈矣 壞郭猶傳舊安市 一拜從容能却師 奇哉竟是誰氏子
我東兵强自古說 疆場牢固從此始

해설 _ 이 시는 이의현(李宜顯, 1669~1745)의 『도곡집(陶谷集)』 권3(문집총간 180)의 「기행술회차삼연운(紀行述懷次三淵韻)」 50수 중 제7수이다. 시인은 안시성에서 당 태종을 물러나게 했던 과거 역사를 회상하며 관할 지역을 굳게 지켜 수비해내는 것은 이곳 안시성에서 시작되었다 할수 있다며, 안시성의 역사를 찬양하고 있다.

이덕수, 안시성

정공의 무덤 풀은 사방으로 흩어지려는데,
안시성가의 전쟁 뿔피리 소리 구슬프구나.
생전에 몇 번이나 힘써 임금의 잘못을 간했었나.
다만 널리 회군하여 넘어졌던 비를 도로 세울 뿐이구나.

安市城

鄭公墓草欲披離 安市城邊戰角悲 生前幾許廷爭力 只博軍回竪踣碑

해설 _ 이 시는 이덕수(李德壽, 1673~1744)의 『서당사재(西堂私載)』 권2(문집총간 186)에 수록되어 있다. 이덕수는 조선 후기의 문신으로 자는 인로(仁老), 호는 벽계(蘗溪) 혹은 서당(西堂)이다. 박세당과 김창협의 문인이다. 고구려 정벌과 같은 무력전쟁을 막으려 했던 정공(鄭

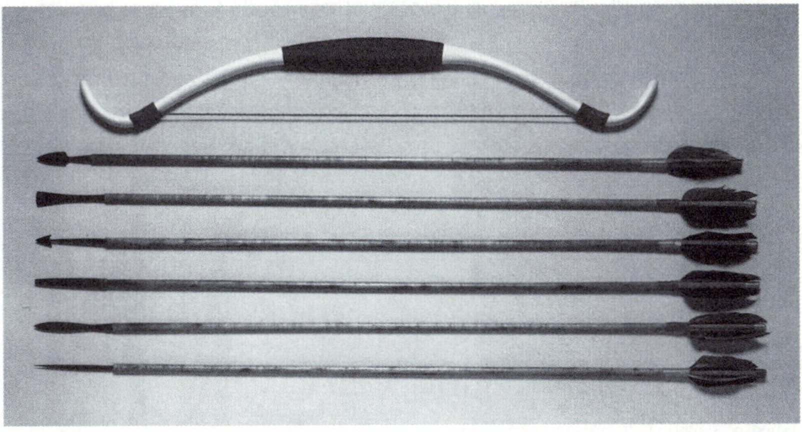

| 활과 화살 |

公)의 간언을 듣지 않아 안시성에서 결국 패전했던 중국 당 태종의 이야기를 소재로 하고 있다. 여기 나오는 정공은 당 태종의 신하 위징(魏徵)인데, 그의 봉호(封號)가 정국공(鄭國公)이다. 그는 직간(直諫)으로 유명하였다. 시인은 넘어진 비석으로 상징되는 당나라의 패전 이야기를 통해 안시성의 영광스러움을 반어적으로 표현하고 있다.

이광덕, 안시성

땅에서 뽑은 듯한 천 개의 봉우리에 만 개의 창이 또렷했는데,
문황은 여기에서 깃발을 거두고 돌아갔네.
만약 남아가 전쟁을 잘한다고 떠벌린다면,
천도는 응당 교만한 병사를 꺼려함에 연유하게 되네.
산하는 거칠게 뒤섞여서 많은 분노를 남겼는데,
역사책은 황당하게도 그 이름을 잃었으니 한스럽구나.
약소국의 작은 신하 담대한 용기가 없어서,
공경히 금과 폐백을 가지고 무너지고 남은 성 앞을 지나간다네.

安市城
拔地千峯萬戟明 文皇於此捲歸旌 可使男兒誇善戰 應緣天道忌驕兵
山河莽錯留餘怒 史牒荒唐恨失名 弱國小臣無膽勇 恭將金幣過殘城

해설 _ 이 시는 이광덕(李匡德, 1690~1748)의 『관양시집(冠陽詩集)』 권1(문집총간 209)에 수록되어 있다. 이광덕은 조선 후기의 문신으로 자는 성뢰(聖賴), 호는 관양(冠陽)이다. 과거 안시성에서는 당 태종이 전쟁을 잘 한다 자랑하며 교만한 병사들을 이끌고 와 결국은 고구려군에게 패배하였다. 그런데 안타깝게도 당시의 인물 이름을 역사책에서 누락시키고 있다. 시인은 과거 고구려 시대와는 달리 현재 조선인들이 약소국의 작은 신하가 되어 담대함을 잃고 오랑캐에게 금과 폐백을 바치면서 안시성 앞을 무력하게 지나가고 있다며 괴롭고 수치스런 마음을 표현하고 있다.

서명응, 안시성

화살을 모아놓은 듯 금성만큼 견고하고,
높고 뾰족하기는 검각처럼 심하다네.
병력을 남용하면 실패한다는 것 천고의 경계이고,

사직을 지켜야 함은 백년의 마음이라네.
지난 자취 차가운 물속에 가라앉았으나,
높은 명성 푸른 산봉우리와 마주하고 있네.
내가 살면서 감개함이 많으니,
말을 멈추고 한번 길게 읊조리네.

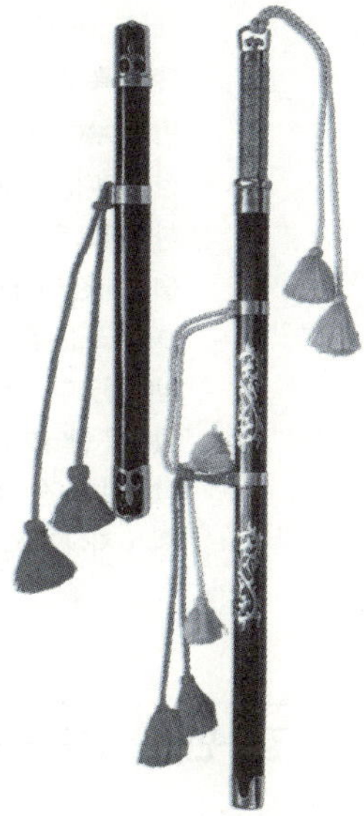

| 짧은 칼과 긴 칼 |

安市城
攢簇金城固 崢嶸劒閣深 窮兵千古戒 衛社百年心
往跡沉寒水 高名峙碧岑 吾生多感慨 駐馬一長吟

해설 _ 이 시는 서명응 (徐命膺, 1716~1787)의 『보만재집(保晩齋集)』 권1(문집총간 233)에 실려 있다. 서명응은 조선 후기의 문신이자 학자로, 자는 군수(君受)이고, 호는 보만재(保晩齋)로 정조로부터 호를 내려 받았다. 시인은 안시성이 매우 견고하고 뾰족하여 함부로 침범하기 어려웠음을 묘사하고, 병력을 남용하면 당 태종처럼 패전하게 됨이 천고의 경계라고 강조하고 있다. 그는 이러한 지난 역사를 생각하고 또한 사직을 잘 지켜내야 함을 환기하며 감개를 느끼고 있다.

채제공, 안시성

삼면의 높다란 봉우리는 검과 창처럼 높은데,
한 쪽 흙무더기 무너져 남쪽 언덕을 향하고 있네.
관방의 지리적 이로움이 가장 기이하고 장대하여,
신령스런 무예의 황제도 오히려 도망갔다네.
당시의 위엄 있는 함성 천하를 놀라게 하였는데,
지금의 행색은 우리들을 부끄럽게 하는구나.
강화도와 남한산성은 끝내 얼마큼 믿을만할까?
공연히 백성들 절구질하고 건축하는 수고를 하게 하는 것인지.

安市城 宿鳳凰城
三面危峯劒稍高 一堆纔缺向南皐 關防地利元奇壯 神武天汗尙遁逃
當日威聲驚海內 秪今行色愧吾曹 沁都[36]南漢終何賴 空費斯民杵築勞

해설 _ 이 시는 채제공(蔡濟恭, 1720~1799)의 『번암선생집(樊巖先生集)』 권13(문집총간 235) 「함인록(含忍錄) 상」에 실려 있다. 체제공은 조선후기의 문신으로 자는 백규(伯規)이고, 호는 번암(樊巖), 번옹(樊翁)이다. 시인은 안시성이 천혜의 지리적 이점을 가진 곳임을 묘사하고 찬양하였다. 기이하고 장대한 지리적 이로움으로 신령스런 무예의 황제까지도 놀라 도망하게 하였다고 했다. '신령스런 무예의 황제'라는 해석의 원문은 '신무천한(神武天汗)'이다. 이 중 한(汗)은 '칸'이라는 흉노 추장을 뜻하는 것으로 보았다. 한은 대완국의 한혈마(汗血馬)로 천마(天馬) 또는 천리마를 의미하기도 하나, 여기서는 '천한'을 당 태종을 낮추어 부르는 것으로 받아들였다. 한편 시인은 과거 고구려는 천하를 놀라게 할 정도였으나 지금은 행색이 초라해졌음을 안타까워하고 있다. 안시성을 통해 조선의 중요 피난지라 할 강화도와 남한산성을 연상하며 과연 수비를 잘 할 수 있는 요새지인가를 생각하고 있어, 병자호란을 겪은 후 조선후기 지식인들이 외적 방비에 대한 걱정을 엿볼 수 있게 한다.

김수민, 안시성 노래

안시성이여.
수성한지 육십일 끝내 항복 않는구나.
요동벌 이른 추위에 황제가 군사 돌리니
임금 시해한 역적 연개소문을 죽이지 못했네.
성 위에서 천자께 절을 하나
왕군에 대항했기에 비단 내림은 감당할 수 없다네.
만 리 먼 길 친히 정벌 왔으니 얼마나 고생인가
애석하도다. 흰 깃 화살에 눈동자 떨어지니
훗날에도 즐겨 요동 땅 얻으려 하지 마오.

安市城歌

安市城 城守六旬終不服 遼野早寒帝反師 未誅蓋蘇文弑君賊 城上拜天子
抗王師不敢當賜帛 萬里親征亦何苦 可惜白羽玄花落 他時莫喜遼東得

해설 _ 이 시는 김수민(金壽民, 1734~1811)의 『명은집(明隱集)』 「기동악부(箕東樂府)」 조에 수록되어 있다. 연개소문을 징벌하기 위해 고구려 정벌을 감행한 당 태종의 행동은 무모한 것이었기에 결국 아무런 성과 없이 돌아갈 수밖에 없었다며 그의 헛고생과 눈 다침을 조롱했다. 또한 앞으로도 요동 땅 등에 대한 정벌 욕심을 버리라고 말하고 있다.

36) 심도(沁都)란 강화도이다. 과거에 강화도는 외적이 침입시에 왕실이 피신한 곳이다. 병자호란 때에도 왕세자 일행이 난을 피해 강화도에 들어갔었다.

김정희, 안시성

묶어세운 듯한 봉우리들과 넓게 펴진 들판
수레 방울 소리 쩔렁쩔렁하며 큰 황무지를 지나가네.
성 위에는 이제껏 그 당시의 달이
반쯤 이지러져 남은 빛을 비추고 있네.

安市城
群峯束立野鋪張 車鐸連聲度大荒 城上至今當代月 半分虧得照餘光

해설_이 시는 김정희(金正喜, 1786~1856)의 『완당전집(阮堂全集)』 제10권(문집총간 301)에 수록되어 있다. 김정희는 조선 말기의 문신이자 실학자, 서화가로, 자는 원춘(元春), 호는 추사(秋史)·완당(阮堂)·예당(禮堂) 등 백여 가지가 있다. 안시성 위의 달은 역사와 관련하여 그 모습조차 특별하게 느껴진다. 당 태종이 정벌하러와 도리어 패하여 회군했던 일을 연상시켜 달의 모양은 이지러져 있고, 안시성가의 풍경은 황량하기 그지없는 것이다.

양진영, 안시성

살수의 싸움 누가 능히 대적할 수 있나.
백만 군사도 수양제의 힘이 되지 못했네.
안시성의 우두머리 굳세어 항복하지 않았으니
당 태종도 뜻을 잃고 군사를 돌이켜 갔네.
요동의 탄환을 그대는 비웃지 마소
열사충신이 그로 인해 이름을 떨쳤다오.
성 위에서 절함은 비굴함이 아니요
항복해 성하에서 맹약함이 부끄러운 일.

安市城
薩水戰誰能敵 隋煬無賴百萬兵 安市長堅不下 太宗失意班師行
遼左彈丸君莫笑 烈士忠臣振英聲 城上拜帝非爲屈 可愧春秋城下盟

해설_이 시는 양진영(梁進永, 1788~1860)의 『만희집(晩羲集)』, 「의악부사(擬樂府詞)」 조에 실려 있다. 양진영은 조선 후기의 학자로 제자 백가와 노불(老佛)의 학설을 두루 섭렵하고 역(易)을 깊이 연구한 인물이다. 자는 경원(景遠), 호는 만희(晩羲)로 시작에도 뛰어났다. 시인은 과거 안시성주 양만춘이 회군해 가는 당 태종을 향해 절을 했던 것은 절대 비굴한 것이 아닌 높은 기세의 행동임을 강조하며, 도리어 시인이 살고 있던 조선시대 병자호란에서의 인조의 굴욕적인 항복이 너무도 부끄러운 일이라고 언급하고 있다. 이는 호란 이후 조선 시인들이 느꼈던 정신적 패배감과 굴욕감을 드러내는 시이다.

2 봉황성

조위한, 봉황성

봉황성은 혹 안시성이라 하고, 혹은 거주성이라 한다. 안시성은 양만춘이 지키던 곳이고, 거주성은 연개소문이 웅거하던 곳이다.

鳳凰城 或曰安市城 或曰莒州城 安市則楊萬春之所守 莒州則盍蘇文所據也

몇 겹으로 쌓인 푸른 산에 옛 전쟁터가 있으니,
두루 십 리를 돌아 금성탕지를 에워싸고 있네.
담장에 이어진 우뚝한 산봉우리는 은하수별을 범하는 듯 하고,
성가퀴에 벌려진 빙 두른 뫼는 칼날을 묶고 있는 듯하네.
지나는 나그네 안시성의 유적인지 의심하니,
그 곳의 백성들은 오히려 연개소문이 더 맞을 것이라고 하네.
아득히 지나간 일 누구에게 물어볼꼬.
저 멀리 청산에는 석양빛만 둘러 있네.

鳳凰城
幾疊青山古戰場 周遭十里擁金湯 連墻冠岫干星漢 列堞嬰巒束劍鋩
行客謾疑安市蹟 居民猶說盍蘇强 悠悠往事憑誰問 一抹螺鬟帶夕陽

해설 _ 이 시는 조위한(趙緯韓, 1567~1649)의 『현곡집(玄谷集)』 권5(문집총간 73)에 실려 있다. 조위한은 조선 중기의 문신으로 자는 지세(持世), 호는 현곡(玄谷)이다. 봉황성이 과거의 안시성인지, 거주성인지 알 수 없는 형편이나, 이 두 성은 모두 과거 양만춘이든 연개소문이든 대단한 무장이 지키던 곳이기에 그 곳의 풍광 역시 강한 힘이 넘치고 날카로운 무기의 이미지가 느껴진다. 이 봉황성이 과거 연개소문이 있던 곳이 맞다는 그 곳 주민들의 의견이 있

으나 시인은 어떤 것이 맞는지 알 수 없다는 말로 아득히 먼 과거 역사 사실의 증빙이 어려움을 안타깝게 표현하고 있다. 그리하여 멀리 바라보이는 청산(青山)을 뜻하는 나환(螺鬟)과 석양빛만을 표현할 뿐이다.

김육, 봉황산

이 산은 진실로 기이하고 빼어나니,
너를 사랑하는데 이름이 더욱 어여쁘네.
사람들이 말하길 과거 옛 시절엔
봉황새가 부드럽게 울었다고 하네.
지금은 비리고 누린내 나는 장소가 되었으니,
이름과 실상이 어찌 그리도 어긋났나.
뭇 봉우리들은 묶은 듯 서 있고,
우뚝하게 하늘을 찌를 듯하네.
가운데 있는 돌은 건축의 기초였는 듯하고,
가지런히 가로로 된 것은 층층 벼랑 모양이네.
이르기를 안시성이라 하니,
칠덕에 웅장한 마음만 차이가 나네.
우리 동방에도 또한 인재가 있었으니,
어느 곳에 영웅의 혼이 묻혀있나.
머뭇거리며 지난 일을 생각하니,
격렬하게 내 마음 아프게 되네.

鳳凰山

茲山信奇秀 愛汝名更佳 人言往古時 鳳凰鳴喈喈
今爲腥臊鄕 名實何其乖 群峯如束立 突兀衝天街
中有石築基 矗矗橫層崖 云是安市城 七德雄心差
吾東亦有人 何處英魂埋 蹰躇念往事 激烈傷余懷

해설 _ 이 시는 김육(金堉, 1580~1658)의 『잠곡선생유고(潛谷先生遺稿)』 권1(문집총간 86)에 실려 있다. 김육은 조선 중기의 문신이자 제도개혁에 힘쓴 정치가이다. 자는 백후(伯厚), 호는 잠곡(潛谷), 회정당(晦靜堂)으로 많은 저술을 남겼으며, 활자보급에도 힘썼다. 현재 봉황산이라 불리는 곳은 고귀한 봉황새가 울었다는 것에서 그 이름이 유래한 고아한 장소이다. 그러나 지금은 오랑캐의 누린내가 진동하고 있어, 그 이름과 실상이 너무 어긋나게 되었다고 시인은 슬퍼하고 있다. 그와 더불어서 과거 봉황산이 또한 고구려 시대의 안시성이라는 말이 있음을 지적하고, 무(武)의 7가지 덕목인 칠덕(七德), 곧 금폭(禁暴)・즙병(戢兵)・보대(保大)・정공(定功)・안민(安民)・화중(和衆)・풍재(豐財)에 웅장한 마음까지 있었다고 찬양하고 있다.

시인은 고구려 시대의 양만춘과 같은 인재를 떠올리며 그의 영혼이 어느 곳에 묻혀있는가를 생각하며 그리워한다. 과거의 일을 그리워하며 머뭇대는 것은 현재의 상황이 너무 어렵기 때문이다.

남구만, 봉황산

봉황성 밖 봉황산이여
남은 성가퀴가 여전히 가파른 산봉우리 사이에 겹겹이 쌓여있네.
당태종이 일찍이 말을 멈추었던 곳이라고 흩어져 말해지고,
또한 안시성의 옛 방어 관문이라 전해지네.
검은 눈동자는 어찌 예전의 이곳에서 떨어졌나?
천자의 수레는 정녕 어느 곳으로 돌아갔나.
옛 흔적은 희미하여 물어볼 곳이 없고,
푸른 하늘에는 오직 반달만 있구나.

鳳凰山
鳳凰城外鳳凰山 殘堞依俙疊巘間 漫說貞觀曾駐蹕 仍傳安市舊防關
玄花豈向此中落 黃屋定從何處還 往迹微茫無可問 碧天唯有月如彎

해설 _ 이 시는 남구만(南九萬, 1629~1711)의 『약천집(藥泉集)』 권2(문집총간 131)에 실려 있다. 남구만은 조선 후기의 문신으로 자는 운로(雲路), 호는 약천(藥泉), 또는 미재(美齋)이다. 송준길(宋浚吉)의 문하생으로 문장과 정치에 뛰어나, 시호는 문충(文忠)이다. 시인은 봉황성이 있는 봉황산을 보면서 과거 당 태종이 말을 멈추었던 곳이라는 설과 또한 안시성의 옛 방어성이었다는 전설을 생각한다. 당 태종이 눈에 화살을 맞고 돌아갔다는 이야기를 떠올리며 과거의 흔적을 알아보고자 해도 물을 수 없음을 안타까워하며 다만 하늘의 달만 남아 있음을 묘사하고 있다.

최석정, 봉황성

띠 같은 긴 시내는 성을 감싸 흐르고 있고,
앞을 두른 높은 산봉우리는 우물에 떨어져 보임이 많네.
발해와 갈석산 중간에 있는 하나의 도회로
고구려의 경계에서 이곳은 요해처가 되었다네.
동이의 음악은 반쯤 오랑캐와 중국 것을 겸하였고,
북쪽의 습속은 시종 말과 소를 중시한다네.
잠시 차가운 구들이라도 빌려 멀리서 온 다리를 쉬게 하고,
한 잔의 노주로 나그네의 근심을 위로하네.

鳳凰城
長川如帶抱城流 穹岫前環井落稠 渤碣中間一都會 高句境界此咽喉
夷音半是兼蕃漢 北俗終須重馬牛 暫借寒炕休遠脚 一杯蘆酒慰羈愁

해설_이 시는 최석정(崔錫鼎, 1646~1715)의 『명곡집(明谷集)』 권3(문집총간 153)에 실려 있다. 최석정은 조선 후기의 문신이자 학자로 최명길(崔鳴吉)의 손자이다. 자는 여시(汝時), 여화(汝和)이고 호는 명곡(明谷)이다. 봉황성의 지형적인 모습 묘사와 그곳의 풍물을 묘사하는 시이다. 그곳은 과거 고구려의 경계와 맞닿아 있던 곳으로 시인의 관심을 끌었던 곳으로 보인다.

최석정, 봉황성

요좌의 궁벽진 구석 한 조각 작은 성
당나라 임금이 여기서 예전에 군대를 사열했네.
차가운 서리 옥 장막에 들이치니 삼군이 지쳐가고,
흰 깃 화살에 눈동자 떨어지니 사해가 놀랐다네.
노나라의 삭은 이미 나라의 경계가 축소됨을 슬퍼하고,
진나라의 수송은 거듭 사행 수레가 감을 부끄러워하네.
가련하구나, 그 당시의 양도위여.
역사 기록 중간에 그 이름이 없어졌다네.

鳳凰城 6首 中 1

遼左窮邊一片城 唐宗於此昔觀兵 寒霜玉帳三軍老 白羽玄花四海驚
魯削已悲疆土蹙 秦輸重愧使車行 可憐當日楊都尉 青史中間沒姓名

해설 _ 이 시는 최석정(崔錫鼎, 1646~1715)의 『명곡집(明谷集)』 권3(문집총간 153) 「봉황성(鳳凰城)」 6수 중 제1수이다. 시인은 봉황성을 안시성으로 보고 그곳에서 일어났던 당 태종과 안시성주와의 전투를 회상하고 그곳에서 당 태종이 눈을 잃었음을 언급하고 있다. 시에 나오는 노나라의 삭(魯削)이란 노나라에서 쓰던 필기도구로 역사기록을 적을 때 이용되었던 것으로 역사기록을 뜻한다. 안시성의 전투 속에서 당나라의 경계가 점차 축소되었다는 역사기록이 남았음을 지적하고 있다. 또한 진나라의 수송(秦輸)이란 춘추시대 진 혜공(晉惠公)이 기근을 호소하며 곡식을 요청하자 진목공(秦穆公)이 백리해(百里奚)의 말을 듣고 곡식을 보내 주었던 일과 관련된다. 이때 진(秦)나라 도읍인 옹(雍)으로부터 진(晉)나라 도읍인 강(絳)까지 수송 대열이 잇따랐다고 한다(『춘추좌씨전』 희공(僖公) 13년). 이처럼 당시 당 태종의 군대는 군량미 부족으로 고생하였다. 이러한 어려움 속에서 당나라 내부에서 반역자가 생길 수 있었으니, 이는 마치 수양제가 고구려에 와 있을 때 반란을 일으켰던 양도위(楊都尉) 즉 양현감(楊玄感)과 같은 인물이다. 시인은 당 태종이 잘못 정벌전쟁을 일으켜서 스스로 국가적 위기를 초래하였다고 비판하고 있는 것이다.

송상기, 봉황성

안시성이라 전해져 내려온 것이 바로 봉황성인데,
당태종이 당시에 함부로 무력을 남용하였다네.
검은 눈동자 흰 깃 화살에 맞음은 용이 곤액을 당한 것으로,
옥 같은 변방 가을 서리에 대나라 말이 놀랐다네.
다만 중원에 지인지감의 인재 한 사람만 있었다면,
어찌 동해로 육군으로 하여금 날아가게 하였겠나.
탄환이 영주석에 들어가지 않았고,
하늘 밖에 주필駐蹕이란 이름만 부질없이 남겼네.

鳳凰城

安市流傳卽鳳城 文皇當日謾窮兵 玄花白羽眞龍困 玉塞秋霜代馬驚
但使中原一鑑在 豈勞東海六飛行 彈丸不入靈州石 天外虛留駐蹕名

해설 _ 이 시는 송상기(宋相琦, 1657~1723)의 『옥오재집(玉吾齋集)』 권2(문집총간 171)에 실려 있다. 송상기는 조선 후기의 문신으로 자는 옥여(玉汝), 호는 옥오재(玉吾齋)이다. 시인은

봉황성을 보며 과거의 안시성에서 있었던 옛 역사를 떠올렸다. 중국의 당 태종이 고구려를 업신여겨 함부로 침범해왔고, 이로 인해 화살에 눈을 맞고 추운 날씨에 고통 받는 곤액을 당했다고 하였다. 만약 당나라에 인재를 알아보는 능력을 가진 사람이 있었다면, 뛰어난 인물이 있는 고구려에 함부로 침범하지 않았을 것이라는 말로 당 태종의 실책을 비판하고 있다. 시 속에 나오는 영주석(靈州石)은 한무제가 원봉(元封) 원년(B.C.110)에 태산(泰山)에 봉선(封禪)을 하고 꼭대기에 세운 돌이며, 또한 당 태종이 정관(貞觀) 20년(646)에 회흘(回紇) 등을 평정하고 손수 시를 지어 영주(靈州)에 세운 비이다. 여기서 영주석은 당 태종이 세운 비로, 별반 특색없이 전투에서 물러나오고, 주필산이란 이름만 부질없이 남겨 당 태종의 소득 없는 무리한 전쟁을 암묵적으로 비판하고 있다.

황호, 봉황성

봉황산 기슭에 오래되고 황폐한 성 있으니,
안시라는 이름은 오히려 옛 읍의 이름으로 전해지네.
성은 상류를 누르며 압록강 물과 통하고 있고,
산은 광야를 두르며 연경을 당기는 듯하네.
나라의 영토는 오래 동안 변했으니 누구에게 기대어 물어볼꼬.
울타리 목책을 새로 열어 나그네의 행보를 점검한다네.
도리어 그 해에 천자에게 절을 했던 것 생각하니,
동국에 훌륭한 호걸이 적다고 말하지 말라.

鳳凰城

鳳凰山麓古荒城 安市猶傳舊邑名 城壓上流通鴨水 山圍曠野控燕京
版圖久變憑誰問 寨柵新開點客行 却想當年拜天子 勿云東國少豪英

해설_ 이 시는 황호(黃戾, 1604~1656)의 『만랑집(漫浪集)』 권5(문집총간 103)에 실려 있다. 황호 대신 황감으로 부르기도 한다. 그는 조선 후기의 문신이자 학자로 자는 자유(子由), 호는 만랑(漫浪)이다. 사은사 이시백(李時白)의 부사로 연경에 다녀왔다. 봉황산을 보면서 안시성의 역사를 떠올리며, 과거 우리 우리 영토였던 것도 오래되어 변해서 정확한 사실을 알아보기 어렵다고 아쉬워하고 있다. 하지만 당 태종을 물러나가게 했던 안시성주가 우리 나라의 옛 호걸임을 상기하며 우리 민족적 기상을 강조하고 있다.

3 성상배

심광세, 성 위에서의 절

영웅호걸은 세상에 드물게 한 번씩 나오는데 성과 이름이 전해지지 않으니, 애석하도다. 고려사초에서는 안시성의 장수 양만춘이라고 했는데, 맞는지 틀리는지 모르겠다.

英雄豪傑曠世一有 而姓名不傳 可惜也哉 麗史抄城將梁萬春云 未知是否

당 태종이 고구려를 쳐서, 고연수와 고혜진의 군사 15만 명을 크게 깨뜨렸다. 안시성 아래에 무리지어 있다가 그 성을 공격했는데 성주가 굳게 지키고 항복하지 않았다. 무릇 50여 일을 머물다가 황제가 군사를 돌려 돌아가니 성주가 성 위에서 인사를 했다. 황제는 그 굳게 지킴을 가상히 여겨서 비단 2백필을 하사했다. 목은 이색의 「정관음」에는 "검은 눈동자 하얀 깃 화살에 맞았네[玄花新逢白羽箭]"라는 구절이 있다. 전해지는 말에 당 태종이 안시성을 공격하다가 날아온 화살에 눈을 맞았다는 것이다. 그러나 중국의 역사에서는 숨기고 직접 쓰지 않았음이 실로 당연한 것이나, 삼국사에서도 또한 싣지 않았으니, 목은이 어디서 이런 말을 들었는지 모르겠다.

唐太宗伐高句麗 大破高延壽惠眞軍十五萬 衆於安市城下 仍攻其城 城主堅守不下 凡留五十餘日 帝班師 城主拜辭於城上 帝嘉其固守 賜絹二百疋 牧隱貞觀吟 玄花新逢白羽箭 諺傳太宗攻安市 流矢中目云 而中國史諱不直書固宜 三國史 亦不載 未知牧老何從得此言也

외로운 성 달무리 오십일
대당 천자 친히 싸움에 임했네.
풀 마른 요동 땅 머물기 어려운데
검은 눈동자에 흰 깃 화살을 맞았구나.
장군은 칠척장신에 갑옷을 입고
회군하는 수레 먼지 향해 성 위에서 인사하네.

오래도록 천자에게 항거한 죄 죽어 마땅한데
비단 내려 특별히 신하된 자 격려하니
그 성명 전하지 않음은 천년의 한이라.
우리 나라에서 전투와 수비를 잘해 중국에 이름 떨친 이로는
이 사람과 살수대첩의 을지문덕, 귀주대첩의 박서라네.

城上拜
孤城月暈五十日 大唐天子親臨戰 草枯遼左難久留 玄花新逢白羽箭
將軍介冑七尺身 城上拜辭屬車塵 久抗天威罪當誅 賜絹特勵爲人臣
姓名恨不傳千春 所以吾東善戰善守名中國 賴有此及薩水文德龜州朴

을지문덕은 수나라 병사를 살수에서 잘 무찔렀고, 고려의 박서는 귀주에서 수비를 잘했다. 몽고군이 와서 공격했으나 3년간 굳게 지켜 끝내 내려오지 않자, 몽고장군도 그 수비를 훌륭히 함을 감탄했다.

乙支文德 敗隋兵於薩水 高麗朴犀 守龜州 蒙兵來攻 固守三年 終不下 蒙將歎其善守

해설_ 이 시는 심광세(沈光世, 1577~1624)의 『휴옹집(休翁集)』 권3의 「해동악부(海東樂府)」 조에 실려 있다. 중국에 맞서 당당히 승리했던 역대의 우리 나라 장군들의 이름을 거론하고 있다. 살수대첩의 을지문덕, 귀주대첩의 박서와 더불어서 안시성주가 바로 대표 인물인데, 그의 이름이 역사에 정확히 기록되어 전하지 않음을 안타까워하며 이들의 활약으로 말미암아 우리 나라가 잘 보전되었음을 강조하고 있다.

이익, 성 위에서의 절

보장왕寶藏王 4년 당황제가 안시성을 공격하였다. 굳게 지켜 항복하지 않으니, 군사를 돌리라 명하였다. 이에 앞서 요주와 개주 두 주의 백성들을 뽑아 요수를 건너 안시성 아래에서 군사들의 위세를 과시하며 성을 돌게 하니, 성 안에서는 모두 자취를 감추고 나오지 않았다. 성주가 성에 올라 절을 하니, 황제가 그 굳게 지킴을 가상히 여겨서 비단 100필을 내리고 그 임금 섬기는 것을 격려했다.

寶藏王四年 唐帝攻安市城 堅守不下 勅班師 先拔遼蓋二州戶口 度遼乃耀兵於安市城下而旋 城中皆屛跡不出 城主登城拜辭 帝乃嘉其固守 賜縑百匹 以勵事君

황제에게 구벌군이 있으나,
신에게도 칠리의 성곽이 있습니다.
구벌군이 씩씩하지 않은 것이 아니나,
칠리 성곽은 돌처럼 단단합니다.
천시로 다투어도 지리가 이기는 것 같고,
필부가 황제의 위엄을 이기는 것 용납되지 않습니다.
요양의 천리에서 오랫동안 수고롭게 하지 마시오.
이 마음 정영위의 학과 같음이 있습니다.
삼군을 되돌아 옥 같은 발꿈치가 돌아 물러나고,
속백은 남겨 금성탕지의 나라에 하사하셨네.
황제께선 삼순에 군사를 떨친 우왕과 같으시고,
그 명성 진왕 때의 〈파진락〉과 같습니다.
신은 황하에서 배를 탔던 맹명시 같아서,
바람을 향해 허리 굽히고 파도를 사이에 두었습니다.
군왕은 사해를 집으로 삼으시니,
한번 떠나가시거나 한번 머무시거나 모두가 은택이라네.
무려산의 색은 푸르고 우뚝한데,
양만춘의 명성이 나란히 기대어 빛나네.

城上拜

帝有九伐軍 臣亦七里郭 九伐非不壯 七里堅如石
天時爭似地利勝 匹夫不容皇威克 遼陽千里休久勞 此心有如丁令鶴
三軍捲退玉趾廻 束帛留賜金湯國 帝似三旬振旅禹 聲同秦王破陳樂
臣如河上在舟孟 向風折腰波濤隔 君王以四海爲家 一征一舍皆恩澤
巫閭山色碧崢嶸 梁萬春名倂倚薄37)

해설 _ 이 시는 성호(星湖) 이익(李瀷, 1681~763)의 『성호선생전집(星湖先生全集)』(문집총간 198) 「해동악부(海東樂府)」(『한문악부 · 사자료집』 2)에 수록되어 있다. 천자의 군대에 맞서서 목숨 걸고 안시성을 지켰던 양만춘의 목소리를 통해서 시인은 자신의 생각을 말하고 있다. 양만춘은 대당 황제로서 9가지 종류의 죄악에 대해 토벌하였던 구벌군(九伐軍)을 이끌고 고구려를 치러 왔다 하지만, 자신에게는 이에 맞설 만한 7리의 단단한 성곽이 있음을 말하고 있어, 중과부적의 열악한 상황 속에서도 강한 의지를 잃지 않은 양만춘의 강인한 심지를 잘 묘

37) 의박(倚薄) : 의부(依附), 의탁(依託)의 뜻.

사하고 있다. 사실 필부로서 황제의 위엄에 맞설 수 없음을 잘 알고 있으나, 지리를 이용하여 굳세게 저항하여 막아내었다. 요양에서 수고롭게 공격하는 당 태종을 향해 양만춘은 신선이 되어 하늘로 올라갔다가 학이 되어 요동에 돌아왔다는 정영위(丁令威)처럼 인간적 욕심을 초탈하고 요동 땅에 머물겠다고 했다. 이러한 굳은 의지와 초탈한 생각으로 안시성을 지키는 안시성주를 보고 당 태종은 회군하게 되며 비단까지 하사하였다고 하였다. 시인은 당 태종의 이번 원정이 마치 우왕(禹王)이 군사를 일으킨 것과 같이 명분 있는 훌륭한 일이고, 그 명성도 과거 당태종이 진왕(秦王)이던 시절 전쟁의 승리를 노래했던 〈파진락(破陣樂)〉의 내용과 같이 평가할 수 있다고 찬양했다. 그러면서도 동시에 시인은 이에 맞서는 안시성주 양만춘이 마치 자신을 인정해주던 진목공(秦穆公)을 위해 황하에서 배를 타고 거친 바람과 파도를 맞았던 맹명시(孟明視)처럼 목숨을 걸고 대항하고 있다고 표현하였다. 황제에게는 천하가 모두 집이므로 어디에 머물거나 어디로 가던 간에 모두가 백성에겐 은택이 된다고 짐짓 높이고 있어 떠나가는 황제를 향해 은근히 비꼬고 있다. 시인은 중국의 황제를 높이는 듯 낮추면서 결국은 양만춘이 역사에 길이 남을 인물이라고 결론짓고 있어 흥미롭다.

임창택, 성 위에서의 절

당 태종이 스스로 군사를 이끌고 요동을 정벌하며 안시성에 이르렀다. 성주 양만춘이 굴복하지 않으니, 이에 군사를 이끌고 돌아갔다. 성주는 성에 올라가 절하며 인사했다

唐太宗自將伐遼東 至安市城 城主梁萬春不下 乃班師 城主登城拜辭

당 태종이 흰 꽃 같은 말을 몰아
힘센 장수 굴복시키니 천하가 동요하네.
요동총관 도적과 대항하기 어려웠고
백마성의 장군은 대적할 용기 없었네.
우리 나라에 뛰어난 계책 가진 사람 없다 말하지 말라
신에게도 임금 계셔 외로운 성을 사수한다네.
가을바람 쓸쓸히 비껴진 도끼에 부는데
누가 임금에게 권하여 이런 정벌 원정 있게 했나.
지금도 살수에 귀신의 원통한 부르짖음 있음을
대업황제 그대는 듣지 못 하는가.

城上拜

貞觀天子玉花鞚 席卷熊羆天下動 遼東摠管難當賊 白馬將軍無敵勇
莫謂秦無人 臣亦有主死孤城 秋風蕭蕭吹橫鉞 誰勸君王有此行
薩水至今鬼呼寃 大業皇帝君不聞

해설_ 이 시는 임창택(林昌澤, 1682~1723)의 『숭악집(崧岳集)』(한국문집총간 202) 권1 「해동악부(海東樂府)」 조에 수록되어 있다. 당시 뛰어난 무략을 자랑하며 무섭게 고구려를 공격해 오던 당 태종을 향해서, 안시성주 양만춘의 목소리를 빌려 우리 고구려에도 뛰어난 인재가 있음을 알리고, 그 무모한 정벌을 비난하고 있다. 시 원문에 나오는 '막위진무인(莫謂秦無人)'이란 구절에서 '진무인(秦無人)'이란 선견지명을 지니고 바람직한 계책을 세울 인재가 없다는 말이다. 진(晉)나라 사회(士會)가 진(秦)나라에 망명했다가 진(晉)의 술수에 걸려 다시 진(晉)나라로 돌아가게 되었을 때, 요조(繞朝)가 말채찍을 선물로 주면서 "그대는 진나라에 사람이 없다고 하지 말라[子無謂秦無人]. 나는 그대 나라의 술수를 알고 있지만 내 계책이 쓰여지지 않고 있을 따름이다"고 말한 바가 있다(『춘추좌전』, 문공(文公) 13年). '진무인'이란 표현은 여기서 변용된 것이라 하겠다. 고구려를 가벼이 보고 함부로 정벌전쟁을 벌인 당 태종을 향하여, 안시성주 양만춘은 이렇게 말하고 있는 것이다. 우리 고구려에도 자신을 포함하여 임금을 위해 목숨을 바칠 충신이 많다고 말이다. 그러면서 중국에는 무모한 전쟁을 말려줄 충신이 없어서 황제가 그릇된 판단을 하였다고 지적하면서, 과거 수나라가 살수에서 몰살당해 귀신이 되었던 역사사실을 상기시켜 당나라 황제에게 경각심을 일깨워주고 있다.

권만, 성 위에서의 절

천자께서 우리 나라를 공격하나 우리가 감히 항복하리오.
천자께서 내려주심이 있으니 감히 사양하리오.
성 위에서 절을 하며 또 얼마나 태연하겠는가.

城上拜

天子攻我我敢下 天子有賜敢不謝 拜于城上又何泰 — 城上拜

해설_ 이 시는 권만(權萬, 1688~?)의 『강좌선생문집(江左先生文集)』 권2(문집총간 128)의 「열해동악부(閱海東樂府)」 속에 수록되어 있다. 권만은 조선 후기의 문신으로 자는 일보(一甫), 호는 강좌(江左)이다. 이 작품은 특이하게도 3구로만 된 짧은 작품이다. 형식적으로 매우 간략하고 전하는 내용 역시 그렇다. 안시성주의 마음을 대변하는 시라고 하겠다.

오광운, 성 위에서의 절

당 태종이 안시성을 공격하였는데 이기지 못하여 군사를 이끌고 돌아갔다. 성주가 성에 올라가 절하여 인사하였다.

唐太宗攻安市城 不克班師 城主登城拜辭

신에게 있는 죄
천자의 육군에 항거한 일
육군은 본래 임금을 배반한 신하를 토벌하는 것이나
신이 성을 지키지 않는 것 또한 임금을 배반하는 일
신의 죄를 용서하여
육군을 돌리시니
예는 없으나
의는 있지요
성 위에서 절하는 것 천고에 드문 일

城上拜
臣有罪 抗六軍 六軍本討臣叛君 臣不守成亦叛君
赦臣罪 班六師 無於禮 有於義 城上之拜千古奇

해설 _ 이 시는 오광운(吳光運, 1689~1745)의 문집 『약산만고(藥山漫稿)』 권5(문집총간 210) 「해동악부(海東樂府)」 하에 수록되어 있다. 안시성주 양만춘의 입을 빌어 당 태종에게 천자에 대한 예를 지키지는 못했으나, 성주로서의 본분을 다했음을 고백하고, 또한 이를 가상히 여겨 돌아갔던 당 태종에게 감사의 인사를 드림을 예와 의로서 설명하고 있다.

이광사, 성 위에서의 절

당 태종이 안시성을 공격했는데, — 이는 곧 지금의 봉황성이다. 우리 나라 사람의 옛 말에 봉황성을 안시성이라고 했다 — 이 곳을 이기지 못하여 군사를 돌려 돌아갔다고 했다. 성주 — 이름은 양만춘이라고 한다 — 는 성에 올라 당 태종의 하사품에 절을 했다고 한다.

唐太宗攻安市城 — 卽今鳳凰城 東人古言 以鳳凰爲安市云 — 不克班師 城主 — 名梁萬

春云 — 登城拜賜

신하가 각각 자기 임금 위함은
예로부터 옳은 일
육군을 거느리고 임함에
감히 회피할 수 없도다.
흙산이 저절로 무너짐은
신이 능히 이끌어낸 일 아니니
작은 나라 가엾게 여기시는
하늘의 뜻일진저
신의 허물 죽어 마땅하나
이에 수고롭게도 거듭 선물 내리시니
천왕의 명이 있으면
반드시 절해 받음이 예의겠지만
위험하고 어려운 때
신에겐 지켜야 할 바가 있어
이제 성 위에서 절하니
신의 허물 더욱 커지네.
보답하여 이을 바가 없지만
원컨대 마음과 골수에 받아들이고 싶네.
만 리 길 오랑캐 정벌에
백성을 짓밟아 버리고
수없이 낭비를 하면서도
무공을 이루지 못하여
위엄과 덕을 잃었으니
가볍고 무거움 어느 것이 더 나은가.
진나라 수나라 망했던 전철을
증험으로 생각하면 쉽게 알 것이네.
원컨대 밝은 덕을 돌이켜

풍우를 조화롭게 하여서
중국을 잘 다스리고
사방 끝까지 널리 도달하게 하시면
뭇 생산 다 이루시고
두터운 은혜 모두 다 알 것이네.
백 가지로 거듭 풀이해주면
명하심 누가 준수하지 않으리까.
힘을 합해 귀화하여
땅과 물산 삼가 지켜지리이다.

城上拜
臣各爲君 寔維古義 六師之臨 不敢回避
土山自隤 臣非能帥 哀閔小邦 或是天意
臣辜當死 迺勤重賜 天王有命 禮必拜受
危難之際 臣有所守 今拜于上 臣辜彌厚
無所報纉 願歟心髓 萬里征夷 靡爛赤子
耗費不億 得不爲武 失損威德 輕重孰愈
秦隋之轍 考驗易睹 願歸明德 調經風雨
運釐中國 宣達四裔 諸産畢遂 咸知肥惠
百宿重譯 孰不遵制 合同歸化 敬執壤幣

해설 _ 이 시는 원교(圓嶠) 이광사(李匡師, 1705~1777)의 『원교집(圓嶠集)』 선권(문집총간 221) 권1 『동국악부(東國樂府)』에 수록되어 있다. 안시성주 양만춘이 성을 지키며 천자의 군대에 대항했던 것에 대한 갈등과 명분을 이야기하며, 시인은 함부로 정벌을 하며 위엄과 덕을 잃으며 스스로의 군대를 희생시킨 무모한 당 태종이 진나라 수나라 패망의 역사적 교훈을 잊고 함부로 행동했다고 비난하고 있다.

이영익, 성 위에서의 절

천자가 하사함이 있을 때는
신은 그 예에 대해 들은 적이 있다네.
높은 마루에 자리를 바로 펴고
접대하는 관리는 거동이 엄숙한데
엎드려 절하고 올라가 받고서는

허리를 구부려 아홉 번 조아려야 하네.
그러나 의혹스럽고 어려운 시절에는
예의도 변하고 바뀜이 있으니
신이 성 위에서 절하나
감히 옳지 않다 못 하리.
옛날 후직과 우임금 때에는
교화가 곳곳에 미쳤으니
동방의 임금 해부루와
또한 멀리 승광 지역까지라네.
주나라에 이르러
은택의 흐름이 넘치고 넘쳐서
사방이 평안하였고,
월상의 오랑캐도 와서 본받았더니
이 일 오래도록 황폐되어
이제는 그런 일 기미조차 들을 수 없도다.
그릇된 바깥 신하를 살필 때에는
은혜를 먼저 베풀고 비난은 뒤로 해야 하니
혹시라도 황가에는
덕이 있다하여 힘쓰지 않아서는 안 되리.
황제께서 처음 다스릴 적에
신령스런 무덕은 영걸스럽고 위대하여
사방 오랑캐 따라서 동화되니
순풍이 언덕 아래로 부는 듯 했네.
주공과 소공처럼 현명한 이들이 보필하니
임금의 자리 빛나고 빛나도다.
대사가 이미 끝나
사치한 생각 간혹 생김에
동방을 안무하려고
궁벽한 곳까지 크게 임하네.

만방을 두루 바로 잡으려 하나
우리는 이와 서캐처럼 보잘 것 없어서
하늘이 경계함 두지 않아
감히 능히 당해내네
산천은 겹겹이 멀고
서리와 이슬이 무성하게 내렸네.
오직 원하는 건 우리를 허물 말고
평안히 돌아가시는 것
전마戰馬를 풀어놓고
무기에 묻은 피를 씻어내며
깊숙이 들어가 살면서 도를 생각하여
나라를 운영하고 다스려 빛을 드날리면
사방의 나라들 명령을 다해 받들고
백성들 즐거워하며
온 천하의 나라가
조상의 사당에처럼 돌아오리라.
우리 나라는 미개하여
감히 편안히 의지하지 못할지나
신이 만약 죽지 않는다면
천박한 재능이나마 삼가 지니고서
장차 임금의 명령을 받들어
천자의 뜰에서 예를 다하리다.

城上拜

大君有賜 臣聞其禮 崇堂正席 擯相濟濟
下拜登受 傴僂九稽 疑亂之際 禮有變遞
臣拜城上 非敢不韙 昔在后禹 化及島卉
東后扶婁 亦遠承篚 至于有周 澤流瀰瀰
四海波休 越裳來體 斯事久荒 未聞有幾
諒非外臣 先惠後匪 無惑皇家 有德不亹
皇帝之始 神武英偉 夷隨同胡 順風下坻
左周右召 煌煌御宸 大事已畢 侈意或啓

欲撫東土 大臨僻俳 環匡萬帀 我如蝨蟣
非天有警 敢曰能牴 山川繚遠 霜露浘浘
唯願不訾 安寧歸扺 戎馬解放 兵甲釁洗
深居思道 運治敭煇 四國畢命 民人樂顗
六合之內 歸如祖禰 小方昧昧 敢不綏依
臣如不死 敬持薄菲 承將君命 盡禮天陛

해설 _ 이 시는 신재(信齋) 이영익(李令翊, 1738~1780)의 『신재집(信齋集)』(문집총간 252) 책1 「동국악부(東國樂府)」에 수록되어 있다. 이영익은 조선 후기의 양명학자로 자는 유공(幼公), 호는 신재(信齋)이다. 아버지인 이광사(李匡師)로부터 양명학을 가학으로 전수받았다. 『연려실기술』의 저자인 이긍익(李肯翊)은 그의 형이다. 시인은 천자가 물건을 하사해줄 때 이를 받는 예절이 있으나, 양만춘은 당시 행할 수 있는 최대의 예의를 갖춘 것이라고 역설하였다. 또한 시인은 천자국으로서 마땅히 주변의 제후국에게 베풀어야할 선정의 방법을 역설하며, 고구려를 침범해왔던 당 태종이 처음에는 정치를 잘했다가 결국은 실정을 한 셈이라고 비판하고 있다.

이복휴, 성 위에서의 절

고구려 연개소문이 영류왕營留王을 시해하고 보장왕寶藏王을 세웠다. 당 태종이 장엄蔣儼을 보내어 이를 추궁하게 하니, 연개소문은 그를 굴실에 가두어 버렸다. 황제가 장차 공격하려 하면서, 의주자사宜州刺史 정천도鄭天濤가 일찍이 요동에 벼슬 나가 요동을 정벌한 적이 있기에 그를 불러 동쪽 정벌의 방책을 물었다. 그가 대답해 말하길 "요동의 길은 멀고 식량은 부족하며, 고구려 사람들은 성을 잘 지키므로, 끝내 항복하지 않을까 두렵습니다"라고 했다. 황제는 그의 말을 듣지 않고 이세적李世勣을 대총관大總管으로 삼아 대군을 이끌고 가게 하였다. 3달 만에 현토성을 쳐 빼앗고 안시성까지 진군했다. 고구려의 북부욕살北部褥薩 고연수高延壽와 남부욕살南部褥薩 고혜진高惠眞이 말갈병 15만을 이끌고 고구려병과 합하여 안시성을 구하였다. 진을 친 것이 그 길이가 40리였으니, 황제가 두려운 빛을 띠었다. 장군 강하왕 도종이 말하길 "저들은 온 나라를 기울여서 황제의 군대에 항거하니, 평양의 수비는 필히 약할 것입니다. 만약 신이 정예병 5천 명과 함께 그 근본을 곧장 뒤흔든다면 저들은 전쟁을 하지도 않고 항복할 것입니다." 황제는 그 말을 따르지 않고 스스로 보병과 기병 4천 명을 이끌고 고각을 끼고 기치를 휘날리며 산에 올랐다. 여러 군에게 명령을 내리길 고각의 소리를 들으면 일제히 나와 떨쳐 공격하라고 하니, 고구려의 군대가 크게 허물어져서 죽은 자가 2만여 명이었다. 고연수와 고혜진이 항복하여 마침내 황제가 머물렀던 산을 주필산駐蹕山이라 이름하게 되었다. 황제가 백암성을 이기고 나서 이세적에게 말하길, "내가 들으니 안시성은 험하고 병사들은 정예병이며 성주가 어질면서도 용감하여, 연개소문의 난에도 성을 지키며 굴복하지 않았다고 한다. 건안성은 병사가 약하고 식량도 적어서 성을 지키는 것이 굳건하지 않다고 하니 그들이 생각지 못할 때 출병해 공격하면 반드시 이길 것이다. 공은 먼저 건안성을 공격하는 것이 좋을 것이니 건안성이 항복하면 안시성은 내 수중에 있는 것이 될 것이다"고 했다. 이세적이 대답하길 "지금 안시성을 넘어서 건안성을 공격하였다가 고구려인이 만약 우리의 식량 보급로를 막고 멈추게 하면 어떻게 하겠습니까?" 황제가 말하길, "그대를 장군으로 삼으면서 어찌 그대의 말을 듣지 않겠는가?"라고 마침내 안시성을 공격하였다. 고연수 등이 말하길, "오골성은 쉽게 쳐 빼앗을 수 있고 만약 그것을 깨뜨리면 그 나머지 작은 성들은 반드시 그 바람에 저절로 무너질 것이니, 북을 치면서 평양에 들어갈 수 있을 것입니다." 황제는 그 말을 따르고자 했다. 장손무기가 말하길, "천자께서 친히 정벌하시면서 위험을 감수하면서 요행을 바랄 수는 없습니다." 마침내 급히 안시성을 공격하니, 성중에서는 굳게 지켜, 서로의 거리를 둔지 40여 일이 되었다. 황제가 성중에서 닭과 돼지 소리를 듣고는 말하길, "저들이 반드시 군사들을 잘 먹여서 오늘 밤에 우리 군영을 습격하려고 한다." 마침내 군사를 엄중히 단속하고 대비하였더니 성중에서 밤에 수비가 있음을 알고 마침내 퇴각하였다. 도종이 무리를 감독하여 토산을 성의 동남쪽에 쌓으니 성안에서도 또한 그 성보다 더 높이 올려서 항전했다. 하루에 6, 7차례 교전을 하였는데, 충거衝車와 포석礮石으로 그 성루와 성가퀴를 무너뜨리자 성중에서는 목책으로 그 허물어진 곳을 막았다. 밤낮으로 쉬지 않고 60일 정도가 되었는데, 또 산을 만들어서 성을 누르니, 성이 붕괴되었다. 고구려 군이 그 무너진 곳으로부터 나와 싸워 그 산을 빼앗아 점거하였다. 황제는 요동 지역이 일찍 추워져서 풀이 마르고 물이 얼어 군사와 말이 오래 머물기 어렵다고 생각하여 군사를 돌리라고 명령하고는 성 아래에서 군사를 지휘해 돌아갔다. 성주가 성에 올라 절을 하며 인사하기를, "직무가 영토를 지키는 것에 있으니, 의리로 맞아 항복하기 어렵습니다. 천자께서 돌아가심에 감히 불공하게나마 신하의 예를 행합니다"라 했다. 황제가 그 굳게 지킴을 가상히 여겨 비단 100필을 하사했다.

> 高句 泉蓋蘇文 弑營留王 立寶藏王 唐太宗 使蔣儼責之 蘇文囚於窟室 帝自將擊之 以宜州刺史鄭天濤 嘗從遼征遼 召問東征之策 對曰 遼東路遠糧艱 東人善守城 恐難猝下 帝不從 以李世勣爲大總管 率大軍 三月拔玄菟 進至安市城 高句北部高延壽 南部耨薩高惠眞 帥靺鞨兵十五萬 合高句兵 救安市 陣長四十里 帝有懼色 將軍江夏王道宗曰 彼傾國以抗王師 平壤之守必弱 假臣精兵五千直蕩其根本 則彼可不戰而降 帝不從 自將步騎四千人 挾鼓角偃旗幟登山 敕諸軍聞鼓角聲 齊出奮擊 麗軍大潰 死者二萬餘人 延壽惠眞降 遂名所幸山曰駐蹕 帝之克白巖也 謂李世勣曰 吾聞安市城險而兵精 城主賢勇 蘇文之亂 守城不服 建安兵弱而糧少 城守不堅 出其不意而攻之 必克 公可先攻建安 建安下則安市在吾掌中 對曰 今踰安市而攻建安 麗人若絶吾糧道爲止 奈何 帝曰 以公爲將 安得不用公言 遂攻安市 延壽等曰 烏骨城可易拔 若破之 則其餘小城 必望風而潰 可鼓行入平壤矣 帝欲從之 長孫無忌曰 天子親征 不可乘危徼幸 遂急攻安市 城中固守相距四十日 帝聞城中有鷄豚聲 乃曰 此必饗士 今夜襲營也 遂嚴兵豫備 城中夜知有守遂退 道宗督衆 築土山於城東南 城中亦增高其城以拒之 日六七合 衝車礮石壞其樓堞 城中以木柵塞其缺處 晝夜不息 凡六旬 又作造山以壓城 城崩 麗軍從缺處 出戰奪據其山 帝以遼左早寒 草枯水凍 士馬難久留 勅班師 揮兵城下而歸 城主登城拜辭曰 職在守土 義難迎降 天子有歸 敢不恭行臣禮 帝嘉其固守 賜縑百匹

백암산 밖에서는 달 모양으로 진을 치고
요동성 늙은 장수 멋모르고 대적했네.
장군의 의리로 연개소문도 섬기지 않거늘
장군이 어찌 나라를 팔리오.
이세적과 장손무기 얼마나 나를 미워하길래,
건안성과 오골성을 흔쾌히 버리는고.
진나라 부엌에 개구리가 나와도 백성들 배반치 않았으니
즉묵현의 강철 같은 농성을 누가 능히 허물리오.
빛나던 검은 눈동자 흰 깃 화살에 떨어졌으니
신의 죄 죽어 마땅하다면 피하지 않겠소.
요동 산의 풀잎 마르고 서리는 옷까지 스며드니
황제는 꿈 깨어 말고삐를 돌리네

이 땅에 어찌 항복하는 장군이 있으리오.
성 머리에서 두 번 절했으니 신하의 직분 이루었네.
백 필의 비단이 귀한 것이 아니라
당 태종의 의를 권장함이 귀하다네.

城上拜

白巖山外陣如月 遼東老將搴螳臂 將軍義不事泉蓋 將軍亦豈賣土地
世勣長孫何憎我 建安烏骨甘爲棄 晋竈蛙生民不叛 卽墨鐵籠誰能毁
八彩玄花落白羽 臣罪有死臣不避 遼山草白霜侵褶 帝夢忽醒回龍轡
此地豈有降將軍 城頭再拜臣職遂 百匹緗縑不足貴 貴是唐皇能獎義

옛날 언릉의 전쟁에서 각지郤至가 초나라 군주를 보면 투구를 벗고 바람처럼 빨리 달렸으며, 안 땅의 전쟁에서는 한궐韓厥이 제군齊君을 보면 술잔을 받들고 옥을 속백에 더하니 군자들이 예禮를 안다고 했다. 유공지사庾公之斯가 자탁유자子濯孺子를 쏘지 않고 수레바퀴를 두드린 것을 맹자孟子는 의義를 안다고 여겼다. 대저 싸우고 지키는 데에는 책임이 있으니 책임은 잘 이행하지 않으면 안 된다. 맡은 직공을 이미 잘 처리했으면 직분을 돌아보지 않을 수 없다. 그러므로 정백鄭伯이 온溫에서 천왕을 패배시키고 조회에서 사람을 위로하고 음식을 보냈다. 지금 안시성의 장수가 의에 처하여서, 안으로는 연개소문에 굴복하지 않고 밖으로는 당나라 황제에게 굴복하지 않으면서 우뚝이 굳세게 서 있는 것이, 마치 제나라 요성聊城을 항복받은 연나라 무장이 이를 감히 돌려주지 않으며 버틴 것 같이했다. 능히 하나의 성으로 중원의 백만 군사에 항거하면서 조금도 어려운 바가 없었고, 그 천자의 돌아감에 이르러 절하고 전송했으니 가이 지知와 예禮와 용勇을 모두 갖추었다고 말할 수 있다.

昔鄢陵之戰 郤至見楚子 免冑趨風 鞍兵之戰 韓厥見齊君 奉觴加璧 君子以爲知禮 庾公之斯 不射子濯孺而扣輪 則孟子以爲知義 夫戰守有責 則責不可不修也 職貢旣修 則分不可不顧也 故鄭伯敗天王于溫 而朝使人勞餶 今安市將之處義 內不屈於蘇文 外不屈於唐皇 屹然强立 有如聊城將之不敢歸 而能以一城抗中原百萬之師 少無所難 及其天子之歸 拜而送之 可謂知禮勇俱脩矣

해설_ 이 시는 이복휴(李福休)의 「해동악부(海東樂府)」(『한문악부 · 사자료집』 6과 『한남집(漢南集)』)

에 수록되어 있다. 안시성주의 목소리를 빌어서 연개소문의 위협에도 굴하지 않았던 자신이 어찌 성을 포기하겠냐면서, 성을 사수하는 것이 장군으로서의 마땅한 의리라고 하였다. 시인은 안시성주가 성을 지킬 수 있었던 것이 장수 개인의 능력만이 아니라, 일심으로 협력해 싸웠던 당시 백성들의 노력임을 강조하고 있다. 성을 지킬 수 있었던 것은 백성들이 자신을 믿었기 때문이라는 문사로, 시 속에 나오는 부엌에 나오는 개구리 이야기는 지백(智伯)이 한(韓)과 위(魏)의 군대를 이끌고 조(趙)의 진양(晋陽)을 쳤을 때, 윤탁(尹鐸)이 다스리는 진양의 백성들은 평소 윤탁의 은택에 감화되어 지백이 수공(水攻)을 가해 부엌에 개구리가 나타나는 어려움을 겪으면서도 동요되지 않고 의연히 저항한 고사를 뜻한다. 또한 즉묵현의 강철같은 농성이란 전국시대(戰國時代) 제(齊)나라 전단(田單)의 고사로 연나라 악의(樂毅)가 제나라를 공격하여 70여 성을 빼앗았으나 오직 거성(莒城)과 즉묵성(卽墨城) 두 성만은 끝내 함락시키지 못하였다고 한다. 즉묵성의 성주가 전사하자 성의 백성들이 전단(田單)을 장수로 추대하였고, 전단은 성을 지키며 결국 잃어버렸던 제나라의 70여 성을 회복하였다고 한다. 이렇게 시인은 시 속에서 백성과 한 마음이 되어서 철통같이 안시성을 지켜낸 사실을 서술하고 자랑스러워하고 있다. 그로 인해 당 태종은 현실을 깨닫고 꿈에서 깨어난 듯 철군하게 되었고, 안시성주에게 비단을 100필 하사하는 예를 갖추었다고 하였다. 이에 안시성주가 성 머리에서 회군하는 당 태종에게 절했다고 했는데, 이 사실을 어떻게 해석하는가는 이를 시화한 사람들의 시각에 따라 다르다. 그러나 이복휴 만큼 이를 상세히 논한 사람은 드물다.

이복휴는 사평에서 전쟁의 대치상황, 위기상황 속에서 상대에 대한 예를 갖추었던 중국의 많은 인물들을 거론하며 이들의 경우를 평가하고 있다. 그는 대치중인 적이지만 과거의 의리를 지켜 상대방의 목숨을 해치지 않을 뿐더러 정중한 예를 지킨 각지(郤至), 한궐(韓厥), 유공지사(庾公之斯), 정백(鄭伯) 등을 거론하여 동일한 맥락에서 안시성주가 당 태종에게 한 절(城上拜)의 의미를 분석했다.

각지는 진(晋)의 대부로, 언릉의 전쟁에서 전투 중에도 초나라 군주를 보면 투구를 벗고 바람처럼 빨리 달려 지나갔다고 한다(『전국책』「제책(齊策)」 참고). 한궐은 진경공(晋景公) 때 인물이다. 노(魯)나라 성공(成公) 2년에 제나라가 노나라를 침략하자 노나라가 진(晋)나라에 구원을 요청하여, 진나라의 용맹한 무장들이 출전하여 제(齊)나라의 안(鞍) 땅에서 크게 싸웠다. 안 땅의 전쟁에서 진나라의 한궐(韓厥)이 제군(齊君)을 보면 술잔을 받들고 옥을 속백에 더하니 군자들이 예(禮)를 안다고 했다고 한다(『춘추좌씨전』 成公 2年). 유공지사는 위(衛)나라의 유명한 활잡이이다. 자탁유자(子濯孺子)란 원로 활잡이가 위나라를 침범했을 때, 위나라에서는 유공지사를 시켜 그를 추격하게 했다. 자탁유자가 병이 들어서 활을 잡을 수 없었는데, 유공지사가 추격하여 와서 그에게 "선생은 왜 활을 잡으시지 않습니까" 하고 물었다. 자탁유자가 "오늘 내가 병이 들어서 활을 잡을 수가 없노라"고 대답하니, 유공지사는 "저는 활쏘기를 윤공지타에게서 배웠고, 윤공지타는 활쏘기를 선생에게서 배웠으니, 제가 차마 선생의 도(道)로써 도리어 선생을 해칠 수가 없습니다. 그러나 오늘 일은 나라의 일이라 제가 이를 폐할 수가 없습니다"라고 하고는 활 통에서 화살을 뽑아서 수레바퀴에 두들겨 살촉을 빼 버린 뒤에 화살 네 개를 쏘고 돌아갔다. 이에 대해서 맹자는 참다운 의를 지켰다고 높이 평가했다. 정백은 정나라 대부인 무공(武公) 정제족(鄭祭足)으로 주나라 땅인 온에서 주나라 왕을 치고 곡식을 벤 후 주나라 조정에 사신을 보내어 군사들을 호궤하였다고 한다(『좌전』 은공 3년조).

이복휴는 사평에서 '맡은 직공을 이미 잘 처리했으면 직분을 돌아보지 않을 수 없다(職責旣修 則分不可不顧也)'라고 하였는데, 이 말은 전투에서 각자 맡은 직책을 다한 후 상대방에 대한 예의는 지켜야 한다는 것을 뜻한다. 양만춘이 당과 힘껏 싸워 이긴 후 회군하는 당 태종에게 성 위에서 절한 것은 바로 전쟁에서 할 것을 다한 뒤, 인간으로서의 예의를 차린다는 것이라는 것이다. 안시성을 지킴은 과거 중국의 요성(聊城) 고사와 비슷한데, 끝내 함락되지 않았다는 뜻이다. 연나라가 제나라의 요성을 공략하여 차지했는데, 제나라 전단(田單)이 한 해 이상을 두고 싸웠으나, 성을 도로 빼앗지 못했다. 그 후 제의 노중련(魯仲連)이 연나라 장수에게 서한을 보내 연나라 장수를 궁지에 몰아 결국 그로 하여금 자살하게 한 뒤에야 비로소 그 요성을 수복할 수 있었다 한다(『사기』 권82, 83).

이학규, 성 위에서의 절

당 태종이 정관貞觀 19년 말에 직접 고구려를 쳐서, 고연수高延壽와 고혜진高惠眞의 15만 군사를 깨뜨렸다. 안시성 아래에 무리지어 있다가 그 성을 공격하였으나, 성주가 굳게 지키며 항복하지 않았다. 무릇 60여 일이 되도록 끝내 함락시킬 수 없으니 군사를 이끌고 돌아가게 명했다. 성주는 성 위에서 절을 하니, 황제가 그 굳게 지킴을 가상히 여겨 비단 2백 필을 하사했다. 목은 이색의 「정관음貞觀吟」에서는 "검은 눈동자 흰 깃 화살을 새로 만났네[玄花新逢白羽箭]"라고 하였다. 세상에 전하길 태종이 안시성安市城을 공격할 때 날아온 화살이 눈에 맞았다고 한다. 당나라 책에서는 숨겨 그대로 쓰지 않고, 삼국사에도 또한 싣고 있지 않으니, 목은 이색이 어디에서 이 말을 얻었는지 모르겠다. 옛 기록에는 우리 나라 사람들이 봉황鳳凰을 안시安市라 부른다고 하니, 지금의 봉황성이 곧 옛 안시성이 된다. 어떤 이는 용강현의 오석산에 안시성 터가 있다고 한다. 전에 명나라 사신인 진가유陳嘉猷가 "城樓百尺拂青雲 此地曾聞駐六軍 翠輦不辭經險道 白袍屢見立奇勳 茫茫舊事隨流水 寂寂春山送落曛 四海一家逢盛治 願修忠蓋答堯君"라고 했으니, 이는 토착민들의 말에 근거한 것에 불과한 것으로, 실제로 문황이 말을 멈추었던 곳은 아니다.

唐太宗貞觀十九年 帝伐高句麗 大破高延壽惠眞軍十五萬 衆於安市城下 仍攻其城 城主堅守不下 凡六旬 終不得拔 勅班師 城主拜辭於城上 帝嘉其固守 賜絹二百疋 李牧隱貞觀吟 玄花新逢白羽箭 世傳太宗攻安市 流矢中目 唐書諱不直書 三國史亦不載 不知牧老何從得此言也 古記 東人呼鳳凰爲安市 今鳳凰城卽古安市云 或云 龍岡縣烏石山

有安市城遺址 前明使臣陳嘉猷詩曰 城樓百尺拂靑雲 此地曾聞駐六軍 翠輦不辭經險道 白袍屢見立奇勳 茫茫舊事隨流水 寂寂春山送落曛 四海一家逢盛治 願修忠藎答堯君 此不過據土人之說 實非文皇駐蹕處也

성 위에서의 절이여.
윗분께 절하나 어찌 편안하지 않은가.
만승의 천자 헛되이 돌아가니,
외로운 성에선 감히 스스로 구부린 것이네.
검은 눈동자에 화살이 박힌 일 전에 없던 것이니,
관문에선 함성 지르며 다만 시간을 지체하네.
무장한 군사 지금 절을 하며
빠른 육군의 말 배웅하니 하늘을 돌리는 듯하네.

城上拜

城上拜 拜上豈不泰 萬乘遂虛還 孤城敢自枉
玄花白羽事無前 關門喊譟徒遷延 介冑之士今則拜 拜送六驪如天旋

해설_ 이 시는 낙하생(洛下生) 이학규(李學逵 1770~1835)의 『낙하생집(洛下生集)』(문집총간 290) 책17 「해동악부(海東樂府)」 조에 수록되어 있다. 안시성주 양만춘이 천자의 군대를 돌아가게 한 것은 과거 중국역사상 없던 일이고, 또한 절을 하며 예를 갖추어 인사하여 천하의 기운을 돌리게 하는 모습이 매우 웅장하게 묘사하고 있다. 위에 나온 진가유(陳嘉猷)의 시는 본서 제4장 '외국인의 고구려 인식' 조에 수록되어 있다.

06 검모잠

유득공, 검모잠

『당서唐書』에 "건봉乾封 원년에 고구려를 치는데 이적李勣으로 요동도행군대총관 겸안무대사를 삼았다. 3년에 평양성을 포위하여 고구려 왕 장臧을 붙잡고 그 땅을 나누어 도독부 9와 주 42, 현 100을 만들고 다시 안동도호부를 두었다. 총장總章 2년에 대장 겸모잠鉗牟岑이 무리를 거느려 반란을 일으켜 장의 외손 안순安舜을 세워 왕을 삼았다" 하였다. 『삼국사』에 "신라 문무왕 10년에 고구려 수임성水臨城 사람 모잠牟岑 대형大兄이 궁년성으로부터 서해 사야도에 이르러 고구려 대신 연정토淵淨土의 아들 안승安勝을 보고 한성 가운데에 맞아 이르러 받들어 임금으로 삼고, 소형小兄 다식多式 등을 보내어 고하기를 '멸한 나라를 일으키고 끊어진 대를 잇는 것은 천하의 공정한 의리이니 오직 대국이 되길 바란다' 하였다. 문무왕이 나라 서쪽 금마저에 처하게 하고 안승을 봉하여 고구려왕을 삼았다가 14년에 고쳐 봉하여 보덕왕報德王을 삼고 왕의 누이를 아내로 주었다. 신문왕 2년에 불러서 소판을 삼고 성을 주어 김씨라 하였다" 하였고, 『여지승람』에는 "익산군은 본디 마한국인데 백제가 병합하여 금마저金馬渚라 이름 하였다" 하였다.

唐書 乾封元年 征高麗 以李勣爲遼東道行軍大摠管兼安撫大使 三年圍平壤 執王臧 部其地 爲都督府者九州四十二縣百 復置安東都護府 總章二年 大長鉗牟岑率衆叛 立臧外孫安舜爲王 三國史 新羅文武王十年 高句麗水臨城人牟岑大兄 自窮年城 行至西海史冶島 見高句麗大臣淵淨土子安勝 迎致漢城中 奉以爲君 遣小兄多式等 告曰 興滅國

繼絶世 天下之公義也 惟大國是望 王處之國西金馬渚 封安勝爲高句麗王 十四年 改封爲報德王 以王妹妻之 神文王二年 徵爲蘇判賜姓金氏 輿地勝覽 益山郡 本馬韓國 百濟幷之 號金馬渚

봄풀이 우거져 푸른 금마의 물가
고구려가 남쪽으로 건너오니 황폐한 성이 남아 있구나.
누구의 집에 덕을 갚으려 하는지 모르겠으니,
검대형의 영웅스런 풍모가 아깝구나.

二十一都懷古詩 報德
春草萋萋金馬渚 句麗南渡有荒城 未知欲報誰家德 可惜英風劒大兄

검대형劒大兄 : 『삼국사』에 "고구려 검모잠劒牟岑이 국가를 다시 일으키려고 당나라를 배반하고 왕의 외손인 안순安舜을 세워 왕을 삼았다" 하였고, 또 말하기를 "모잠 대형이 남은 백성을 거두어 모이어 패강 남쪽에 이르러 당나라 관리를 죽였다" 하였다. 『당서』에 "총장 2년에 조서하여 고간高侃, 이근행李謹行으로 행군총관行軍總管을 삼아 안순을 치니, 안순이 검모잠을 죽이

| 평양성 |

고 신라로 달아났다" 하였다.

劒大兄 三國史 高句麗 劒牟岑 欲興復國家 叛唐 立王外孫安舜爲王 又云牟岑 大兄收合殘民 至浿江南 殺唐官 唐書 總章二年 詔高侃李謹行 爲行軍總管 討安舜 舜殺牟岑走新羅

해설_ 이 시는 유득공(柳得恭)의 문집 『영재집(泠齋集)』(문집총간 260) 권2에 수록되어 있다. 고구려를 다시 일으켜 세우려했던 검모잠이 고구려의 후손 왕에게 도리어 죽음을 당해 거사를 이루지 못함을 안타까워 하며, 검모잠을 죽이고 남쪽 신라땅으로 도망한 어리석은 고구려의 왕 안순(안승)을 비판하고 있다.

이복휴, 검모잠

고구려가 이미 망했으나, 대형 검모잠劍牟岑이 부흥을 도모하려고 남은 백성을 수합하고 옛 종실인 안승安勝을 알현했다. 한성에 맞이하여 임금으로 삼았다. 사신을 보내어 신라에 붙기를 청하니, 왕이 그를 서쪽 시골마을에 처하게 했다. 당나라에서 장군 고간高侃을 파견하여 병사를 풀어 이를 치니, 안승이 검모잠을 죽이고 신라에 도망 왔다. 왕은 고구려왕으로 책봉하고 그 외사촌누이를 아내로 삼게 했다. – 신라 문무왕 때이다.

高句旣亡 大兄劍牟岑 欲圖興復 收合殘民 見故宗室安勝 迎致漢城立爲君 遣使請附新羅 王處之西鄙 唐遣將軍高侃 發兵討之 安勝殺劍牟岑 來奔新羅 王冊爲高句王 妻以外妹 – 羅文武王時

검모잠은 진실로 의로운 선비
나라는 망했으나 망하지 않기를 죽도록 생각했네.
안승군은 어떠한 사람인가.
원수를 원수라 여기지 않고, 의로운 신하를 원수로 여겼다네.
신라의 서쪽 변방이 어찌 솟아오른 동쪽 고구려와 비슷할까.
연왕이 태자 단丹을 죽인 것은 도리어 진나라를 위해서였네.
귀화하여 부끄럽게 신라의 아내를 대하고 있으니,
고향 산천을 모두 버리고 군더더기 손님이 되었구나.

劍牟岑

劍牟岑眞義士 國亡不亡惟死以 安勝君何許人 不讐其讐讐義臣
西鄙何似甬句東 燕王殺丹還爲秦 歸來愧對新羅婦 盡棄山川作贅賓

『음부경』에 '해침은 은혜에서 생겨난다'고 했다. 만약 소강少康이 예羿를 두려워하여 신하인 미靡를 죽이고, 법장法章이 연燕나라를 두려워하여 전단田單을 죽였다면, 어떻게 중흥의 공을 성취했겠는가? 안승은 조국을 멸망시킨 신라를 원수로 여기지 않고, 자기를 왕으로 세워준 검모잠을 즐겨 원수로 여겼으니 이는 이른 바 자기 집을 자기 스스로 허물어뜨린 격이다. 짐승도 오히려 자기를 사랑하는 자를 아나니, 진실로 짐승만도 못하다.

陰符經曰 害生於恩 若使少康畏羿而殺臣靡 法章畏燕而殺田單 則何以就中興之功乎 安勝不讐滅國之新羅 而甘讐立己之劍牟 此所謂自毁其家也 禽獸尙知愛己者 眞禽獸之不若也

해설 _ 이 시는 이복휴(李福休)의 「해동악부(海東樂府)」(『한문악부 · 사자료집』 6과 『한남집(漢南集)』)에 수록되어 있다. 시인은 검모잠을 안승에 의해서 안타까운 죽음을 당한 훌륭한 인물로 놓고, 안승은 자신을 왕위에 올려주고 고구려 부흥을 꾀했던 충신 검모잠을 죽인 어리석은 인물로 비판하고 있다. 안승과 달리 소강(少康)은 옛 신하 미(靡)를 죽이지 않아서 하나라를 중흥시켰고, 법장(法章)은 전단(田單)을 죽이지 않아 잃었던 성을 찾아 제나라를 중흥시켰다. 소강은 하나라 제상(帝相)의 아들이다. 상후(相后)가 이미 임신하고 있어 도망가 소강을 낳았다. 예(羿)가 상후를 멸하고 왕위에 올랐는데 충신들을 버리고 한착(寒浞)을 신뢰하다 그에게 죽임을 당했다. 제상을 죽인 한착을 옛 신하 미가 멸망시켰는데, 소강은 그를 맞이하여 하나라를 중흥시켰다. 법장은 제나라 양왕(襄王)이다. 아버지 민왕(湣王)이 시해된 후 몸을 숨기고 태사 교(敫)의 집에 용인(傭人)이 되었다. 후에 왕으로 추대되자 전단을 기용해 연나라를 치고 옛 땅을 회복했다. 이와 달리 연(燕)나라 왕은 태자 단(丹)이 진시황을 살해하기 위해 자객 형가(荊軻)를 보냈다가 실패한 후 숨어있었던 것을 찾아 죽여서 진나라에 바쳤으나, 결국은 진나라에 멸망당하는 것을 피하지 못하였다.

07 무명의 용사

안정복, 쇠뇌 쏜 무사

우리 나라에도 악부樂府 옛 노래가 몇 종류 있지만 그 중에 휴옹休翁 심광세沈光世가 지은 것을 으뜸으로 치고 있다. 그러다가 우리 성호星湖 선생의 악부가 나오자 비로소 집대성이 되어, 그 동안 분명하지 못했던 것들을 많이 밝힘으로써 사가史家들이 빠뜨린 것을 많이 보충할 수 있었다. 그러나 성기가成己歌 이하 작품과 같은 몇 조항이 누락되었기에 감히 선생의 작품을 흉내 내어 지으니, 가사는 비록 거칠고 졸렬하나 실려 있는 사실은 빠뜨릴 수 없는 것이다. 언젠가 이 작품을 선생께 보여 드렸더니 그냥 물리쳐 버리지 않으셨기에 후일의 참고를 위하여 이렇게 기록해 둔다.

> 吾東方樂府古歌有數種 而休翁沈光世所著 稱爲巨擘 我星湖先生樂府出而後 集大成而發揮幽隱 多可以補史家之闕 然而成己以下數條見漏 故玆敢效嚬 先生之作 詞雖蕪拙 其事則不可闕矣 嘗以此擧似先生 而不被揮斥 故錄此 以備後考

고구려 영양왕嬰陽王 25년에 수隋나라 왕이 와 정벌하자 왕이 두려워서 사신을 보내 항복을 구하였다 한다. 『삼국유사』에 의하면, 그 때 어느 한 사람이 비밀리에 작은 쇠뇌를 품 안에 품고, 표문을 가지고 가는 사신의 뒤를 따라 수나라 왕이 있는 곳으로 가서 수나라 왕이 표문을 읽고 있을 때 쇠뇌를 당겨 그의 가슴을 명중시켰다. 수제는 군대를 회군하려고 하면서 좌우에게 이르기를, "내가 천하의 왕으로서 친히 이 작은 나라를 정벌하다가 이렇게 이롭지 못한 꼴을 당했으니 만세를 두고 비웃음을 받을 일이다. 지금 저 사람을 보니 그는 바로 형가荊軻 · 섭정聶政 같은 사람이다"라 하였다고 한다.

> 高句麗 嬰陽王二十五年 隋主來伐 王懼遣使乞降 三國遺事云 時有一人密持小弩於懷中 隨表使到帝所 帝讀表 弩發中帝胷 帝將旋師 謂左右曰 朕爲天下主 親征小國而不利 萬代之所嗤也 今見此人 是荊聶之流也

죄악이 천지에 가득 찬 수양제 양광이
두 번이나 병력 일으켜 요동 갈석에 쳐들어왔는데
원래부터 크고 작은 형세 상대가 되질 않아
고구려 군신 모두가 놀라 혀를 내둘렀네.
압록강은 그다지 험준한 요새가 못 되어
을지문덕 그로서도 뾰족한 수가 없었네.
표문 들고 신하 노릇 자청할 생각으로
사신들이 밤낮없이 서북으로 달렸는데,
그 속에 나타난 대단한 남자 하나
소매 속에 숨겨 온 쇠뇌 힘이 얼마나 강했던지,
진시황이 독항도督亢圖를 막 펴들고 있을 때
단상에선 조말曺沫의 비수가 번뜩였다네.
토끼처럼 쥐처럼 빠져나간 것만도 다행이지
독부 그놈 갑옷 싸들고 허겁지겁 도망갔다네.
우리 역사엔 기록이 없고 중국에선 숨겼기에
천년 동안 그 사실을 까마득히 모른다네.
그대는 보지 않았나. 박랑사博浪沙에서 진시황 철퇴로 친 일을.
예로부터 의인 협객들이 동방에서 나왔다네.

弩士行

楊廣罪惡盈天地 再興驕兵來遼碣 由來大小勢不敵 句麗君臣皆吐舌
鴨江不能恃其險 乙支無所出其奇 奉表稱臣事已急 使蓋日夜西北馳
箇中閃出大男子 袖裏神弩千石强 秦皇方啓督亢圖 曺沫壇上匕首張
兎脫鼠竄亦幸耳 獨夫捲甲走蒼黃 東史斷爛中史諱 此事千秋視渺茫
君不見 博浪椎秦客 自古義俠出東方

해설 _ 이 시는 안정복(安鼎福, 1712~1791)의 『순암선생문집(順菴先生文集)』 제1권(문집총간 229)의 「관동사유감효악부체(觀東史有感效樂府體)」 5장 중 4번째 작품이다. 안정복은 조선 후기의 실학자로 자는 백순(百順), 호는 순암(順菴), 시호는 문숙(文肅)이다. 성호(星湖) 이익(李瀷)을 스승으로 공부하였고, 경학과 사학에 뛰어났다. 대표적인 저서로 「동사강목(東史綱目)」이 있다. 역사학자라 할 안정복이 쓴 「관동사유감효악부체」 5장은 우리 역사에 잘 전해지지 않고 있는 숨은 인재를 악부체로 노래한 것으로 '성기가(成己歌)' '옹산성장가(甕山城將歌)' '천성행(泉城行)' '노사행(弩士行)' '백마총행(白馬塚行)'으로 이루어져있다. 이중 본 '노사행'은 고구려를 괴롭혔던 수양제를 처단하기 쇠뇌를 당겼다는 고구려의 무명용사의 이야기를 소개하고 있다. 역사 기록에는 그 이름이 남아 있지 않았으나, 목숨을 걸고 쇠뇌를 당겼다는 그의 과감하고 의로운 행동은 의로운 자객으로 인정되어 구전되어 전해졌음을 알 수 있다. 당시 민간에 이런 이야기가 떠돌았음을 이 노래를 통해 알 수 있어 매우 흥미롭다.

시인은 수나라와의 전쟁에서 살수대첩을 써서 승전을 이끌었다는 을지문덕 장군조차도 중과부적이라 어찌할 바를 모르는 상황인데, 고구려의 무명용사가 과거 형가(荊軻)가 진왕(秦王)을 죽이러 가면서 우선 진왕의 환심을 사기 위해 기름진 땅 독항(督亢)의 지도를 그에게 바쳤던 것(『사기』 「자객열전(刺客列傳)」)을 본따 항복의 표문을 가져왔다고 속이고, 접근하였다고 하였다. 마치 진왕이 독항도를 펼쳐본 순간 공격을 했던 것처럼 무명의 용사도 표문을 읽는 수양제를 향해 쇠뇌를 당겼다고 하였다. 이에 수양제가 몹시 놀라 고구려를 포기하고 도망하게 되었다고 했다. 시인은 수양제가 고구려를 포기한 것이 조말과 같은 협객, 쇠뇌를 쏜 사나이 때문이라고 하며 이러한 역사가 우리 역사나 중국 역사에서 모두 감추어져있다고 하였다. 조말은 비수를 들고 제환공(齊桓公)을 위협하면서 의분에 북받치는 말을 하자 제환공으로 하여금 그 동안 노나라에서 빼앗은 땅을 그 자리에서 모두 되돌려주게 만든 노나라의 협객이다(『사기』 「자객열전」). 박랑사에서의 인물이란 힘센 창해역사(滄海力士)를 말한다. 장량(張良)이 한(韓)나라 정승의 아들로서 한나라가 진시황(秦始皇)에게 멸망당한 것을 원통하게 여겨, 그 원수를 갚으려고 창해역사라는 동방의 힘센 장사에게 진시황 암살이라는 거사를 부탁하였다. 진시황이 지방을 순행하면서 박랑사(博浪沙)를 지날 때에, 창해역사는 모래 속에 엎드렸다가 별안간 일어나서 큰 철퇴로 진시황이 탄 마차를 쳐 부셨다. 불행히도 그것은 진시황이 탄 마차가 아니어서 거사는 비록 실패하였으나, 시인은 이러한 담대한 인물들이 동방에 많았음을 강조하였다. 이는 시인이 동방의 우리 나라 쪽에도 이러한 의인 협객들이 많았다고 하여, 우리 민족의 기질이 결코 나약하지 않다는 것을 강조하려 한 것으로 보인다.

08 수·당 전쟁 관련 중국 인물

1 수·당 전쟁

서거정, 차운평양회고

대명의 문화가 점차 동쪽 바다로 옮겨오니,
천자가 용처럼 하늘에 날음은 12년이 되었네.
……
조선이 개국하여 합병한지 오래되었고,
금성탕지는 바위 산언덕에서 관문이 된다네.
천산에 활이 걸리고 바다에는 파도가 없으니
조두刁斗를 울리지 않아도 사방 경계가 편안하다네.
수당이 무력을 함부로 써서 그 구구함을 비웃게 되니,
성스러운 시대에 더러움을 받아들임은 예나 지금이나 없다네.

次韻平壤懷古

大明文化東漸海 天子龍飛十二載 …… 朝鮮開國久合併 金城湯池關岊嶺
天山掛弓海無波 刁斗不鳴寧四境 隋唐黷武笑區區 聖代包荒今古無 ……

해설_ 이 시는 서거정(徐居正, 1420~1488)의 『사가집(四佳集)』 속 사가시집보유(四佳詩集補遺) 『황화집(皇華集)』(문집총간 11)에 수록되어 있다. 중국과 교류하며 중국의 선진문화를 배

워와 태평성대를 이루고 있음을 노래한 시이다. 조두(刁斗)란 군중에서 치는 징의 일종으로 낮에는 밥을 짓는데 쓰고, 밤에는 야경을 돌 때 치는 것이다. 변방에서 전쟁의 위기를 조두를 쳐 경보(警報)하였는데, 이 조두가 울리지 않음은 사방이 평안하다는 것이다.

과거 역사 속의 수나라, 당나라의 전쟁은 중국이 무력을 함부로 써서 스스로 실패한 것임을 지적하고, 태평성대에는 그러한 더러운 허물을 받아들이지는 않는다고 말하고 있다.

서거정, 차운정사조선잡영

수나라 왕실이 멀리 정벌함을 일삼으니,
병사를 수고롭게 하며 요수를 건넜다네.
천자의 깃발은 밝은 해를 가리고
배의 앞머리와 꼬리가 천리까지 퍼졌네.
영혼을 위로함이 동해를 진동하고,
성을 지켜냄 모두 바람에 풀 나부끼듯 저절로 쓸려 따르네.
하루아침 병사가 경계하지 않아서,
장군이 진 앞에서 죽었다네.
진양晉陽공자 당 태종은 진실로 천인으로서
큰 것을 좋아하는 것은 모두 그러하다네.
굳고 강함은 믿기에 족하지 않으니
승패는 정해진 법도가 없기 때문이라네.
해마다 강에는 절로 파도 일어
만고의 수치를 씻어내려고 하는구나.

次韻正使(祁順)朝鮮雜詠 10首 其1
隋家事遠征 勞師渡遼水 旌旗翳白日 舳艫彌千里
慰靈振東海 城守俱風靡 一朝兵不戒 將軍陣前死
晉陽眞天人 好大亦無幾 剛强不足恃 勝敗無定軌
年年江自波 欲雪萬古恥

해설_ 이 시는 서거정(徐居正, 1420~1488)의 『사가집(四佳集)』 속 사가시집보유(四佳詩集補遺) 『황화집(皇華集)』(문집총간 11)에 수록되어 있다. 요수를 건너 고구려를 쳐들어왔던 수양제의 이야기를 통해서, 수나라의 화려한 모습과 이에 대응했던 고구려인들의 단합된 마음을 표현했다. 또한 큰 것을 좋아해 고구려를 침범해 왔던 당 태종을 하늘이 낸 사람이라고 치켜 올려주는 듯 하면서도 안시성에서의 패전을 상기시켜, 굳세고 강함을 믿어서는 안된다고 따끔하게 일침을 놓고 있다. 이것이 완전한 승전의 요소가 아니니, 늘 겸손하게 경계해야 함을 강조하고 있다. 시인은 또한 과거 수나라 군사가 몰살당했던 청천강, 즉 살수를 연상시키면서 파도의 모습이 만고의 수치를 씻어내려는 것이라 표현하고 있어, 역설적이게도 중국 역사의 수치를 은연중에 드러내고 있다.

서거정, 황주근체시십율 승아교봉수 5수

고구려가 백제 신라와 정립해 대치하였던
과거의 일들 아득히 눈 깜짝할 사이에 지나갔네.
수나라 장수 어찌하여 살수를 지나왔나,
당나라 병사 다시 요하를 넘어옴 없다네.
원나라가 참람되이 훔쳐가 병탄함이 오래되었고,
유주 계주는 어지러워 전쟁의 정벌이 많다네.
사방 바다가 지금 거울처럼 맑으니,
한고조는 부질없이 「대풍가」를 지었구나.

黃州近體詩十律 承雅敎奉酬 5首
句麗鼎峙濟兼羅 往事茫茫瞥眼過 隋將胡然經薩水 唐兵無復渡遼河
金元僭竊幷吞久 幽薊紛紜戰伐多 四海卽今淸似鏡 漢皇空賦大風謌

해설 _ 이 시는 서거정(徐居正, 1420~1488)의 『사가집(四佳集)』 「황주근체시10율승아교봉수(黃州近體詩十律承雅敎奉酬)」 중 제5수이다. 황주를 보면서 시인은 과거 우리 역사를 생각했다. 그 와중에 고구려가 물리쳤던 수나라, 당나라의 전쟁을 회상하니, 원나라에서 시작된 황주 땅의 중국지배에 대해 안타까움을 느낀다. 그는 현재 사방이 고요하기만 하니, 전투를 통해 위엄을 사방에 떨치고 부르는 「대풍가」와 같은 노래가 그다지 필요 없다고 평하였다. 대풍가란 한고조가 회남왕(淮南王) 경포(黥布)를 격파하고 돌아올 때 고향인 패(沛)에 들러 잔치를 베풀면서 불렀던 노래인데, 그 가사 가운데에 "위엄을 세상에 떨치고 고향에 돌아왔도다.〔威加海內兮 歸故鄕〕"라는 내용이 들어 있다(『史記』 「高祖紀」).

2 당 태종 唐太宗

이색, 정관의 노래

당 태종 이세민이 호걸들과 맺어
풍운의 장한 기개가 우주에 가득 했었네
와락 한번 일어나 하늘 무기天戈를 휘두르니
수나라 제방의 버들이 빛을 잃었네
은주殷周를 본받아 무공을 이미 세웠으니
우하虞夏를 따라 문덕을 폄이 마땅하다
가득 찬盈 것을 지니고 이룬 것을 지킴엔 안정安靖함이 귀한 법
떠벌이기 좋아하고 공을 즐기면 뒤집히기 일쑤라
삼한은 기자가 신하되길 거부해 왔던 땅
치지도외함이 아마도 득책일 것을
어찌하여 군병을 움직임에 이르러
제갈 물리고 몸소 동토에 왔단 말인가
백만 군사가 학야 달밤에 몰려들고
무수한 깃발이 계림 새벽 비에 젖었네
주머니 속 물건처럼 쉽게 차지할 수 있으리라 여겼더니,
검은 눈동자에 흰 깃 화살 박힐 줄 어찌 알았으랴.
정공은 이미 죽고 언로도 막혔으니
큰 비가 넘어졌던 것 다시 세움이 우습구나.
내가 고개 돌려 정관貞觀년간을 세 번 외치니
하늘 끝 슬픈 바람이 휘이잉 하고 불어오네.

| 당 태종 |

貞觀吟，楡林關作
晉陽公子結豪客 風雲壯懷滿八極 赫然一起揮天戈 隋堤楊柳無顔色
已踵殷周成武功 宜追虞夏敷文德 持盈守成貴安靖 好大喜功多反側
三韓箕子不臣地 置之度外疑亦得 胡爲至動金玉武 喃枚自將臨東土
貔貅夜擁鶴野月 旌旗曉濕鷄林雨 謂是囊中一物耳 那知玄花落白羽

鄭公已死言路澁 可笑豊碑蹶復立 回頭三吋貞觀年 天末悲風吹颯颯

해설 _ 이 시는 이색(李穡, 1328~1396)의 『목은고(牧隱藁)』 시고(詩藁) 권2(문집총간 3)에 실려 있다. 이색의 이 시는 그릇된 판단으로 고구려를 정벌하러 왔다가 화살에 눈을 맞고 돌아갔다는 당태종의 모습을 비판적으로 서술한 것이다. 후에 당태종이 된 진양공자 이세민이 수나라를 멸하고 당나라의 기틀을 세운 것은 훌륭하나, 무덕을 버리고 문덕을 폄이 마땅한 때에도 여전히 무공에 욕심을 내어서 결국 역사상 웃음거리가 되었다고 하였다. 정공은 당나라 때 당태종의 정관지치(貞觀之治)를 이루는데 크게 기여했던 위징(魏徵)을 가리킨다. 위징의 봉국호가 정국공(鄭國公)이었다. 위징은 이미 공을 이룬 뒤 수성(守成)의 어려움을 강조하며 늘 신중하게 정사를 펴나갈 것을 간언했다. 그러나 당태종이 고구려 정벌에 뜻을 두었던 때엔 위징이 이미 죽어 제대로 된 간언을 할 사람이 없었으니 이러한 당태종의 실책이 나왔다는 것이다. 당시 당나라에 임금께 바른 말을 할 만한 인물이 없어서 그렇게 되었다 생각하는 이색은 군주로서의 올바른 판단과 바른 간언을 할 정공(鄭公)과 같은 인물이 매우 중요함을 보여주고 있다.

이색의 「정관음」은 안시성주 양만춘과 당 태종 사이의 일을 가장 먼저 언급한 시로, 훗날 많은 문인들에 의해 인용되어 재창조되었다. 안정복의 『동사강목(東史綱目)』 「동사고이(東史考異)」 편에서는 당 태종이 화살에 눈을 맞았다고 하는 것에 대한 역사적 증명을 하려고 여러 역사책을 살펴보고 이색의 시작품을 비교해서 다음과 같이 평했다. "세상이 전하는 말에, 당(唐) 태종(太宗)이 안시(安市)를 치다가 유시(流矢)에 눈을 맞았다고 하는데, 중국 역사가 이를 숨기고 바로 쓰지 않은 것은 실로 당연한 일이겠으나, 우리 나라 역사에도 보이는 곳이 없다. 이목은(李牧隱)의 정관음(貞觀吟)에, '주머니 속에 든 하나의 물건처럼 보았는데(謂見囊中一物耳) 어찌 눈동자에 흰 깃 화살이 떨어질 줄 알았으랴(那知玄花落白羽)'라 하였다. 목은이 당세의 유종(儒宗)이었으니 그 말이 망령되지 않았을 것이다. 『자치통감(資治通鑑)』에 의하면 태종이 요동(遼東)으로부터 돌아와 악성 종기를 앓았다고 하였으니, 이것이 어찌 유시(流矢)에 상처 입은 것을 역사에서 숨기고 말하지 않는 것이 아니겠는가?"라고 했다.

또한 이덕무의 『청장관전서』 제32권 「청비록 1(淸脾錄一)」 편에서는 '당 태종(唐太宗)의 애꾸눈'조에 다음과 같은 기록이 있다.

"삼연(三淵) 김창흡(金昌翕)이 연경(燕京)으로 가는 노가재(老稼齋) 김창업(金昌業)을 전송한 시에,

천추에 대담한 양만춘이 / 天秋大膽楊萬春
활 쏘아 당 태종의 눈동자 맞혔네 / 箭射虯髯落眸子

하였는데, 상고하건대 안시성(安市城) 성주(城主)가 양만춘이라는 것은 『당서연의(唐書演義)』에서 나온 말로, 호사가가 그런 성명(姓名)을 만든 것이니 믿을 만한 것이 못 된다. 이에 대해서는 『월정잡록(月汀雜錄)』과 서거정(徐居正)의 『사가정집(四佳亭集)』에 자세히 보인다 한다. 원시 중에 나오는 현화(玄花)는 눈동자를 말하고 백우(白羽)는 흰 깃이 달린 화살을 말한

다. 세상에서 전해 오기로는 당 태종이 고구려(高句麗)를 치기 위하여 안시성까지 왔다가 눈에 화살을 맞고 돌아갔다 하는데, 『당서(唐書)』·『통감(通鑑)』을 상고하여 보아도 모두 실려 있지 않았다. 이는 당시의 사관(史官)이 반드시 중국을 위하여 숨긴 것이리니 기록하지 않은 것을 괴이하게 여길 것이 없다. 이는 김부식(金富軾)의 『삼국사기(三國史記)』에도 실려 있지 않은데, 목은은 어디서 이 말을 들었는지 모르겠다"라고 하였다.

권벽, 주필산

우뚝한 산의 모습이 변방 하늘을 두드리는 듯한데,
황제가 어가를 머물렀던 그 때의 일은 이미 아득하구나.
당 태종이 무력을 함부로 씀은 비록 비웃을 만하나,
고구려가 군사를 모집한 것 또한 가련하다네.
산악을 순행함이 진실로 동쪽으로 제후를 살펴봄이 아니었고,
대에 올라 장수를 임명함은 도리어 북쪽 변방을 열려던 것이네.
흉적을 제거하고 치욕을 씻어준다는 것 부질없는 말 되고,
흰 깃 화살이 검은 눈동자 맞춤만 만고에 전해질 것이네.

駐蹕山

却略山形控塞天 當年駐蹕已茫然 唐宗黷武雖堪笑 麗國招兵亦可憐
狩岳固非東覲后 登臺還是北開邊 除兇雪恥徒虛語 白羽玄花萬古傳
— 牧隱貞觀吟那知玄花落白羽

해설 _ 이 시는 권벽(權擘, 1520~1593)의 『습재집(習齋集)』 권2(문집총간 38)에 실려 있다. 권벽은 조선 중기의 문신으로 자는 대수(大手), 호는 습재(習齋)이다. 시인은 당 태종이 주필산에 와서 머물고 갔던 일을 회고하며, 무력을 함부로 써서 불행을 자초하였다고 평하였다. 당 태종은 연개소문에게 시해된 영류왕의 치욕을 갚아주고 왕과 함께 대신들을 살육하고 백성들에게 가혹했던 연개소문의 제거를 고구려 정벌의 명분으로 삼았다. 그리하여 등대(登臺), 즉 등대배장(燈臺拜將)하였는데, 이는 당 태종 정관 8년에 이장(李張)을 행군대총관(行軍大總官)으로 임명한 것을 가리킨다. 그러나 결국 흉적을 제거하고 치욕을 씻어준다는 것이 허사가 되고, 도리어 화살에 당 태종의 눈이 맞아 철군할 수밖에 없었다는 사실만 만고에 전해진 것이라 조롱하고 있다.

김성일, 주필산

대당의 천자 되어 웅대한 마음 펼치고 싶은데
연약한 고구려왕이 갑자기 강한 신하에게 시해되고
계림에선 조공하는 길 끊겼다 알려왔네.
수레 내리며 자기도 모르게 팔 걷어붙이고는
천균 되는 쇠뇌를 쥐를 향해 쏘려 하네.
칼 만지며 달갑게 중군 장수 되었더니,
백만 되는 천자 군대 풍우 같은 기세라서
요하 강물 건너면서 채찍 아니 던지었네.
푸른 산 한 자락이 어로御路 앞에 나타남에
올라 보곤 요동 땅 다 차지할 것 같았으니
뉘 말하랴 산의 나무 모두 진의 군사라고
꼭대기가 황제 머문 집으로 바뀌었네.
한 번 싸워 공 이루자 문득 마음 교만해져
전에 없던 무공이라 스스로 여기었네.
서울에다 글 보내어 태자에게 알리고는
군문에 저녁나절 풍악 소리 울리었네.
연련산燕然山에 공을 새긴 한나라 장수쯤은 우습고
유제劉帝가 대에 오름 바랄 것도 없었다네.
백 장 높은 비석을 허공 높이 세우고는
공 새기어 영원토록 전하려고 하였었네.
아름다운 이름 걸려 산은 다시 높아지고
천자 위엄 널리 퍼져 오랑캐들 몸 떨었네.
쉽게 가질 주머니 속 물건처럼 눈앞에 있어서
순식간에 공을 가이 이룰 것만 같았으나,
어찌 전군이 안시성安市城서 막힐 줄을 알았으랴.
흰 깃 화살 아래에서 용안이 초췌해졌네.
큰 비석을 되레 사어史魚의 무덤에 세우고는

요동벌에서 몸소 흙을 날라다가 길 메웠네
지친 군사 다시금 이 산 아래 지났으니
산은 비록 말 없으나 맘은 부끄러웠으리.
천자의 정벌 본디 책하기가 어려우나
수나라가 망한 교훈 어찌 아니 살피었나.
비록 우리 나라 정벌해도 무공 삼기 어려운데
한 요동 땅 차지한 걸 어찌 족히 기뻐하랴.
공 뻐김에 작은 그릇 찬 것을 보겠나니
큰 걸 좋아하였으니 꺼꾸러짐 마땅하다
산 이름에 지금까지 부끄러움 담겼으니
수치 씻고 흉함을 물리침에는 끝내 무슨 일 해야 하나

駐驛山

大唐天子逞雄心 孱王忽被强臣弑 鷄林又報貢路斷 下車不覺攘馮臂
千鈞肯惜發鼷機 撫劍甘作中軍帥 天兵百萬勢風雨 遼河不煩投鞭費
青山一髮當蹕路 登眺可盡全遼地 誰言山木爲晉兵 絶頂翻爲黃屋次
一戰功成氣便驕 自謂武烈前無比 馳書關洛報監國 轅門一夕喧鼓吹
燕然不數漢將銘 劉帝登臺何足企 螭頭百丈柱蒼穹 鐫功庶幾垂不墜
徽名一揭山更高 天威遠讋氈裘類 囊中一物在目中 指顧之間功可遂
豈料全軍阻孤城 白羽箭下龍顔悴 豐碑還樹史魚塚 遼野空勤躬土簣
疲兵重過此山下 山縱無言心亦愧 天吏行師本難責 亡隋殷鑑胡不視
縱擧箕封不爲武 一遼驟勝安足喜 矜功多見小器盈 好大宜乎終見躓
山名至今帶遺恥 雪恥除兇竟何事

해설 _ 이 시는 김성일(金誠一, 1538~1593)의 『학봉일고(鶴峯逸稿)』 제1권에 실려 있다. 김성일은 조선 중기의 정치가이자 학자로 자는 사순(士純), 호는 학봉(鶴峯)이다. 이황(李滉)의 문하생이다. 시인은 천하를 삼킬 뜻을 가지고, 우리 나라를 쉽게 여기고 직접 정벌을 하러 왔던 당 태종의 행동을 자세히 묘사하고 비판하였다.

대당의 임금으로 태종은 주(周)나라 무왕(武王)의 일곱 가지 덕을 기반하여 악곡(樂曲)을 지을 정도로 태평성대를 누리고 있었다. 그런 그가 무력을 좋아하던 옛 버릇을 버리지 못하여, 마치 풍부(馮婦)처럼 수레에 내려오며 주먹질을 하려했던 버릇을 보였으니(『孟子』「盡心下」), 당 태종은 무력정벌에 신이 나서 대군을 이끌고 단숨에 고구려에 달려왔다고 하였다.

시 속에 나오는 요하(遼河) 강물에 채찍을 던지지 않았다고 한 것은 강을 매우 쉽게 건넜다는 뜻이다. 전진(前秦)의 부견(苻堅)이 동진(東晉)을 치려 할 때, 험한 장강(長江)이 둘러 있어서 동진을 치기가 어렵다는 부하의 보고에 부견은 "나의 많은 군사들이 채찍을 강에 던져 넣으면 강물의 흐름을 끊을 수 있다" 하였다(『晉書』 권113 「苻堅載記上」). 빠른 속도로 고구려에 온 당 태종은 더욱 큰 자신감을 가지고 주필산에 올라 머물고, 군문에서는 풍악소리 요란하게 울리게 했다고 한다. 당 태종은 과거 후한(後漢)의 거기장군(車騎將軍) 두헌(竇憲)이 흉노를 정벌하면서 계락산(稽落山)에서 선우(單于)를 크게 격파하고는 변새(邊塞)에서 3천 리나 떨어진 연연산에 올라가 돌에 공을 새겼던 사실(『後漢書』 권23 「竇融列傳 竇憲」)과 남조(南朝) 송(宋)나라의 무제(武帝) 유유(劉裕)가 황제의 자리에 오른 뒤 안휘성(安徽省)에 이궁(離宮)을 세우고 능효대(凌歊臺)에 올라갔었던 사실을 생각하며 자신이 그들보다 훨씬 여유롭다고 자신만만해 하고 있다. 주머니 속의 물건처럼 쉽게 고구려를 이겨 취할 수 있을 줄 알았는데, 그러나 예상치 못하게 안시성에서 멈춰 갖은 고생을 하게 되었다. 결국 안시성에서 날아온 화살에 눈을 맞은 당 태종은 초췌한 모습으로 회군하게 되는데, 이 때 그는 목숨을 걸고 간언을 올렸던 위나라 대부 사어(史魚)가 죽은 뒤에도 임금께 간언의 뜻을 알리고자 했음(『韓詩外傳』 권7)을 상기하고, 그 역시 살아있었다면 고구려의 정벌을 중지하라고 간언을 올렸을 사람인 위징의 무덤에 비석을 세웠다고 한다. 당 태종이 안시성(安市城) 전투에서 패한 뒤 철수하면서 진창에 길이 막혀 전진할 수가 없었다. 이에 군사들을 시켜서 흙과 나무로 진창을 메우게 하였는데, 태종도 직접 흙과 나무를 등에 지고 날라서 메웠다고 한다(『新唐書』 卷220 「東夷列傳 高麗」). 당 태종은 처음의 신나던 기세와 달리, 풀죽어 좌절한 모습으로 돌아간다. 이러한 모습은 당 태종이 수나라 패전의 역사적 교훈은 무시하고 소탐대실하는 경솔한 판단으로 자국의 엄청난 손실을 가져왔다고 지적할 수 있겠다. 그가 머물렀던 산이 주필산이란 이름으로 과거의 역사 현장이 남아있으니, 그 수치스러움을 씻어내고 흉적을 제거할 방법으로는 과연 어떤 것이 있는지 묻고 있다.

조위한, 주필산

문황의 그 당시 뜻 교만함이 가득하여
병사로 고구려를 압박하며 몸 굽혀 스스로 왔다네.
외로운 성에서 큰 전쟁을 하다 신령스런 힘이 다하여지니,
검은 눈에 흰 화살 꽂혀 후회하는 마음 싹텄네.
우리 나라는 본래 제후의 법도를 공경하는데,
천자는 무엇을 위해 멀리 출정하였나.
애석하구나. 위징과 같은 이가 지금 있지 않음이,
황폐해진 비석은 석 자나 되나 도리어 훼손 되었네.

駐蹕山

文皇當日志驕盈 兵壓高麗枉自行 大戰孤城神力盡 玄花白羽悔心萌
箕邦素是恭侯度 天子何爲遠出征 可惜魏徵今不在 荒碑三尺毁還成

해설 _ 이 시는 조위한(趙緯韓, 1567~1649)의 『현곡집(玄谷集)』 권5(문집총간 73)에 실려 있다. 당 태종이 천하를 평정할 교만한 뜻을 품고 고구려를 침범하였다가 도리어 눈에 화살이 박히는 일을 당했음을 노래하고 있다. 당시 우리 나라는 제후의 풍모가 갖추어진 훌륭한 나라로 만약 위징과 같은 현명한 신하가 있었다면 반드시 당 태종의 고구려 원정을 막았을 것이라는 말로 그의 원정이 엄청난 실수였음을 강조하고 있다.

허균, 주필산가

잘라진 산기슭이 용처럼 돌아들어
꼬불꼬불 우뚝 솟아 평지를 내려 보네.
어느 해 만승천자 원정에 지쳤던고
이따금 행인들이 유촉을 줍는다네.
공 세우기 좋아하는 수제隋帝 말할 나위 없고
진시황과 한무제 다같이 교만한 임금일세.
작고 작은 벌과 전갈에도 또한 독이 있으니,
날리는 화살이 현의군에 범접했네.
안시성 꼭대기선 북소리 두둥둥둥
이적의 검은 깃발엔 모래먼지 자욱하다
백 필의 비단 하사는 다만 충성 권장이니,
어찌 연개소문으로 하여금 놀라 겁먹게 하리.
화살이 눈을 맞혀 상처입고 갔다지만
이것도 전설이라 황당한 데 지나지 않네.
이 걸음에 비록 명장 설인귀를 얻었지만
모두 무미랑을 비웃는 노래에 어찌하랴
태자궁 앞에는 동마가 목 메이고
방주성 안에는 해빛이 붉어 핏빛이네.
저승에 간 수나라 양제煬帝 역시 할 말 있으려니,
당나라의 보존은 겨우 한 터럭 정도밖에 없다네.

駐蹕山歌

蒼山如龍回斷麓 蜿蜒斗起臨平陸 何年萬乘勞遠征 往往行人拾遺鏃

喜功好大不足云 秦皇漢武俱驕君 區區蜂蠆亦有毒 嗚鏑忽犯玄衣軍
安市城頭鼓紞紞 英公黑麾沙塵暗 百疋賜絹徒勸忠 寧使蘇文驚破膽
坐令銀海帶箭傷 此說之傳亦荒唐 玆行雖得一仁貴 其奈人歌武媚娘
太子宮前銅馬咽 房州城中日如血 泉下阿麽亦有言 唐室之存僅一髮

해설 _ 이 시는 허균(許筠, 1569~1618)의 『성소부부고(惺所覆瓿稿)』 권1(문집총간 74) 시부1(詩部一)의 「정유조천록(丁酉朝天錄)」에 수록되어 있다. 허균은 조선 중기의 학자, 문인, 정치가로 자는 단보(端甫), 호는 교산(蛟山)·성소(惺所) 등이고 「홍길동전」의 저자이다. 시인 허균은 주필산에 올라보니 과거 중국의 정벌욕에 불타던 교만한 황제들이 생각난다고 하며, 다른 나라를 얕잡아 보고 함부로 침범하였던 당 태종도 진시황이나 한무제와 마찬가지로 정벌전쟁에 몰두하였다고 비난했다. 그러나 당 태종은 결국 고구려를 침범하여 안시성에서 강한 반격을 받아 눈이 다쳐서 돌아갔다는 전설이 남아있다고 한다. 시인 허균은 당시 당나라는 설인귀를 얻어 고구려를 쳤지만 당시 무미랑(武媚娘)즉 측천무후가 세를 떨치고, 결국은 당나라가 멸망으로 치달았기에 망국의 수나라와 비교해서 별다른 차이가 없다고 보았다. 그래서 수양제의 눈으로 본다면 당나라 왕실의 보존 역시 겨우 한 터럭 정도의 미소한 가능성만 있을 뿐이라고 말할 것이라며 당태종과 당나라 왕실의 실정을 비판하고 있다.

김상헌, 당궁

수레를 타고 동쪽으로 안시성을 정벌하려 했으나,
천 명의 관리는 아무 말 없고 어두운 근심이 생기네.
맑은 새벽 옥궁전엔 천자께 새롭게 밀봉해 바친 서장이 있어,
어진 왕비가 읽어 바치는 소리 듣고 알게 되네.

次宮詞 15首, 唐宮
車駕東征安市城 千官無語暗愁生 淸晨玉殿新封事 認聽賢妃進讀聲

해설 _ 이 시는 김상헌(金尙憲, 1570~1652)의 『청음집(淸陰集)』 권11(문집총간 77)에 실려 있다. 김상헌은 조선 중기의 문신으로 자는 숙도(叔度), 호는 청음(淸陰), 석실산인(石室山人)이다. 병자호란 당시 척화파(斥和派)의 대표인물이었다. 당 태종이 고구려를 침범하려고 하나, 이를 적극적으로 말리는 신하가 없었는데, 이는 당 태종이 간언을 듣기 싫어해서였다. 후에 지혜로운 문덕왕후(文德王后)가 간언을 하였던 당나라 왕실의 이야기를 하며, 시인은 안시성주에게 패배해 귀환했던 당 태종의 일을 떠올리고 있어 홍미롭다.

3 이적 李勣

정몽주, 이적의 전쟁터

세 번이나 요하를 건너 대적하여 비로소 꺾으니
당시 전쟁터의 해골들은 또한 애처럽구나.
군왕은 마침내 무력을 남용했다는 질책을 받게 되었으니,
저 집의 부귀함 가져 오는 것을 좋아하기 때문이네.

李勣戰處
三渡遼河敵始摧 當時戰骨亦哀哉 君王竟受窮兵責 好把渠家富貴來

해설 _ 이 시는 정몽주(鄭夢周, 1337~1392)의 『포은집(圃隱集)』 권1(문집총간 5)에 실려 있다. 이적이 3차례나 요하를 건너 고구려를 침범하여, 그 속에서 수많은 병사들의 희생이 있었다. 이로 인해 쓸데없이 병력을 동원해 희생을 시켰다는 무력 남용의 비난을 받게 되었음을 시를 통해 보여주고 있다.

4 위징 魏徵

이첨, 위징

득실은 마땅히 사람을 알아봄에서부터라는 것
과거나 미래나 모두 마찬가지 생각이라네.
어떻게 곧장 동쪽 정벌하는 날에 이르렀나?
다시 문정공을 위해서 넘어진 비석을 일으켜 세운다네.

讀史感遇 46首 其35, 魏徵
得失當從人鑑知 身前身後一般思 如何直到征東日 更爲文貞立仆碑

해설 _ 이 시는 이첨(李詹, 1345~1405)의 『쌍매당협장집(雙梅堂篋藏集)』 권1(문집총간 6)의

「독사감우(讀史感遇)」 중 「제35수 위징(魏徵)」 편이다. 시인은 당태종에게 문정공 위징과 같은 훌륭한 인재가 없어졌기에, 당 태종이 고구려를 정벌하게 되었다고 지적하고 있다. 그래서 엎어져 버린 위징의 비석을 다시 일으켜 세운다며 임금을 보필하는 인재의 중요성을 거듭 강조하고 있다.

| 고구려 백암성터 |

Ⅵ

외국인의 고구려 인식

01 명나라 사신

1 진가유 陳嘉猷

진가유, 안시성을 회고하며

높고 높은 성루가 밝은 구름 흔드는데
일찍이 들으니 이 땅에 당나라 군사가 주둔했다 하네.
임금님의 수레 험한 길 지남을 사양하지 않더니
흰 도포 입은 인물이 기이한 공로 세움을 자주 보았네.
아득히 먼 옛 일은 흐르는 물 따라 가고
고요하고 쓸쓸한 봄 산에서 석양을 보내네.
사해가 한 가족으로 태평성대를 만났으니
원컨대 충성을 다하여 우리 임금에게 보답하기를

安市城懷古

城樓百尺拂晴雲 此地曾聞駐六軍 翠輦不辭經險道 白袍屢見立奇勳
茫茫舊事隨流水 寂寂春山送夕曛 四海一家逢盛治 願修忠藎答堯君

해설_ 이 시는 『황화집(皇華集)』 권4에 수록되어 있다. 진가유(陳嘉猷)는 세조 5년(1459) 반칙유사(頒勅諭使)로 우리 나라에 온 명나라 사신이다. 흰 도포의 인물은 당나라 장수 설인귀로, 그는 참전할 때 흰 도포를 입어 이를 설인귀백포(薛仁貴白袍)라 부른다. 이 시에서는 요동에서 공을 세운 설인귀를 내세워 안시성의 참패를 희석시키고 있다.

2 기순 祁順

기순, 태평관 루에 올라

……

압록강 동쪽을 건너니
현토와 낙랑을 가리키도다
살수에서 신세웅을 조상하며
평양에서 기자를 방문하네……

| 중국 사신도 |

太平館登樓賦

…… 鴨江以東渡兮 指玄免與樂浪 弔世雄於薩水兮 謁箕子於平壤 ……

해설 _ 이 시는 장편시의 한 부분이다. 『황화집』 권8에 수록되었다. 기순(祁順)은 황태자 책봉을 알리는 명나라 정사로 성종 7년(1476)에 조선에 온 명나라 사신이다. 권응인은 『송계만록』에서 정사룡에게 중국 사신들의 시에 관해 물어보니 기순을 제일로 치고 예겸 동월을 그 다음이라고 했다고 기록하고 있다. 그러나 유몽인은 『어우야담』에서 기순과 당고의 시가 쟁쟁하고 굳세기는 하나 역시 뛰어난 작가는 아니라고 말했다. 시에 나오는 신세웅은 살수전에서 전사한 수나라 장수 이름이다.

기순, 대동강에 배를 띄우고

패수가 멀리 옛 성을 둘렀는데
강 건너 멀리 푸른 산이 빗겨있네
안동 도호부는 헛되이 자취만 남아있고
파로장군 이세적은 부질없이 이름을 남겼네
경치를 대하며 곳곳에서 즐겨도 상관없어라
배를 띄우며 애오라지 봄 놀이를 대신하네
시제를 남긴 이들 모두 중국의 사신들이라
응당 이 나라 사람들이 그 경중을 알리라

大洞江舟中 次陳緝熙內翰一律

浿水蒼茫繞古城 隔江遙見碧山橫 安東都護空陳迹 破虜將軍謾有名
對境不妨隨處樂 泛舟聊當賞春行 留題摠是中朝使 應有邦人試重輕

해설 _ 이 시는 『황화집』 권8에 수록되었다. 세조 3년(1457)에 왔던 명나라 사신 진감(陳鑑)의 시 「도대동강(渡大同江)」에 차운한 것이다. 이세적은 당 태종이 고구려를 침입했을 때 요동도행군대총관이었다.

기순, 조선을 읊다

높고 높은 안주성,
서쪽에 청천강 물

외로운 수나라 옛날에 강성함 다투어
멀리 수 천리를 침략했네.
군대는 힘썼으나 힘이 미치지 못해
적을 만나자 먼저 무너져 버리니
당당한 대장군
이 땅에서 친히 싸우다 죽었네.
옛 사람들 탐욕 많은 군대를 경계했는데
이를 진정 아는 자 일찍이 그 얼마인가
진목공은 효함에서 패했으니
지난 일들 똑같아라.
오랜 세월 청천강 물결은
바삐 도망가던 부끄러움을 씻어버리지 않네.

朝鮮雜詠 十首

峩峩安州城 西有淸川水 孤隋昔爭强 遠略數千里
師勞力不逮 遇敵先披靡 堂堂大將軍 此地親戰死
古人戒貪兵 知者曾有幾 秦穆敗殽函 往事同一軌
千年川上波 不洗奔亡恥 (其一)

대동강은 어느 곳에서 오나
성곽 두르는 맑은 물 한 줄기
한나라가 진나라 변새를 회복하여
여기에서 강역을 나누었고
당나라는 전쟁에 힘써
독을 끼침이 벌과 전갈에 비교되네.
높고 높은 조천석은
승패를 바라보기 그 몇 번인가
동쪽으로 흐르는 물 다할 때가 없으니
이제나 예나 용솟음치는 파도 소리
유유한 봄 강의 구름은
도리어 푸른 산을 에워쌌네.

淏江何處來 遶郭淸一派 漢家復秦徼 於此別疆界
李唐務爭戰 肆毒比蜂蠆 峩嵯朝天石 幾度觀勝敗
東流無盡時 今古一硏湃 悠悠春江雲 還鎖靑山外 (其二)

평양에는 흐르는 물이 많은데,
발로하는 더욱 맑아라.
당나라가 멋대로 삼켜버리려
장사들이 자주 동쪽으로 정벌하러 왔네.
이후(이세적)는 일부 군사 거느리고
와서 신라군사 깨트리니
포로 만 여명,
사 년 세월을 보냈네.
한갓 하루 아침의 대첩으로
천년 오랜 세월 이름을 널리 알렸어라.
당시 칼날을 주고받던 곳,
옛 나루에는 한 척의 배가 빗겨 있는데
어옹은 해오라비 짝하며
종일 둘 다 육신을 잊고 있네.

平壤多流水 發盧河更淸 有唐恣呑噬 將士頻東征
李侯率偏師 來破新羅兵 俘囚餘萬計 歷歲凡四更
徒因一朝捷 博此千載名 當時交刃處 古渡扁舟橫
漁翁伴鷗鷺 終日兩忘形 (其三)

해설 _『황화집』 권9에 수록되었다. 「조선잡영」 10수 중 제1수 「살수대첩」 제2수 「당나라 고구려 침공」, 제3수 「나당 연합군의 고구려 정벌」에 관한 것이다. 제1수의 진목공은 주위의 반대를 듣지 않고 원정했다가 참패했다. 이 시 역시 중국 쪽의 시각을 보여주나 당 태종의 침입에 대해서는 부정적 시각을 갖고 있음이 드러난다.

기순, 다시 청천강을 지나며

한 달 사이 두 번 살수 머리를 지나니

봄바람에 돌아가는 깃발 잠시 머뭇거리네.
물결은 흘러가나 영웅의 한을 다하지 못하고
산색은 오히려 고금의 근심을 머금고 있어라.
푸른 풀 맑은 모래에 금빛 고삐 말
푸른 술동이 구슬 비파 실은 모란 배
허공을 가르며 한 마리 학이 울며 날아가니
동파 신선의 적벽유가 아닌가하는 생각이 드네.

重過淸川江

一月重過薩水頭 春風歸旆暫夷猶
波流不盡英雄恨 山色猶含今古愁
碧草晴沙金勒馬 靑尊瑤瑟木蘭舟
橫空獨鶴飛鳴去 錯訝坡仙赤壁遊

해설 _ 이 시는 『황화집』 권9에 수록되어 있다. 서울에서 사신의 임무를 마치고 돌아가는 길에 쓴 것이다.

3 당고 唐皐

당고, 기린굴

동명왕이 좋은 말을 가졌었는데,
하늘로 다니는 기린마라 하네.
기린의 발굽이 아직도 자국이 있건만,
왕의 동족은 지금 몇 사람인고.

麒麟窟

東明有良馬 云是行天麟 麟趾尙有跡 公族今幾人

당고, 조천석

사람도 신선이요 말도 또한 신선
물은 흘러갔어도 돌은 안 갔구나.
지금까지 말발굽 자국이 남아서
어르신들이 그 자리를 가리키네.

朝天石
人仙馬亦仙 水去石不去 至今馬跡存 父老指遺處

당고, 동명왕 사당

동명이 삼한의 웅주로
선계로 떠나신지 세대가 오래되었건만
사당이 서경에 있어
사람들이 닭과 술로 제사 드리네.

東明王祠
東明雄三韓 仙逝世代久 叢祠在西京 有人酹雞酒

해설_ 위 세 편은 당고(唐皐) 「평양승적」 총 20수 중에 들어있는 시들이다. 『황화집』 권16에 수록되었다. 당고는 중종 16년(1521) 명나라 세종의 즉위를 알리기 위해 반등극조사(頒登極詔使)의 정사로 조선에 온 명나라 사신이다.

4 사도 史道

사도, 조천석

당일 하늘로 조회하러 올라갔다는 일
전해오는 이치가 그릇되고 그윽하네
오직 강변의 돌이 있는데

지금도 말 흔적이 남아 있다오

朝天石

當日朝天事 傳來理謬幽 獨有江邊石 于今馬蹄留

사도, 기린굴

말 타고 하늘로 조회하러 떠난 후
아득히 다시 돌아오지 않았네
후세 사람들 이 굴을 보고
아직도 기린마가 나오는 것 같다 하네

麒麟窟

騎馬朝天去 茫茫未可回 後人看此窟 猶似馬出來

사도, 동명왕 사당

고구려 처음으로 나라를 세우니
왕의 이름을 동명이라 했다.
덕의 크고 작음을 알려 하거든
그의 사당이 서경에 있다오.

東明王祠

高麗始有國 王號留東明 要知德厚薄 專祠在西京

해설 _ 위 세 편의 시는 사도(史道)의 「평양승적」 총 19수 중에 포함된 것이다. 사도는 중종 16년(1521) 반등극조사(頒登極詔使)의 부사로 조선에 온 명나라 사신이다. 당시 정사는 당고였다.

5 공용경 龔用卿

공용경, 조천석

하늘에 조회하러 어디로 가셨는가
우뚝하니 자라 등처럼 높이 솟았네.
산에 비 내리려 할 때
놀 속 패옥 소리 분명하게 울리네.

朝天石
朝天往何處 突兀聳鼇背 山雨欲來時 分明響霞珮

공용경, 기린굴

키우던 말은 마구간에 없고
바로 창강 가에 있구나.
다시는 악와와 같은 뛰어난 종자 없고
오직 돌 기린만 남아있구나.

麒麟窟
養馬不在廐 乃在滄江濱 更無渥洼種 惟有石麒麟

공용경, 동명왕 사당

동명왕이 고구려를 여니
옛 도읍은 평양이었네.
사당의 모습 언제부터 시작되었나
오늘에 이르기까지 오히려 제사를 드리네.

東明王祠
東明開高麗 故都在平壤 廟貌始何年 至今猶祀享

해설 _ 이 시는 공용경(龔用卿)의 「평양승적구제이십영(平壤勝蹟舊題二十詠)」 중 빠진 읍호루(挹灝樓)를 첨가해서 읊은 이십 일 수 중에 포함된 것이다. 『황화집』 권18에 수록되어 있다. 공용경은 중종 32년(1537) 황태자 출생을 알리러 온 명나라 사신이다. 유몽인은 우리 나라 사람들이 중국 사신 중 글에 능한 이로 반드시 공용경을 일컬어왔는데, 주지번에게 물어보니 이름도 들어본 적이 없다고 했음을 기록하고 있다.

6 오희맹 吳希孟

오희맹, 조천석

그때 기린마의 자취가 지금도 있으니
옛 돌이 오히려 없어지지 않았네.
대나무에 바람 지나는 소리가
꼭 마치 방울 울리는 곳 같아라.

朝天石
當年馬跡存 古石猶不去 風度琅玕聲 渾似鳴鑾處

오희맹, 기린굴

기린은 어느 곳에 있었나
이 굴에 기린을 숨겼었네.
당시 마구간 말의 이름
유적이 오늘 사람에게도 전하네.

麒麟窟
麒麟何所有 此窟藏麒麟 當時廐馬名 遺跡傳今人

오희맹, 동명왕 사당

옛날을 조상하며 한번 대 위에 올라보니

동명왕 떠난 지 이미 오래 되었어라.
처음 이곳에 태어난 백성들
옛날을 추모하는 술을 올림이 마땅하네.

東明王祠
弔古一登臺 東明逝已久 初生此邦民 宜酹追遠酒

해설 _ 이 시는 「평양승적이십절(平壤勝蹟二十絶)」 속에 포함된 것이다. 오희맹(吳希孟)은 중종 32년(1537) 황태자의 출생을 알리는 사절단의 부사로 조선에 온 명나라 사신이다. 당시 정사는 공용경이었다. 『황화집』 권18에 수록되어 있다.

7 화찰 華察

화찰, 조천석

평양에 기이한 산봉우리 있어
바위마다 수풀 뒤로 높이 솟아 있네.
바람을 맞아 맑은 소리를 내니
응당 하늘에 조회하는 패옥소리일세.

朝天石
平壤有奇峰 巖巖出林背 迎風發淸音 應是朝天珮

화찰, 기린굴

덕의 가르침으로 미개한 땅을 고치니
상서로움이 강물 가에 흐르네
성인 계신 중국은
기린 나오지 않은 땅이 없어라

麒麟窟
德教要荒外 流祥江水滨 聖人在中国 無地不麒麟

화찰, 동명왕 사당

조선은 본래 옛 봉토
고구려 평양으로부터 중흥했네.
그 까닭에 동명왕을
오랜 세월 제물 바쳐 제사드리네.

東明王祠
朝鮮本舊封 中與自平壤 所以东明王 千載专烝亨

해설 _ 위 세 수는 『황화집』 권26에 수록되어 있다. 화찰(華察)은 중종 34년(1539) 황태자 책립을 알리러 조선에 왔던 명나라 정사이다.

8 설정총 薛廷寵

설정총, 조천석

곧장 북두에 닿아 동굴 하늘이 가까운데
옥황에게 머리 조아려 자라 등을 구부리네.
산봉우리에 올라 임금님 계신 곳 바라보려 하니
돌아가는 사신 깃발에 시신들 황홀해하네.

朝天石
平臨北斗近洞霄 稽首玉皇俯鼇背 欲上峰头望五雲 承明恍惚歸星珮

설정총, 기린굴

당시 맹동야가 누추한 수레를 탔더니
공자님 계시던 사수 가에서 눈물 흘렸네.
신물은 바로 인간세계에 보여짐을 근심하거니

바다 모퉁이 어디에서 기린을 만날까.

麒麟窟

當年東野柴車[38]載 淚落宣尼[39]泗水濱 神物正愁人世見 海隅何處遇麒麟

설정총, 동명왕 사당

고구려 창건하신 동명왕
동방 백성들 은택 내려 봉지를 보존했네.
나랏 사람들이 다투어 와 조촐한 제수를 바치니
알겠노라 신령께서 영원히 편히 흠향하실 것을.

東明王祠

高麗開國東明王 澤被東黎保封壤 溪毛澗藻走邦人 知爾神靈永綏享

해설 _ 이 시는 『황화집』 권26에 수록되어 있다. 설정총(薛廷寵)은 중종 34년(1539) 황태자 책립을 알리러 온 명나라 사신의 부사로 조선에 왔던 명나라 사신이다. 당시 정사가 화찰(華察)이었고 위 세 수는 앞에 수록된 화찰의 「평양승적」 총 20수 중 「조천석」, 「기린굴」, 「동명왕 사당」을 차운한 것이다. 동야(東野)는 중당의 시인 맹교(孟郊)의 자(字)이다. 나이 50에 진사에 등제하여 율양위(溧陽尉)가 되었으나 이내 그만두고 일생을 거의 불우하게 보냈다. 「동명왕 사당」 원시의 계모간조(溪毛澗藻)는 시냇가, 산골짜기에서 나는 나물과 물풀로 제수(祭需)를 뜻한다.

38) 시거(柴車)는 땔나무를 싣는 수레, 또는 장식이 없는 초라한 수레를 의미한다.

39) 선니(宣尼)는 공자를 가리킨다. 공자는 한나라 평제(平帝) 때 포성선니공(褒成宣尼公)으로 추시(追諡)되었다.

9 장승헌 張承憲

장승헌, 조천석

조천석 걸터앉아 기린 갈기를 잡으니
학의 등에 타는 것과 비교해 어떠할까.
천자에게 조회하는 만국의 마음
바람 가르는 옥패 소리 들으며 생각에 잠기네.

朝天石
跨石握麟鬃 何如騎鶴背 朝天萬國心 長想凌風珮

장승헌, 기린굴

밝은 해는 양곡에 숨어 있고
봄바람은 바닷가에 불고 있건만
왕손은 어느 곳에 가셨는고
기린굴엔 거친 풀만 우거져 있구나

麒麟窟
白日匿暘谷 春風吹海濱 王孫何處去 荒草臥麒麟

해설 _ 이 시는 장승헌(張承憲)의 「평양승적」 총 16수에 포함된 것이다. 『황화집』 권28에 수록되어 있다. 장승헌은 인종 원년(1545) 붕어하신 중종의 시호를 갖고 온 사시사(賜諡使)로 조선에 온 명나라 사신이다.

10 주지번 朱之蕃

주지번, 조천석

사신들의 깃발이 가까이 왔는데
오색 구름 깊은 곳에 말 타고 하늘에 조회가던 한 분이 있었네.
오직 남아있는 조천석 아래는 졸졸 흐르는 물소리가
지금도 여전히 그 때의 생학 소리 같구나.

朝天石
絳節霓旌咫尺臨 朝天一騎五雲深 惟餘石下潺湲水 猶似當年笙鶴音

주지번, 기린굴

세 굴을 경영하는 교활한 토끼 가엾어라
저 드넓은 하늘 기린을 가리키네.
단지 탐내지 않고 딴 마음 두지 않음을 보배로 여기면
물이건 바다건 인연 따라 사는 것이 모두 참 선인일세.

麒麟窟
三窟經營憐狡兔 九天寥廓指麒麟 但寶不貪無外慕 隨緣陸海總仙眞

해설 _ 주지번(朱之蕃)은 선조 39년(1606) 황손 출생을 알리기 위해 정사로 조선에 온 명나라 사신이다. 위의 두 시는 모두 『황화집』 권41에 수록되어 있다. 유몽인은 『어우야담』에서 주지번의 시는 거칠고 형편없이 추잡하여 도리어 중국사신 웅화(熊化)의 힘없고 연약함보다 못하니 그 밖의 다른 사람이야 말할 것이 있겠느냐고 하였다. 웅화는 광해군 1년(1609)에 선조의 시호 문제로 조선에 온 명나라 사신이다. 이때 원접사는 유근(柳根)이었고 종사관은 이호민(李好閔)이었다. 교활한 토끼가 세 굴을 경영하는 것은 몸을 숨겨 목숨을 보존하기 위해서이다. 『전국책』의 「제책(齊策)」에는 풍훤(馮諼)이 "교활한 토끼에게는 굴이 셋 있어 겨우 그 죽임을 면할 뿐입니다. 군께서는 이제 굴이 하나뿐이니 안심하고 주무실 수가 없습니다. 청컨대 군을 위해 굴 둘을 파겠습니다"라는 구절이 있다. 동명왕은 기린굴 하나 뿐이지만 승천하셨으니, 중요한 것은 청정정대한 마음가짐임을 읊은 것으로 보인다.

11 양유년 梁有年

양유년, 조천석

선인께선 하늘에 조회하러 가 돌아오시지 않으셨으나
말발굽은 돌을 뚫어 자취 오히려 전하네.
단지 응당 학이 되어 돌아오시는 날
푸른 산은 옛 모습 그대로 저녁 안개에 잠겨 있으리.

朝天石
仙客朝天去不還 馬蹄穿石跡猶傳 祗應化鶴歸來日 依舊蒼山鎖暮煙

양유년, 기린굴

팔준마로 무도하게 노닌 목천자 이야기 전해오는데
열선들의 신이한 자취에 동명왕을 기록했네.
한나라 조정 천리길도 도리어 멈춰 쉬어야만 하니
기린이 헛된 이름 얻은 것이 아니어라.

麒麟窟
八駿荒游傳穆滿 列仙幻迹紀東明 漢廷千里還須却 不遣麒麟浪得名

해설 _ 양유년(梁有年)은 선조 39년(1606) 황손 출생을 알리기 위해 부사로 조선에 온 명나라 사신이다. 당시 정사는 주지번이었다. 위의 두 시는 『황화집』 권41에 수록되어 있다. 주지번과 양유년은 모두 「평양십육경」을 읊었으나 이들은 각기 독자적인 운을 사용했고, 당시 조선의 원접관이었던 유근(柳根)은 두 사람의 시 모두에 차운시를 썼다. 「기린굴」에 나오는 목왕은 이름이 만(滿)으로 주나라 제 오대 왕이다. 팔준마를 타고 곤륜산 요지에서 서왕모를 만나 그가 베푼 잔치에 참석했다. 그의 주유를 황음무도한 유람(荒遊) 이라 부른것은 이 때문일까. 국가를 창건한 후 기린말을 타고 승천한 동명왕과는 함께 논하기가 어려운 점을 시인도 분명하게 느끼는 것으로 보인다.

02 일본 문사

실직청 室直清, **삼한의 노래**

(…전략…)

고구려가 그 땅에 근거해서 일어나니
평양의 운수가 길어라.
그 이전 부여국에
하백의 딸 임신해 있었지.
연길의 난초 꿈보다 더 향기롭고
알을 삼킨 강씨와 상서로움은 같네.
어찌 이인이 나와서
먼저 나라를 일으킬 상서로움이 될 줄 알았으리.
맹렬한 위세는 덕이 큼을 알겠고
능숙한 활솜씨는 양유기養由基를 비웃네.
나라를 세워 도읍을 창건했고
넓은 들판을 헤쳐 밭을 개간했네.
혁혁하게 가문을 계승하니
실추함 없는 무예 빛나도다.
군현을 모두 집어 삼켜 멸하니
호추들이 감히 대항치 못했네.

동명의 공업은 가히 계승할 만하고
북유의 용기는 감당하기 어려웠네.
대적하던 신라 두려워하고
의좋던 백제 무서워했네.
어찌 헤아렸으랴 연나라가 굴기하고
거듭하여 위나라가 일어날 것을.
모용황을 보고 기울어지고 엎어지며
공손씨를 만나 넘어지고 발로 찬다.
그 이후 한토는 어지러워지니
소경이 엎어지는 것과 무엇이 다르랴.
삼국으로 대치하는 형국 옛날과 비슷하여
꿈쩍이면 곧 물어뜯어 해치니
이로부터 원한을 맺어
서로를 해치지 않은 날이 없었네.
중국 여러 나라의 성원에 의지해
조금의 평화라도 구하기를 바랐으나
어찌 알았으리 수나라가 사납고 어그러져
걸왕이 창궐하던 때보다 훨씬 더하다는 걸.
살수에서 군대가 흙을 무너뜨리고
요동성에서는 많은 사람들 둑을 허무네.
정벌하러 온 장군들 패하고
내란으로 수양제 어찌할 줄 몰랐네.
목숨이 이에 보존되었으니
하물며 회유에 다시 황급하리.
군사는 수레 끌지 않게 됨을 즐거워하고
나라는 와거臥車를 몰 수 있음을 기뻐하네.
진부에서 용이 일어났다는 이야기 들리니
당실에서는 봉황을 만났도다.
구공은 다스리는 자의 즐거움이요

칠덕은 춤추는 이들의 바람이라.
홀로 아까워라 요병이 일어나
도리어 황제의 덕을 깎아내림이 되었네.
연개소문이 정말로 날뛰었으나
건무왕은 발호한다고 여기지 않았네.
먼 곳에서 육군의 토벌을 일으켜
멀리 삼 개월 양식을 싸들고 왔네.
친히 정벌하러 변방에 이르렀고
대거 하강에서 군사를 내었네.
파죽지세로 성을 이어 함락하고
높이 솟은 안시성에 맞섰더니
누가 알았으리 천하의 무리들이
회남의 부스럼을 구원하지 못할 줄을.
활이 멀어 옷 뚫기 어렵고
말은 교만해서 굴레를 쓰지 않으려 하네.
원왕이 □조짐을 당하니
진나라 현신 건숙을 그리워하네.
삼주 입구에서 항복을 받고
시월 찬바람 불 때 회군하네.
구향자 갈백을 정벌하고자 했으나
도리어 무서운 줄 모르고 달려드는 버마재비에 상을 주었네.
주필산에 공적비를 세웠으나
끝내 소공의 당나무에는 부끄러워라.
(…후략…)

賦三韓事蹟奉寄朝鮮禮聘諸使君二百二十韻

…… 高麗因土起 平壤卜年長
伊昔夫餘國 有娠河伯娘 夢蘭香過姑 呑卵瑞同姜
焉識異人出 先爲興國祥 猛威知偃草 巧射笑穿楊
開宇創都邑 墾田披莽蒼 有承家奕奕 罔墜武洸洸
郡縣皆呑滅 豪酋莫與疆 東明功可繼 北勦勇難當

敵國新羅震 懿親百濟惶 豈料燕崛起 重以魏高驤
見覬䚡傾覆 逄(逢)弘㦿跌踼 爾來韓土亂 何異瞽人倀
鼎足似遠峙 犬牙動輒妨 從玆交結怨 無日不胥戕
聲援依諸夏 庶幾求小康 寧知隋暴戾 遠過桀披猖
薩水軍崩土 遼城衆潰塘 東征諸將敗 內亂獨夫怔
首領於此保 懷柔況復遑 兵欣休輓輅 國喜駕轞輬
晉府聞龍起 (唐室)見鳳翔 九功王者樂 七德舞人(望)
獨惜遼兵起 翻爲帝德涼 蘇文眞跋扈 建武不跳粱
遙致六軍討 遠齎三月糧 親征臨海裔 大擧發河羌
破竹連城陷 抗衡安市昻 誰知天下衆 不救淮南瘡
弩遠難穿縞 馬驕不受韁 元王當□兆 蹇叔憶秦良
受降三州口 回旗十月風 欲征仇餉葛 還賞搏輪螳
雖紀蹕山石 從慙召伯棠 ……

해설 _ 이 시는 실직청(室直淸)의 『조선객관시문고(朝鮮客舘詩文稿)』 소재 「부삼한사적봉기조선예빙제사군이백이십운(賦三韓事蹟奉寄朝鮮禮聘諸使君二百二十韻)」의 제41행부터 108행까지 고구려에 관한 부분을 발췌한 것이다. 1711년 제8차 조선통신사가 일본에 갔을 때 당대 일본의 저명 학자 7사람이 사신들과 시문을 교류했다. 『조선객관시문고』는 실직청과 교환한 시, 편지 등을 모아놓은 것이다. 실직청(1658~1734)은 호는 구소(鳩巢), 자가 사례(師禮)로, 17세기 주자학의 대유 목하순암(木下順菴)의 제자이다. 위의 시를 쓸 때 그의 나이는 53세였고 막부의 유관이었다. 그는 주자학자로서 명교의 유지에 노력했지만 당시 절충파에게서도 추증을 받았다고 한다.

고구려를 다루면서 먼저 동명왕의 출생과 건국을 16행에 걸쳐 묘사했다. 동명왕의 출생에 대해서는 모계만 언급하고, 천제의 아들이자 동명왕의 아버지인 해모수를 기술하지 않은 것은 천손의 나라로서의 고구려를 인정하고 싶지 않아서일 것이다. 유화의 임신을 묘사하면서 거론한 연길(燕姞)은 춘추 정나라 사람으로 꿈에 하늘에서 난초를 받고 정나라 문공의 총애를 받아 목공(穆公)을 낳았다. "알을 삼킨 강씨"는 분명하지 않다. 알을 잘못해서 삼킨 후 임신해서 아이를 낳은 사람은 간적(簡狄)으로 그가 낳은 설(契)은 요 임금을 보좌했고 후에 은나라의 시조가 된다. 주나라 시조인 후직의 어머니 강원은 거인의 발자국을 밟은 후 임신해서 아들을 낳았으나 상서롭지 못하다고 여겨 버리게 된다. 더러운 길에 두면 소와 말이 피해가며 밟지 않고 얼음 위에 두면 새가 날개로 보호하자 강원이 다시 그를 데려와 키운다. 이로 보면 알을 낳은 점에서 유화는 간적과 유사하고, 아이를 버렸으나 짐승의 도움을 받아 다시 데려와 키운 점은 강원과 유사하나, 위의 시에서는 두 인물을 뒤섞어 쓴 것으로 보인다.

그 다음부터 끝까지 고구려와 주변국과의 투쟁이 그려지는데, 여기서 신라, 백제, 연나라, 위나라 등과의 싸움으로 삼한 땅은 어지러워지고 서로 원한을 맺게 되었다는 것, 중원에 의지하고자 하나 포악한 수나라가 일어나 계속적으로 싸움에 들어갔다는 사실들이 나열된다. 고구려와 수·당과의 싸움에서는, 전자의 경우 을지문덕이 등장하지 않았으며 고구려의 군민은 승리의 사실보다 오히려 종전을 기뻐하여 살수 싸움이 고구려 측에도 부담이 되었음을 암시하고 있다. 후자의 경우는 국왕을 시해한 연개소문을 치려한다는 당의 침략 명분을 그대로 받아들여 연개소문을 자기에게 음식을 준 이를 오히려 살해한 갈백과 동일시한다. 『맹자』에 자세한 설명이 나와 있다. “탕 임금이 박(亳)에 있을 대 갈(葛)나라와 이웃이었다. 갈백(葛伯)이 방종하고 제사를 지내지 않자, 탕 임금이 사람을 시켜 ‘왜 제사를 지내지 않습니까’ 하고 물으니, ‘희생을 바칠 것이 없어서요’라고 대답했다. 탕 임금이 사람을 시켜 소와 양을 보내주었는데 먹어버리고 또 제사를 지내지 않았다. 탕 임금이 또 사람을 시켜 물었다. ‘어찌 제사를 지내지 않습니까.’ 대답하기를 ‘제물로 괼 곡식이 없어서요’라고 했다. 탕 임금이 박 지방의 백성들로 하여금 가서 그들을 위해 밭을 갈게 했다. 늙은 이와 어린이들이 먹을 것을 날라다 주었는데, 갈백이 그 백성들을 거느리고 술과 밥과 수수와 쌀을 가진 사람들을 지키고 있다가 그것을 빼앗고, 주지 않는 자를 죽였다. 한 동자가 수수와 고기를 밭 가는 사람에게 가져다 주거늘 그를 죽이고 음식을 빼앗았다. 『서경』에 ‘갈백이 먹을 것을 날라다 주는 사람을 원수로 보았다〔葛伯仇餉〕’는 말은 이를 일컬은 것이다.”(『등문공장구』 하) 건무왕은 고구려 27대 왕으로 영류왕이라고도 하는데, 연개소문에 의해 시해되었다.

반면 패전 군주 태종이 퇴각하면서 안시성주에게 비단을 선물했다는 점을 부각시켜 대장부로서의 면모를 드러내주면서, 반면 힘든 싸움에 승리한 영웅 양만춘은 오히려 수레에 멋모르고 달려드는 버마재비로 폄하하고 있다. 특히 당나라를 건국한 고종 이연과 태종 이세민은 용과 봉황으로 미화되고, 태종 때의 칠덕무(七德舞), 구공무(九功舞) 등의 삼대무를 통해 그의 덕과 선정을 보여준다. 그러나 당 태종이 패전 후 위징이 살아있었다면 고구려를 치도록 하지 않았을 것이라고 했다는 그의 때늦은 후회를 보여주고, 그가 고구려를 침략하면서 머물렀던 산을 주필산이라 하여 자신의 공업을 기록하게 했으나, 이것은 당나무〔棠樹〕 아래에서 덕화를 펴던 소공을 못 잊어 백성들이 그 나무를 베지 않고 기리던 것에 비교하면 부끄러운 사실임을 명시했다.

참고 : 이혜순, 室鳩巢의 「賦三韓事蹟詩에 나타난 조선사 인식」, 『조선통신사의 문학』, 서울 : 이화여대 출판부, 1996, 145~161면.

작가별 작품 색인

국내 작가

강백년 姜栢年, 安市城途中偶吟

고경명 高敬命, 東明王 / 鳳凰山

권　근 權近, 麒麟窟 / 朝天石

권　만 權萬, 城上拜

권　벽 權擘, 駐蹕山

김극기 金克己, 麒麟馬 / 朝天石 / 九梯宮

김도수 金道洙, 平壤歌, 送士亮

김상헌 金尙憲, 唐宮(次宮詞十五首)

김성일 金誠一, 駐驛山

김세렴 金世濂, 柵門外望安市城

김수민 金壽民, 高句麗謠 / 斷劍合歌 / 馬嶺山謠 / 鼓角謠 / 湛樂歌 / 鴨綠山歌 / 乙豆智歌 / 乙支文德歌 / 安市城歌

김시습 金時習, 薩水 / 安市城秋望

김　육 金堉, 鳳凰山

김정희 金正喜, 安市城

김조순 金祖淳, 永明寺懷古

김창흡 金昌翕, 安市城

남구만 南九萬, 鳳凰山

남용익 南龍翼, 安市城(塞上曲) / 鳳皇城(塞上曲)

남효온 南孝溫, 宿安州百祥樓

박영원 朴永元, 浮碧樓

박윤묵 朴允默, 朝天石 / 浮碧樓次板上韻

박인량 朴寅亮, 文王哀册詞

서거정 徐居正, 浮碧樓次韻 / 次牧隱詩韻 / 次韻平壤懷古 / 次韻正使(祁順)朝鮮雜詠 /

黃州近體十律 承雅敎奉酬

서명응 徐命膺, 安市城

서형수 徐瀅修, 天柱峰

성여신 成汝信, 優渤水 / 淹淲水 / 麒麟窟 / 朝天石 / 安市城(西都遺跡)

소세양 蘇世讓, 麒麟窟 / 麒麟窟 / 朝天石 / 朝天石 / 東明王祠 / 東明王祠

송상기 宋相琦, 鳳凰城

신광수 申光洙, 麒麟窟 / 東明王墓 / 淵蓋蘇文 / 溫達

신광한 申光漢, 麒麟窟 / 朝天石 / 東明王祠

신 정 申晸, 安市城

심광세 沈光世, 城上拜

심언광 沈彦光, 東明王祠

안정복 安鼎福, 弩士行

양진영 梁進永, 安市城

엄 흔 嚴昕, 浮碧樓

오광운 吳光運, 朝天石 / 登浮碧樓 / 薩水捷 / 城上拜

오도일 吳道一, 安市城

유 근 柳根, 麒麟窟 / 麒麟窟 / 朝天石 / 朝天石

유득공 柳得恭, 二十一都懷古詩,高句麗 (東明王) / (沸流) / (黃鳥歌) / (淵蓋蘇文) / (溫達)/(乙支文德) / 二十一都懷古詩, 報德 (劍牟岑)

유호인 兪好仁, 次百祥樓韻

을지문덕 乙支文德, 與隋將宇仲文詩

이관명 李觀命, 過安市城感吟

이광덕 李匡德, 安市城

이광사 李匡師, 朝天石 / 薩水捷 / 城上拜

이규보 李奎報, 東明王篇

이덕수 李德壽, 安市城

이복휴 李福休, 北扶餘 / 柳花曲 / 七稜石 / 黃鳥歌 / 槍原怨, 黃龍今龍岡縣 / 毁卵行 / 七重松 / 郊彘詞 / 沸流戰 / 紐由行 / 柴原悲 / 販鹽曲 / 毁都歎 / 故國原 / 馬跡行 / 笑北豊 / 好童怨 / 遯山怨 / 思達賈 / 解裙帶 / 革囊歌 / 扶芬奴 / 慕本原 / 福章歎 / 淸野行 / 乙巴素 / 召男生 / 陷泥淖 / 乙豆智 / 溫達行 / 薩水戰 / 城上拜 / 劍牟岑

홍세태 洪世泰, 西京歌 / 安州

황 호 黃戻, 鳳凰城

중국 작가

공용경 龔用卿, 朝天石 / 麒麟窟/東明王祠

기 순 祁順, 太平館登樓賦 / 大洞江舟中 次陳緝熙內翰一律 / 朝鮮雜詠 十首 / 重過淸川江

당 고 唐皐, 麒麟窟 / 朝天石 / 東明王祠

사 도 史道, 東明王祠 / 朝天石 / 麒麟窟

설정총 薛廷寵, 朝天石 / 麒麟窟 / 東明王祠

양유년 梁有年, 朝天石 / 麒麟窟

오희맹 吳希孟, 麒麟窟 / 朝天石 / 東明王祠

장승헌 張承憲, 朝天石 / 麒麟窟

주지번 朱之蕃, 朝天石 / 麒麟窟

진가유 陳嘉猷, 安市城懷古

화 찰 華察, 朝天石 / 麒麟窟 / 東明王祠

일본 작가

실직청 室直淸, 賦三韓事蹟奉寄朝鮮禮聘諸使君二百二十韻